KB139710

엔지니어를
위한
파이썬

e n g i n e e r

p y t h o n

KAGAKU GIJYUTSU KEISAN NO TAME NO Python NYUMON

by Kenji Nakakuki

Copyright ⓒ 2016 Kenji Nakakuki

All rights reserved.
Original Japanese edition published by Gijyutsu-Hyoron Co., Ltd., Tokyo

This korean language edition published by arrangement with Gijyutsu-Hyoron Co., Ltd., Tokyo in care of Tuttle-Mori Agency, Inc., Tokyo through Danny Hong Agency, Seoul

Korean translation copyright ⓒ 2017 by J-PUB

이 책의 한국어판 저작권은 에이전시 원을 통해 저작권자와의 독점 계약으로 제이펍 출판사에 있습니다.
신저작권법에 의해 한국 내에서 보호를 받는 저작물이므로 무단전재와 무단복제를 금합니다.

엔지니어를 위한 파이썬

초판 1쇄 발행 2017년 11월 30일   **2쇄 발행** 2018년 1월 22일

지은이 나카쿠키 켄지
옮긴이 심효섭
펴낸이 장성두
펴낸곳 제이펍

출판신고 2009년 11월 10일 제406-2009-000087호
주소 경기도 파주시 회동길 159 3층 3-B호
전화 070-8201-9010 / **팩스** 02-6280-0405
홈페이지 www.jpub.kr / **원고투고** jeipub@gmail.com
독자문의 readers.jpub@gmail.com / **교재문의** jeipubmarketer@gmail.com

편집부 이민숙, 황혜나, 이 슬, 이주원 / **소통·기획팀** 민지환 / **회계팀** 김유미
교정·교열 홍성신 / **본문디자인** 이민숙 / **표지디자인** 미디어픽스
용지 에스에이치코리아 / **인쇄** 한승인쇄사 / **제본** 광우제책사

ISBN 979-11-88621-02-6 (93000)
값 28,000원

※ 이 책은 저작권법에 따라 보호를 받는 저작물이므로 무단 전재와 무단 복제를 금지하며,
   이 책 내용의 전부 또는 일부를 이용하려면 반드시 저작권자와 제이펍의 서면동의를 받아야 합니다.
※ 잘못된 책은 구입하신 서점에서 바꾸어 드립니다.

제이펍은 독자 여러분의 아이디어와 원고 투고를 기다리고 있습니다. 책으로 펴내고자 하는 아이디어나 원고가 있으신 분께서는 책의 간단한 개요와 차례, 구성과 저(역)자 약력 등을 메일로 보내주세요.   jeipub@gmail.com

엔지니어를 위한 파이썬

e n g i n e e r

p y t h o n

NumPy · matplotlib · SciPy · ctypes · IPython · pandas

나카쿠키 켄지 지음 | 심효섭 옮김

제이펍

엔지니어를 위한 파이썬

차 례

옮긴이 머리말 ———————————————— xv
머리말 ———————————————————— xvii
이 책의 구성 ———————————————— xx
베타리더 후기 ——————————————— xxiii

CHAPTER 1 과학 기술 컴퓨팅과 파이썬   1

1.1 데이터로 살펴보는 파이썬의 현재 3

   1.1.1 파이썬의 대두 ———————————————————————————— 3
   1.1.2 교육용 언어로서의 파이썬 ———————————————————— 6
   1.1.3 일본에서의 사용 현황 ——————————————————————— 7

1.2 파이썬 기초 지식 8

   1.2.1 파이썬의 개발 배경 ———————————————————————— 8
   1.2.2 파이썬의 특징 ———————————————————————————— 9
     ❶ 가독성과 유지보수성 ————————————————————— 10
     ❷ 인터프리터 언어 ————————————————————————— 10
     ❸ 스크립트 언어 —————————————————————————— 10
     ❹ 접착제 언어 ——————————————————————————— 11
     ❺ 배터리 내장 ——————————————————————————— 11
     ❻ 풍부한 생태계 —————————————————————————— 12
     column **파이썬의 탄생**_13
   1.2.3 패키지 관리 시스템 ——————————————————————— 14
   1.2.4 파이썬 2.x대와 파이썬 3.x대 ————————————————— 14

1.3 과학 기술 컴퓨팅과 파이썬의 관계 17

   1.3.1 파이썬이 과학 기술 컴퓨팅에 사용되는 이유 ——————— 17
     ■ 파이썬의 보급도 ———————————————————————— 18
     ■ 쉬운 사용 ———————————————————————————— 18
   1.3.2 왜 파이썬을 사용하는가 ————————————————————— 18
   1.3.3 SciPy Stack ————————————————————————————— 21
     ■ 민간 기업과 커뮤니티 ———————————————————— 22
     ■ 파이썬의 활용 사례 —————————————————————— 24
   1.3.4 파이썬은 정말 속도가 느린가 —————————————————— 24
     ■ 성능 비교의 세부사항 ————————————————————— 26
     column **스택 메모리와 힙 메모리**_29

1.4 정리 31

CHAPTER 2 **제로부터 시작하는 시뮬레이터 개발**   33

2.1 **시뮬레이터 설계하기 35**
2.1.1 로켓 시뮬레이터 — PyRockSim ··· 35
2.1.2 기능의 구성 ·· 36
2.1.3 프로그램을 구축하는 절차 ·· 36

2.2 **기능 분할과 파일 분할 37**
2.2.1 기능 분할 ·· 37
　■ 기능 구현 시 유의할 점   39
2.2.2 파일 분할과 import ·· 39

2.3 **프로그램 작성 40**
2.3.1 프로그램의 처리 흐름 ·· 40
2.3.2 라이브러리의 import ··· 40
2.3.3 로켓 제원의 설정 ·· 41
2.3.4 상탯값의 설정과 적분 계산 ·· 42
2.3.5 메인 실행 코드 ·· 45
2.3.6 계산 결과 확인하기 ·· 48

2.4 **정적 코드 분석 50**
2.4.1 정적 코드 분석의 목적 ··· 50
2.4.2 정적 코드 분석을 위한 도구 ·· 51

2.5 **단위 테스트 52**
2.5.1 소프트웨어 테스트 ··· 52
2.5.2 단위 테스트를 위한 도구 ·· 53
2.5.3 doctest ·· 54
2.5.4 unittest ··· 57
2.5.5 nose ·· 59

2.6 **디버깅 61**
2.6.1 pdb ··· 61
2.6.2 pdb가 필요하지 않은 디버깅 ·· 61
2.6.3 pdb를 사용해야 하는 디버깅 ·· 63

2.7 **프로그램의 최적화 67**
2.7.1 먼저 프로파일링부터 ·· 67
2.7.2 다른 사람의 성과를 활용 ·· 69
2.7.3 더욱 더 빠르게 ·· 72

2.8 **정리 73**

CHAPTER 3 **IPython과 Spyder**   75

3.1 **IPython 77**
3.1.1 IPython이란? ·· 77
3.1.2 IPython을 사용하려면 ··· 79
　c o l u m n   **Jupyter**_80
3.1.3 Jupyter Notebook에서 사용하기 ·· 80
3.1.4 IPython의 기본 사용법 — 입력과 출력의 관계 ·· 82

　■ 객체의 내용을 확인하기 ──────────────────── 83
　■ 함수의 내용 표시하기 ───────────────────── 84
　■ 함수의 내용을 자세히 표시하기 ──────────────── 85
　■ 객체를 이름으로 검색하기 ──────────────────── 85
　■ 매직 커맨드 ─ 라인 매직, 셀 매직 ──────────────── 86
　■ 운영체제와의 연계 ───────────────────── 88
　■ 명령 히스토리 확인하기 ──────────────────── 89
　■ 히스토리 검색하기 ───────────────────── 90
　■ 탭 자동 완성 ──────────────────────── 91
　■ 스크립트 파일 실행하기 ──────────────────── 92
　3.1.5　IPython에서 디버깅하기 ─ 디버거 pdb ───────────── **92**
　■ 사후 분석 디버깅 ───────────────────── 92
　■ 스크립트를 지정하여 디버거 실행 ──────────────── 95
　■ 지정한 위치에서 디버거 실행하기 ────────────── 97
　3.1.6　프로파일링 ─────────────────────── **97**
　■ 실행 시간 측정 ────────────────────── 97
　■ 프로파일링을 위한 준비 ──────────────────── 99
　■ 실행 시간 프로파일링 ──────────────────── 100
　■ 메모리 사용량에 대한 프로파일링 ──────────────── 103
　■ 메모리 프로파일링 대상을 소스 코드 안에서 ──────────── 104

3.2　**Spyder**　**106**
　3.2.1　Spyder란? ──────────────────────── 106
　3.2.2　Spyder의 주요 기능 ─────────────────── 107
　■ 프로그램 에디터 ───────────────────── 108
　■ 프로그램 실행 ────────────────────── 110
　■ 닥스트링이나 도움말 보기 ─ Object inspector ───────── 111
　■ 워크스페이스에 정의된 변수의 정보 보기
　　─ Variable explorer ────────────────── 112
　■ 데이터 파일 입출력 ─────────────────── 112
　3.2.3　UMD ─ Spyder의 숨은 중요 기능 ───────────── 114

3.3　**정리**　**114**

CHAPTER 4　**파이썬의 기초**　　　　　　　　　　　　**115**

4.1　**작성 스타일**　**117**
　4.1.1　스크립트를 작성하는 규칙 ───────────────── 117
　■ 인코딩 ─────────────────────── 117
　■ 들여쓰기 ────────────────────── 118
　■ 주석 ─────────────────────── 119
　4.1.2　PEP ──────────────────────── 119
　4.1.3　스크립트의 구성 ──────────────────── 120

4.2　**객체와 데이터 타입**　**124**
　4.2.1　객체 ───────────────────────── 124
　4.2.2　식별자 ──────────────────────── 125
　　column 　예약어에 속하는 식별자_126
　4.2.3　내장 데이터 타입 ─ 주요 데이터 타입의 목록 ───────── 127
　　column 　불변형이란 무엇인가? ─ 파이썬의 구현은
　　　　　메모리를 어떻게 사용할까?_128

■ 숫자 데이터 타입 ━━━━━━━━━━━━━━━━━━ 128
■ 문자열 데이터 타입 ━━━━━━━━━━━━━━━ 129
■ 리스트 ━━━━━━━━━━━━━━━━━━━━━━━ 130
■ 튜플 ━━━━━━━━━━━━━━━━━━━━━━━━ 130
■ 바이트 및 바이트 배열 ━━━━━━━━━━━━━ 131
■ 딕셔너리 ━━━━━━━━━━━━━━━━━━━━━ 131
■ 집합 ━━━━━━━━━━━━━━━━━━━━━━━━ 132
4.2.4 리터럴 ━━━━━━━━━━━━━━━━━━━━━━━━━ **133**
■ 문자열 리터럴 ━━━━━━━━━━━━━━━━━━ 133
■ 문자열에서 사용되는 이스케이프 시퀀스 ━━━ 134
■ 숫자 리터럴 ━━━━━━━━━━━━━━━━━━━ 135
■ 컨테이너 타입의 리터럴 ━━━━━━━━━━━━ 136

4.3 시퀀스 타입 조작하기 136

4.3.1 인덱싱 ━━━━━━━━━━━━━━━━━━━━━━━ 137
4.3.2 슬라이싱 ━━━━━━━━━━━━━━━━━━━━━━ 137
4.3.3 데이터를 변경하기 ━━━━━━━━━━━━━━━━ 139
4.3.4 리스트 컴프리헨션 ━━━━━━━━━━━━━━━━ 140

4.4 집합 타입과 딕셔너리 타입의 조작 142

4.4.1 집합 타입의 조작 ━━━━━━━━━━━━━━━━━ 142
4.4.2 딕셔너리 타입의 조작 ━━━━━━━━━━━━━━ 144

4.5 변수와 데이터 145

4.5.1 새로운 변수의 생성 ― 파이썬의 경우 ━━━━━━ 145
■ C 언어의 경우 ━━━━━━━━━━━━━━━━━ 147
4.5.2 변수의 재정의 ― 파이썬의 경우 ━━━━━━━━━ 148
■ C 언어의 경우 ━━━━━━━━━━━━━━━━━ 148
4.5.3 참조 값 할당하기 ― 참조의 할당에 대한 기본적인 예 ━ 149
■ 참조 값을 할당한 후 재정의하기 ━━━━━━━ 151
■ 2개의 변수에 동일한 리스트를 할당하기 ━━━ 152

4.6 얕은 복사와 깊은 복사 154

4.6.1 얕은 복사 ━━━━━━━━━━━━━━━━━━━━━ 154
■ 복합 객체가 아닌 경우 ━━━━━━━━━━━━━ 154
■ 복합 객체인 경우 ━━━━━━━━━━━━━━━ 155
4.6.2 깊은 복사 ━━━━━━━━━━━━━━━━━━━━━ 157

4.7 연산자와 평가식 158

4.7.1 부울 값의 판정과 부울 연산 ━━━━━━━━━━━ 158
4.7.2 비교 연산자 ━━━━━━━━━━━━━━━━━━━ 159
4.7.3 숫자 데이터 타입의 연산 ━━━━━━━━━━━━ 159
4.7.4 정수의 비트 연산 ━━━━━━━━━━━━━━━━ 161

4.8 흐름 제어 162

4.8.1 if문 ━━━━━━━━━━━━━━━━━━━━━━━━ 162
4.8.2 for문 ━━━━━━━━━━━━━━━━━━━━━━━ 164
 column 공백 문자의 사용법_165
4.8.3 while문 ━━━━━━━━━━━━━━━━━━━━━ 166
4.8.4 try문 ━━━━━━━━━━━━━━━━━━━━━━━ 167
4.8.5 with문 ━━━━━━━━━━━━━━━━━━━━━━ 169

4.9 함수 정의하기 170

4.9.1 함수를 정의하는 기본 방법 ━━━━━━━━━━━ 170

4.9.2 옵션 인자 —————————————————————————————— 172

4.9.3 가변 길이 인자와 키워드 인자 ——————————————————— 173

4.9.4 lambda 식 ———————————————————————————— 174

4.9.5 제너레이터 함수 —————————————————————————— 175

4.9.6 데코레이터 ———————————————————————————— 176

4.9.7 절차적 언어 ———————————————————————————— 178

4.10 모듈과 패키지 **179**

4.10.1 라이브러리, 모듈, 패키지 ———————————————————— 179

4.10.2 import의 기본 —————————————————————————— 181

　■ 패키지의 import ——————————————————————— 183

4.10.3 파일을 검색하는 순서 ————————————————————— 184

4.11 네임스페이스와 유효 범위 **185**

4.11.1 네임스페이스 —————————————————————————— 185

4.11.2 유효 범위 ———————————————————————————— 186

4.11.3 함수에서의 유효 범위와 네임스페이스 —————————————— 187

　■ 네임스페이스와 변수의 조작 ————————————————— 188

　■ global문과 유효 범위 확장 —————————————————— 188

　■ nonlocal과 유효 범위 확장 —————————————————— 189

　■ 클로저 ——————————————————————————— 190

4.12 정리 **191**

CHAPTER 5 **클래스와 객체의 기초**   **193**

5.1 클래스 정의 **195**

5.1.1 이번 장에서 배울 내용 —————————————————————— 195

5.1.2 클래스 정의의 기본 형태 ————————————————————— 195

5.1.3 클래스 속성과 인스턴스 속성 ——————————————————— 198

5.1.4 생성자와 소멸자 —————————————————————————— 199

5.2 상속 **200**

5.2.1 기반 클래스와 파생 클래스 ———————————————————— 200

5.3.2 상속받은 속성의 재정의와 속성 추가 ——————————————— 201

5.3 스태틱 메서드와 클래스 메서드 **202**

5.3.1 스태틱 메서드 —————————————————————————— 202

5.3.2 클래스 메서드 —————————————————————————— 203

5.4 정보를 은폐하는 방법 **204**

5.4.1 정보 은폐와 캡슐화 ——————————————————————— 204

5.4.2 프라이빗 멤버 지정하기 ————————————————————— 205

5.5 클래스와 네임스페이스 **206**

5.5.1 네임스페이스와 유효 범위의 생성 —————————————————— 206

5.5.2 클래스 속성과 인스턴스 속성 ——————————————————— 207

5.6 정리 **210**

6.1 **콘솔 입출력** **213**

    6.1.1 콘솔 입력 213

    6.1.2 콘솔 출력 214

6.2 **파일 입출력의 기본** **214**

    6.2.1 open 함수 214

    6.2.2 open 함수의 열기 모드 215

    6.2.3 파일 열기와 파일 닫기 216

    6.2.4 파일에 쓰기 216

6.3 **데이터 파일 입출력하기** **217**

    6.3.1 입출력에 자주 사용되는 데이터 포맷 217

    6.3.2 CSV 파일 읽고 쓰기 218

       ■ 표준 라이브러리 모듈 219

       ■ NumPy의 CSV 읽기 기능을 제공하는 함수 220

    6.3.3 Excel 파일 입출력 222

       ■ XLS 포맷 파일의 입출력 222

       ■ OOXML 포맷 파일의 입출력 223

    6.3.4 pickle 파일 입출력 225

       ■ 단일 변수를 pickle로 만들기 225

       ■ 여러 변수를 pickle로 만들기 226

    6.3.5 그 외 바이너리 파일 입출력 228

       ■ NumPy의 npy/npz 포맷 228

       ■ HDF5 포맷 229

       ■ MAT-file 포맷 230

       c o l u m n **HDF5**_231

6.4 **pandas의 데이터 입출력 기능** **232**

    6.4.1 pandas의 데이터 입출력 함수 232

    6.4.2 데이터 포맷에 따른 입출력 속도 234

    6.4.3 텍스트 데이터 입출력 235

       ■ 데이터 읽기 자세히 보기 240

6.5 **웹상의 정보를 입력받기** **242**

    6.5.1 urllib 패키지를 사용한 HTML 데이터 읽기 242

       ■ 파이썬 2.x와 파이썬 3.x의 urllib과 관련된 정보 242

       c o l u m n **시행착오를 통한 입력 설정**_243

6.6 **정리** **244**

7.1 **NumPy란?** **247**

    7.1.1 NumPy가 제공하는 기능 247

    7.1.2 NumPy의 각종 함수 그룹 248

    7.1.3 NumPy가 빠른 이유는? 249

       c o l u m n **선형대수 수치 연산 라이브러리**_250

7.2 NumPy의 데이터 타입 **251**

7.2.1 세분화된 데이터 타입 ——————————————————————— 251
7.2.2 NumPy의 내장 데이터 타입 ——————————————————————— 252
7.2.3 NumPy의 스칼라 ——————————————————————— 253

7.3 다차원 배열 객체 ndarray **254**

7.3.1 배열과 행렬 ——————————————————————— 254
7.3.2 ndarray 생성하기 ——————————————————————— 256
7.3.3 데이터 타입 지정하기 ——————————————————————— 258
7.3.4 ndarray의 속성 ——————————————————————— 260
7.3.5 ndarray의 메서드 ——————————————————————— 263
7.3.6 ndarray로 행렬 계산하기 ——————————————————————— 263
7.3.7 ndarray의 인덱싱 ——————————————————————— 264
　■ 기본 인덱싱을 통한 참조 ————————————————— 265
　■ 응용 인덱싱을 통한 참조 ————————————————— 266
7.3.8 뷰와 사본 ——————————————————————— 269
7.3.9 데이터와 메모리의 관계 ——————————————————————— 271

7.4 유니버설 함수 **272**

7.4.1 유니버설 함수 ufunc의 기능 ——————————————————————— 272
7.4.2 파이썬 함수를 ufunc로 만들기 ——————————————————————— 273

7.5 브로드캐스팅 **274**

7.5.1 브로드캐스팅의 메커니즘 ——————————————————————— 274
7.5.2 브로드캐스팅의 구체적인 예 ——————————————————————— 275
7.5.3 차원 관련 주의사항 ——————————————————————— 276

7.6 정리 **278**

CHAPTER 8 **SciPy**　　　　　　　　　　　　　　　　　　　　　　**279**

8.1 SciPy란? **281**

8.1.1 SciPy의 개요 ——————————————————————— 281
8.1.2 NumPy와의 관계 ——————————————————————— 282
8.1.3 최적화 면에서 더 뛰어난 SciPy ——————————————————————— 283
8.1.4 SciPy와 NumPy의 차이를 알아보기 ——————————————————————— 284

8.2 SciPy 활용하기 **285**

8.2.1 통계 분포 함수 ——————————————————————— 285
　column **파이썬에서 통계 처리하기**_287
8.2.2 이산 푸리에 분석 ——————————————————————— 288
8.2.3 보드 플롯 ——————————————————————— 289
8.2.4 데이터에 내삽하기 ——————————————————————— 291
8.2.5 디지털 신호 필터 설계 ——————————————————————— 293
8.2.6 행렬 분해 ——————————————————————— 295

8.3 정리 **298**

CHAPTER 9 matplotlib 299

9.1 matplotlib이란? 301
- 9.1.1 matplotlib의 개요 ⋯⋯⋯⋯⋯⋯⋯⋯⋯⋯⋯⋯⋯ 301
- 9.1.2 matplotlib의 모듈 ⋯⋯⋯⋯⋯⋯⋯⋯⋯⋯⋯⋯ 301
- 9.1.3 matplotlib 툴킷 ⋯⋯⋯⋯⋯⋯⋯⋯⋯⋯⋯⋯⋯ 302
- 9.1.4 pylab과 pyplot, NumPy의 관계 ⋯⋯⋯⋯⋯ 303

9.2 matplotlib 설정하기 304
- 9.2.1 두 가지 설정 방법 ⋯⋯⋯⋯⋯⋯⋯⋯⋯⋯⋯⋯ 304
  - ■ 설정 확인하기, 설정 명령으로 변경하기 ⋯⋯⋯⋯ 304
- 9.2.2 설정 파일에 설정 작성하기 ⋯⋯⋯⋯⋯⋯⋯⋯ 306
- 9.2.3 스타일시트 ⋯⋯⋯⋯⋯⋯⋯⋯⋯⋯⋯⋯⋯⋯⋯ 307
- 9.2.4 그래프에서 한글 사용하기 ⋯⋯⋯⋯⋯⋯⋯⋯⋯ 309

9.3 matplotlib 활용하기 312
- 9.3.1 기본적인 그리기 방법 ⋯⋯⋯⋯⋯⋯⋯⋯⋯⋯⋯ 312
- 9.3.2 서브 플롯 ⋯⋯⋯⋯⋯⋯⋯⋯⋯⋯⋯⋯⋯⋯⋯⋯ 315
- 9.3.3 등고선 차트 ⋯⋯⋯⋯⋯⋯⋯⋯⋯⋯⋯⋯⋯⋯⋯ 319
- 9.3.4 3차원 플롯 ⋯⋯⋯⋯⋯⋯⋯⋯⋯⋯⋯⋯⋯⋯⋯ 320
  - *column* 컬러 맵_322

9.4 그 외의 그리기 툴 323
- 9.4.1 matplotlib 외의 주요 그리기 툴 ⋯⋯⋯⋯⋯ 323

9.5 정리 324

CHAPTER 10 pandas 325

10.1 pandas란? 327
- 10.1.1 pandas의 개요 ⋯⋯⋯⋯⋯⋯⋯⋯⋯⋯⋯⋯⋯⋯ 327
- 10.1.2 PyData ⋯⋯⋯⋯⋯⋯⋯⋯⋯⋯⋯⋯⋯⋯⋯⋯⋯ 327
- 10.1.3 pandas로 할 수 있는 일은? ⋯⋯⋯⋯⋯⋯⋯⋯ 328

10.2 pandas의 데이터 타입 329
- 10.2.1 기본 데이터 타입 ⋯⋯⋯⋯⋯⋯⋯⋯⋯⋯⋯⋯⋯ 329
- 10.2.2 시리즈 ⋯⋯⋯⋯⋯⋯⋯⋯⋯⋯⋯⋯⋯⋯⋯⋯⋯ 330
- 10.2.3 데이터 프레임 ⋯⋯⋯⋯⋯⋯⋯⋯⋯⋯⋯⋯⋯⋯ 332
- 10.2.4 패널 ⋯⋯⋯⋯⋯⋯⋯⋯⋯⋯⋯⋯⋯⋯⋯⋯⋯⋯ 336

10.3 데이터 처리하기 338
- 10.3.1 pandas의 API ⋯⋯⋯⋯⋯⋯⋯⋯⋯⋯⋯⋯⋯⋯ 338
- 10.3.2 NumPy와의 연동 기능 — 유니버설 함수, 데이터 타입 변환 ⋯⋯⋯ 340
- 10.3.3 부분 데이터 꺼내기 ⋯⋯⋯⋯⋯⋯⋯⋯⋯⋯⋯ 341
- 10.3.4 기본적인 연산 법칙 ⋯⋯⋯⋯⋯⋯⋯⋯⋯⋯⋯ 345
- 10.3.5 비교 연산 ⋯⋯⋯⋯⋯⋯⋯⋯⋯⋯⋯⋯⋯⋯⋯ 348
- 10.3.6 기본적인 통계 함수 ⋯⋯⋯⋯⋯⋯⋯⋯⋯⋯⋯ 350
- 10.3.7 함수 적용하기 ⋯⋯⋯⋯⋯⋯⋯⋯⋯⋯⋯⋯⋯ 352
- 10.3.8 NaN을 적절하게 처리하기 ⋯⋯⋯⋯⋯⋯⋯⋯ 355
- 10.3.9 플로팅 기능 ⋯⋯⋯⋯⋯⋯⋯⋯⋯⋯⋯⋯⋯⋯ 359
- 10.3.10 뷰와 사본 ⋯⋯⋯⋯⋯⋯⋯⋯⋯⋯⋯⋯⋯⋯⋯ 361

10.4 정리 362

CHAPTER 11 프로그램 최적화 **365**

11.1 프로그램 최적화의 기본 **367**
　　11.1.1 최적화를 위한 네 가지 접근법　　　　　　　　　　　367

11.2 병목 해소 **368**
　　11.2.1 병목 해소　　　　　　　　　　　　　　　　　368
　　11.2.2 코딩 방법에 따른 최적화　　　　　　　　　　369
　　　　■ 선입견을 갖지 말고 시도하기　　　　　　　369
　　　　■ 파이썬의 내장 함수 및 표준 라이브러리를 최대한 활용　　369
　　　　■ 반복문 사용을 최대한 피함　　　　　　　　370
　　11.2.3 메모리의 효율적인 사용　　　　　　　　　　371
　　　　■ 메모리 관리　　　　　　　　　　　　　371
　　　　■ ndarray에서 메모리 절약하기　　　　　　　372
　　11.2.4 프로파일러 활용하기　　　　　　　　　　　375
　　　　■ IPython을 사용하지 않고 함수 프로파일링하기　　376
　　　　■ 프로파일링 결과를 시각화하여 보기　　　　378
　　　　■ IPython 없이 라인 프로파일링하기　　　　　380

11.3 병렬 처리하기 **381**
　　11.3.1 CPU의 성능 향상　　　　　　　　　　　　381
　　　　column　**Intel Xeon Phi**_382
　　11.3.2 GIL　　　　　　　　　　　　　　　　　382
　　11.3.3 SIMD　　　　　　　　　　　　　　　　383
　　　　■ Intel SIMD 확장 명령어 세트　　　　　　　383
　　　　■ 파이썬에서 SIMD 활용하기　　　　　　　384
　　　　column　**Intel MKL**_384
　　11.3.4 스레드와 멀티스레드 적용　　　　　　　　385
　　　　■ 멀티스레드 프로그램　　　　　　　　　385
　　　　■ 병렬인 듯 병렬 아닌　　　　　　　　　386
　　　　■ 멀티스레드로 처리 속도를 올리려면　　　387
　　11.3.5 멀티프로세스 사용하기　　　　　　　　　387
　　　　■ 멀티프로세스의 장점　　　　　　　　　388
　　　　column　**주목의 대상 GPU**_388
　　　　■ ProcessPoolExecutor　　　　　　　　389
　　　　column　**Blaze 에코 시스템**_391

11.4 정리 **392**

CHAPTER 12 프로그램 최적화 ― 응용 예 **393**

12.1 고속 라이브러리 활용하기 **395**
　　12.1.1 타 언어 라이브러리 패키지　　　　　　　　395
　　12.1.2 Cython　　　　　　　　　　　　　　　　395
　　　　■ Cython의 기능　　　　　　　　　　　396
　　12.1.3 Cython의 사용 방법　　　　　　　　　　　397
　　　　■ Cython 코드 작성부터 컴파일까지　　　　397
　　　　■ Cython 코드를 실행 시 컴파일하기　　　　399
　　12.1.4 Cython을 이용한 병렬 프로그래밍 예
　　　　　― NumPy 프로그램을 Cython 코드로　　400

■ setup 스크립트의 예 401
■ 최적화의 효과를 확인 402
12.1.5 직접 작성한 C/C++ 라이브러리 활용하기 **403**
■ 직접 작성한 C/C++ 라이브러리 컴파일하기 404
■ 라이브러리를 import하는 방법 405
12.2 **JIT 컴파일러 사용하기** **406**
12.2.1 Numba **406**
c o l u m n **Julia**_407
■ 기본적인 사용법 407
■ 어떤 프로그램에 사용할 수 있나 409
■ Numba의 데코레이터 410
■ Numba의 사용 예(@jitclass) 411
■ Numba의 사용 예(ufunc 작성) 412
■ Numba의 사용 예(멀티스레드 적용) 413
12.2.2 Numexpr **414**
12.3 **정리** **417**

A P P E N D I X **419**

A **참고 문헌 & 학습 자료** **421**
A.1 학습 자료 **421**
■ 각종 공식 사이트 421
■ 서적/문서 421
■ Jupyter Notebook(IPython Notebook) 및
파이썬 예제 422
■ 버전 관리 시스템 Git 422
■ 동영상 422
■ 그 외 자료 423
A.2 배포 패키지 **423**
■ 배포 패키지의 장점 423
■ 대표적인 배포 패키지 423

B **내장 함수와 표준 라이브러리** **424**
B.1 내장 함수 **424**
B.2 표준 라이브러리 **427**

C **NumPy 함수의 레퍼런스** **429**
C.1 기능 항목 **429**
C.2 함수 목록 **430**

찾아보기 445

엔지니어를 위한 파이썬

옮긴이
머리말

파이썬이 시쳇말로 요즘 참 핫합니다. 인공지능이나 머신러닝 연구에서 사용되는 주요 기법이 파이썬으로 구현되고, 다시 이들 기법 위에 새로운 아이디어를 검증하기 위한 구현에도 파이썬을 사용하면서 최신 기법에 대한 코드도 나날이 누적되고 있습니다. 보기에 따라서는 이들 연구에는 반드시 파이썬이 사용된다고 해도 과언이 아닙니다. 이렇듯이 책은 연구 및 개발 활동을 위해 파이썬으로 수치 계산 프로그래밍을 필요로 하는 엔지니어 및 연구자를 위한 책입니다.

이 책은 크게 두 부분으로 구성됩니다. 전반부는 파이썬을 처음 접하는 독자를 위해 간단한 파이썬 문법과 개발 환경을 소개하고 객체지향 설계 기법을 다룹니다. 그 다음 이들 내용을 적용하면서 작성한 코드에 신뢰성을 담보하는 정적 코드 분석 및 단위 테스트를 수행하는 방법을 배웁니다. 이어 후반부에서는 수치 계산 프로그래밍을 위한 대표적인 라이브러리인 NumPy, SciPy를 살펴보고 데이터 시각화 기능을 제공하는 matplotlib과 계층적 데이터 구조와 이에 대한 기능을 제공하는 pandas를 살펴봅니다. 마지막으로 이들 라이브러리를 사용한 수치 계산 프로그램을 최적화하기 위한 다양한 기법도 다룹니다.

이 책의 장점은 수치 계산이라는 뚜렷한 목적을 가진 독자의 시행착오를 최소화한다는 점입니다. 파이썬을 처음 대하는 독자를 위해 파이썬 문법 및 개발 환경을 소개하고, 이들 환경에 익숙한 독자라도 정적 코드 분석 및 단위 테스트를 통해 흔히 발생하는 버그로 인한 시행착오를 줄이고 목표로 하는 계산 내용을 구현하는 데 집중할 수 있도록 도와줍니다. 그리고 수치 계산에서 가장 널리 쓰이는 라이브러리인 SciPy와 NumPy에 대한 이해를 통해 차후 이들 라이브러리를 기반으로 하는 고수준 라이브러리에 대한 깊은 이해를 가질 수도 있습니다. 여기다 뒤에 나오는 최적화 기법을 더한다면 파이썬을 이용한 수치 계산 프로그래밍이라는 주제를 원스톱으로 해결하는 책이라 할 수 있습니다.

그리 까다로운 문장은 아니었지만 그래도 이해를 돕기 위해 적극적으로 윤문한 부분이 있습니다. 책의 출간을 앞둔 지금와서 생각해보니 독자 여러분이 책을 이해하는 데 혹여 저해가 되지 않을까 조금 걱정이 되기도 합니다.

마지막으로, 좋은 책을 믿고 맡겨주신 제이펍 장성두 실장님과 이주원 편집자님의 많은 도움에 감사합니다. 아내 정이에게도 고마움을 표합니다.

옮긴이 **심효섭**

엔지니어를 위한 파이썬

머리말

이 책은 파이썬을 처음 배우는 사람을 위한 입문서입니다. 그중에서도 과학 기술 컴퓨팅을 위해 파이썬을 사용하려는 분들에게 필요한 기초 내용을 정리했습니다.

파이썬은 여러 분야에서 제 역할을 톡톡히 해내고 있는 언어입니다. 각종 공학 시스템의 모형화 및 시뮬레이션이나 기상 데이터 분석, 인공지능 개발, 웹 애플리케이션 구축을 비롯하여 자연어 처리에 이르기까지 다양한 분야에 걸쳐 사용되고 있습니다.

2016년 3월에 구글 딥마인드(DeepMind) 사가 개발한 인공지능 '알파고(AlphaGo)'가 이세돌 9단과의 대국에서 4승 1패로 승리를 거둔 것을 기억할 것입니다. 이 알파고에는 딥마인드에서 개발한 '텐서플로(TensorFlow)'라는 파이썬 라이브러리가 사용되고 있습니다.[1]

자동차 자율주행 연구에서 좋은 성과를 냈던 프리퍼드 네트웍스(Preferred Networks)의 '체이너(Chainer)'도 파이썬에서 사용되는 인공지능 개발용 라이브러리입니다. 그리고 최근에는 IoT(Internet of Things, 사물인터넷)에 대한 연구가 활발히 진행되면서 빅데이터 분석의 중요성이 대두되고 있습니다. 이런 분위기에서 데이터 분석을 처음 배우는 사람들 사이에서도 이해하기 쉬운 언어로 파이썬의 인기가 높습니다.

새로운 프로그래밍 언어일수록 과거로부터 교훈을 받아들여 똑똑한 기능을 갖도록 설계

---

1 URL https://research.googleblog.com/2016/01/alphago-mastering-ancient-game-of-go.html

됩니다. 그러나 설계가 훌륭하다고 해서 그 언어가 폭넓게 사용되는 것은 아닙니다. 언어는 그 역사를 더해갈수록 언어 주변에 다양한 라이브러리나 도구가 갖춰지게 마련이고, 이를 토대로 풍부한 생태계를 형성한 다음에 널리 쓰이게 됩니다.

파이썬은 이 부분에 강점을 가진 언어입니다. 언어 자체의 스펙은 간결하고 이해하기 쉬우며 풍부한 생태계를 이미 갖추고 있습니다. 게다가 대부분의 라이브러리를 무료로 사용할 수 있으며, 파이썬 자체도 개발이 중단될 염려가 거의 없습니다. 예를 들면 파이썬에서 (이 책에서도 설명할) Numpy를 사용하면 고속 수치 계산을 수행할 수 있으며, Scipy에는 과학 기술 컴퓨팅을 위한 다양한 함수가 갖춰져 있습니다. pandas를 사용하면 복잡한 구조를 갖는 데이터를 간단히 분석할 수 있습니다. matplotlib처럼 데이터를 시각화해주는 도구가 충실한 것도 빼놓을 수 없는 부분입니다.

또 공학 분야에서는 분류 시뮬레이션 프로그램의 '빠른 프로토타이핑(rapid prototyping)'이 필요할 때가 많습니다. 동적 타이핑을 갖춘 스크립트 언어인 파이썬은 바로 빠른 프로토타이핑에 적합하다는 장점 덕분에 과학 기술 컴퓨팅이 필요한 사람들이 많이 사용합니다.

이 책은 과학 기술 컴퓨팅에서 파이썬이 지니는 매력을 많은 사람에게 알리고자 집필했습니다. 파이썬의 언어 스펙뿐만 아니라 주요 라이브러리의 사용법과 고속 처리를 위해 필요한 기초 지식 및 실무 기법을 함께 소개했기에 실용성 또한 뛰어날 것입니다. 또한 파이썬을 처음 배우는 분들을 위해 그림이나 표를 이용하여 쉽게 설명하는 데도 중점을 두었습니다.

이 책을 통해 좀 더 많은 독자가 파이썬을 알게 되고 독자 여러분의 기술력 향상에 조금이라도 기여할 수 있다면 더할 나위 없이 기쁠 것입니다.

감사의 말씀

이 책의 집필 과정에서 도쿄대학교의 타우라 켄지로 선생님, 추부대학의 에비누마 타쿠지 선생님에게 많은 조언을 받았습니다. 진심으로 감사드립니다.

파이썬이라는 멋진 언어를 태어나게 한 귀도 반 로섬과 관련 커뮤니티, 그리고 여러 라이브러리가 갖춰지는 데 많은 개발자 여러분의 열의와 헌신이 있었습니다. 이들에게도 진심으로 경의와 감사의 마음을 표합니다.

주말이나 휴일에도 집필에만 몰두하던 저를 응원해준 아내 야스코와 이 책을 쓰는 중에 태어난 딸 사오리에게도 감사를 전합니다.

지은이 **나카쿠키 켄지**

엔지니어를 위한 파이썬

이 책에서는 파이썬 언어 스펙과 기본적인 내용에 더해 연구 개발 분야에서 파이썬이 어떻게 쓰이는가에 중점을 두고 파이썬을 소개합니다. 주로 이공계 학생이나 엔지니어들이 파이썬의 생태계를 활용하여 효율적인 연구, 개발을 하는 데 도움이 되는 구성을 택하고 있습니다. 각 장은 아래와 같은 내용으로 구성됩니다.

1장 '과학 기술 컴퓨팅과 파이썬'에서는 파이썬이라는 언어의 특징과 프로그래밍 언어에서 갖는 위상, 그리고 현재 파이썬이 어떻게 쓰이고 있는가에 대한 동향 등을 소개합니다. 이를 통해 왜 지금 파이썬을 사용해야 하는지에 대한 이유를 이해하게 됩니다.

2장 '제로부터 시작하는 시뮬레이터 개발'에서는 무(無)에서부터 시작하여 시뮬레이션 프로그램을 개발하고 이 프로그램을 개선해가는 과정을 살펴보게 됩니다. 이 과정을 통해 효율적인 프로그램을 개발하는 데 필요한 전체적인 절차를 배우게 됩니다.

3장 'IPython과 Spyder'에서는 파이썬의 표준 대화형 셸이라 할 수 있는 IPython과 통합 개발 환경인 Spyder를 다룹니다. 이 도구의 기능과 사용법을 익히면서 여러분의 생산성도 비약적으로 향상될 것입니다.

4장 '파이썬의 기초'에서는 파이썬을 처음 배우는 독자를 위해 파이썬 언어의 기본적인 문법을 설명합니다. 그리고 5장 '클래스와 객체의 기초'에서 파이썬의 객체 지향 관련 기능을 설명한 뒤, 6장 '입력과 출력'에서는 데이터의 입출력 방법에 대한 큰 그림을 제공합니다. 이렇게 3개 장을 배우고 나면 파이썬으로 프로그래밍을 시작할 수 있습니다.

7장부터 10장까지는 과학 기술 컴퓨팅에 필수 라이브러리인 Numpy, SciPy, matplotlib, pandas를 각각 다룹니다. 이들 라이브러리는 과학 기술 컴퓨팅에 가장 중요한 것으로 이러한 라이브러리를 능숙하게 사용하면 구현할 수 있는 작업이 대폭 늘어납니다.

11장 '프로그램 최적화' 및 12장 '프로그램 최적화 ― 응용 예'에서는 빠른 프로그램을 작성하는 데 필요한 원칙과 도구를 사용하는 구체적인 예에 대해 소개합니다. 이 장의 내용은 과학 기술 컴퓨팅에서 파이썬을 이용하는 고급 프로그래머가 될 수 있도록 해줍니다.

이 책의 대상 독자

이 책의 대상 독자는 앞으로 과학 기술 컴퓨팅 혹은 엔지니어링에 파이썬을 처음 사용하려는 분들입니다. 아래와 같은 독자에게 추천합니다.

- 파이썬이 어떤 언어인지, 어떤 일을 할 수 있는지 배우고 싶은 분
- 파이썬으로 과학 기술 컴퓨팅을 수행하려는 분
- 파이썬 고성능 프로그래밍의 기초를 배우고 싶은 분
- 파이썬으로 실제 프로그래밍 작성법을 배우고 싶은 분

이 책은 파이썬의 기본적인 문법뿐만 아니라 과학 기술 컴퓨팅을 효율적으로 수행하기 위한 기술을 익힐 수 있도록 구성됐습니다. 단순히 언어 스펙만이 아닌 효율적인 프로그래밍을 익히려는 분에게 가장 적합합니다.

동작 확인에 쓰인 운영체제와 파이썬 버전

이 책의 프로그램은 윈도우 8 이상에서 검증되었으며, 벤치마크 테스트할 때의 동작 환경은 1장의 '성능 비교의 세부사항' 절에서 볼 수 있습니다.

이 책의 내용은 기본적으로 윈도우, 맥OS, 리눅스 어떤 운영체제에서도 동일한 동작을 확인할 수 있습니다. 설정과 관련된 내용이나 파일 경로를 나타내는 방법 등 운영체제에 따라 달라지는 부분도 있지만 프로그램을 작성하는 방법은 차이가 거의 없습니다. 달라질 수 있는 부분에 대해서는 그때마다 설명을 덧붙였습니다.

파이썬 버전은 3.5 이상을 전제로 합니다. 앞으로 파이썬을 활용하려는 독자에게는 2.x 대 버전은 그다지 배울 필요가 없을 것입니다. 새로운 언어 스펙은 3.x대 위주로 추가됐으므로 파이썬 역시 최신 버전을 사용하기 바랍니다. 다만, 다양한 패키지의 의존관계 문제를 직접 해결하려면 시간과 노력이 많이 소요되므로 최신 버전에 대한 배포 패키지를 이용하는 방법을 추천합니다.

그리고 파이썬에는 몇 가지 서로 다른 구현이 있지만 이 책에서는 기준 구현이 되는 CPython(C 언어로 구현된 파이썬)을 사용합니다. 독자 여러분도 일부러 다른 구현을 선택하지 않는 이상은 CPython을 사용하게 될 것입니다.

이 책의 지원 페이지

이 책의 지원 페이지는 다음 URL로 접속하면 됩니다.

URL https://github.com/Jpub/scTechPython

이 책과 관련한 정보 및 동작 확인에 필요한 개발 환경을 갖추기 위한 정보로 아래와 같은 내용이 포함돼 있습니다.

- 배포 패키지 설치
- C/C++ 컴파일러 설정(특히 윈도우 환경에서)
- 주요 서드파티 라이브러리(NumPy, SciPy, matplotlib, pandas, IPython 등)의 설치 및 설정

이 책에 나온 예제 코드도 해당 페이지를 참조하십시오.

엔지니어를 위한 파이썬

🕊 김종욱(카이스트)

이 책은 파이썬을 이용하여 효과적인 과학 기술 연산을 가능하게 합니다. 파이썬이 스크립트 언어이기 때문에 C나 C++보다 느릴 것이라 생각했는데, 파이썬 전용 가속 라이브러리가 있어 이러한 한계를 극복할 수 있다는 것을 이 책을 통해 처음으로 알게 되었습니다. 이 책에서는 파이썬에서 제공하는 다양한 기능들, 특히 연산 처리를 최적화하는 방법에 관해 잘 정리했습니다. 다른 책에서는 단순한 앱을 만들면서 파이썬을 학습하는 데 초점을 둔 반면, 이 책의 경우 성능 향상이라는 부분에 초점을 두고 서술했다는 점에서 기존의 책과 다른 접근에 참신한 인상을 받았습니다. 다만, 이 책의 경우 어느 정도 컴퓨터 구조에 대한 지식을 요하는 만큼 초급자 분들이 읽기에는 어려울 수 있습니다.

🕊 고승광(플랜티넷)

요즘 핫한 언어이자 당분간 계속 핫할 파이썬에 대한 중급 수준의 책입니다. 파이썬 문법만 겨우 알고 있고 아직 제대로 된 개발을 해보지 못한 저와 같은 초급자에게는 다소 어려운 내용이 많습니다. 그렇지만 다른 파이썬 기본서에는 없었던 내용을 꽤 많이 소개해서 보다 심화된 내용을 필요로 하는 개발에 도움이 될 듯합니다.

🐦 박두현(마블러스)

이 책은 파이썬을 처음 배우고자 하는 사람에게 어울리는 책은 아닙니다. 하지만 데이터 과학의 맛을 보고자 하는 분에게 이만한 책이 없다고 생각합니다. 일반 애플리케이션 제작과 데이터 분석의 코딩이 무엇이 다른지, 접근하는 방식이 어떻게 다른지에 대해 알 수 있어서 유익했습니다. 베타리딩하는 동안 가장 재미있게 읽은 책입니다. 데이터 분석이 일반 프로그래밍과 무엇이 다른지 깨닫게 해주었습니다.

🐦 박조은

파이썬 생태계는 방대해서 이해하고 사용할 수 있는 것은 일부에 지나지 않습니다. 이 책을 통해 과학 기술 계산과 관련하여 어렵게 느껴졌던 여러 패키지들을 다양한 예제와 함께 실행해볼 수 있었습니다. 여전히 파이썬의 여러 기능을 적재적소에 제대로 사용하는 건 어렵지만, 이 중에서 어떤 것을 선택해서 더 깊게 공부해야 할지 방향을 잡는 데 도움이 되었습니다. 최근 데이터 과학을 공부하면서 과학 기술 컴퓨팅을 위한 라이브러리와 패키지를 사용하고 있지만, 패키지의 모든 내용을 알기도 어려울뿐더러 알고 있는 내용을 제대로 써먹는 일도 어렵습니다. 이 책을 통해 그동안 조금씩 익혔던 파이썬의 여러 라이브러리의 기능을 정리하고 모르고 있었던 새로운 기술을 익힐 수 있는 기회가 됐습니다.

🐦 이철혁(스노우)

파이썬을 처음 접하는 분들에게 기초부터 필수 확장 라이브러리인 NumPy, SciPy, pandas에 대해 개념을 잡을 수 있는 책입니다. 고급 활용까지는 아니지만 기본기를 다지고 공식 문서를 볼 수 있는 실력을 배양할 수 있습니다. 책에서 대표적 IDE 설명으로 Spyder를 소개하는데, 국내에서는 PyCharm을 좀 더 많이 사용하니 비교해서 맞는 IDE를 사용하면 좋겠습니다. 개인적으로 Numpy, SciPy, pandas 등 라이브러리 설명에 좀 더 집중했으면 좋았을 것 같습니다. 그래도 파이썬 기초에 대해 충실하게 다루고 있습니다. 파이썬 입문과 심화 과정을 한 권에 잘 담았습니다.

🦋 최승호(네이버)

파이썬이라는 녀석으로 데이터 분석, 과학 수식 연산, 시각화 도표까지 라이브러리로 해
결할 수 있기 때문에 일석이조를 넘어 일석삼조도 가능하다고 생각합니다. '파이썬을 해
야 해?'가 아닌 '파이썬은 해야 해!'가 맞다고 생각합니다. 특히, 이 책은 설명이 자세해서
파이썬 입문자에게도 강력히 추천합니다.

제이펍은 책에 대한 애정과 기술에 대한 열정이 뜨거운 베타리더들로 하여금
출간되는 모든 서적에 사전 검증을 시행하고 있습니다.

CHAPTER

1

과학 기술 컴퓨팅과
파이썬

Numpy   Matplotlib   Scipy

Ctypes   IPython   Pandas

과학 기술 컴퓨팅 분야에서는 지금까지 C/C++, Fortran, Java, MATLAB 등이 널리 쓰였다. 그러나 이제 파이썬이 이들을 대체하여 널리 사용되고 있다.

이번 장에서는 과학 기술 컴퓨팅 분야에서 파이썬이 대두하게 된 현실을 데이터에 근거하여 알아본다. 그리고 파이썬 개발에 대한 역사 및 언어적 특징에 대해서도 소개한다. 특히 초심자가 망설이기 쉬운 파이썬의 버전 선택에 대해서도 다룬다. 마지막으로 과학 기술 컴퓨팅 분야에서 파이썬이 점점 널리 사용되는 이유를 C 언어와의 벤치마크 테스트 등 다양한 각도에서 조명해본다.

1.1 데이터로 살펴보는 파이썬의 현재

파이썬은 다양한 분야에서 매우 인기가 높은 언어다. 그렇다면 실제로는 누가, 어떤 용도로 사용하고 있는 것일까? 또한 얼마나 널리 쓰이고 있는 것일까? 이번 절에서는 파이썬의 현재 인기도에 대한 검증 및 과학 기술 컴퓨팅에서 점점 널리 사용되고 있는 실상을 알아볼 것이다. 마지막으로 일본에서 사용되는 현황 및 앞으로의 전망에 대해서도 살펴본다.

1.1.1 파이썬의 대두

파이썬(Python)을 쓰는 사용자는 얼마나 될까? 먼저 파이썬의 인기도가 어느 정도인지부터 살펴보자.

프로그래밍 언어의 인기도를 알 수 있는 지표 중 하나로 **TIOBE index**[1]가 있다. 이 지수는 TIOBE는 기업이 작성하고 있는 지표로 대부분의 주요 검색 서비스(2016년 8월 기준 Google, Bing, Yahoo!, Wikipedia, Amazon, YouTube, Baidu 등 25개 서비스 포함) 등에서 아래와 같은 쿼리로 얻은 결과를 분석하여 계산한 값(Ratings[2])을 통해 얻은 결과를 표 1.1에 실었다.

```
+"<language> programming"
```

이 결과를 보면 Java와 C 언어가 절대적인 인기를 누리고 있음을 알 수 있다. 파이썬은 5위에 랭크되었으나 매해 상승폭이 가장 컸던 언어에 주는 'Programming Language of the Year'에 2007년부터 2010년까지 뽑힌 바 있다.

그러나 파이썬이 과학 기술 컴퓨팅에서 얼마나 쓰이고 있는지는 TIOBE index만으로는 알기 어렵다. 이를 확인하기 위해 IEEE(Institute of Electrical and ElectronicsEngineers)에서 추산하는 프로그래밍 언어에 대한 인기도 지표를 살펴보자. 잡지 〈IEEE Spectrum〉(IEEE)에서 정리한 'Top Programming Languages'라는 프로그래밍 언어 지표를 표 1.2에 실었다. 이 지표는 Google Search, Google Trend, Twitter, GitHub, Stack Overflow,

---

1 'TIOBE'는 '티오비' 또는 '타이오비'라고 읽는다.
2 지표의 값. 이 값의 정의에 대해서는 다음 URL 참조. 'TIOBE Programming Community Index Definition'
   URL http://www.tiobe.com/tiobe_index?page=programminglanguages_definition

Reddit, IEEE Xplore Digital Library(IEEE Xplore) 등 10개 정보 서비스로부터 얻은 언어의 이용도 지표에 IEEE가 독자적으로 산정한 점수를 곱하여 계산한 것이다. 표 1.2에 나온 전체 지표가 이 순위에 해당한다. 이 결과에서는 파이썬이 3위에 랭크되어 있다. 그러나 이 결과 역시 앞에서 본 TIOBE index와 마찬가지로 과학 기술 컴퓨팅에 대한 프로그래밍 언어의 인기도를 나타내는 지표로 보기는 어렵다.

이 Top Programming Languages에서는 순위 산출 시 사용되는 가중치를 바꿀 수 있으므로 IEEE Xplore만으로 순위를 매겨보자. IEEE Xplore에는 과학 기술 분야 360만 편 이상의 논문이나 기사가 등록되어 있다. 이들 논문 중에서 언어가 언급된 횟수를 인기도의 지표로 삼으면 과학 기술 컴퓨팅 분야에서 어떤 언어가 많이 쓰이는지를 알 수 있다.[3] 특히 2016년에 발표된 논문만을 대상으로 계산한 인기도 지표를 표 1.2의 'IEEE Xplore만' 열에서 볼 수 있다. 1위부터 3위까지는 전체 지표 순위와 변화가 없어 파이썬이 3위에 자리잡고 있다. 4위 이하부터는 실행 속도 면에서 유리한 C++, 스크립트 언어인 MATLAB, 데이터 통계 처리에 강점이 있는 R, 강력한 데이터 시각화 기능을 가진 Processing 등의 언어가 상위에 있다. 이 데이터로 파이썬이 과학 기술 컴퓨팅 분야에서도 최상위에 해당하는 인기도를 누리고 있음을 알 수 있다.

이외에도 파이썬이 과학 기술 컴퓨팅 분야에서 인기가 오르면서 파이썬 사용이 늘어나고 있음을 보여주는 데이터가 있다. 과학 기술 컴퓨팅을 위해 파이썬을 사용할 때 필수라 할 수 있을 만큼 많이 사용되는 패키지로 NumPy(넘파이), SciPy(사이파이)가 있다. 이들 패키지를 다운로드한 횟수를 그림 1.1에 나타냈다. 이 그래프는 PyPI(파이피아이, 뒤에 설명함)라고 하는 파이썬 공식 저장소의 통계치다.[4]

리눅스[5]나 맥OS 같은 운영체제에는 이들 패키지가 기본적으로 탑재되며, 윈도용 파이썬 배포판에도 포함되어 있으므로 이 값은 경향에 대해 참고만 하기 바란다. 주목해야 할 것은 다운로드 횟수의 변화다. 2012년 이후로 다운로드 수가 대폭 증가했음을 알 수 있다.

---

3   웹 애플리케이션 및 모바일, 임베디드 분야에 쓰인 프로그램은 추가로 제외한다.

4   최근의 데이터는 입수가 불가능하여(2016년 8월 시점) 2014년까지의 데이터를 사용했다.

5   Ubuntu, Debian GNU/Linux, Red Hat Enterprise Linux, CentOS 등 대부분의 리눅스 배포판에서 파이썬을 사용할 수 있다.

이것은 NumPy를 의존 패키지로 하는 패키지가 늘어난 것도 원인이지만, 파이썬을 과학
기술 컴퓨팅에 사용하는 사람이 크게 늘어난 것으로 봐도 무방할 것이다.

표 1.1 TIOBE Index(2016년 8월)

순위	언어	Ratings(%)	순위	언어	Ratings(%)
1	Java	19.01	11	Delphi/Object Pascal	2.28
2	C	11.30	12	Ruby	2.28
3	C++	5.80	13	Visual Basic	2.05
4	C#	4.91	14	Swift	1.98
5	Python	4.40	15	Objective-C	1.88
6	PHP	3.17	16	Groovy	1.64
7	Javascript	2.71	17	R	1.61
8	Visual Basic .NET	2.52	18	MATLAB	1.54
9	Perl	2.51	19	PL/SQL	1.38
10	Assembly	2.36	20	Go	1.27

표 1.2 IEEE Spectrum에서 발표한 2016년 프로그래밍 언어 순위

순위	전체 지표	IEEE Xplore만	순위	전체 지표	IEEE Xplore만
1	C	C	6	C#	R
2	Java	Java	7	PHP	CUDA
3	Python	Python	8	Javascript	C++
4	C++	MATLAB	9	Ruby	Processing
5	R	C#	10	Go	LabView

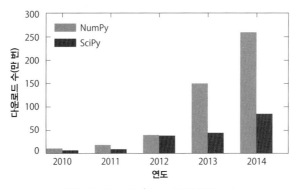

그림 1.1 NumPy/SciPy의 다운로드 수

1.1.2 교육용 언어로서의 파이썬

앞 절을 읽은 독자들 중에는 '파이썬이 제일 인기 좋은 언어는 아니구만'이라고 생각하는 독자도 있을 수 있다. 그러나 파이썬에는 중요한 특징이 하나 더 있다. 바로 프로그래밍을 처음 배우는 사람이 아주 쉽게 배울 수 있는 언어라는 점이다. 앞에서도 설명했지만 파이썬은 언어 스펙에 대한 정의를 필요 최소한으로 줄인 비교적 간단한 언어이며 가독성도 뛰어나다(뒤에 설명함). 이 때문에 파이썬은 프로그래밍이나 컴퓨터 과학을 처음 배우는 사람에게도 안성맞춤인 언어다.

미국의 39개 최상위 대학의 컴퓨터 과학 과정에서 파이썬을 교육용으로 가장 많이 사용한다는 데이터가 있다. 그림 1.2는 필립 구오(Philip Guo)[6]가 조사한 상위 10위 컴퓨터 과학과 중 8곳에서 컴퓨터 과학 입문 강의에 파이썬을 사용하고 있으며, 이를 39개 대학 전체로 범위를 넓히면 27곳의 학과에서 파이썬을 사용하고 있다. 일반적으로 인기가 높은 Java나 C보다 파이썬이 교육 현장에서 보다 널리 쓰이고 있다는 것은 초심자에게도 쉬운 언어이기 때문이다.

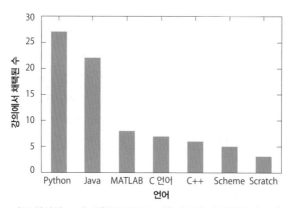

그림 1.2 미국 최상위 39개 대학의 컴퓨터 과학과에서 파이썬을 강의에 채택한 수

---

6 URL http://www.pgbovine.net

1.1.3 일본에서의 사용 현황

해외 여러 나라에서는 웹 개발이나 과학 기술 컴퓨팅을 막론하고 파이썬이 매우 널리 사용되고 있지만 일본은 이 트렌드에 한 발짝 뒤처져 있는 느낌이다.

유럽이나 미국의 트렌드에 뒤처져 있는 이유는 무엇일까? 여러 가지 원인이 있겠지만 그 중 주된 원인은 다음과 같은 것을 꼽을 수 있다.

❶ MATLAB 등 기존 언어로부터 파이썬으로 옮길 이유가 딱히 없다.
❷ 일본어로 된 서적 및 웹에서의 정보가 충실하지 못하다.
❸ Ruby를 사용한다.
❹ 실행 속도가 느리다.

❶은 MATLAB 등 다른 언어의 존재 때문이다. MATLAB은 이공계 분야에서 절대적인 인기를 자랑한다. MATLAB은 이공계의 다양한 연구와 설계 작업에 쓰이며 많은 분야에서 사실상 표준(De Facto Standard)의 입지를 확실히 다져왔다. 그러나 MATLAB은 유료이며 여기에 여러 개의 툴 박스까지 함께 갖추려면 고액의 라이선스 비용이 필요하다. 이에 비해 파이썬은 MATLAB에 뒤지지 않을 만큼 다양한 패키지를 갖추고 있으면서도 대부분 무료로 사용할 수 있다.

❷는 일본어로 된 문서가 부족한 것이 원인이다. CPython(파이썬의 C 언어 구현, 뒤에 설명함)이나 여러 라이브러리는 오픈소스[7] 프로젝트로 개발되지만 이 중 일본어를 구사할 수 있는 개발자는 비교적 적다. 이 때문에 일본어 문서는 영어 문서에 비해서 작성되는 속도가 늦다.

❸은 Ruby의 존재 때문이다. Ruby는 마츠모토 유키히로가 개발한 일본에서 만들어진 스크립트 언어로 파이썬과 입지가 비슷한 면이 있다. 일본어 정보도 비교적 충실하므로 분야에 따라 조금 다르지만 파이썬 대신 Ruby를 채택하는 경우도 적지 않다.

마지막으로 ❹는 파이썬의 느린 속도가 문제가 된다. 그러나 이게 사실일까? 일반적인 경우 파이썬이 C보다 실행 속도가 느린 것은 사실이다. 하지만 이는 파이썬 본체의 기능만

---

[7] 소스 코드가 공개되어 있으며, 자유롭게 재배포가 가능하고, 특정한 제품에 의존하지 않는 등의 조건을 만족하면 오픈소스라 불린다.

을 사용한 경우의 이야기다. 이 책에서도 소개할 NumPy나 Numba 등 서드파티 라이브러리의 기능을 사용하면 경우에 따라서는 C와 동등하거나 혹은 그 이상의 실행 속도도 가능하다. 이 부분에 대해서는 1.3절에서 자세히 설명하겠다.

1.2 파이썬 기초 지식

이번 절에서는 파이썬이 어떤 언어인지 알기 위해 파이썬의 역사와 특징을 소개하겠다. 가독성과 유지보수의 우수성, 강력한 표준 라이브러리를 갖춘 파이썬의 특징과 함께 파이썬의 풍부한 생태계 등에 대해 소개한다. 그리고 파이썬을 처음 배울 때 망설이기 쉬운 버전(ver. 2, 3)의 선택에 대해서도 다룬다.

1.2.1 파이썬의 개발 배경

파이썬은 다양한 분야에서 사용되는 범용 프로그래밍 언어다. 또한 동적 프로그래밍 언어(dynamic programming language)의 한 종류로 사전에 컴파일하는 대신 실행할 때 이를 기계어로 변환하는 인터프리터를 갖는 언어다. 파이썬은 귀도 반 로섬(Guido van Rossum)이 CWI(Centrum Wiskunde & Information)에 재직하던 1989년 개발을 시작하여 1991년에 초기 버전이 공개되었다.

현재 파이썬의 구현은 표 1.3에서 보듯 여러 가지가 존재한다. 이들 모두 무료로(영리 목적을 포함하여) 사용할 수 있다. 레퍼런스 구현(reference implementation)이 되는 **CPython**은 버전 업 또한 빈번하며 비영리단체인 PSF(Python Software Foundation)의 관리 아래 배포되고 있다.[8] 윈도우, 리눅스, 맥OS 외에도 많은 운영체제에서 동작하며 32비트(x86)뿐만 아니라 64비트(x64/x86-64) CPU에도 대응하고 있다. 64비트 운영체제/CPU로 메모리(memory, 주기억 장치)를 대량으로 사용하는 과학 기술 컴퓨팅(1.3절 참조)을 수행하려는 경우에도 적합하다.

---

8 버그 수정을 포함하여 향후 지속적인 개발이 실질적으로 보장된 것은 CPython뿐이다. 그런 의미에서 CPython이 가장 안심하고 사용할 수 있는 구현이라고 할 수 있다.

이런 이유로 파이썬의 배포 패키지[9]에 가장 많이 쓰이는 것도 CPython이다. 하지만 CPython 외의 구현도 각각 뛰어난 점이 있으므로 Java나 .NET 프레임워크와 연동되는 프로그램을 작성하는 경우 등에는 CPython 이외의 구현을 사용하는 것도 검토해볼 만하다.

표 1.3 파이썬의 다양한 구현

구현명	설명
CPython	C로 구현된 파이썬의 레퍼런스 구현. 일반적으로 가장 널리 사용된다. PSF License(라이선스의 내용은 뒤에 설명함)
PyPy	RPython(Restricted Python)이라고도 불리는 파이썬의 서브셋 언어를 구현한 파이썬의 인터프리터. JIT(Just-in-Time) 컴파일러를 사용하여 CPython보다 속도가 빠르다. MIT License
Jython	Java를 사용한 파이썬 구현. Java의 다양한 클래스를 언어적 경계 없이(seamless) 사용할 수 있다. PSF License(version 2)
IronPython	.NET 프레임워크의 API를 직접 호출할 수 있는 파이썬 구현. 2016년 8월 기준 파이썬 2.7을 구현하고 있다. Apache License 2.0

1.2.2 파이썬의 특징

이번 절에서는 아래의 키워드로 파이썬의 특징을 설명한다.

- ❶ 가독성과 유지보수성
- ❷ 인터프리터 언어
- ❸ 스크립트 언어
- ❹ 접착제 언어
- ❺ 배터리 내장
- ❻ 풍부한 생태계

---

9 파이썬 본체와 서드파티 라이브러리를 모아 다양한 용도로 즉시 사용 가능한 패키지를 구성한 것. Anaconda와 WinPython 등이 있다(뒤에 설명함).

❶ 가독성과 유지보수성

파이썬의 문법은 비교적 간단하며[10] 들여쓰기(indent)로 코드 블록의 범위를 결정하는 구조 또한 뛰어난 가독성을 가능케 한다. 이 때문에 파이썬은 배우기 쉽고, 코드를 읽기 쉬우며, 결과적으로 뛰어난 유지보수성이 확보된다.

그리고 파이썬에서는 '코드를 작성하는 것보다 읽는 경우가 많다'라는 명제 아래 작성 스타일에 일관성을 유지하여 가독성을 향상시키는 것이 중시된다. 이 때문에 'PEP 8(4.1절 참조)'이라는 가이드라인이 나와 있으며 기본적으로 이 가이드라인을 따르도록 추천하고 있다.[11] 그러나 프로젝트에 따라서는 PEP 8과 다른 코딩 규약을 두는 경우도 있다.

❷ 인터프리터 언어

파이썬은 인터프리터 언어다. 프로그램을 순차적으로 해석하여 실행하는 구조이며 소스 코드를 컴파일할 필요가 없다. 인터프리터 언어는 실행할 코드를 입력하면서 프로그램을 순차적으로 실행할 수 있다.

❸ 스크립트 언어

스크립트 언어의 정의는 꽤 애매하지만 일반적으로 동적 타이핑 언어일 것, 인터프리터 언어일 것, 저수준 기술이 필요하지 않으며 소규모 프로그램에 적합할 것 정도의 조건을 갖춘 언어를 말한다. 다만, 파이썬은 대규모 프로그램도 작성할 수 있다. Google이나 Dropbox에서 대규모 시스템을 구축하는 데 파이썬을 사용한 것[12]을 보면 이를 알 수 있다.

또한 스크립트 언어는 처리 내용을 간결하게 작성할 수 있다는 특징을 갖는다. 이를 보여주는 단적인 예를 들자면 Java와 C로 'Hello World'를 출력하는 프로그램을 작성하면 각각 리스트 1.1, 리스트 1.2와 같은 코드가 된다. 그러나 파이썬 3.x(파이썬 2.x와의 차이점은 뒤에 설명함, 뒤에 나올 표 1.4도 함께 참조)에서는 리스트 1.3에서 보듯 딱 한 줄로 가능하다.

---

10 간단한 문법을 갖게 된 것에는 동적 타이핑 언어라는 특징도 무관하지 않다.

11 이 책에 포함된 샘플 코드 혹은 실행 예제도 PEP 8을 기본적으로 준수하고 있다. 완전히 통일된 것처럼 보이지 않는 경우도 있음을 참고하자. 다음은 모두 옳은 예이다. i = i + 1, submitted += 1, x = x * 2 - 1, hypot2 = x * x + y * y, c = (a + b) * (a - b)

12 Google의 사용 예는 ❶을, Dropbox의 사용 예는 ❷를 참조하기 바란다.
  ❶ http://quintagroup.com/cms/python/google ❷ https://www.youtube.com/ watch?v=as3ISHCknz0

파이썬에서는 같은 처리를 구현하기 위한 코드량이 다른 언어보다 줄어드는 경향이 있으며, 이것은 기억해야 할 문법이 적다는 의미이기도 하다. 이 때문에 초심자가 다루기 쉬우며 프로그래밍 교육용으로도 폭넓게 쓰일 수 있다.

리스트 1.1 Java로 작성한 'Hello World' 프로그램

```java
public class HelloWorld {
    public static void main(String[] args) {
        System.out.println("Hello World");
    }
}
```

리스트 1.2 C로 작성한 'Hello World' 프로그램

```c
#include <stdio.h>
int main()
{
    printf("Hello World");
    return 0;
}
```

리스트 1.3 파이썬으로 작성한 'Hello World' 프로그램

```python
print("Hello World")
```

❹ 접착제 언어

파이썬을 흔히 **접착제 언어**(glue language)라고도 부른다. 접착제 언어란 다른 언어로 작성된 프로그램을 쉽게 통합할 수 있는 언어를 말한다. C나 C++, Fortran으로 작성된 기존 프로그램을 쉽게 파이썬 프로그램 안에 통합시킬 수 있는 것이다(12.1절 참조). 이는 파이썬이 과학 기술 컴퓨팅 분야에서 성공할 수 있었던 큰 요인 중 하나이기도 하다.

❺ 배터리 내장

파이썬은 다양한 처리를 수행할 수 있는 강력한 표준 라이브러리를 갖추고 있는데 이를 'battery included'라 표현하기도 한다. 파이썬을 설치하면 곧바로 표준 라이브러리로 프로그램을 작성할 수 있다. 부록 B에서 이 표준 라이브러리에 대해 간단히 설명하고 있으므로 이를 참조하기 바란다.

❻ 풍부한 생태계

표준 라이브러리 외에도 막대한 수의 서드파티 라이브러리가 만들어져 있다. 이 중 과학 기술 컴퓨팅 분야에서 사용되는 패키지로는 NumPy, SciPy, matplotlib, pandas 등이 유명하다. 파이썬은 이들 패키지 덕분에 엔지니어링 분야 등에서 절대적인 인기를 누리는 MATLAB과 어깨를 나란히 하고 있다.

이들 서드파티 라이브러리나 개발 환경 등을 포함한 파이썬 프로그램의 개발 환경 전반을 가리켜 '생태계(ecosystem)'라고 부른다. 파이썬의 생태계는 현재 거의 대부분이 무료 소프트웨어임에도 불구하고 성능이 상당히 뛰어나다. 그림 1.3[13]에 과학 기술 컴퓨팅을 중심으로 본 파이썬 생태계를 도식화한 그림을 실었다. 이 그림에서 볼 수 있듯이 파이썬 본체 다음으로 기반이 되는 서드파티 라이브러리는 NumPy이다. 이 패키지 덕분에 행렬 계산이나 합곱 연산 등 다양한 수치 계산을 빠르게 수행할 수 있다.

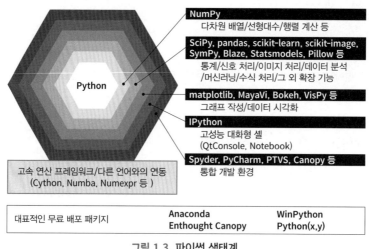

그림 1.3 파이썬 생태계

그리고 NumPy를 이용하는 많은 과학 기술 컴퓨팅용 패키지가 파이썬 생태계의 핵심을 이룬다. 그중에서도 SciPy는 거의 필수라고 할 정도로 고속 푸리에 변환(Fast Fourier Transform, FFT)이나 최적화, 수치 적분, 신호 처리 등 다양한 과학 기술 컴퓨팅과 관련

---

13 다음 페이지를 참조하여 저자가 작성함. URL http://indranilsinharoy.com/2013/01/06/

된 기능을 제공하는 패키지다. 그 외에도 이미지 처리를 위한 Pillow나 scikit-image, 머신러닝을 위한 scikit-learn, 수식 처리 기능을 제공하는 SymPy, 통계 처리 기능을 제공하는 Statsmodels 등의 패키지가 있다. 그래프나 데이터 시각화 도구도(matplotlib, MayaVi, Bokeh, VisPy 등) 충실히 갖춰져 있다.

게다가 지금까지 열거했던 다양한 도구를 대화형 환경에서 사용할 수 있게 해주는 중요한 도구가 IPython이다. 운영체제나 파일 시스템과도 연계할 수 있는 고성능 대화형 셸 기능을 제공하는 IPython 셸 외에도 병렬 계산 엔진 기능, Jupyter Notebook(IPython Notebook)이라는 웹 기반의 실행 가능한 문서 포맷을 제공한다.

그리고 가장 중요한 것은 이들 도구를 사용하게 될 환경을 간단히 구축할 수 있다는 점이다. 그림 1.3에서도 배포 패키지로 나타낸 부분을 보면 Anaconda와 WinPython 등 간단히 설치하여 바로 사용할 수 있도록 되어 있다. 특히 Anaconda는 윈도우, 리눅스, 맥 OS 어느 환경에서도 사용할 수 있으며 conda라는 패키지 관리 명령어를 통해 의존성을 편리하게 관리할 수 있다.

이렇듯 파이썬의 생태계는 매우 충실하게 갖추어져 있으며 이 중 대부분은 무료로 배포된다.

column
파이썬의 탄생

귀도 반 로섬은 CWI에 재직 중에 CWI에서 개발하던 'ABC'라는 명령형 범용 프로그래밍 언어를 사용하고 있었다. 그러나 ABC의 언어 스펙에 불만스러웠던 점을 해결한 언어를 직접 개발하기로 마음먹고 크리스마스 휴가 동안 개발을 시작한다. 이것이 파이썬의 시작이었다.

귀도 반 로섬은 이 파이썬의 초기 버전을 분산 운영체제 Amoeba의 시스템 관리에 응용하여 성공을 거둔다. 그 후 파이썬은 USENET(네트워크상에 있는 여러 서버를 사용해서 주로 텍스트 데이터를 배포하던 시스템)에 소개되어 많은 지지자를 얻고 커뮤니티를 형성하면서 개발이 진행되게 되었다.

파이썬이라는 이름은 〈Monty Python's Flying Circus〉(몬티 파이썬의 하늘을 나는 서커스)라는 TV 프로그램에서 딴 것이다. Monty Python은 영국의 코미디 그룹으로 이 이름을 딴 프로그램이 영국의 BBC에서 1970년대 방송되고 있었다. 귀도 반 로섬은 짧고 독특하면서도 신비감을 주는 이름을 고민하다가 마침 이 방송의 대본집에서 파이썬이라는 이름을 골랐다. 덕분에 파이썬을 다룬 서적에는 비단뱀(파이썬) 그림을 표지로 하는 경우가 많다.

1.2.3 패키지 관리 시스템

파이썬의 패키지 대부분은 PyPI(Python Package Index)[14]라는 패키지 저장소에서 관리되고 있다. 주요 패키지는 거의 다 PyPI에 등록되어 있다고 보면 된다.

그림 1.4에 PyPI를 검색한 웹 페이지 스냅샷을 실었다. PyPI에서 오른쪽 상단에 위치한 검책창에 패키지명을 입력하면 패키지를 검색할 수 있다. 검색 결과를 통해 개발 중인 사이트의 웹 주소나 설치를 위한 패키지를 찾을 수 있다.

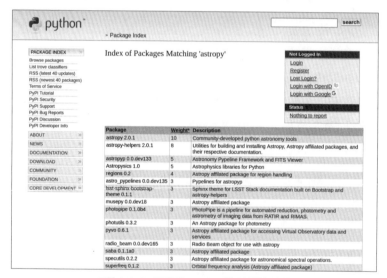

그림 1.4 PyPI에서 astropy를 검색한 결과

PyPI에 등록된 패키지는 pip라는 명령으로 설치할 수 있다. pip를 사용하면 PyPI에서 패키지를 자동으로 내려받은 뒤 의존 패키지와 함께 설치한다.

1.2.4 파이썬 2.x대와 파이썬 3.x대

파이썬에 대한 큰 문제 중 하나가 버전 2.x대와 3.x대의 서로 다른 구현이 있다는 점이다. 파이썬 3.x대는 2008년 처음으로 공개되었다. 이때 언어의 스펙에 큰 변화가 있었다. 이

---

14 URL https://pypi.python.org/pypi

때문에 파이썬 3.x대는 파이썬 2.x대에 대한 상호 호환성을 잃을 만큼 많은 기능 추가와 스펙 변경이 발생했다.[15] 즉, 파이썬 2.x대로 작성된 프로그램은 파이썬 3.x대에서 수정 없이는 동작하지 않게 되었다. 이런 결단에는 논란이 많았지만 파이썬 개발자인 귀도 반 로섬은 파이썬 2.x대의 단점을 수정하고 언어 스펙의 일관성을 높이며 초심자가 좀 더 이해하기 쉬운 언어를 만들기 위해 결단을 내렸다.[16]

표 1.4에 파이썬 2.x대와 3.x대의 주요 차이점의 예를 들었다. 여기에 실은 차이점은 극히 일부에 지나지 않지만 문법이 세부사항까지 변경되어 있음을 알 수 있다. 단, 과학 기술 컴퓨팅에 사용되는 NumPy나 SciPy의 프로그램 작성법은 파이썬 2.x대와 3.x대에서 거의 차이가 없다.

이 책에서는 파이썬을 과학 기술 컴퓨팅에 사용하려는 입장에서 파이썬 2.x대와 3.x대 중 어느 쪽을 선택해야 하냐는 질문에 지금까지 설명했던 이유 외에도 다음과 같은 이유로 3.x대의 사용을 추천한다.

- 파이썬 3.x대를 지원하지 않는 라이브러리도 있지만 과학 기술 컴퓨팅에 사용되는 주요 패키지(NumPy, SciPy, matplotlib, pandas 등)는 파이썬 3.x대를 지원한다
- 앞으로 있을 표준 라이브러리의 개선, 언어의 스펙 추가는 기본적으로 파이썬 3.x대에만 적용될 것이다
- 파이썬 2.x대(버전 2.7.x)의 지원은 2020년으로 종료된다

운영체제에 파이썬 2.7이 선탑재되어 있다는 이유로 파이썬 2.x대를 사용하는 독자들도 있겠지만, 특별한 사정이 있는 경우가 아니라면 굳이 파이썬 2.x대를 선택해야 할 이유는 없다. 또, 특정 패키지의 파이썬 3.x대 지원 여부는 'Can I Use Python3?'[17] 문서나 PyPI 에서 확인할 수 있다.

---

15 자세한 내용은 귀도 반 로섬이 파이썬 3.x대의 새로운 기능에 대해 밝힌 다음 문서를 참조하기 바란다.
`URL` http://docs.python.org/3/whatsnew/3.0.html
16 귀도 반 로섬은 자신을 BDFL(Benevolent Dictator For Life, 자비로운 종신 독재관)이라 칭하며 파이썬의 개발을 현재도 주도하고 있다.
17 `URL` https://caniusepython3.com/

표 1.4 파이썬 2.x대와 3.x대의 차이점의 예

파이썬 2.x대	파이썬 3.x대
print x, y	print(x, y)
x = 7 / 2 # x==3	x = 7 // 2 # x==3
x = 7 / 2.0 # x==3.5	x = 7 / 2 # x==3.5
str=u'문자'	str='문자'
if x <> y:	if x != y:
str = raw_input(msg)	str = input(msg)
x = input(msg)	x = eval(input(msg))
for line in .le.xreadlines():	for line in .le:
apply(func, args, kwargs)	func(*args, **kwargs)
if m.has_key(n):	if n in m:
x = itertools.imap(func, seq)	x = map(func, seq)
x = itertools.izip(seq1, seq2)	x = zip(seq1, seq2)
fn.func_doc	fn.__doc__
raise "SomeError"	raise Exception("SomeError")
L = [x for x in 3,6]	L = [x for x in (3,6)]

column
파이썬의 라이선스

파이썬은 현재 비영리단체인 PSF의 관리 아래 레퍼런스 구현인 CPython이 PSFL(Python Software Foundation License)로 공개되어 있다. CPython과 이 책에서 소개하는 주요 서드파티 라이브러리의 라이선스를 표 C1.1에 실었다. 각각의 라이선스에 대한 자세한 내용은 여기서 설명하지 않지만 중요한 점은 모두 무료로 사용할 수 있고, 카피레프트 라이선스(Copyleft License, 저작물의 사용, 수정, 재배포 등을 제한하지 않는 것은 물론 이를 이용한 2차 저작물 역시도 사용, 수정, 재배포를 제한하지 못하도록 하는 라이선스)는 아니라는 것이다. 따라서 프로그램을 수정하여 독자적인 소프트웨어를 만들어도 이 소프트웨어의 소스 코드를 공개할 의무가 없다. 이런 높은 자유도 역시 파이썬이 널리 보급되는 한 가지 요인이 되었다.

표 C1.1 파이썬의 라이선스

소프트웨어	라이선스
파이썬 본체	PSFL
NumPy, SciPy, pandas, IPython	BSD License
matplotlib	matplotlib license(BSD 스타일/PSFL 기반)
Spyder	MIT License

1.3 과학 기술 컴퓨팅과 파이썬의 관계

파이썬은 과학 기술 컴퓨팅 분야에서 어떻게 쓰이고 있을까? 그리고 파이썬이 느리다는 것은 정말일까? 다른 언어와 비교해보면서 과학 기술 컴퓨팅 분야에서의 파이썬의 입지와 전망을 살펴보자.

1.3.1 파이썬이 과학 기술 컴퓨팅에 사용되는 이유

먼저 과학 기술 컴퓨팅이 무엇인지부터 알아보자. 과학 기술 컴퓨팅은 다음과 같은 분야에서 수행된다.

- 공학 설계(로켓, 전기 제품 등)
- 이론 물리학(이론의 검증, 실증 실험 결과의 분석 등)
- 자연 과학(수목원 구성 설계를 위한 수리 최적화 등)
- 생명 과학(유전자 염기 서열 분석 등)
- 의학(영상 분석 등)

이런 분야에서는 대상이 되는 제품이나 자연 현상을 수식으로 모형화한 뒤, 해석적 기법이나 수치 계산을 통해 이들의 거동을 예측한다. 또한 데이터로부터 숨겨진 법칙이나 특성을 찾아내기도 한다. 이런 일을 수행하는 처리를 **과학 기술 컴퓨팅**이라고 한다. 과학 기술 컴퓨팅은 CPU 성능이 전체 처리 성능을 결정하는 경우가 많기 때문에 아래와 같은 특성을 필요로 한다.

- 64비트 운영체제에 대응하며 메모리를 대량으로 사용한다(대량의 데이터를 빠른 속도로 다루기 위해서)
- CPU 자원을 집중적으로 사용하는 처리에 강해야 한다(고속 연산 라이브러리가 존재)
- 프로그래밍이 쉬우며 유지보수성도 좋아야 한다
- 결과를 해석하기 위한 도구(시각화, 데이터 분석)가 풍부해야 한다

물론 분야마다 필요한 조건이 다르겠지만 위와 같은 요소를 충족하는 도구라면 과학 기술 컴퓨팅에 적합하다고 할 수 있을 것이다. 파이썬은 이들 요소를 모두 만족하므로 많은 사람의 지지를 받고 있다.

■ 파이썬의 보급도

이용하는 도구를 선택할 때 생각해야 할 중요한 요소 중 하나로 얼마나 많은 사용자가 이용하고 있는가를 들 수 있다.

이용자 수가 적은 도구는 나중에 지원이 중단될 우려도 있고, 그 도구를 사용하기 위한 노하우 역시 얻기 어렵다는 문제가 있다. 파이썬의 이용 실적은 아직 C/C++, Fortran, MATLAB 등에 비해 떨어지지만 유럽이나 미국을 중심으로 과학 기술 컴퓨팅에 사용하고 있는 사용자 수가 최근 급격히 증가하고 있다는 것을 1.1절에서 소개한 바 있다. 이 책에서도 소개할 NumPy, SciPy, matplotlib, pandas 등이 개발되어 널리 쓰이게 되면서 보급이 한층 더 순풍을 타고 있다.

■ 쉬운 사용

파이썬의 보급에는 사용하기 쉽다는 점 또한 중요하게 작용한다. 최근 파이썬은 매우 쉽게 사용할 수 있는 언어가 되었다. 플랫폼을 타지 않으며 64비트 운영체제도 잘 지원한다. 과학 기술 컴퓨팅을 위한 패키지가 잘 갖춰져 있으며 NumPy와 같은 라이브러리는 고속으로 동작하는 수치 연산 라이브러리에 미리 링크된 패키지 상태로 배포된다. 그리고 이들을 한꺼번에 설치할 수 있는 배포 패키지도 잘 되어 있다.

예전에는 설치 시 패키지의 의존성 문제를 해결하느라 골치를 앓는 경우가 많았지만 지금은 그런 번거로운 환경 구축 작업이 필요하지 않게 되었다.

1.3.2 왜 파이썬을 사용하는가

지금까지 과학 기술 컴퓨팅에서 파이썬의 입지와 그 배경에 대해서 설명했다. 개발 환경을 쉽게 갖출 수 있게 된 점이나 무료로 자유롭게 사용할 수 있다는 점 등을 설명했으나 과학 기술 컴퓨팅에 파이썬이 쓰이는 이유가 이것만은 아니다. 파이썬이 과학 기술 컴퓨팅에 사용되는 이유가 무엇일까? 우선 목적을 빨리 달성할 수 있기 때문일 것이다. 여기에는 다음과 같은 요인이 있다.

- 가독성이 좋고 유지보수성이 뛰어나다(자신이 예전에 작성한 프로그램이나 다른 사람이 작성한 프로그램을 이해하기 쉽다)

- 동작하는 프로그램을 빠른 시간 내에 작성할 수 있다
- NumPy나 Cython(12.1절 참조)을 사용해서 실행 속도를 높일 수 있다

프로그램의 작성 과정을 쫓아가며 위의 세 가지 요인에 대해 생각해보자.

먼저, 그림 1.5에 프로그래밍 과정을 요약한 도식을 실었다. 고객에게 납품하기 위한 소프트웨어를 작성하는 경우에는 이것보다 더 본격적인 개발 기법을 적용하겠지만, 개인이나 소규모 개발팀이 어떤 설계 혹은 분석용 프로그램을 구축하는 경우에는 이런 간략한 흐름을 따르게 된다. 그림 1.5에서 보듯 먼저 시스템 설계를 해야 한다. '목적은?', '설계 기법은?', '기대하는 결과는?'이라는 물음에 답할 수 있어야 한다.

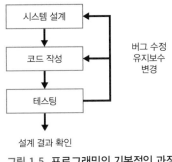

그림 1.5 프로그래밍의 기본적인 과정

그 다음에는 실제 프로그램을 작성한 뒤 프로그램의 동작을 테스트한다. 통상적으로는 간단한 단위 테스트와 출력을 예상할 수 있는 입력으로 전체 시스템의 동작을 확인하는 정도가 될 것이다. 이 과정에서 가장 중요한 요소 중 하나가 앞서 설명한 '가독성 및 유지보수성이 뛰어날 것'이라는 점이다. 자신이 작성한 프로그램도 시간이 지나면 무슨 내용인지 알 수 없게 되는 일이 자주 있다. 다른 사람이 작성한 코드라면 더더욱 그러하다. 그러나 가독성이 뛰어난 프로그램이라면 코드의 내용을 곧바로 이해할 수 있기 때문에 개발이 어렵지 않게 진행된다. 프로그램 코드를 읽는 시간은 대체로 코드를 작성하는 시간보다 길기 마련이다. 그렇기 때문에 프로그래밍 언어에 있어 가독성이 좋다는 것은 매우 중요한 요소가 된다.

이어서 그림 1.6의 구성요소를 갖는 프로그램을 예로 파이썬을 사용하는 것이 얼마나 유용할 수 있는지 살펴보자. 그림 1.6을 보면 어떤 ❶사용자 인터페이스, ❷처리를 제어하는

부분, ❸수치 처리 프레임워크, ❹메인 처리 부분, ❺처리 결과를 저장하는 부분, ❻처리 결과를 시각화하는 기능을 갖도록 구성되어 있다. 이들 구성요소를 모두 단시간에 개발할 수 있다면 '동작하는 프로그램을 빨리 작성할 수 있는' 언어라고 할 수 있을 것이다.

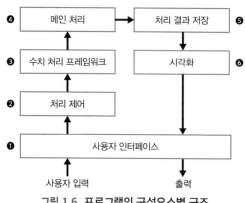

그림 1.6 프로그램의 구성요소별 구조

파이썬의 경우 ❶에 해당하는 사용자 인터페이스 구축을 위해 Tkinter나 Qt 등의 GUI(Graphic User Interface) 프레임워크[18]를 쉽게 사용할 수 있게 되어 있다. ❷번 부분에서 처리의 제어는 어떤 언어를 사용하든 난이도가 크게 변하지 않을 것이다. ❸번에 들어갈 수치 처리 프레임워크는 NumPy가 있으므로 쉽게 고속 수치 처리 프로그램을 작성할 수 있다. ❹번에 해당하는 메인 처리 부분 역시 다양한 패키지(라이브러리)가 준비되어 있다. 예를 들어, 천문학 분야라면 astropy[19]를 사용하면 해당 분야에서 자주 쓰이는 처리를 쉽게 구현할 수 있다. ❺에 해당하는 처리 결과 저장도 6장 '입력과 출력'에서 소개하겠지만 매우 간단하게 다양한 데이터 형식으로 저장할 수 있다. ❻처럼 분석 결과를 시각화하는 처리에도 matplotlib을 비롯하여 강력한 데이터 시각화 도구가 준비되어 있다.

이렇듯 프로그램의 각 처리 요소별로 살펴봐도 각각의 요소를 파이썬으로 쉽게 구현할 수 있기 때문에 목적을 재빨리 달성할 수 있다.

---

18 Tkinter는 Tk GUI 툴킷에 대한 인터페이스로 파이썬 표준 라이브러리에 포함되어 있다. Qt도 GUI 툴킷의 기능을 제공하지만 단지 그 정도에 머무르지 않고 '애플리케이션 프레임워크'의 기능 또한 갖고 있다. Qt를 상업적으로 이용하려는 경우에는 라이선스에 주의가 필요하다.

19 URL http://www.astropy.org/

1.3.3 SciPy Stack

과학 기술 컴퓨팅에는 'SciPy Stack'이라 통틀어 불리는 도구들이 주로 사용된다.[20] 'SciPy'라고만 하면 라이브러리 패키지 SciPy만을 가리키는 경우와 이 'SciPy Stack'을 가리키는 경우로 나뉘는데, 이 책에서는 라이브러리 패키지 SciPy만을 가리키는 의미로 사용할 것이다. 특별히 구별할 필요가 있는 경우에는 'SciPy Library' 및 'SciPy Stack'이라 부를 것이다.

SciPy Stack의 핵심이 되는 패키지들을 그림 1.7에 실었다. 그림 1.7에서 'matplotlib'이 'NumPy'의 위에 그려져 있는 이유는 matplotlib이 NumPy에 의존하고 있다는 것을 나타낸다(다시 말해, NumPy가 설치되어 있지 않으면 동작하지 않는다). 마찬가지로 pandas는 SciPy Library에 의존하고 있지만 SymPy는 NumPy에 의존하지 않는다. IPython은 과학 기술 컴퓨팅을 효율적으로 수행하기 위해 빼놓을 수 없는 사용자 인터페이스(셸)로 SciPy Stack 이외의 패키지에 대한 의존관계를 갖지 않는다.

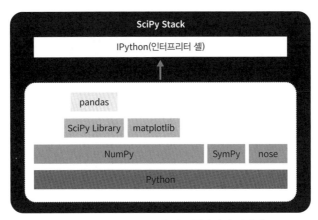

그림 1.7 SciPy Stack의 개요(핵심적인 패키지)

SciPy Stack 패키지는 모두 무료로 사용할 수 있는 오픈소스 소프트웨어다. 각각의 패키지에 대한 간략한 설명을 표 1.5에 실었다.

---

20 SciPy에 대한 자세한 내용은 다음 URL을 참조하기 바란다. **URL** http://www.scipy.org/about.html

표 1.5 SciPy Stack에 포함된 패키지

패키지명	설명
Python	파이썬 본체(대개의 경우 'CPython'을 가리킨다.)
NumPy	배열이나 행렬의 기본 데이터 타입과 이들에 대한 연산을 정의한 수치 계산용 기본 패키지
SciPy Library	수치 계산 알고리즘과 특정 분야를 위한 툴 박스 등을 모아 놓은 것. 신호 처리, 최적화, 통계 처리 등에 대한 도구를 포함하고 있다. 통상적으로 'SciPy'라고만 하면 이것을 가리킨다.
matplotlib	인쇄물 수준의 고품질 2차원 플로팅 및 기본적인 수준의 3차원 플로팅 기능을 제공하는 패키지
pandas	데이터 분석에서 위력을 발휘하는 데이터 구조 및 데이터 조작 함수를 제공하는 패키지
SymPy	수식 처리 시스템(Computer Algebra System, CAS)을 제공하는 패키지
IPython	대화형 인터페이스를 제공하는 인터페이스 셸
nose	파이썬 프로그램의 테스트를 위한 프레임워크

표 1.5에 포함된 패키지 외에도 Chaco, MayaVi, Cython, SciKits[21], h5py(뒤에 설명함), PyTables(계층 구조를 갖는 데이터를 조작하기 위한 라이브러리) 등도 SciPy Stack의 일부로 여겨지고 있다. SciPy Stack은 과학 기술 컴퓨팅에 필요한 다양한 기능을 제공하고 있으므로 파이썬을 통한 과학 기술 컴퓨팅 분야에서는 이를 사용하는 것이 당연시되고 있다.

■ 민간 기업과 커뮤니티

파이썬이 과학 기술 컴퓨팅에서 더 많이 쓰이게 되는 이유가 하나 더 있다. 관련된 민간 기업과 커뮤니티의 존재다. 일반적으로 오픈소스 프로젝트는 개발 리소스(주로 인력)가 제한적이며 개발의 중심이 되는 멤버가 어떤 이유로 빠지게 된 경우 급격히 프로젝트가 쇠퇴하는 경우가 있다. 이에 비해 파이썬은 귀도 반 로섬이 개발에 참여하고 있는 한 파이썬 본체의 구현 일정에는 문제가 없을 것이고 그렇지 않더라도 PSF(Python Software Foundation)를 중심으로 개발이 계속될 것이라 신뢰할 수 있다. 그리고 대부분의 표준 라이브러리나 패키지, 특히 과학 기술 컴퓨팅과 관계 깊은 패키지의 개발에는 민간 기업의 본격적인 지원을 받으며 오픈소스 소프트웨어로 공개하는 체제가 구축되어 있으므로 향후의 개발에 대해서는 낙관적으로 봐도 될 것이다. 이런 민간 기업 중 대표 격이 Enthought와 Continuum Analytics다.

---

21 자세한 사항은 다음 URL에 있는 모든 패키지의 인덱스를 참조하기 바란다.
URL http://scikits.appspot.com/scikits

Enthought는 2001년 미국에서 설립된 민간 기업이다. 파이썬을 이용한 과학 기술 컴퓨팅에 특화된 도구나 컨설팅 및 교육을 제공하고 있다. 앞에서 설명한 과학 기술 컴퓨팅 전용 패키지 그룹인 'SciPy Stack'을 주도적으로 정비하고 발전시키는 역할을 하고 있다. 직원이 자신의 업무로 NumPy 등을 개발하고 있으므로 이 회사가 사라지지 않는 한 SciPy Stack의 개발은 앞으로도 활발하리라 예상할 수 있다.

Enthought는 미국에서 'SciPy Conference'라는 행사를 창설하고 과학 기술 컴퓨팅에 대한 파이썬의 이용을 촉진하면서 커뮤니티와의 정보 공유에도 중요한 역할을 하고 있다. Enthought Canopy라는 배포 패키지를 배포하고 있으며 그중 Express 버전은 일부 기능이 제한되었지만 무료로 사용할 수 있다.

Continuum Analytics는 데이터 처리 분야에서 파이썬을 발전시키는 데 주력하고 있는 미국 기업이다. 사업 모델은 Enthought와 같이 고성능 도구나 컨설팅 및 교육을 제공하는 사업을 통해 이익을 낸다. Continuum Analytics가 무료로 제공하고 있는 배포 패키지는 Anaconda라고 하는데 대규모 데이터 처리, 예측 분석(predictive analysis), 과학 기술 컴퓨팅에 특화된 기능을 제공하는 400개 이상(Anaconda 4.1.1 기준)의 패키지를 포함하고 있다. 이들 패키지는 기업이 상업적으로 이용할 수도 있다.[22] 이 기업도 NumPy, pandas, Blaze, Bokeh, Numba, IPython(모두 뒤에 설명함) 등의 오픈소스 패키지 개발에 크게 공헌하고 있으며, 과학 기술 분야에서의 파이썬의 이용을 촉진하고 있는 큰 요인 중 하나가 되고 있다. 그리고 Continuum Analytics도 미국에서 'PyData'라는 컨퍼런스의 스폰서를 맡아 데이터 분석에 파이썬을 사용하는 사람들의 커뮤니티를 지원하고 있다.

파이썬과 관련된 컨퍼런스는 위에서 설명한 SciPy Conference나 PyData 외에도 'PyCon'이라는 컨퍼런스가 있다. PyCon은 과학 기술 컴퓨팅이나 데이터 분석 분야뿐만 아니라 파이썬 전반을 주제로 하는 회의다. PyCon은 커뮤니티의 뜻에 따라 운영되고 있으며 일본에서도 'PyCon JP'라는 이름으로 같은 형식의 컨퍼런스가 열리고 있다.

이렇듯 파이썬이라는 언어를 어떻게 활용할지를 주제로 많은 컨퍼런스가 열리고 있으며 민간 기업도 커뮤니티를 후하게 지원하는 형식으로 기술 혁신이 진행되고 있다. 이로부터

---

22 자세한 사항은 다음 URL에서 Continuum Analytics의 홈페이지를 참조하기 바란다.
    URL https://www.continuum.io/

과학 기술 컴퓨팅에 대한 파이썬의 이용도 더욱 늘어날 것이라 예상할 수 있다.

■ 파이썬의 활용 사례

과학 기술 컴퓨팅 분야에서 파이썬의 활용 사례를 살펴보자.

NASA(미 항공우주국)에서도 SunPy[23]와 같은 프로젝트에서 사용하고 있다. 이외에도 NASA의 스페이스 셔틀 사업의 참가하기도 했던 United Space Alliance(USA)의 성공적인 적용 사례도 소개된 바[24] 있다. 또 다른 예로는 파이썬을 접착제 언어로서의 특징을 살려 프로그램의 일부를 파이썬으로 개발한 사례가 다수 있다. 일본에서는 고에너지 가속기 연구 기구에서 고에너지 가속기 제어 시스템에 사용된 사례가 잘 알려져 있지만 대부분의 구성요소는 EPICS(Experimantal Physics and Industrial Control System)로 개발되었으며 파이썬은 제어 애플리케이션의 GUI를 만드는 데 쓰였다.[25]

필자가 종사하고 있는 분야에서는 GNU Radio라는 파이썬으로 개발된 자유 소프트웨어(Free Software)가 사용된다. GNU Radio는 소프트웨어 무선[26]만을 위한 전용 소프트웨어 툴킷으로 전파에 대한 베이스밴드 처리를 소프트웨어로 구현한 것이다. GNU Radio는 주로 C++과 파이썬으로 개발되었는데, 빠른 속도가 필요한 신호 처리 부분은 C++로 작성되었고 이를 파이썬으로 작성된 프로그램 쪽에서 호출하는 구조로 되어 있다. 파이썬으로도 프로그램을 어떻게 작성하느냐에 따라 (이후 절에서 설명하듯) 상당한 고속 처리가 가능한 프로그램을 작성할 수 있지만, 5년 내지 10년 정도 되는 상당한 역사를 가진 프로젝트에서는 접착제 언어로서 사용되는 사례가 많다.

1.3.4 파이썬은 정말 속도가 느린가

파이썬은 일반적으로 속도가 느리다는 평가를 받고 있다. 실제로도 그런지 확인해보자. 모든 언어를 공정하게 성능을 평가한다는 것은 상당히 어려운 일이지만 여기서는 아래와 같은 간단한 행렬 계산을 예를 들어 확인하려고 한다.

---

23 〔URL〕 http://sunpy.org/
24 〔URL〕 https://www.python.org/about/success/usa/
25 자세한 사항은 다음 URL을 참조하기 바란다. 〔URL〕 http://www.python.org/Zope/Zope/casestudy/1500
26 software defined radio라고도 한다

$$s_{ij} = \sum_{k=1}^{M} a_k x_{ik} y_{kj} \qquad \text{(식 1.1)}$$

이때 S, X, Y, A는 다음과 같이 정의하며,

$$S = \begin{pmatrix} s_{11} & s_{12} & \cdots & s_{1L} \\ s_{21} & s_{22} & \cdots & s_{2L} \\ \vdots & \vdots & \ddots & \vdots \\ s_{N1} & s_{N2} & \cdots & s_{NL} \end{pmatrix}$$

$$X = \begin{pmatrix} x_{11} & x_{12} & \cdots & x_{1M} \\ x_{21} & x_{22} & \cdots & x_{2M} \\ \vdots & \vdots & \ddots & \vdots \\ x_{N1} & x_{N2} & \cdots & x_{NM} \end{pmatrix}$$

$$Y = \begin{pmatrix} y_{11} & y_{12} & \cdots & y_{1L} \\ y_{21} & y_{22} & \cdots & y_{2L} \\ \vdots & \vdots & \ddots & \vdots \\ y_{M1} & y_{M2} & \cdots & y_{ML} \end{pmatrix}$$

$$A = (a_1, a_2, \cdots, a_M)$$

N = 10000, M = 1000, L = 10000으로 한다. 이 계산의 실행 속도를 파이썬과 C에서 비교한 결과를 표 1.6에 실었다.

표 1.6 C와 파이썬의 처리 속도 비교

언어	C	파이썬 기본 기능만	파이썬 + NumPy
속도	409초	120,000초	5초

이번에 나온 결과를 보면 파이썬이 기본 기능만으로 큰 행렬을 계산하면 C보다 터무니없이 많은 시간이 걸리지만, 과학 기술 컴퓨팅 분야 표준적인 라이브러리인 NumPy를 사용하면 코드의 양도 대폭 줄어들거니와 실행 속도 또한 1만 배 이상 빨라진다. 그리고 C보다도 빠른 계산 속도가 나온 것을 알 수 있다. 과학 기술 분야의 수치 계산에서 실행 속도가 문제가 되는 것은 이 예제와 같이 합곱 연산을 매우 많이 반복하는 경우인데, 이 결과만 보면 파이썬과 NumPy를 같이 사용하는 한 실행 속도 면에서의 큰 문제는 없다고 할 수 있다.

■ 성능 비교의 세부사항

이 벤치마크 테스트를 수행한 환경을 살펴보자. 동작 환경은 다음과 같다.

- 운영체제: 윈도우 8.1
- CPU: Intel Core i5 4200M 2.5GHz
- C 컴파일러: Cygwin gcc 4.8.2 (x86-64)
- 파이썬: Ver 3.5.2(IPython 4.2.0, 64bit)
- NumPy: Ver 1.11(MKL 11.3도 함께 사용)

다음으로 벤치마크 테스트에 사용된 C 프로그램을 리스트 1.4에 실었다. 이 프로그램은 힙 메모리[27]를 사용하면 실행 속도가 느려지므로 큰 배열을 지역 변수로 만들어 스택에 두었다. 스택의 크기는 대체로 그리 크지 않으므로 아무 대비를 하지 않으면 오류가 발생하게 된다. 그래서 컴파일할 때 다음과 같은 옵션을 준다.

```
> gcc -O3 -o c_bench -Wl,--stack,1000000000 c_bench1.c
```

-Wl, .stack, 1000000000 부분은 링커[28]에게 스택 메모리로 확보할 메모리 크기를 지정해준다. -O3는 컴파일할 때의 최적화 옵션이다.

리스트 1.4 **행렬 계산을 수행하는 벤치마크 테스트용 C 프로그램**

```c
#include <stdio.h>
#include <windows.h>
#include <stdlib.h>

const int N = 10000;
const int M = 1000;
const int L = 10000;

int main(int argc, char** argv)
{
    int i, j, k;
    double a[M], S[N][L], x[N][M], y[M][L];
    LARGE_INTEGER start_pc, end_pc, freq_pc;
```

---

27 칼럼 '스택 메모리와 힙 메모리'를 참조하기 바란다.
28 링커(linker)는 컴파일 결과에 필요한 라이브러리 등을 연결해서 실행 파일로 만들어주는 프로그램을 말한다.

```
/* ❶ 배열의 각 요소에 값을 설정 */
srand(1);
double rnd_max = (double) RAND_MAX;
for (i=0; i<M; i++) {
    a[i] = (rnd_max*0.5 - rand()) / rnd_max;
}
for (i=0; i<N; i++) {
    for (j=0; j<M; j++) {
        x[i][j] = (rnd_max*0.5 - rand()) / rnd_max;
    }
}
for (i=0; i<M; i++) {
    for (j=0; j<L; j++) {
        y[i][j] = (rnd_max*0.5 - rand()) / rnd_max;
    }
}
for (i=0; i<N; i++) {
    for (j=0; j<L; j++) {
        S[i][j] = 0.0;
    }
}

/* ❷ 처리를 시작한 시각을 측정 */
QueryPerformanceFrequency( &freq_pc );
QueryPerformanceCounter( &start_pc );

/* ❸ 식 1.1과 같이 행렬 계산을 수행(처리 시간 측정 대상) */
for (i=0; i<N; i++) {
    for (j=0; j<L; j++) {
        for (k=0; k<M; k++) {
            S[i][j] += a[k]*x[i][k]*y[k][j];
        }
    }
}

/* ❹ 처리 완료된 시각을 측정 */
QueryPerformanceCounter( &end_pc );
double sec_pc = (end_pc.QuadPart - start_pc.QuadPart)
                                   / (double)freq_pc.QuadPart;
printf("계산 시간 = %.3lf[ms]\n", sec_pc * 1000);

/* ❺ 컴파일러 최적화로 인해 계산이 생략되지 않도록 계산 후에 무작위로 결과에 접근 */
i = (int) (start_pc.QuadPart % N);
j = (int) (end_pc.QuadPart % L);
printf("S[%d][%d] = %.3lf\n", i, j, S[i][j]);

return 0;
}
```

리스트 1.4를 보면 ❶에서 계산할 배열 값을 설정하고, ❷에서 계산을 시작할 시점의 시각을 측정한 뒤, ❸부분에서 식 1.1 계산을 실제 수행하고, ❹에서는 계산이 종료된 시점의 시각을 측정한다. 또, 컴파일러의 최적화 옵션으로 인해 일부 계산이 생략되는 일이 없도록 ❺에서 계산 결과에 무작위로 접근하는 과정을 추가했다. 이번에는 BLAS(Basic Linear Algebra Subprogram)[29]나, SIMD(11장에서 설명)를 사용하지 않았으므로 이들을 이용해서 프로그램을 작성하면 더 속도를 올릴 수 있다.

이번에는 파이썬 프로그램을 살펴보자. 리스트 1.5에 조금 전의 C 프로그램과 동등한 계산을 수행하는 프로그램을 실었다. 먼저 C 프로그램과 같은 내용의 계산을 그대로 작성해서 함수 mult_basic을 정의했다. 이 함수는 NumPy의 행렬 연산 기능을 사용하지 않고 파이썬의 for문으로 구현되었기(앞에 나온 표 1.6에서 '파이썬 기본 기능만'에 해당) 때문에 처리 속도가 늦으리라 예상할 수 있다.

그래서 그 뒤에 NumPy의 연산 기능을 최대한 활용한 함수 mult_fast를 작성했다. 이 함수는 mult_basic과 완전히 같은 내용의 계산을 NumPy를 이용해서 구현한 것이다. NumPy를 사용하면 이 예제에서 보듯 간결한 코드를 작성할 수 있다. 거기다 눈치채지도 못한 사이에 수치 연산 라이브러리(BLAS 등)를 사용하여 고속으로 계산을 수행하게 된다.

이 벤치마크 테스트에서는 빠른 수치 연산 라이브러리를 사용하고 있지 않기 때문에 C 프로그램 쪽이 불리한 조건을 안고 있다. 그러나 여기서 중요한 것은 파이썬으로도 수치 연산 라이브러리를 명시적으로 사용한 것은 아니라는 점이다. 파이썬에서 NumPy 등을 사용하면 자동적으로 이들 라이브러리를 사용할 수 있다.

리스트 1.5 행렬 계산을 수행하는 벤치마크 테스트용 파이썬 프로그램

```python
import numpy as np
import time

def mult_basic(N, M, L, a, x, y):
    """ 행렬 계산을 사용하지 않고 for문으로 사용해서 계산하는 함수
        단, ndarray를 사용하지 않으면 배열을 원하는 크기로 만들기가 어렵기 때문에
        입력 변수는 NumPy의 ndarray로 만들어 넘긴다. """
```

---

29 선형대수를 위한 수치 계산 라이브러리. BLAS의 구현에는 OpenBLAS, ATLAS(Automatically Tuned Linear Algebra Software), LAPACK(Linear Algebra PACK-age), Intel MKL(Math Kernel Library) 등이 있다.

```
        r = np.empty((N, L))
        for i in range(N):
            for j in range(L):
                tmp = 0.0
                for k in range(M):
                    tmp = tmp + a[k]*x[i][k]*y[k][j]
                r[i][j] = tmp
        return r

def mult_fast(N, M, L, a, x, y):
    """ NumPy의 함수를 사용한 고속 계산 함수
        함수 mult_basic과 같은 결과를 얻는다. """
    return np.dot(x*a, y)    # 한 줄로 처리할 수 있다.

if __name__ == '__main__':
    # 계산 대상이 되는 배열 생성
    np.random.seed(0)
    N = 10000
    M = 1000
    L = 10000
    a = np.random.random(M) - 0.5
    x = np.random.random((N, M)) - 0.5
    y = np.random.random((M, L)) - 0.5


    # 행렬 계산을 사용하지 않고 for문 사용
    ts = time.time()
    r1 = mult_basic(N, M, L, a, x, y)
    te = time.time()
    print("Basic method : %.3f [ms]" % (1000*(te - ts)))

    # NumPy를 사용한 고속 계산
    ts = time.time()
    r2 = mult_fast(N, M, L, a, x, y)
    te = time.time()
    print("Fast method  : %.3f [ms]" % (1000*(te - ts)))
```

column
스택 메모리와 힙 메모리

C 같은 컴파일 언어, 다시 말해 실행하기 전에 프로그램을 컴파일해야 하는 언어에 대해 이야기하려면 먼저 **스택 메모리(stack memory)**와 **힙 메모리(heap memory)**라는 두 종류의 메모리에 대해서 알아둘 필요가 있다. 스택 메모리와 힙 메모리는 모두 프로그램 안에서 일시적으로 사용하는 메모리로 대개의 경우 RAM(Random Access Memory)상 어딘가에 저장된다. 이들 두 가지 메모리의 차이를 간단히 설명하면 다음과 같다.

스택 메모리는 컴파일러나 운영체제가 자동적으로 할당하거나 해제하는 메모리를 말한다. 스택 메모리의 크기는 프로그램을 컴파일 및 링크하는 시점에 이미 결정되어 있으며 이를 바꿀 수 없다. C의 경우는 '자동 변수'에 속하는 변수(함수 안에서 정의된 지역 변수 등)가 스택 메모리에 저장된다. 아래에 그 예를 들겠다.

```
double times_n(int n) {
    int i, sum=0;  // ❶
    double b[3] = {1.1, 2.1, 3.4};  // ❷

    for (i=0; i < 3; i++) {
        sum += b[i] * n;
    }
    return sum;
}
```

함수 times_n에서는 정수 i와 sum, 그리고 배정밀도 부동 소수(double)의 배열 b를 사용하겠다고 선 언하고 있다(❶, ❷). 이 변수들은 이 함수 안에서만 사용할 수 있는 지역 변수다. 이 함수를 호출하면 자동적으로 메모리에 할당되며 함수가 종료되면 역시 자동적으로 버려진다. 그런 변수를 '자동 변수' 라고 부르며 스택 메모리에 저장된다.

이번에는 힙 메모리의 사례를 살펴보자. 아래의 코드를 보기 바란다.

```
double* setvec(int n_size) {
    int i;
    double *vec;

    vec = (double *) malloc(sizeof(double) * n_size);  // ❸
    for (i=0; i<n_size; i++) {
        vec[i] = 1.01 * i;
    }

    return vec;
}
```

이 프로그램에서는 함수 setvec의 인자로 n_size가 주어지며 이 값을 크기로 하는 배정밀 부동 소 수 타입(double)의 배열이 ❸에서 할당된다. 필요한 배열의 크기를 미리 알 수 없는 경우에는 이 예제 에서 보듯 malloc 같은 함수를 사용하여 동적으로 메모리를 할당받는다. 이때 이 변수가 저장되는 영 역은 힙 메모리로부터 할당된다.

일반적으로 크기가 큰 변수나 메모리를 동적으로 할당받아야 하는 변수는 힙 메모리에 저장되고, 그 외의 경우는 스택 메모리에 저장된다고 보면 된다.

이에 비해 파이썬에서는 C처럼 스택이나 힙이 프로그래머에게 노출되지 않는다. 메모리 전반을 확보 하는데 신경을 써야 할 경우는 있지만 메모리에 대한 세부사항을 신경 쓸 필요가 거의 없기 때문에 파 이썬을 익히기 쉬운 언어라고 하는 것이다.

1.4 정리

세계적인 추세를 보면 파이썬은 단지 교육용 언어로만 주목받는 것이 아니라 과학 기술 컴퓨팅 분야에서도 널리 쓰이고 있는 언어다. 실제로 파이썬이 대두하고 있는 양상은 여러 가지 데이터를 봐도 알 수 있다. 이에 비해 일본에서는 과학 기술 컴퓨팅 분야에서 아직 활발하게 쓰이고 있는 단계는 아니지만 해외의 사례가 속속 전해지면서 인기도가 상승하고 있다.

그리고 그 근거로 파이썬의 뛰어난 언어적 특성과 과학 기술 컴퓨팅에 대한 이용을 촉진할 만한 규모의 생태계가 존재한다는 것을 설명했다. 파이썬의 속도가 느리다는 오해에 대해서는 NumPy를 사용한 프로그램을 반례로 제시했다. 적절한 라이브러리만 함께 사용할 수 있다면 파이썬은 C에도 뒤지지 않을 정도의 실행 속도를 얻을 수 있다.

이렇듯 과학 기술 컴퓨팅 분야에서도 적절하게 사용한다면 파이썬은 강력하고 효율적인 도구가 될 수 있다. 앞으로의 장에서는 프로그래밍에 필요한 기본 사항(2장, 3장), 언어의 스펙(4~6장), 주요 라이브러리(7~10장), 고속 계산/최적화 기법(11장, 12장)을 소개할 것이다. 파이썬의 힘을 충분히 끌어내기 위한 기초 지식을 탄탄히 다져가도록 하자.

2

제로부터 시작하는
시뮬레이터 개발

이번 장에서는 로켓 시뮬레이터를 예제로 파이썬을 사용해 제로 베이스부터 과학 기술 컴퓨팅을 위한 소프트웨어를 구축해가는 작업 과정을 살펴보게 될 것이다.

로켓의 제원에 대한 설정에 기초하여 로켓을 날리고, 일정 시간이 지난 후 고도와 속도, 그리고 그때까지의 비행 궤적을 계산하는 것을 목적으로 한다. 이 예제는 언어의 기능을 충분히 활용하여 중요한 기능을 먼저 구현한 프로토타입을 빠른 시간 안에 구축하는 **빠른 프로토타이핑(Rapid Prototyping)**의 한 예다.

그리고 이 프로그램을 다시 개선해가는 과정도 살펴볼 것이다. 읽기 쉽고 오류가 없는 프로그램을 작성하기 위해 정적 코드 분석, 단위 테스트 등의 디버깅 작업을 수행한다. 그리고 일반적으로 계산 부하가 높은 과학 기술 컴퓨팅 전용 프로그램 에 필요한 부하 저감 기법에 대해서도 언급할 것이다.

처음 읽을 때는 내용을 잘 이해할 수 없을지라도 후반부로 갈수록 내용을 이해하 는 데 어렵지는 않을 것이다. 이번 장의 설명은 개발 기법의 큰 그림을 파악하는 것을 목표로 한다.

2.1 시뮬레이터 설계하기

이번 절에서는 로켓 시뮬레이터 설계 예제로 프로그램을 구성하는 과정을 배운다. 이번 절에는 파이썬의 함수와 클래스를 가볍게 다루겠지만 자세한 설명은 뒷장으로 미루도록 하겠다. 우선 프로그램을 설계 및 구성하는 방법에 대한 개요부터 살펴보자.

2.1.1 로켓 시뮬레이터 — PyRockSim

아무것도 없는 상태에서 과학 기술 컴퓨팅 전용 소프트웨어를 구축하는 예제로 이 책에서는 로켓 시뮬레이터 'PyRockSim'을 설계할 것이다. 설계한 로켓의 제원에 기초하여 시뮬레이션상에서 로켓을 비행시키고, 일정 시간 이후의 높이나 속도 그리고 그때까지의 비행 궤적을 계산하는 것이 목적이다.

PyRockSim을 사용해서 로켓 추진기의 추진제를 줄이면 비행 궤적 A에서 비행 궤적 B처럼 도달 가능한 고도가 줄어드는 것을 확인할 수 있다(그림 2.1). 이렇게 로켓을 어떻게 구성(제원)해야 원하는 비행 미션을 달성할 수 있는지 예측할 수 있게 된다.

이 책에서 만들 로켓 시뮬레이터는 MATLAB으로 작성된 'MatRockSim'[1]을 파이썬으로 옮긴 것이다. 이때 프로그램 및 파일의 구성에는 파이썬의 스타일을 따랐다. 이 프로그램은 아래의 주소에서 내려받을 수 있다.[2]

URL https://github.com/pyjbooks/PyRockSim

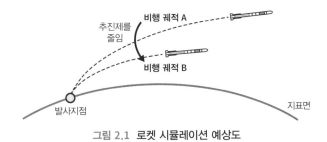

그림 2.1 로켓 시뮬레이션 예상도

---

1 ©2014 Takahiro Inagawa, MIT License. URL https://github.com/ina111/MatRockSim

2 위 주소의 페이지에서 [Download Zip] 버튼을 눌러 내려받을 수도 있지만, 버전 관리 시스템 git을 갖추고 있는 독자라면 저장소를 복제(clone)하여 코드를 내려받기 바란다.

2.1.2 기능의 구성

PyRockSim은 그림 2.2와 같은 기능을 갖추고 있다. 주어진 초기 조건에 따라 로켓의 추진체가 내는 추력을 계산하고, 고도에 따라 변화하는 중력가속도 및 대기의 영향, 그리고 공기역학 계산에 따라 저항과 양력을 계산한다. 이들 값을 기초로 로켓의 위치, 속도, 자세각을 순차적으로 업데이트하면서 지정한 시간까지 시뮬레이션을 계속한다. 본래 프로그램은 6 자유도(회전 3축 + 이동 3축) 시뮬레이터로의 확장을 전제로 하고 있지만, 지금 소개하는 프로그램은 이동 3축에 해당하는 3 자유도를 갖는다.

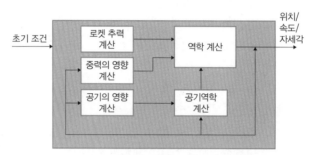

그림 2.2 로켓 시뮬레이션의 기능 구성

2.1.3 프로그램을 구축하는 절차

PyRockSim을 구축하는 데 필요한 절차를 열거하면 다음과 같다.

- 기능 분할(함수나 클래스 단위로 기능을 정리)
- 파일 분할(각 기능 분야별로 파일을 나눔)
- 프로그램 작성
- 정적 코드 분석
- 단위 테스트
- 디버깅
- 프로그램 최적화

우선 프로그램에 필요한 기능을 골라내고, 이 기능을 다시 적절히 분할하여 함수나 클래스(4장, 5장 참조)로 정리해야 한다. 또, 특정한 분야의 기능을 담당하는 함수 및 클래스를 같은 파일에 모아두면 유지보수성이 향상되므로 여러 개의 파일로 프로그램을 분할하도록 한다.

그리고 파이썬에서는 파일 하나로 구성된 라이브러리를 **모듈(module)**, 파일 여러 개로 구성된 라이브러리를 **패키지(package)**라고 한다. 특정한 분야의 기능을 모듈이나 패키지로 정리해두면 다른 프로그램에서 이를 빌려 쓸 수 있으므로 편리하다.

그 다음에는 실제 코딩을 진행한 후 작성된 프로그램이 올바르게 작성됐는지 확인하기 위해 정적 코드 분석, 단위 테스트를 실시한다. 그리고 나면 의도하지 않은 동작을 수정하기 위한 디버깅, 신뢰성 향상 및 빠른 처리 속도를 위해 프로그램 최적화를 수행한다.

이제 PyRockSim의 개발 과정을 통해 이들 절차가 어떻게 수행되는지 알아보자.

2.2 기능 분할과 파일 분할

기능을 적절하게 분할하여 함수나 클래스로 정리한 뒤 분야별 파일로 나누면 유지보수성이 향상되어 편리하다. 이번 절에서는 PyRockSim의 개발을 사례로 기능 분할과 파일 분할 과정의 예를 살펴보겠다.

2.2.1 기능 분할

소스 코드의 줄 수가 적은 소규모 프로그램이라면 모든 코드를 한 파일에 작성해도 괜찮겠지만, 대규모 프로그램은 유지보수성을 위해 이를 권장하지 않는다. 또한 함수나 클래스를 사용해서 기능을 분할하여 구현하려는 경우에도 너무 작은 단위로 분할하면 프로그램이 도리어 이해하기 어렵게 되는 경우가 있다. 이 때문에 적당한 크기로 기능을 분할한 뒤 유지보수성과 재사용을 고려한 파일 분할을 하는 것이 바람직하다.

로켓 시뮬레이터에서는 구현할 기능을 위와 같은 관점에서 표 2.1과 같이 분할하여 구현하기로 했다. 표 2.1에서 기능의 구현 방법(함수/클래스/스크립트)과 이름, 기능에 대한 개요를 나타냈다.

표 2.1 파일과 기능의 분할(단위 테스트 클래스 및 서브 함수는 제외)

파일	종류	함수 또는 메서드명	설명
rocket.py	스크립트	-	제원 설정, 상수 설정 등
	클래스 (RocketSim)	__init__	객체 파라미터의 초기 설정
		rocket_dynamics	역학 계산(상탯값에 대한 미분 계산)
		euler_calc	적분 계산을 수행(비교용으로 odeint를 사용해서 구현한 odeint_calc도 작성)
	함수	plot_rs	시뮬레이션 결과를 그림
coordconv.py	함수	blh2ecef	위도/경도/고도로부터 ECEF 좌표로 변환
	함수	ecef2blh	ECEF 좌표를 위도/경도/고도로 변환
	함수	launch2ecef	사점좌표계를 ECEF 좌표계로 좌표 변환
	함수	dcm_x2n	ECEF-XYZ에서 Local tangent NED 직교좌표계로의 회전행렬
quaternion.py	함수	deltaquat	쿼터니언의 시간 미분
	함수	quatnorm	쿼터니언의 노름(norm, 크기 혹은 거리)
	함수	quatnormalize	쿼터니언의 정규화
	함수	quatconj	켤레 쿼터니언
	함수	quatinv	역 쿼터니언
	함수	quatmultiply	쿼터니언 곱
	함수	rot_coord_mat	방향코사인행렬을 쿼터니언으로부터 계산
	함수	attitude	초기 방위각과 앙각[deg]으로부터 쿼터니언과 방향코사인행렬을 생성
environment.py	함수	std_atmosphere	표준 대기 계산
	함수	함수 gravity	중력 계산

이 예제에서는 로켓 시뮬레이션의 주 모듈(실행 시 최상위 파일)을 'rocket.py'라고 이름 붙이고, 좌표변환과 관련된 함수를 파일 'coordconv.py'에, 쿼터니언(사원 수, 자세각 계산에 사용) 계산과 관련된 함수를 'quaternion.py', 환경 관련 계산 함수를 'environment.py'에 모아두는 구성을 택했다.

이렇게 필요한 처리나 기능을 골라내고, 이들을 다시 분할하여 어떻게 구현할 것인지 구상한다. 프로그램을 작성하는 단계에서 명확해지는 부분도 있으므로 기능 분할 및 파일 분할 단계에서는 대강의 얼개만 잡을 수 있으면 된다.

■ 기능 구현 시 유의할 점

기능을 분할하여 구현하는 단계에서 기존 라이브러리를 활용할 수 있는지에 대해서 어느 정도 생각해둘 필요가 있다. 파이썬의 표준 라이브러리 외에도 과학 기술 컴퓨팅에서는 이 책의 이후 장에서 소개할 NumPy, SciPy, pandas, 그래프 그리기를 위한 matplotlib 등을 사용하는 것을 전제로 구현하는 쪽이 좋다고 할 수 있다. 이미 신뢰성을 확보한 의존 라이브러리를 활용하는 것이 중요하다. 구현하려는 기능이 라이브러리에 이미 존재하는지 여부를 미리 조사해두자.

2.2.2 파일 분할과 import

파이썬에서는 여러 개의 함수나 클래스를 하나의 파일에 담을 수 있다. 별도의 파일로 분할된 파이썬 함수나 클래스는 메인 모듈(rocket.py)에서 다음과 같이 import하여 사용할 수 있다. 4.10절에서 다시 설명하겠지만 import란 로드하여 프로그램 내에서 사용할 수 있도록 하는 것을 말한다.

```
import quaternion as qt
import environment as env
import coordconv as cc
```

이를테면, 위 예제의 첫 번째 줄은 쿼터니온과 관련된 함수를 모아둔 모듈(quaternion.py)을 import해서 qt라는 별명(alias)을 지어준다. 따라서 해당 모듈에 포함된 함수 quatnorm은 qt.quatnorm으로 접근할 수 있다. 다른 모듈도 마찬가지 방법으로 사용할 수 있다.

2.3 프로그램 작성

기능 분할 및 파일 분할을 어떻게 할지 계획했다면 이제 실제 프로그램을 작성한다. 처리할 내용을 머릿속으로 쫓아가며 PyRockSim 프로그램 작성 예를 살펴보자.

2.3.1 프로그램의 처리 흐름

시뮬레이터의 기본적인 처리 흐름은 다음과 같다.

❶ 로켓의 제원을 설정
❷ 로켓의 위치/속도/자세각 등의 시간 미분을 계산
❸ 위의 시간 미분을 사용하여 (설정한 종료 시각까지의) 적분을 계산
❹ 결과를 그리기

세세한 부분까지 따지면 여기에 생략된 내용도 있지만 대체적인 큰 흐름은 이것이 전부다.

2.3.2 라이브러리의 import

파이썬 코드에서는 맨 첫부분에서 import할 라이브러리를 지정하도록 되어 있다. 리스트 2.1은 rocket.py의 import문 부분이다. NumPy나 SciPy 등의 서드파티 라이브러리 외에도 앞서 설명한 것처럼 로켓 시뮬레이션의 일부인 모듈(파일)도 import하고 있음을 알 수 있다. 또, import numpy as np라고 했으므로 NumPy의 사인 함수 sin은 np.sin으로 접근할 수 있지만, 여기에 from numpy import sin을 보탰으므로 np.sin이 아니라 sin 만으로도 사인 함수를 사용할 수 있다. 이로써 프로그램의 가독성을 향상시킬 수 있다.

리스트 2.1 프로그램 서두의 import문

```
import numpy as np
from numpy import sin, cos, arcsin, pi
import matplotlib as mpl
import matplotlib.pyplot as plt
import scipy as sp
from scipy.interpolate import interp1d
from mpl_toolkits.basemap import Basemap
import quaternion as qt
import environment as env
import coordconv as cc
```

2.3.3 로켓 제원의 설정

그 다음으로 로켓의 제원을 파이썬의 딕셔너리 타입 변수에 설정하도록 한다(리스트 2.2). 딕셔너리 타입 변수는 함수나 클래스에 키워드 인자로 전체를 넘겨줄 수 있기 때문에 편리하다. 나중에 딕셔너리 타입 변수에 새로운 요소를 추가해도 이를 인자로 받을 함수나 클래스의 정의를 변경할 필요가 없다. 이번에 사용한 로켓의 제원은 MatRockSim으로부터 빌려온 것이지만 여기에는 JAXA(일본 항공우주국)의 M-35 로켓의 제원이 일부 반영돼 있다. 자세한 내용은 JAXA의 웹 페이지[3]를 참조하기 바란다.

리스트 2.2 로켓의 제원 설정

```
# Rocket의 제원 설정(M-3S)
rocket_settings = {
    'm0': 45247.4,                              # [kg] 초기 질량
    'Isp': 266,                                 # [s] Specific Impulse
    'g0': 9.80665,                              # [m/s^2] 중력상수
    'FT': 1147000,                              # [N] 추력(일정)
    'Tend': 53,                                 # [s] 로켓 연소 종료 시간
    'Area': 1.41**2 / 4 * pi,                   # [m^2] 기준 면적
    'CLa': 3.5,                                 # [-] 양력 기울기
    'length_GCM': [-9.76, 0, 0],                # [m] R/M 심벌 - 레버 암 길이
    'length_A': [-1.0, 0, 0],                   # [m] 기체 공력 중심 - 레버 암 길이
    'Ijj': [188106.0, 188106.0, 1839.0],        # [kg*m^2] 관성 모멘트
    'IXXdot': 0,                                # [kg*m^2/s] 관성 모멘트 변화율 X축
    'IYYdot': 0,                                # [kg*m^2/s] 관성 모멘트 변화율 Y축
    'IZZdot': 0,                                # [kg*m^2/s] 관성 모멘트 변화율 Z축
    'roll': 0,                                  # [deg] 초기 롤
    'pitch': 85.0,                              # [deg] 초기 피치각
    'yaw': 120.0,                               # [deg] 초기 방위각
    'lat0': 31.251008,                          # [deg] 발사 지점 위도(WGS84)
    'lon0': 131.082301,                         # [deg] 발사 지점 경도(WGS84)
    'alt0': 194,                                # [m] 발사 지점 고도(WGS84 타원체)
    # CD를 정의하기 위한 Mach 수와 CD 표
    'mach_tbl': np.array([0, 0.2, 0.4, 0.6, 0.8, 1.0, 1.1, 1.2, 1.4, 1.6,
                          1.8, 2.0, 2.5, 3.0, 3.5, 4.0, 5.0]),
    'CD_tbl': np.array([0.28, 0.28, 0.28, 0.29, 0.35, 0.64, 0.67, 0.69,
                        0.66, 0.62, 0.58, 0.55, 0.48, 0.42, 0.38, 0.355,
                        0.33])
    }
```

---

3 URL http://www.isas.jaxa.jp/j/enterp/rockets/vehicles/mu/m3s.shtml

2.3.4 상탯값의 설정과 적분 계산

이어서 상탯값 벡터를 다음 식과 같이 정의한다. **상탯값 벡터**란 '로켓에 대해 우리가 알고 싶은 물리량'을 열거한 것을 말한다.

$$\mathbf{X} = [M, P_N, P_E, P_D, V_N, V_E, V_D, q_0, q_1, q_2, q_3, \omega_r, \omega_p, \omega_y]$$

여기서 M은 로켓 전체의 질량[kg]을 의미하며, P_N, P_E, P_D는 발사 지점에 대한 국지 수평좌표계의 North/East/Down 좌표[m]를, V_N, V_E, V_D는 발사 지점에 대한 국지 수평좌표계의 North/East/Down 방향 속도[m/s]를 의미한다. 또, q_0, q_1, q_2, q_3은 쿼터니온을, ω_r, ω_p, ω_y는 Roll/Pitch/Yaw에 대한 각속도[rad/s]를 나타낸다.

이 상탯값 X의 시간 미분을 계산하는 함수를 RocketSim 클래스의 rocket_dynamics 메서드로 정의한다.[4] rocket_dynamics 메서드에 의해 계산되는 X의 시간 미분 $\frac{d\mathbf{X}}{dt}$를 사용하면 오일러 방법(Euler's method) 적분으로 충분히 짧은 시간 Δt 후의 상탯값 X를 다음과 같이 계산할 수 있다.

$$\mathbf{X}(t + \Delta t) = \mathbf{X}(t) + \frac{d\mathbf{X}}{dt}\Delta t$$

조금 더 설명하면 이 적분 방법은 오차가 크기 때문에 본격적인 시뮬레이션 계산에서는 잘 사용하지 않는다. 그림 2.3을 보면 어떤 상탯값에 대한 함수의 형태가 나타나 있는데, 그림에서 하얀 원으로 표시된 지점(시간 = t)에 대한 기울기의 변화가 $\frac{d\mathbf{X}}{dt}$에 해당한다. 따라서 오일러 방법 적분으로는 함수의 기울기가 큰 지점에서 그림에서와 같이 오차가 발생하게 된다.

이 때문에 여기서는 자세히 설명하지 않겠으나 4차 룽게-쿠타 방법 등 좀 더 정밀한 적분 방법을 사용하여 이 오차를 가능한 한 줄이는 것이 일반적이다. 단, 이들 기법은 계산 비용이 크기 때문에 요구되는 계산 정밀도와 시뮬레이션에 필요한 계산 시간을 잘 저울질하여 계산 방법을 정해야 한다.

4　rocket_dynamics 메서드의 자세한 내용을 알고 싶은 독자는 아까 언급한 MatRockSim에 딸린 설명이나 《Modeling and Simulation of Aerospace Vehicle Dynamics, Third ed.》(Peter H. Zipfel 저, American Institute of Aeronautics and Astronautics, 2014) 등을 참조하기 바란다.

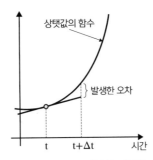

그림 2.3 오일러 방법으로 적분을 계산할 때의 오차

지금까지 작성한 RocketSim 클래스의 내용을 한 번 훑어보자. 리스트 2.3에서 보듯 RocketSim 클래스에는 3개의 메서드가 있다. **__init__** 메서드는 클래스 안에서 사용되는 변수를 초기화하고, **rocket_dynamics** 메서드는 계산하려는 상탯값의 시간 미분을 계산하며, **euler_calc**가 적분을 계산한다.

리스트 2.3 RocketSim 클래스의 내용

```
class RocketSim:
    """ 로켓 시뮬레이션용 클래스

    [좌표계의 정의]
    사점 중심 관성 좌표계 n: 발사 위치 원점 직교좌표계(North-East-Down)
    로켓 기재좌표계 b:XYZ = 전방/우현/하방
    """


    def __init__(self, **kwargs):
        """ 로켓의 초깃값 상태 설정


        ❶ 상미분방정식을 사용한 상탯값 벡터의 초깃값 x0의 설정(14차)
            m0: 로켓 전체의 초기 질량[kg] (1x1)
            pos0: 사점 중심 관성좌표계에서의 위치(North-East-Down) [m] (3x1)
            vel0: 사점 중심 관성좌표계에서의 속도(North-East-Down) [m/s] (3x1)
            quat0: 기체좌표계에서 수평좌표계로의 변환을 나타내는 쿼터니온 [-] (4x1)
            omega0: 기체좌표계에서의 기체에 작용하는 각속도 [rad/s] (3x1)
        ❷ 로켓의 각종 제원 설정
        ❸ 제어 입력 + 외부 노이즈
        ❹ 질점 모형 설정 플래그
        """

        # ❶ 상탯값 벡터의 초깃값 x0의 설정
        pos0 = [0.0, 0.0, 0.0] # m
```

```python
        vel0 = [0.0, 0.0, 0.0] # m/s
        quat0, _ = qt.attitude(kwargs['roll'], kwargs['pitch'],
                                kwargs['yaw'])
        omega0 = [0.0, 0.0, 0.0] # rad/s
        self.x0 = np.array([kwargs['m0'], *pos0, *vel0, *quat0, *omega0])
        # ❷ 로켓의 각종 제원 설정
        self.isp = kwargs['Isp']
        self.g0 = kwargs['g0']
        <중략:__init__>

    def rocket_dynamics(self, x, t, u):
        """ 로켓의 역학 계산 함수

        인자:
            x: 상탯값 x(self.x0 참조)
            t: time 시각 [s]
            u: 옵션 파라미터
                u[0]: Ft 추력 [N]
                u[1]: deltaY 요 짐벌 각 [rad]
                u[2]: deltaP 피치 짐벌 각 [rad]
                u[3]: Tr 롤 제어 토크 [N*m]
                u[4]:VWHx 초기 수평좌표계에서의 바람 벡터 North[m/s]
                u[5]:VWHy 초기 수평좌표계에서의 바람 벡터 East[m/s]
                u[6]:VWHz 초기 수평좌표계에서의 바람 벡터 Down[m/s]
        리턴값:
            dx: 상탯값 x의 시간 미분
        """

        <중략: rocket_dynamics의 정의>

        # 속도 운동 방정식
        ftah = cbn @ (ftb + fab)
        delta_v = (1 / x[0]) * (ftah + fgh) # 발사점 NED 좌표

        # 자세의 운동 방정식
        delta_quat = qt.deltaquat(quat, x[11:14])

        # 각속도의 운동 방정식
        delta_omega = [1 / self.ixx * (moment[0] - self.ixxdot * x[11] -
                                       (self.izz - self.iyy) * x[12] * x[13]),
                       1 / self.iyy * (moment[1] - self.iyydot * x[12] -
                                       (self.ixx - self.izz) * x[13] * x[11]),
                       1 / self.izz * (moment[2] - self.izzdot * x[13] -
                                       (self.iyy - self.ixx) * x[11] * x[12])]

        dx = [delta_m, x[4], x[5], x[6], *delta_v, *delta_quat, *delta_omega]
        return dx
```

```python
def euler_calc(self, t_vec):
    """ 오일러 방법 적분으로 시뮬레이션 계산 """
    x = self.x0
    dat = np.zeros((t_vec.size, x.size), dtype='float64')
    dat[0, :] = x
    for k in range(t_vec.size - 1):
        dx = self.rocket_dynamics(x, t_vec[k], self.u)
        x += np.array(dx) * 0.002
        dat[k + 1, :] = x
    return dat
```

2.3.5 메인 실행 코드

이번에는 RocketSim 클래스를 사용해서 시뮬레이션을 수행하는 메인 실행 코드를 살펴보겠다. 리스트 2.4는 rocket.py에 포함된 메인 실행 코드다. 주석 등을 빼고나면 결과를 그리는 코드를 포함하여 겨우 4줄에 불과하다. 첫 번째 줄은 앞서 설명했듯이 rocket.py 를 '메인 실행 파일로서 실행한 경우에만 이 아래의 명령을 실행하라'는 의미를 갖는 조건 분기문이다.

그리고 rs = RocketSim(**rocket_settings)으로 RocketSim 클래스의 인스턴스의 작성과 제원(rocket_settings) 설정을 한다. 4장에서 설명하겠지만 인스턴스란 객체지향 언어에서 사용되는 용어로 '실체'라는 의미다. 즉, RocketSim 클래스는 설계도와 같은 것이고 이 설계도를 따라 계산을 수행하게 될 실체를 생성하는 것이다. 따라서 rocket.py 안에서 서로 다른 설정을 가진 2개의 로켓에 해당하는 인스턴스를 작성하고 이들 각각의 비행 궤적을 계산할 수 있게 된다.

그 다음 t = np.arange(0, 100, 0.002)로 시뮬레이션을 지속할 시간(여기서는 100초)과 시뮬레이션 간격(0.002초)을 지정하여 시간에 대한 계산 그리드를 지정하는 벡터를 생성한다. 그리고 result = rs.euler_calc(t)로 오일러 방법 적분으로 적분 계산을 실행하면 시뮬레이션 결과를 얻을 수 있다.

리스트 2.4 로켓 시뮬레이션의 메인 실행 코드

```python
if __name__ == "__main__":
    # 로켓 객체를 생성
    rs = RocketSim(**rocket_settings)
    # 계산에 사용할 시간 벡터
    tvec = np.arange(0, 100, 0.002)
    # 로켓 시뮬레이션 (적분 계산) 실행
    result = rs.euler_calc(tvec)  # 오일러 방법 적분을 적용한 경우
    # 결과 그리기
    plot_rs(tvec, result)
```

마지막으로 plot_rs(t, result)는 matplotlib(9장 참조)을 사용하여 계산 결과를 그리면 처리가
완료된다. 리스트 2.5에 함수 plot_rs( )의 정의를 실었다. 리스트 2.5에서는 중간이 생략되
었지만 함수 plot_rs( ) 안에서 각각의 요소를 그리는 서브 함수가 정의되어 있어서, 나중
에 특정 요소만을 선택적으로 표시하도록 수정하기 쉽게 되어 있다. 또, 함수 plot_map( )
에서는 matplotlib의 Basemap 툴킷[5]을 사용하여 그린 내용에 지도를 포함시키고 있다.

리스트 2.5 matplotlib으로 결과 그리기

```python
def plot_rs(tv, res):
    """ 시뮬레이션 결과 그리기

    인자
        tv: 시간 벡터 [s]
        res: 시계열 계산 결과 행렬(상탯값 x에 해당)
    """

    def plot_pos(t, d):
        """ 위치 그리기 """
        h = plt.figure(1)
        h.canvas.set_window_title("Fig %2d - 위치(NED)" % h.number)
        plt.subplot(3, 1, 1)
        plt.plot(t, d[:, 1] * 1.e-3)
        plt.xlabel('시간 [s]')
        plt.ylabel('북방위 위치 [km]')
        plt.subplot(3, 1, 2)
        plt.plot(t, d[:, 2] * 1.e-3)
        plt.xlabel('시간 [s]')
        plt.ylabel('동방위 위치 [km]')
        plt.subplot(3, 1, 3)
```

---

[5] Basemap은 통상적으로 추가 설치를 필요로 한다. 자세한 설치 방법은 PyRockSim의 README.md를
     참조하기 바란다.

```
        plt.plot(t, -d[:, 3] * 1.e-3)
        plt.xlabel('시간 [s]')
        plt.ylabel('고도 [km]')

<중략>

def plot_map(llh):
    plt.figure(7, figsize=(8, 8))
    minLon, maxLon = 130, 132.01
    minLat, maxLat = 31, 32.01
    plt.subplot(3, 1, (1, 2))
    m = Basemap(projection='merc', llcrnrlat=minLat, urcrnrlat=maxLat,
                llcrnrlon=minLon, urcrnrlon=maxLon, lat_ts=30,
                resolution='h')
    m.drawmeridians(np.arange(minLon, maxLon, 0.5), labels=[0, 0, 0, 1])
    m.drawparallels(np.arange(minLat, maxLat, 0.5), labels=[1, 0, 0, 0])
    m.drawcoastlines()
    m.plot(llh[:, 1], llh[:, 0], latlon=True)
    plt.subplot(3, 1, 3)
    plt.plot(llh[:, 1], llh[:, 2]*1.e-3)
    plt.xlim([minLon, maxLon])
    plt.xlabel('경도 [deg]')
    plt.ylabel('고도 [km]')

def plot_map(llh_in):
    h = plt.figure(7, figsize=(8, 8))
    h.canvas.set_window_title("Fig %2d - 위치(지도)" % h.number)
    minlon, maxlon = 130, 132.01
    minlat, maxlat = 31, 32.01
    plt.subplot(3, 1, (1, 2))
    m = Basemap(projection='merc', llcrnrlat=minlat, urcrnrlat=maxlat,
                llcrnrlon=minlon, urcrnrlon=maxlon, lat_ts=30,
                resolution='h')
    m.drawmeridians(np.arange(minlon, maxlon, 0.5), labels=[0, 0, 0, 1])
    m.drawparallels(np.arange(minlat, maxlat, 0.5), labels=[1, 0, 0, 0])
    m.drawcoastlines()
    m.plot(llh_in[:, 1], llh_in[:, 0], latlon=True)
    plt.subplot(3, 1, 3)
    plt.plot(llh_in[:, 1], llh_in[:, 2] * 1.e-3)
    plt.xlim([minlon, maxlon])
    plt.xlabel('경도 [deg]')
    plt.ylabel('고도 [km]')

# 필요에 따라 플롯 그리기
plt.close('all')
plot_pos(tv, res)
<중략>
plot_map(llh)
plt.show()
```

2.3.6 계산 결과 확인하기

그럼 실제 계산 결과가 어떻게 나오는지 확인해보자. 그림 2.4에 발사 지점의 국지 직교좌표계에 대한 North/East/Down 방향 위치를 실었으며, 그림 2.6에는 지도상에서의 위치변화에 대한 정보를 실었다. 이 예에서는 가고시마현의 우치노우라 로켓 센터로부터 방위각 120도(진동에서 남쪽으로 30도 방향), 앙각 85도 방향으로 발사했다. 로켓의 발사 방향이나 추진체의 추력을 변경하면 결과 또한 바뀌는지 확인해보자.

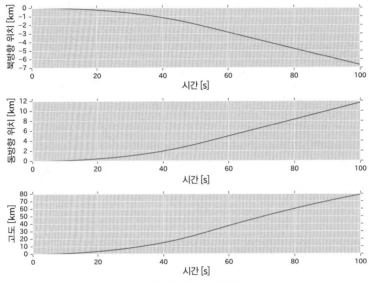

그림 2.4 시뮬레이션 결과(위치 NED)

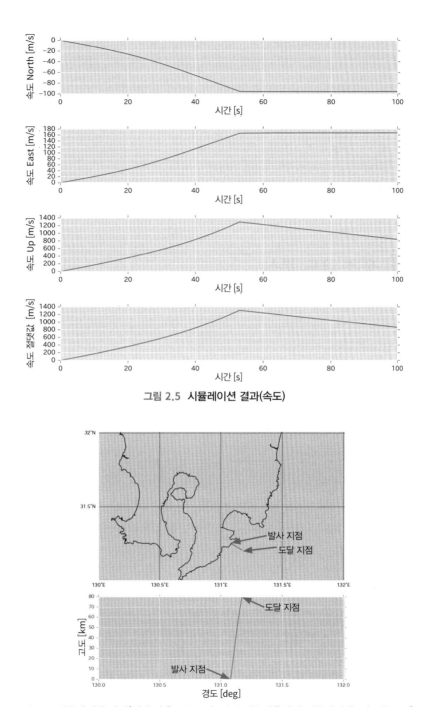

그림 2.5 시뮬레이션 결과(속도)

그림 2.6 시뮬레이션 결과(뒤에 나올 SciPy의 odeint를 사용하여 시뮬레이션, 지도상 표시)

여기까지 메인 실행 파일인 rocket.py에 대한 구성과 내용에 대해 간단히 설명했다. 그러나 여기서 사용되는 아래 3개의 파일의 내용에 대해서는 설명하지 않았다. 이들은 다른 프로그램에서 재사용할 수 있는 기본적 기능을 구현한 함수이므로 관심 있는 독자는 소스 코드를 내려받아 자세한 내용을 확인하기 바란다.

- coordconv.py: 좌표 변환을 위한 함수
- quaternion.py: 쿼터니온 계산을 위한 함수
- environment.py: 환경(대기, 중력)에 대한 함수

2.4 정적 코드 분석

정적 코드 분석이란 프로그램을 실행하지 않고 프로그램의 문법상의 오류나 코딩 규약 위반 등을 분석하는 것을 말한다. 프로그램을 실행하기 전에 정적 코드 분석을 반드시 실시하여 오류 없는 코드를 작성할 수 있도록 하자.

2.4.1 정적 코드 분석의 목적

정적 코드 분석은 프로그램을 실행하지 않고 분석하는 것이기 때문에 '정적'이라 불린다. 이와 달리 프로그램을 실행하여 분석하는 것을 '동적' 프로그램 분석이라 하기도 한다. 정적 코드 분석의 목적은 버그(문법적 오류 등)의 제거, 가독성 제고(코딩 규약에 대한 준수) 등을 들 수 있다. 'Dead Code'라고 불리는 실행되지 않는 코드를 제거하는 것도 정적 코드 분석의 목적 중 하나다. Dead Code는 향후 문제를 일으키기 쉬우므로 제거하는 것이 바람직하기 때문이다.

정적 코드 분석은 직접 눈으로 확인하는 방법으로도 할 수 있지만 전용 도구를 사용하는 것이 바람직하다. 예를 들어 PEP 8(4.1절 참조)의 준수 여부 역시 최근에는 통합 개발 환경이나 전용 도구로 검증할 수 있다. 그리고 PEP 8의 준수 검증에서는 발견된 모든 문제를 반드시 수정해야 하는 것은 아니다. 그러나 이를 수정하지 않는 경우에는 필요에 따라 그 프로젝트의 코딩 규약에 대체 조항 및 이를 채택한 이유를 명기해두자.

2.4.2 정적 코드 분석을 위한 도구

정적 코드 분석을 위한 대표적인 도구는 아래와 같다.

- Pyflakes: 논리적 오류(문법 오류)에 대한 검증(코딩 규약에 대한 체크는 하지 않음)
- pep8: PEP 8 코딩 규약 준수 여부 검증
- Pylint: 오류 및 코딩 규약 준수 여부 검증

통합 개발 환경인 Spyder(3.2절 참조)에서도 그림 2.7에서 보듯 정적 코드 분석을 수행할 수 있다. Spyder에는 Pyflakes와 pep8로 분석한 결과를 에디터에 표시해주는 기능이 있다.[6] 이 분석은 미리 지정한 시간만큼 간격을 두고 자동으로 실행되므로 거의 실시간으로 코드의 잠재적 오류를 확인할 수 있다. 또 pylint를 사용한 결과를 수동으로 표시하는 것도 가능하다.

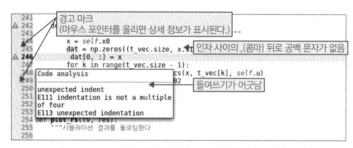

그림 2.7 Spyder를 이용한 정적 코드 분석(Pyflakes/pep8)

그림 2.7의 예에서는 에디터 화면에 Spyder가 정적 코드 분석을 수행한 결과를 표시하고 있다. 245번째 줄과 249번째 줄에는 행 번호 표시 왼쪽에 경고 마크가 달려 있다. 245번째 줄을 보면 def문으로 정의한 함수에서 2개의 인자 사이에 있는 콤마 뒤에 공백 문자가 없는 부분이 PEP 8 코딩 규약에 어긋나 있는 것을 알 수 있다. 249번째 줄은 들여쓰기가 다른 줄과 어긋나 있어 경고가 떠 있다.

---

6 이 책에서는 다루지 않지만 JetBrain에서 만든 PyCharm이라는 파이썬 통합 개발 환경에서도 비슷한 방식으로 정적 코드 분석을 할 수 있다. 이 기능은 무료 버전인 Community Edition에서도 사용 가능하다. 필자가 이용해본 경험으로는 Spyder보다도 PyCharm 쪽이 체크 항목이 더 많고 경고(warning) 항목을 좀 더 세세하게 설정할 수 있어서 편리하다.

파일을 편집하던 중에 F8키를 누르면 pylint로 해당 파일을 체크한 뒤 그 결과를 그림 2.8 과 같은 형태로 표시한다.

정적 코드 분석은 PEP 8에 명시된 사항이라고 해서 모든 것을 확인해주는 것도 아니고 내 게는 별 도움이 안 되는 경고만 내뿜기도 한다. 그러나 코드의 잠재적 오류를 검출해서 가 독성 높고 오류 없는 프로그램을 작성하는 데 큰 도움이 되니 꼭 활용하도록 하자.

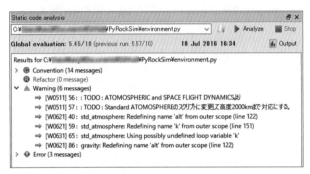

그림 2.8 Spyder를 이용한 정적 코드 분석(Pylint)

2.5 단위 테스트

소프트웨어 개발에는 프로그램이 정해진 스펙대로 바르게 동작하는지 여부를 보장하기 위해 다양한 테스트가 실시된다. 이 중에서 가장 첫 단계에서 이뤄지는 테스트로 단위 테스트를 들 수 있다. 이번 절에서는 바른 코드 작성에 큰 역할을 하는 단위 테스트에 대해 설명한다.

2.5.1 소프트웨어 테스트

소프트웨어 개발 과정에서 실시되는 테스트에는 대개 다음과 같은 종류가 있다.

- 단위 테스트
- 소프트웨어 결합 테스트
- 소프트웨어 통합 테스트
- 시스템 테스트

이들은 일반적으로 그림 2.9에서 보듯 'V자 모형'이라는 개발 모형에서 각 설계 단계에 대응하는 테스트 유형이다.

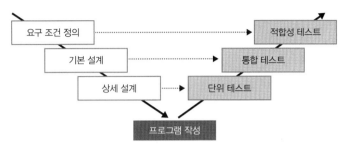

그림 2.9 V자 모델과 소프트웨어 테스트의 관계

당연한 이야기지만 프로덕트 수준의 소프트웨어를 개발하는 경우에는 이들 테스트 역시 주의 깊게 설계하고 출시 전까지 버그를 완전히 제거하기 위해 노력하기 마련이다. 그러나 프로그램의 규모에 따라 이들 테스트 중 일부를 생략하는 경우도 있다. 다만 발견하기 어려운 버그가 개발 막바지에 발견되면 개발 일정에 큰 영향이 미치므로 적어도 단위 테스트는 실시하는 편이 좋다. 이제 단위 테스트의 구체적인 방법을 살펴보자.

2.5.2 단위 테스트를 위한 도구

파이썬에서 **단위 테스트(unittesting)**를 수행하는 방법에는 여러 가지가 있다. 단순히 단위 테스트용 코드를 모두 직접 작성하는 방법도 있지만, 단위 테스트를 목적으로 만들어진 라이브러리를 사용해서 테스트를 실시하면 편리하다. 파이썬에서 사용할 수 있는 다양한 테스트 도구에 대한 정보는 python.org[7]에서 확인할 수 있다. 이번 절에서는 아래의 세 가지 도구에 대해 소개할 것이다.

- doctest **URL** http://docs.python.org/3/library/doctest.html
- unittest **URL** http://docs.python.org/3/library/unittest.html
- nose **URL** http://nose.readthedocs.io/en/latest/

---

7 **URL** https://wiki. python.org/moin/PythonTestingToolsTaxonomy

이들 중 doctest와 unittest는 파이썬의 표준 라이브러리에 포함되어 있으므로 추가로 설치할 필요가 없다. 이에 비해 nose는 서드파티 라이브러리로, 별도로 설치해야 한다.[8] 이들 단위 테스트 도구를 PyRockSim에 적용해보면서 사용 방법을 알아보자.

2.5.3 doctest

먼저 **doctest**의 사용 방법을 살펴보자. doctest로 단위 테스트를 하려면 단위 테스트하려는 함수나 클래스의 코드를 포함하고 있는 파일에서 아래와 같은 코드를 실행한다.

```
import doctest # doctest 모듈을 import
doctest.testmod() # doctest로 단위 테스트를 수행
```

하지만 이것만으로 단위 테스트가 수행되는 것은 아니고, 수행하려는 테스트 내용을 닥스트링 안에 미리 작성해둬야 한다. 리스트 2.6은 로켓 시뮬레이터의 coordconv.py에 작성된 함수인 dcm_x2n에 대한 테스트를 작성한 예다. 함수 dcm_x2n의 닥스트링에는 인자와 리턴값에 대한 설명 외에도 단위 테스트에 대한 내용이 들어 있음을 알 수 있다. >>>는 파이썬 셸의 프롬프트 인데, 여기서 >>>를 사용하면 마치 파이썬 셸에서 대화식으로 실행했을 때와 같은 형태로 입력과 출력을 기술할 수 있다. 리스트 2.6에서는 ndarray(3×3)의 형태를 갖는 dcm_x2n의 리턴값을 미리 정해둔 예상 결과와 성분 하나하나씩 비교하게 된다.

리스트 2.6 matplotlib을 이용하여 시뮬레이션 결과를 플로팅

```
def dcm_x2n(phi, lam):
    """ WGS84 ECEF-XYZ에서 Local tangent NED 직교좌표계로의 회전행렬을 계산

    인자
        phi: 위도 [deg]
        lam: 경도 [deg]

    리턴값
        dcm:WGS84 ECEF-XYZ에서 Local tangent NED 직교좌표계로의 회전행렬
```

---

8 pip install nose, conda install nose 등의 명령을 사용해서 미리 설치해두자. 단, Anaconda 같은 배포 패키지를 사용하는 경우는 처음부터 설치되어 있는 경우도 있다.

```
단위 테스트(doctest를 사용한 단위 테스트의 예)
>>> dcm = dcm_x2n(38.54, 140.123)   # 3×3 크기 행렬이 결과
>>> round(dcm[0, 0], 13) == 0.4781509665478
True
>>> round(dcm[0, 1], 13) == -0.3994702417770
True
>>> round(dcm[0, 2], 13) == 0.7821733689688
True
>>> round(dcm[1, 0], 13) == -0.6411416200655
True
>>> round(dcm[1, 1], 13) == -0.7674225843822
True
>>> round(dcm[1, 2], 13) == 0.0
True
>>> round(dcm[2, 0], 13) == 0.6002575082490
True
>>> round(dcm[2, 1], 13) == -0.5014839009527
True
>>> round(dcm[2, 2], 13) == -0.6230608484538
True
"""

    sphi, cphi = sin(phi * D2R), cos(phi * D2R)
    slam, clam = sin(lam * D2R), cos(lam * D2R)
    dcm = [[-sphi * clam, -sphi * slam, cphi],
           [-slam, clam, 0.0],
           [-cphi * clam, -cphi * slam, -sphi]]
    return np.array(dcm)
```

이런 형태의 단위 테스트를 import용으로 작성한 파일에 적용하려면 파일 맨 끝에 아래와 같은 내용을 덧붙이면 된다. 이 내용을 덧붙이면 해당 파일을 메인 스크립트로 실행했을 때만 단위 테스트가 수행된다.

```
if __name__ == "__main__":
    import doctest
    doctest.testmod()
```

위의 예제로 IPython 콘솔에서 단위 테스트를 수행하려면 %run 매직 명령어를 실행하기만 하면 된다.

```
In [1]: \%run coordconv.py
```

단, 이 방법으로는 오류가 발생했을 때만 결과가 표시되므로 아무 오류가 없어도 결과가 표시되게 하려면 다음과 같이 -v 옵션을 끝에 추가한다.

```
In [2]: \%run coordconv.py -v
Trying:
    dcm = dcm_x2n(38.54, 140.123)    # 3×3 크기의 행렬을 리턴
Expecting nothing
ok
Trying:
    round(dcm[0, 0], 13) == 0.4781509665478
Expecting:
    True
ok
<중략>
Trying:
    round(dcm[2, 2], 13) == -0.6230608484538
Expecting:
    True
ok
12 items had no tests:
    __main__
    __main__.WGS84
    __main__.WGS84.e2
<중략>
    __main__.blh2ecef
    __main__.ecef2blh
    __main__.launch2ecef
1 items passed all tests:
  10 tests in __main__.dcm_x2n
10 tests in 13 items.
10 passed and 0 failed.
Test passed.
```

그리고 위와 같은 방법으로 단위 테스트를 수행하면 닥스트링에 포함된 >>>로 시작하는 줄이(들여쓰기와 무관하게) 포함되면 모든 테스트가 실행된다. 단위 테스트를 수행하려는 파일(모듈) 앞에 배치된 닥스트링뿐만 아니라 모든 함수, 클래스, 메서드의 닥스트링 역시 테스트가 검색된다. 다만, 이 파일에서 import된 모듈의 닥스트링에 포함된 테스트는 검색되지 않는다.

doctest은 대상 모듈의 함수 사용법과 리턴값의 예로 도움말 문서의 일부가 되도록 테스트를 작성할 수 있다는 이점이 있다. 도움말을 작성하는 동시에 단위 테스트를 작성한다고 생각하면 일석이조가 된다. 이번 절에서 살펴본 doctest 모듈을 사용한 단위 테스트

예제는 PyRockSim의 coordconv.py에서 확인할 수 있다.

2.5.4 unittest

unittest 모듈의 사용 예를 리스트 2.7에 실었다. 이 예에서는 quaternion.py 모듈을 메인 파일로 실행하면 unittest.main( )이 실행된다. unittest.main( )이 실행되면 unittest.TestCase의 하위 클래스로 정의된 테스트 케이스(여기서는 TestQuaternion)가 이어 실행된다. 테스트를 실제로 수행하는 함수(클래스 안에서 정의된 것이므로 메서드라고 하겠다)는 아래의 3개다.

- test_quatconj( )
- test_quatmultiply( )
- test_deltaquat( )

이들 메서드는 'test'로 시작하는 이름을 짓는 것이 관례다. 이외에도 setUp 메서드와 tearDown 메서드가 있는데, 이들 메서드는 unittest에서 각 메서드를 실행하기 전과 후에 각각 실행된다. 테스트 케이스 메서드가 3개 있다면 이들 메서드가 실행되는 횟수도 3번이다.

리스트 2.7 unittest로 단위 테스트를 실시한 예(quaternion.py)

```
import unittest # 파일 맨 앞에 배치한다.

<중략 : 각종 함수의 정의>

class TestQuarternion(unittest.TestCase):
    """
    이 모듈에 대한 테스트 코드(for unittest)
    unittest.TestCase를 상속하게끔 하면 자동적으로 unittest의
    테스트 케이스로 인식한다.
    """

    def setUp(self):
        ''' 각 테스트 메서드를 실행하기 전에 Set up 역할을 위해 실행하는 코드 '''
        self.q = [0.499524110790929, 0.865201139495554,
                    0.021809693682668, -0.037775497555895]
        self.p = [0.999942884777492, 0.00872648011789139,
                    0.0043632400589457, 0.0043632400589457]
```

```python
    def tearDown(self):
        ''' 각 테스트 메서드를 실행하고 나서 실행하는 코드 '''
        print('tearDown: 테스트 메서드를 1개 실행했습니다')

    def test_quatconj(self):              # 테스트 메서드의 이름은 test_로 시작하게 한다.
        q_ans = quatconj(self.q)
        self.assertEqual(self.q[0], q_ans[0])
        for i in range(3):
            self.assertEqual(self.q[i+1], -q_ans[i+1])

    def test_quatmultiply(self):
        q_mul = quatmultiply(self.q, self.p)
        q_ans = [0.49201508245344, 0.869770795054512,
                 0.0198832642285152, -0.0320090379767411]
        for i in range(4):
            self.assertAlmostEqual(q_mul[i], q_ans[i], places=14)

    def test_deltaquat(self):
        omega = [0.017453292519943295, 0.008726646259971648,
                 0.008726646259971648]
        dq = deltaquat(self.q, omega)
        dq_ans = [0.0112192514401438, -0.0061478346436931,
                  -0.0094251502315234, 0.002107541287674]
        for i in range(4):
            self.assertAlmostEqual(dq[i], dq_ans[i], places=14)

if __name__ == "__main__":
    unittest.main()
```

각각의 테스트 케이스 메서드 안에 계산 결과가 정확한지 여부를 판정하는 메서드(여기서는 assert문이라고 부르겠다) 중 중요도가 높은 것을 표 2.2에 정리했다.

표 2.2 unittest의 assert문(중요한 것만 정리)

메서드명	확인 내용
assertEqual(a, b)	a == b
asertNotEqual(a, b)	a != b
assertTrue(x)	bool(x) is True
assertFalse(x)	bool(x) is False
assertIs(a, b)	a is b
assertIsNot(a, b)	a is not b

표 2.2 unittest의 assert문(중요한 것만 정리) (계속)

메서드명	확인 내용
assertIsNone(x)	x is None
assertIsNotNone(x)	x is not None
assertIn(a, b)	a in b
assertNotIn(a, b)	a not in b
assertRaises(exc, fun, *args, **kwds)	fun(*args, **kwds)가 예외 exc를 발생
assertAlmostEqual(a, b)	round(a-b, 7) == 0
assertNotAlmostEqual(a, b)	round(a-b, 7) != 0
assertGreater(a, b)	a > b
assertGreaterEqual(a, b)	a >= b
assertLess(a, b)	a < b
assertLessEqual(a, b)	a <= b

리스트 2.7에 unittest를 사용한 단위 테스트가 적용된 quaternion.py에 대해 IPython에서 단위 테스트를 수행하면 다음과 같은 결과를 얻을 수 있다.

```
In [3]: run quaternion.py
tearDown: 테스트 메서드를 1개 실행했습니다.
tearDown: 테스트 메서드를 1개 실행했습니다.
tearDown: 테스트 메서드를 1개 실행했습니다.

----------------------------------------------------------------
Ran 3 tests in 0.002s

OK
```

2.5.5 nose

마지막으로 **nose**에 대해 간단히 알아보자. nose는 unittest의 기능을 확장한 단위 테스트 프레임워크다. nose에는 **nosetests**라는 테스트 런너 명령어가 포함되어 있다. nose를 이용한 단위 테스트는 이 nosetests 명령어를 사용하여 실행한다. nose는 unittest의 확장이므로 리스트 2.7에서 본 quaternion.py의 테스트 케이스를 수정 없이 사용할 수 있다.

```
In [4]: !nosetests quaternion.py -v
test_deltaquat (quaternion.QuarternionTest) ... ok
test_quatconj (quaternion.QuarternionTest) ... ok
test_quatmultiply (quaternion.QuarternionTest) ... ok

----------------------------------------------------------
Ran 3 tests in 0.001s

OK
```

이 예에서는 운영체제의 셸 명령인 nosetests를 실행하기 위해서 명령어 앞에 '!'를 붙인 것을 알 수 있다. 윈도우 환경이라면 명령 프롬프트에서 실행하는 것과 같다. 그 결과 위와 같이 테스트가 모두 정상적으로 실행되어 'OK'가 표시됐다.

nose와 unittest의 가장 큰 차이는 테스트 케이스를 찾는 방법과 테스트 결과 판정에 사용되는 assert문의 차이에 있다. nose는 nosetests 명령을 아무 인자 없이 실행하면 현재 작업 디렉터리[9]에서 이름이 'test'나 'Test'로 시작하는 파일을 찾아 발견된 테스트 케이스의 실행을 시도한다. 테스트 케이스는 unittest.TestCase의 하위 클래스일 필요는 없으며, 이름이 정규표현식(|(?:^|[\\b_\\.-])[Tt]est)[10]에 일치하는 클래스와 함수 모두를 검색하여 테스트를 실행한다. assert문 역시 좀 더 직관적으로 간결하게 작성할 수 있도록 다양한 형태를 지원한다. unittest만으로도 대부분의 테스트를 작성할 수 있지만 좀 더 복잡한 테스트 케이스가 필요한 경우에는 nose 사용을 검토하는 것도 좋을 것이다.

그리고 PyRockSim(master 브랜치)에는 일부 함수에 대해 단위 테스트가 작성되어 있지 않다. 관심 있는 독자는 이 절을 참고하여 이들 함수에 단위 테스트를 작성해보는 것도 도움이 될 것이다.

---

9 해당 프로그램을 실행하고 있는 셸의 현재 작업 디렉터리. %pwd 명령으로 확인할 수 있다.

10 URL http://nose.readthedocs.io/en/latest/writing_tests.html

2.6 디버깅

프로그램을 오류 없이 작성했다고 해도 의도한 대로 동작하지 않는 경우가 있다. 애초에 구현하려던 계산 식 자체에 오류가 있을 수도 있고, 연산자를 잘못 사용하는 등 이유도 다양하다. 이런 경우에 버그를 쉽게 발견할 수 있게 해주는 도구가 디버거다. 이번 절에서는 PyRockSim의 예를 들어 디버거의 사용법을 살펴보도록 하겠다.

2.6.1 pdb

대부분의 경우에 프로그램을 디버깅하는 데는 전용 디버거를 사용하는 것이 가장 좋다. 파이썬에는 **pdb**라는 **디버거(debugger)**가 딸려 있다. pdb는 디버깅에 필요한 기능을 모두 갖추고 있다. 효율적인 디버깅 작업을 위해 꼭 pdb의 사용법을 익혀두자. pdb를 사용하는 패턴이나 pdb 명령 등에 대해서는 3.1절에서도 다룰 것이다.

그리고 IPython에는 pdb의 기능을 강화한 **ipdb**라는 디버거가 있다. IPython을 위한 일부 확장 기능이 있는 것을 제외하면 기본적으로 사용법이 같기 때문에 이 책에서는 pdb와 ipdb를 특별히 구분하지는 않을 것이다.

이번 절에서는 pdb를 사용한 디버깅 과정에 초점을 두고 설명한다.

2.6.2 pdb가 필요하지 않은 디버깅

PyRockSim 프로그램을 예로 들어 실제 디버깅 과정을 살펴보자. 리스트 2.8의 코드는 고의로 만든 버그를 3개 포함하고 있다. PyRockSim의 pdb_practice 브랜치에 이 소스 코드가 들어 있으므로 Git을 사용해서 pdb_practice 브랜치를 체크아웃(checkout)[11] 해보기 바란다.

---

11 체크아웃이란 로컬 작업 디렉터리의 내용을 해당 브랜치의 내용으로 바꾸는(파일의 내용을 모두 똑같이 바꾸는) 것을 말한다.

리스트 2.8 버그가 포함된 프로그램의 예

```python
def rocket_dynamics(self, x, t, u):
    """ <닥스트링 생략> """

    # 회전행렬 dcm(발사 위치 NED --> 현재 위치 NED)을 계산
    # 적분 계산을 발사 위치의 NED 좌표계로 계산하므로 적절히 dcm으로 수정
    px, py, pz = cc.launch2ecef(x[1], x[2], x[3],
                                   self.xr, self.yr, self.zr)
    phi, lam, _ == cc.ecef2blh(px, py, pz) # output:deg/deg/m
    dcm = cc.dcm_x2n(phi, lam) @ self.dcm_x2n_r.T

    # 대기와 중력에 대한 계산
    # 대기
    ned_now = dcm @ np.array([x[1], x[2], x[3]])
    a, _, rho, _ = env.std_atmosphere(-ned_now[2])
    # 중력(fgh: 수평좌표계에서 기체에 걸리는 중력 [N])
    gvec = env.gravity(-ned_now[2], phi * D2R)
    fgh = x[3] * gvec # NED 좌표

    # 추진제의 질량 유량 delta_m[kg/s]
    if t < self.rm_t_end
        thrust = u[0]
        delta_m = -thrust / self.isp / self.g0
    else:
        thrust = 0
        delta_m = 0
    <이하 생략>
```

이 프로그램을 'rocket.py'로 IPython에서 실행하면 다음과 같은 결과가 출력된다.

```
In [5]: run rocket.py
  File "C:\git\PyRockSim\rocket.py", line 153
    if t < self.Tend
                    ^
SyntaxError: invalid syntax
```

if t < self.Tend라는 줄에서 'SyntaxError'(문법 오류)가 발생했다는 내용이 출력됐다. 이 줄의 오류는 if문 맨 끝에 :(콜론)을 붙이는 것을 잊었기 때문이다. 그리고 이런 오류는 에디터의 정적 코드 분석으로도 검출할 수 있으므로 디버거를 실행하기 전에 정적 코드 분석 단계에서 해결하도록 하자.

아래는 위의 오류를 수정한 다음 다시 한 번 실행한 결과다.

```
In [6]: run rocket.py
Traceback (most recent call last):

  File "C:\git\PyRockSim\rocket.py", line 414, in <module>
    result = rs.euler_calc(tvec)          # 오일러 방법 적분을 사용

  File "C:\git\PyRockSim\rocket.py", line 248, in euler_calc
    dx = self.rocket_dynamics(x, t_vec[k], self.u)

  File "C:\git\PyRockSim\rocket.py", line 138, in rocket_dynamics
    phi, lam, _ == cc.ecef2blh(px, py, pz) # output: deg/deg/m

NameError: name 'phi' is not defined
```

이번에는 'Traceback'으로 시작하는 메시지가 출력됐다. 이 메시지는 프로그램에 버그가 있을 때 **traceback**이라는 모듈이 작동하여 파이썬 프로그램의 스택트레이스(stack trace)를 추출하여 보여주는 것이다. 스택 트레이스란 예외가 발생한 지점과 그 상황을 자세히 보여주는 것으로 함수 등을 호출한 과정이 상세하게 표시된다. 위의 예에서는 rocket.py에 포함된 RocketSim 클래스의 euler_calc( )라는 메서드가 rocket_dynamics( ) 메서드를 호출하여 138번째 줄(line 138)의 식에서 NameError라는 오류를 내고 있다.

이 예제에서 해당하는 위치를 보면 함수의 리턴값을 할당하는 명령문임에도 논리 연산자 ==를 사용하고 있다. 이렇게 되면 할당문이 아니라 논리식이 되기 때문에 ==를 =로 수정하면 된다는 것을 알 수 있다.

지금까지 결국 pdb를 사용할 필요가 없었다. 지금 본 것과 같은 유형의 버그는 기본적으로 정적 코드 분석으로 찾게 되지만, 이렇게 프로그램을 실행하면서 제거하는 것도 가능하다.

2.6.3 pdb를 사용해야 하는 디버깅

그럼 이제 마지막 남은 버그를 수정할 차례다. 이번에는 조금 찾기 어려울 수도 있다. 왜냐하면 프로그램을 실행해도 오류 없이 종료되기 때문이다. 단지 계산이 끝난 데이터를 보면 문제가 있음을 바로 알 수 있다. 리스트 2.2(로켓의 제원 설정)에 나와 있듯이 로켓 추진체의 연소 종료 시간은 발사로부터 53초 후다. 그럼에도 그림 2.10에는 53초 이후에도 속도가 계속해서 증가하고 있다. 로켓 추진체의 추력이 없는데도 고도가 상승하면서 속도까지 증가한다는 것은 불가능하므로 이 부분에 이상이 있음을 알 수 있다.

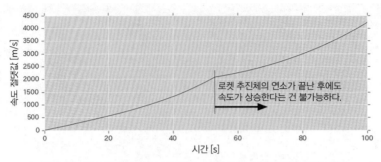

그림 2.10 버그가 포함된 PyRockSim에서 고도 이력에 대한 계산 결과

이 로켓 시뮬레이터에서 속도를 변화시키는 요인은 중력과 대기, 로켓 추진체의 추력뿐이다. 그러므로 이들 힘에 대한 계산이 정확하지 않을 가능성이 높다. 여기서는 로켓 추진체의 연소가 끝난 시점에서의 이들 힘의 계산 결과를 확인하기로 한다. 그러기 위해서는 로켓 추진체의 연소가 끝난 시점에서 프로그램을 잠시 멈출 필요가 있다. 이런 경우를 위해 pdb에는 **조건부 브레이크 포인트**를 설정할 수 있다. 조건부 브레이크 포인트란 프로그램에서 여러 번 반복적으로 실행되는 부분에 대해 어떤 조건을 만족하는 경우에만 프로그램을 중단하도록 하는 지점을 말한다.

pdb에서는 명령을 통해 브레이크 포인트를 설정할 수 있다.[12] 그러나 3장에서 소개할 Spyder를 사용하면 간단한 조작만으로 필요한 설정이나 처리를 할 수 있으므로 여기서는 Spyder를 사용하기로 하겠다.

Spyder로 프로그램의 소스 코드에 조건부 브레이크 포인트를 설정하려면 에디터의 커서를 해당 위치에 둔 상태에서 shift + F12 를 누르면 된다.[13] 그러면 그림 2.11과 같이 조건을 입력하기 위한 창이 나타나고 이번에는 t > 54를 조건으로 입력한다.

그러고 나면 그림 2.12처럼 '디버그 시작' 버튼을 눌러 pdb(실제로는 ipdb)를 시작한다. 이 예에서는 일단 프로그램 실행 직전에 정지할 것이므로 그림 2.12의 '계속 실행' 버튼을 누른다. 그러면 이번에는 '조건부 브레이크 포인트'가 위치한 곳에서 정지한다. 그림 2.13을

---

12 pdb에 대한 내용은 이 책의 3.1절과 파이썬 참조 문서 중 다음 URL 문서를 참조하기 바란다.
  〔URL〕 http://docs.python.org/3/library/pdb.html
13 GUI 메뉴에서 조건부 브레이크 포인트 설정을 선택하는 방법도 있다.

보면 이 예제의 경우 조금 전 조건부 브레이크 포인트를 설정한 218번째 줄에서 정지하고 있음을 알 수 있다.

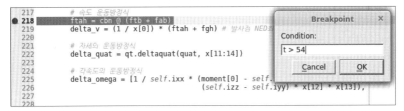

그림 2.11 Spyder로 조건부 브레이크 포인트 설정하기

그림 2.12 Spyder로 디버거를 실행

```
In [7]: debugfile('C:/git/PyRockSim/rocket.py', wdir='C:/git/PyRockSim')
> c:\git\PyRockSim\rocket.py(6)<module>()
      5 Released under the MIT license
----> 6 """
      7


> c:\git\PyRockSim\rocket.py(221)rocket_dynamics()
    217         # 속도 운동 방정식
1-> 218         ftah = Cbn @ (ftb + fab)
    219         delta_V = (1/x[0])*(ftah + fgh)   # 발사점 NED 좌표



ipdb>
ipdb> p t
54.002000000000002
```

```
ipdb> p ftb
array([ 0., -0., -0.])

ipdb> p fab
array([-1441.42908419,    2.05394636,  204.16955731])

ipdb> p fgh
array([ -4.31480960e+02,  -0.00000000e+00,  -4.55434065e+05])

ipdb> p gvec
array([ 9.16667267e-03,   0.00000000e+00,   9.67554859e+00])

ipdb> p x[0]
21943.051013844328     # 질량 계산 결과가 제대로 된 듯하다.

ipdb> 9.6755 * 21943
212309.49649999998     # FGH[2]는 원래 이 값이 되어야 한다.
```

그림 2.13 ipdb의 실행 예 및 디버그 결과※

※ 그림 2.13은 그림 2.12에서 GUI를 조작했을 때 윈도우에서 동작하는 Spyder에 표시되는 내용이다(In[7]:도 사용자가 입력한 것이 아니다. ipdb>에 대한 입력은 사용자가 한 것이다). 위에서는 '/'나 '\'를 포함하여 Spyder의 출력을 그대로 싣고 있다.

이제부터는 디버거의 기능을 사용하여 현재 상태를 확인해볼 것이다. 디버거에는 다양한 기능이 있지만 변수의 값을 확인하려면 p 명령을 사용한다. p[변수명]을 입력하면 해당 변수의 값을 확인할 수 있다. 그림 2.13에서도 정말 t > 54의 조건을 만족하여 정지하고 있는지 확인하고, 중력(fgh)과 대기(fab), 로켓 추진체의 추력(ftb)의 값을 p 명령으로 확인하고 있다.

이렇게 확인한 결과 중력(fgh)에 대한 값에 이상이 있는 것을 알게 된다. fgh 마지막 성분의 값이(fgh[2]) 양(연직 하방이 양수)의 값이어야 하는데 음의 값이기 때문이다. 이제 질량 계산이나 fgh에 값을 대입하는 계산 식 중 어느 쪽이 이상이 있을 가능성이 높은지를 판단할 수 있다. 로켓의 질량은 상탯값 X의 첫 번째 성분이므로, x[0]의 값을 디버거로 표시해보면 '21943.051'으로 별 이상 없어 보인다. 이제 남은 것은 fgh를 계산하는 식이다.

조금 전 리스트 2.8을 보면 fgh의 계산 식은 fgh = x[3] * gvec라고 돼 있다. 이 부분을 보면 중력가속도(gvec)에 질량(x[0])을 곱해 힘으로 변환해야 하는데 실수로 x[3]을 곱하고 있다. 이제 이곳에 이상이 있었음을 알았으므로 fgh = x[0] * gvec로 수정한 다음, 다시 계산 결과를 확인하면 디버깅이 끝난다.

이번 절에서는 PyRockSim 프로그램을 통해 디버깅 작업의 한 예를 살펴봤다. 실제로 디버거를 잘 사용하기 위해서는 명령어를 기억해두는 등의 공부가 필요하다. IPython 콘솔을 사용하는 디버깅 방법에 대해서는 3장에서 자세히 설명하겠다.

2.7 프로그램의 최적화

지금까지 프로그램을 구성하는 방법과 버그 없는 코드를 작성하기 위한 방법을 배웠다. 잘 동작하는 코드를 작성했다면 이제 이 코드가 최적의 코드인지를 검증할 필요가 있다. 이번 절에서는 **프로파일링**을 통해 최적화(고속화)를 꾀하는 방법을 간단히 살펴보자. 고속화에 대해서는 뒤에 나올 장에서도 설명할 것이므로 해당 장을 참조하면서 '프로파일링을 한 다음 최적화'라는 큰 흐름을 의식하면서 이번 절의 내용을 보자.

2.7.1 먼저 프로파일링부터

프로그램이 얼추 완성된 단계에서 먼저 해야 할 일은 프로그램의 **프로파일링(profiling)**이다. 프로파일링이란 프로그램의 어느 부분에서 처리 시간이 얼마나 걸리는지 조사하는 것을 말한다. 프로파일링에는 **함수 레벨 프로파일링**과 **라인 레벨 프로파일링**이 있다. 함수 레벨 프로파일링을 먼저 한 뒤, 필요에 따라 좀 더 자세한 상황을 특정하기 위해 라인 레벨 프로파일링을 수행한다. 프로파일링에 대한 더 자세한 내용은 11장에서 설명한다.

그럼 PyRockSim 프로그램에 프로파일링을 적용해보자. 그림 2.14에 IPython 콘솔에서 프로파일링을 수행한 결과를 실었다. IPython에서 프로파일링을 하려면 %run -p rocket.py 또는 %prun rocket.py라고 입력하면 된다. 그리고 결과를 누적 실행 시간으로 정렬해서 보려면 -s cumulative라는 옵션을 추가해준다.[14]

---

14 여기서 수행한 프로파일링에는 plot_rs 함수에 의한 결과 그리기 과정을 포함하지 않았다.

```
In [8]: %run -p -s cumulative rocket.py
        12349914 function calls (12349913 primitive calls) in 35.833 seconds  ← ❶

Ordered by: cumulative time

  ncalls  tottime  percall  cumtime  percall filename:lineno(function)
     2/1    0.000    0.000   35.833   35.833 {built-in method builtins.exec}
       1    0.000    0.000   35.832   35.832 <string>:1(<module>)
       1    0.000    0.000   35.832   35.832 interactiveshell.py:2616(safe_execfile)
       1    0.000    0.000   35.831   35.831 py3compat.py:179(execfile)
       1    0.001    0.001   35.819   35.819 rocket.py:6(<module>)
       1    0.872    0.872   35.790   35.790 rocket.py:247(euler_calc)         ← ❷
   49999    5.651    0.000   34.679    0.001 rocket.py:121(rocket_dynamics)    ← ❸
   99998    2.431    0.000    6.104    0.000 index_tricks.py:251(__getitem__)  ← ❹
   99998    2.801    0.000    3.782    0.000 numeric.py:1459(cross)
   49999    0.283    0.000    3.505    0.000 quaternion.py:17(deltaquat)
   49999    0.121    0.000    3.188    0.000 polyint.py:63(__call__)
  299992    1.458    0.000    2.960    0.000 linalg.py:1976(norm)
   99998    2.917    0.000    2.917    0.000 coordconv.py:53(ecef2blh)
   49999    0.711    0.000    2.408    0.000 interpolate.py:408(__init__)
   99998    0.370    0.000    2.381    0.000 numerictypes.py:964(find_common_type)
 1699975    2.375    0.000    2.375    0.000 {built-in method numpy.core.
                                             multiarray.array}
   49999    0.658    0.000    2.194    0.000 coordconv.py:77(launch2ecef)
   49999    0.129    0.000    2.036    0.000 interpolate.py:579(_evaluate)
   49999    1.509    0.000    1.858    0.000 interpolate.py:530(_call_linear)
  199996    1.330    0.000    1.794    0.000 numerictypes.py:942(_can_coerce_all)
   49999    1.433    0.000    1.531    0.000 environment.py:40(std_atmosphere)
   49999    0.923    0.000    1.527    0.000 quaternion.py:72(quatmultiply)
   49999    0.946    0.000    1.209    0.000 quaternion.py:93(rot_coord_mat)
   49999    0.883    0.000    1.033    0.000 environment.py:85(gravity)
   49999    0.084    0.000    0.924    0.000 polyint.py:89(_prepare_x)
  699984    0.576    0.000    0.836    0.000 numeric.py:406(asarray)
   50000    0.524    0.000    0.818    0.000 coordconv.py:104(dcm_x2n)
<이하 생략>
```

그림 2.14 함수 레벨 프로파일링 결과

그림 2.14를 보면 전체 수행 시간이 35.833초가 걸렸으며(❶), 그중 오일러 방법 적분을 계산하는 euler_calc가 거의 대부분의 시간을 소비하고 있음을 알 수 있다(❷). 그리고 euler_calc의 실행 시간(35.79초) 역시 이 안에서 호출하는 rocket_dynamics(34.679초)의 실행 시간이 대부분임을 알 수 있다(❸).

그 다음에는 rocket_dynamics에서 호출한 함수가 문제가 되지만, 이 결과만 봐서는 특별히 눈에 띄게 시간을 많이 소비하는 함수는 발견할 수 없다(❹ 이후).

이러한 결과를 볼 때, 즉각적으로 크게 개선할 만한 부분은 없다고 판단할 수 있다. 그리고 이 로켓 시뮬레이터 예제에서는 라인 프로파일러(라인 레벨 프로파일러, 뒤에 설명함)을 사용할 필요가 없었지만, 라인 프로파일러를 사용하여 부하가 높은 지점을 특정할 필요가 있는 경우에 대해서는 11장을 참조하기 바란다.

2.7.2 다른 사람의 성과를 활용

'프로그램을 최적화'한다는 말은 이 책에서 두 가지 의미를 갖는다.

- 이미 기능이나 성능이 충분히 확인된 다른 사람의 성과를 활용하여 신뢰성 높은 프로그램을 구축하고 개발 비용을 낮춘다
- 프로그램의 메모리 효율 및 계산 식, 더 나아가 병렬 처리를 염두에 두고 고속으로 동작하는 프로그램을 설계한다

특히 초보 프로그래머 시절에는 먼저 첫 번째 의미에 집중해야 한다. 두 번째 의미에 대해서는 사용하는 언어에 대해 좀 더 깊은 지식을 필요로 하므로 11장 및 12장에서 소개하려고 한다.

여기서 말하려는 '다른 사람의 성과'란 다음과 같은 것을 뜻한다.

- 파이썬의 표준 라이브러리
- 파이썬을 위한 서드파티 라이브러리
- 현재 속한 조직에서 과거에 만든 개발 산출물
- 다른 언어의 라이브러리

이들을 활용하면 개발 효율과 프로그램의 신뢰성을 함께 향상시킬 수 있다. 로켓 시뮬레이터 프로그램인 PyRockSim을 되돌아보면 '상미분 방정식의 시간 적분 계산은 이미 사용된 사례가 많으므로 이를 위한 함수가 이미 있지 않을까'라는 의문을 품었던 독자도 있었을 것이다.

사실 파이썬을 이용한 과학 기술 컴퓨팅 루틴의 핵심 라이브러리들을 모은 패키지인 'SciPy'에는 상미분 방정식의 적분을 계산하는 함수가 갖춰져 있다. 이 책에서는 지금까지 이를 모른척 하고 프로그램을 구축해왔다.

지금 같은 용도에 사용할 수 있는 함수로 scipy.integrate.odeint(이하 odeint)가 있다. 이 함수는 1차 상미분 방정식을 풀어주는 함수로 이 역시 odepack이라는 Fortran 라이브러리의 일부를 이용하고 있다.

파이썬의 라이브러리는 이 예에서 보듯, 다른 언어(주로 C/C++, Fortran)로 작성된 프로그램에 대한 래퍼(wrapper)를 만들어 파이썬에서 호출하는 형태를 취하는 것이 많다. 래퍼란 다른 함수를 호출하기 위한 인터페이스가 되는 함수나 클래스를 말한다. 지금 상황을 예로 들면 Fortran 라이브러리를 파이썬에서 직접 호출할 수 없으니 이를 호출할 수 있도록 인터페이스가 되어줄 함수를 만들어두는 것이다.

odeint는 아래 함수와 같은 형태의 방정식을 상정하고 있다.

$$\frac{dy}{dt} = f(y, t0, ...)$$

odeint는 상황에 따라 적응적으로 적분 간격을 변화시켜가며 계산을 수행한다. 주어진 시간 벡터에 대한 결과를 출력하지만, 오차 수준을 살펴가며 내부에서 실제 시간 간격이 변화한다. 호출 형태는 다음과 같다.

```
scipy.integrate.odeint(func, y0, t, args=(), rtol=None, atol=None, ...)
```

여기서 func는 상탯값 y와 시간 t에 대한 함수로 y의 시간 미분을 계산한다. y0은 초기 상탯값을 나타낸다. args는 func에 넘길 옵션 인자로 튜플 형태의 값을 넘기도록 돼 있다. rtol과 atol은 스칼라[15] 또는 상태 양과 같은 차원을 갖는 벡터로 오차를 제어한다. 이들에 대한 기본값은 1.49012e-8로 정해져 있어서 설정된 값이 이보다 작으면 오차를 억제하기 위해 계산 시간 간격이 작아지며, 설정된 값이 이보다 크면 반대로 계산 시간 간격이 커지며 계산에 필요한 시간이 줄어든다.

위에서 언급한 odeint를 PyRockSim 프로그램의 RockSim 클래스에서 사용하려면 euler_calc를 대신할 메서드로 리스트 2.9에 나온 odeint_calc 메서드를 정의해야 한다.

---

15 선형대수나 물리학 등에서 쓰이는 용어로 벡터가 아닌 단일한 수의 값을 말한다.

rocket_dynamics 메서드는 상탯값의 미분을 계산하는 함수였으므로 odeint의 인자인 func로 지정할 수 있다.

리스트 2.9 odeint를 사용해서 계산을 수행하는 RocketSim 클래스의 메서드

```python
def odeint_calc(self, t_vec):
    """ ODE solver를 사용해서 시뮬레이션 계산을 수행한다. """
    dat, dbg = sp.integrate.odeint(self.rocket_dynamics, self.x0, t_vec,
                                   (self.u,), rtol=1.e-3, atol=1.e-3,
                                   full_output=1)
    return dat, dbg
```

euler_calc 메서드 대신 리스트 2.9에 나온 odeint_calc를 사용해서 실제로 계산해보자. rtol과 atol은 모두 1.0e-3으로 설정했다.[16] 우선, 리스트 2.10의 코드를 사용해서 odeint 로 로켓 시뮬레이션의 계산 시간을 측정하면 0.08초로 계산이 완료된다. 오일러 방법 적 분을 사용하는 euler_calc 메서드로는 30초 정도 걸렸으므로 300배 이상 빨라졌음을 알 수 있다.

리스트 2.10 odeint 사용 및 계산 시간 측정

```python
if __name__ == "__main__":
    import time
    # 로켓 객체를 생성
    rs = RocketSim(**rocket_settings)
    # 계산에 사용할 시간 벡터
    tvec = np.arange(0, 100, 0.002)
    # 로켓 시뮬레이션(적분 계산) 실행
    ts = time.clock()
    result, deb = rs.odeint_calc(tvec)
    te = time.clock()
    print('시뮬레이션 실행 시간 : %.6f [s]' % (te - ts))
    # 결과 그리기
    plot_rs(tvec, result)
```

이 메커니즘은 앞서 설명했다시피 계산 시간 간격이 가변적이라는 것을 이용한 것이다. 실제로 계산 시간 간격을 나중에 확인해보면 상탯값 변화가 선형적인 영역에서는 시간 간격이 10초 이상 된 것을 알 수 있다. 원래 간격이 0.002초였던 것에 비하면 큰 차이다.

---

[16] 기본값을 그대로 사용하는 경우와 비교하여 이 시뮬레이터에서는 0.1% 이하의 오차만이 발생했다.

계산 간격을 이 정도까지 늘려도 미리 정해둔 오차 수준 이내에 들어간다는 뜻이기도 하다.

오일러 방법 적분(euler_calc 메서드)을 사용해서 계산한 결과는 아까 언급한 바와 같이 큰 오차가 발생하는 계산 방법이므로 SciPy의 odeint(odeint_calc 메서드)를 사용하여 계산한 결과와는 약간 차이가 있다. 그러나 지도상에 궤적을 그리면 거의 눈치챌 수 없을 정도의 오차다. 앞에 나온 그림 2.6은 odeint를 사용한 시뮬레이션 결과로부터 그린 지도상의 궤적이다.

2.7.3 더욱 더 빠르게

여기까지 시뮬레이터 설계의 각 단계를 밟아왔으나 미처 설명하지 못한 내용도 많다. 예를 들어 아래와 같은 내용들이 있다.

- 파이썬 프로그램 작성 스타일에 따른 고속화 기법
- JIT 컴파일러 사용(Numba, Numexpr 등)
- 병렬화(멀티스레드(multithreading), SIMD(single instruction, multiple data), GPU(graphics processing unit) 등)
- 타 언어로 작성된 프로그램을 링크(속도가 빠른 C 프로그램 등을 연결)
- 분산 처리

이에 해당하는 파이썬 프로그램 작성 스타일을 예로 들면 인덱스를 지정하는 방법 등에 따라서 처리 속도가 달라지거나, NumPy를 사용해서 작성하면 극적으로 속도가 향상되는 등 알아두면 유익한 내용이 많다. 여기에 대해서는 이 책의 3장 이후부터 차례로 설명할 것이다.

또 여기서는 로켓 시뮬레이션을 소재로 시뮬레이터 개발을 설명했으나, 기상예보 시뮬레이션처럼 복잡한 유체 계산을 필요로 하는 경우는 '같은 종류의 계산을 동시에 여러 데이터에 대해 수행'한다는 것이 로켓 시뮬레이션과 또 다른 점이다. 이런 경우에는 병렬화에 유리하도록 프로그래밍할 필요가 있으며 고속 처리를 위한 하드웨어 지식 등도 필요하다. 최상위 수준의 연구에서는 분산 처리도 고려해야 할 경우가 적지 않을 것이다.

'파이썬은 프로그램을 쉽게 구축할 수 있지만 처리 속도가 느리다'라는 평가를 받아왔다. 그러나 이런 평가는 파이썬 자체의 기능만을 사용했을 때나 해당되는 말로, 파이썬 생태계 전체를 활용하게 되면 다른 평가를 내릴 것이다. 이 책의 나머지 부분에서도 이 점을 보일 수 있는 사례와 함께 설명할 것이다.

2.8 정리

이번 장에서는 파이썬으로 로켓 시뮬레이터를 소재로 하여 과학 기술 컴퓨팅 전용 프로그램을 구축하기 위해 필요한 지식으로 '프로그램 전체를 구성하는 방법', '정적 코드 분석', '단위 테스트', '디버깅', '프로파일링', '다른 사람의 성과를 이용'하는 방법에 대해서 알아봤다.

초심자인 여러분에게는 처음부터 이 장의 내용을 모두 이해하기는 어려울 수도 있겠으나 여기서 정리한 내용은 프로그래밍 스킬의 토대가 되는 기초 지식이므로 반드시 머릿속에 기억하기 바란다.

그리고 이번 장에서는 미처 이야기하지 못했으나 프로그램의 개선이나 디버깅을 거듭해가는 과정에서 버전 관리 시스템을 사용하기를 추천한다. 부록 A에 널리 쓰이는 도구인 Git에 대해 소개하므로 이를 참고하기 바란다.

CHAPTER

3

IPython과
Spyder

이번 장에서는 IPython과 Spyder의 기능을 중심으로 소개 한다.

과학 기술 컴퓨팅 분야에서 파이썬을 사용할 때 생산성을 향상시키기 위한 대표적인 도구로 Spyder가 있다.

IPython은 간단히 말해 파이썬 셸의 기능을 확장한 것이다. 대화형 컴퓨팅을 보조하는 다양한 확장 기능을 갖추고 있다. **Jupyter Notebook**(IPython Notebook의 후신)에서 사용하면 IPython으로 실행 가능한 문서 형식을 비교적 간편하게 만들 수 있게 해준다. 이외에도 병렬 계산 기능을 제공하고 있어서 과학 기술 컴퓨팅 커뮤니티에서는 사실상 표준이라 할 수 있는 실행 환경이다.

Spyder는 MATLAB과 유사한 GUI 기반 통합 개발 환경을 제공한다. 통합 개발 환경만이 제공할 수 있는 편리한 기능을 갖추고 있으므로 GUI 기반 개발 환경을 선호하는 사람들은 한번쯤 사용해볼 만한 가치가 있다.

3.1 IPython

IPython은 수치 계산이나 데이터 사이언스 등 과학 기술 컴퓨팅 분야에서 거의 필수적으로 사용되는 파이썬 프로그램 실행 환경이다. 이번 장에서는 IPython의 특히 중요한 기능만을 골라 다룰 것이다. 실제로 사용해보고 결과를 확인해가며 효율적인 개발의 첫발을 내딛도록 하자. IPython만의 독자적인 기능은 아니지만 IPython에서 디버거와 프로파일러를 사용하는 방법에 대해서도 소개하겠다.

3.1.1 IPython이란?

IPython은 2001년 페르난도 페레즈(Fernando Perez)에 의해 처음 개발되어 지금은 과학 기술 컴퓨팅에서는 거의 필수라고 할 만한 입지를 확실히 다지고 있다. 주요 배포 패키지에는 표준으로 포함되어 있어서 따로 설치하는 수고를 들일 필요가 거의 없다. IPython의 I는 'Interactive(대화형)'를 의미하는데, 그 이름에 걸맞게 대화형 파이썬 실행 환경을 제공한다. IPython만의 독자적인 기능, 그리고 파이썬 표준 도구에 대한 인터페이스로서 제공하는 기능은 다음과 같다.

- 파이썬 셸의 기능
- 사용자 입력 지원(히스토리 기능, 탭 보조)
- 운영체제와의 연계 기능
- 객체 표시
- 도움말 기능
- 디버거 실행 기능
- 프로파일링 기능
- 대화형 병렬 계산

이들 기능은 파이썬 커널에 구현되어 있는 것으로 그림 3.1에서 볼 수 있듯이 **IPython 셸, JupyterQtConsole, JupyterNotebook**(나중에 설명함) 중 하나에 의해 호출되는 형태로 사용된다.

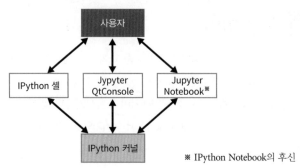

※ IPython Notebook의 후신

그림 3.1 IPython 커널과 실행 환경

IPython 셸은 IPython의 기능을 이용하기 위한 대화형 인터페이스다. Jupyter QtConsole은 Qt(큐트)라는 GUI 툴킷을 사용해서 구축한 IPython 전용 인터페이스다. 일부 기능이 확장된 것을 제외하면 기본적으로 IPython 셸과 동일하다. 이 책에서 앞으로 언급하는 IPython은 Jupyter QtConsole을 의미한다.

그럼 IPython을 실제로 실행해보자. 윈도우 명령 프롬프트에서 IPython을 실행한 예를 그림 3.2에 실었다. 윈도우에서는 환경 변수가 적절히 설정되어 있다면 명령 프롬프트에서 IPython을 실행할 수 있다. 대화형 셸이기 때문에 프로그래밍 언어의 셸이긴 해도 계산기처럼 사용할 수도 있다.

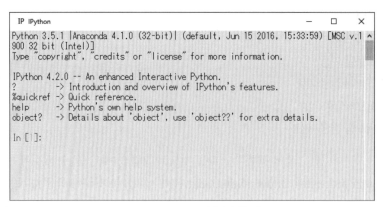

그림 3.2 IPython 셸의 실행 예

3.1.2 IPython을 사용하려면

IPython은 2.x대와 3.x대 모두를 사용할 수 있다. 또 지원 플랫폼 역시 윈도우, 리눅스, macOS 등 거의 모든 주요 운영체제를 포함한다. 따라서 파이썬 본체와 IPython을 자신이 원하는 플랫폼에 설치하면 되며, 배포 패키지를 이용하면 더 편리하게 바로 사용할 수 있다.

이제 IPython을 직접 사용해보자. IPython을 실행하려면

```
> ipython
```

혹은,

```
> jupyter qtconsole
```

이라고 입력하면 된다. 이들 명령은 각각 IPython 셸과 Jupyter QtConsole을 실행하는 명령이지만 어느 쪽을 사용해도 무방하다. 조금 전 그림 3.2(IPython의 경우)에서 보았듯이 괄호 안에 일련번호가 포함된 프롬프트(In [1]:)가 표시되었다면 IPython이 정상적으로 실행되어 명령을 받을 준비가 된 것이다.

Jupyter QtConsole은 화면에 그림 3.3과 같은 창이 뜨게 된다.

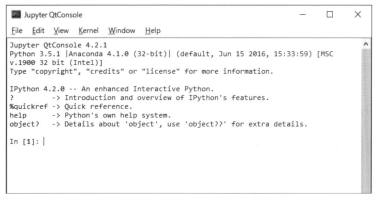

그림 3.3 Jupyter QtConsole의 실행 예

Jupyter 프로젝트는 IPython 프로젝트로부터 분리되어 나온 프로젝트다. IPython의 기능 중에서 파이썬의 실행 인터페이스(셸)로서의 기능 및 Jupyter에서 사용되는 파이썬 커널로서의 기능은 IPython 프로젝트에 남기고, 그 외에 Notebook 기능이나 언어 의존성을 갖지 않는 기능은 Jupyter 프로젝트로 나뉘어 개발을 지속하게 되었다. 이 책에서는 Jupyter 기능 중에서 Notebook 기능에 대해서만 소개한다.

Jupyter(Julia + Python + R)는 줄리아, 파이썬, R 언어를 사용할 수 있는[a] 웹 브라우저 기반 대화형 인터페이스를 제공한다. 사실, 이외의 언어도 지원할 수 있도록 하는 커널이 오픈소스 커뮤니티에서 개발되고 있기 때문에 다양한 언어를 사용할 수 있다. 이를테면 Ruby, Lua, Haskell, Scala, Perl, Javascript, Go 등을 사용할 수 있으며 지원 언어는 점점 늘고 있다.

Jupyter를 동작시키는 서버의 네트워크상 어디에 둬도 무방하며 브라우저를 통해 Jupyter Notebook 기능에 접근할 수 있다. 이전에 IPython Notebook이라는 이름을 사용하던 시절에는 여러 명의 사용자를 관리하는 기능이 없었으나, Jupyter Notebook에서는 JupyterHub에 로그인하여 사용자마다 다른 환경 설정으로 Jupyter Notebook을 사용할 수 있어서 많이 편리해졌다.

Jupyter는 변화가 빠른 프로젝트이므로 최신 정보는 Jupyter 프로젝트 사이트(https://jupyter.org/)에서 확인하는 것이 좋다.

a 줄리아나 R 언어를 사용하려면 이들을 따로 설치한 후 Jupyter용 인터페이스인 IJulia나 IRkernel을 각각 설치 환경에 추가해야 한다.

▒▒

3.1.3 Jupyter Notebook에서 사용하기

이번에는 Jupyter Notebook에서 IPython을 사용하는 방법을 설명하겠다. Jupyter Notebook은 비교적 최근에 만들어진 프로젝트다. 웹 기술을 기반으로 한 명령행 기반 인터페이스에서 실행한 서버 프로세스를 이용하여 웹상에 형식을 갖춘 문서를 표시할 수 있다. IPython 커널에 접속하면 IPython의 기능을 이 문서상에서 사용, 즉 파이썬 프로그램을 대화식으로 실행하는 문서를 작성할 수 있다.

IPython에 접속된 Jupyter Notebook의 화면을 그림 3.4에 실었다. 이 그림의 화면은 로버트 요한슨(Robert Johansson)이 쓴 〈Scientific Python Lecture〉[1]에서 matplotlib에 대한 강

---

1 URL https://github.com/jrjohansson/scientific-python-lectures

의를 담은 노트북의 일부다. 설명과 함께 프로그램 코드 그리고 그 실행 결과(그래픽 포함)를 모두 웹 브라우저에서 볼 수 있으므로 프리젠테이션이나 교육용 자료를 만들기에 적합하다.

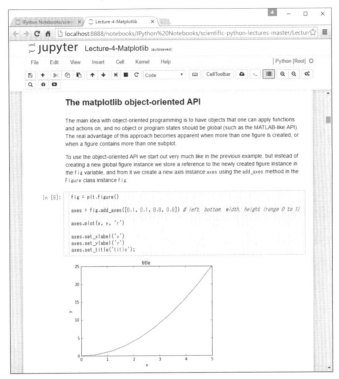

그림 3.4 Jupyter Notebook의 실행 예

서버 프로세스는 어디서든 가동할 수 있으므로 클라우드 서비스에서 동작시키기도 하지만, 대개는 대학 등 교육기관에서 갖추고 있는 서버에 동작시킨 후 웹 브라우저를 통해 접근하거나 로컬 PC에 직접 서버를 가동해서 사용하는 경우가 많다. 아래와 같은 명령으로 Jupyter Notebook 서버 프로세스를 실행할 수 있다.

```
C:\Python> jupyter notebook
```

위의 명령으로 서버 프로세스를 실행하면 웹 브라우저가 자동적으로 실행되어 노트북의 홈 폴더의 내용을 보여준다.[2] 이 책을 쓰고 있는 시점(2016년 8월)에 Jupyter Notebook이 지원하는 웹 브라우저는 다음과 같다.

- Chrome: 버전 13 이상
- Safari: 버전 5 이상
- Firefox: 버전 6 이상

단, 지원 버전은 바뀔 수 있으므로 Jupyter Notebook의 참조 문서에서 지원 브라우저 목록을 확인하기 바란다.[3] 윈도우를 사용하는 독자 중 Internet Explorer를 기본 브라우저로 설정하고 있다면 Jupyter Notebook의 설정에서 실행시킬 브라우저를 따로 지정해야 한다.[4]

3.1.4 IPython의 기본 사용법 — 입력과 출력의 관계

IPython을 사용할 준비가 끝났으니 이제 실습을 할 차례다. 앞서 이야기한 바와 같이 In [1]:이라는 표시는 명령을 입력받을 준비가 되었다는 것을 의미하는 프롬프트다. [ ] 안의 숫자가 명령을 입력할 때마다 1씩 올라가게 된다. IPython의 프롬프트는 파이썬의 일반적인 셸 프롬프트 >>>처럼 그 뒤에 입력한 명령을 수행한다. 간단한 print문을 입력하는 예를 살펴보자.

```
In [1]: print("Hello World!")
Hello World!

In [2]:
```

위 예제에서 보듯 print문의 실행 결과가 바로 화면에 표시됨을 알 수 있다. 실행이 끝나면 다음 프롬프트 In [2]:가 표시된다. 이번에는 조금 다른 예를 살펴보자.

---

2   웹 브라우저를 자동으로 실행하지 않도록 할 수도 있다.

3   URL http://jupyter-notebook.readthedocs.org/en/latest/notebook.html

4   jupyter notebook.generate-config 명령을 실행하여 설정 파일(jupyter_notebook_config.py)을 만든 후, 이 파일에 정의된 변수 c.NotebookApp.browser의 값을 원하는 브라우저의 경로로 설정한다.

```
In [3]:a, b = 2, 3      # 변수 a와 b에 각각 2와 3을 할당한다.

In [4]:a + b            # a와 b의 합을 구한다.
Out[4]: 5
```

이 예제에서는 주석으로 설명했듯이 a와 b의 덧셈을 수행한다. 그리고 그 명령문의 리턴
값(계산 결과)은 Out [3]: 뒤에 출력된다. 이런 식으로 실행된 명령문의 결과는 프롬프트
Out [n]: 뒤에 출력된다.

그 앞의 예제에서는 명령문의 리턴값이 없었기 때문에 Out [1]:이 출력되지 않았고, 그
대신 print문이 STDOUT(표준 출력)으로 출력한 내용이 화면에 표시됐다.

이렇듯 명령을 실행한 후에 표시되는 출력에는 두 가지 형태가 있다.

■ 객체의 내용을 확인하기

IPython은 어떤 변수명이 가리키는 객체가 어떤 객체인지를 쉽게 확인할 수도 있다. 다
음 예를 살펴보자.

```
In [5]: b = dict(saori=5, kenji=63, yasuko=47)    # 우선 딕셔너리 변수를 정의한다.

In [6]: b?               # 변수명 뒤에 ?를 붙인다.
Type:         dict       # 타입이 딕셔너리임을 나타낸다.
String form: {'yasuko': 47, 'saori': 5, 'kenji': 63}
Length:       3          # 길이는 3이다.
Docstring:
dict()          -> new empty dictionary
dict(mapping)   -> new dictionary initialized from a mapping object's
    (key, value) pairs
dict(iterable) -> new dictionary initialized as if via:
    d = {}
    for k, v in iterable:
        d[k] = v
dict(**kwargs) -> new dictionary initialized with the name=value pairs
    in the keyword argument list.  For example:  dict(one=1, two=2)
```

이 예제에서는 변수 b에 딕셔너리 타입의 변수를 할당하고 있다. 여기서는 값을 할당한
바로 다음이니 당연히 객체의 내용을 기억하고 있겠지만, 만약에 b가 어떤 내용의 객체
였는지 정확하게 기억하지 못한다면 변수명 뒤에 ?를 붙여 입력하면 된다. 그러면 위의
예에서 보듯 객체의 타입(여기서는 dict)과 그 내용 외에도 해당 타입의 닥스트링(간단한 도움
말)을 보여준다.

■ 함수의 내용 표시하기

이름 뒤에 ?를 붙이는 방법으로 함수의 내용도 확인할 수 있다. 예를 들어 다음과 같은
함수가 있다고 하자.

```
def my_add(x, y):
    """
    두 수를 더한다.

    입력
    ----
    x: 첫 번째 수
    y: 두 번째 수

    출력
    ----
    out: x + y의 계산 결과
    """
    out = x + y
    return out
```

이때, 이 함수명 앞이나 뒤에 ?를 붙여 입력하면 다음과 같이이 함수의 닥스트링이 표시
된다. 닥스트링(4.9절 참조)이란 위의 함수 예제에서 """(겹따옴표 3개)로 둘러싸인 문자열을
말한다.

```
In [7]: ?my_add   # my_add?로도 같은 결과
Signature: my_add(x, y)
Docstring:
두 수를 더한다.

입력
----
x: 첫 번째 수

y: 두 번째 수

출력
----
out : x+y의 계산 결과
File:      c:\Python\samples\docstr.py
Type:      function
```

■ 함수의 내용을 자세히 표시하기

함수명 앞이나 뒤에 ??를 붙여 입력하면(소스 코드에 접근이 가능한 경우에만 해당) 해당 함수의 소스 코드가 표시된다. 단, C로 구현된 함수나 표준 라이브러리의 대부분은 소스 코드가 표시되지 않는다.

```
In [8]: my_add??
Signature: my_add(x, y)
Source:
def my_add(x, y):
    """
    두 수를 더한다.

    입력
    ----
    x: 첫 번째 수
    y: 두 번째 수

    출력
    ----
    out: x + y의 계산 결과
    """
    out = x + y
    return out
File:       c:\Python\code\docstr.py
Type:       function
```

이렇게 ?를 사용해서 객체나 함수, 클래스를 확인하는 것은 import한 라이브러리에도 사용할 수 있다.

■ 객체를 이름으로 검색하기

IPython에서 ?는 앞 절에서 설명한 도움말 표시 말고도 다른 기능이 있다. *(와일드카드)와 함께 사용하면 객체를 검색하는 데도 쓸 수 있다. 예를 들어 과학 기술 컴퓨팅 관련 라이브러리인 SciPy의 linalg(선형대수) 모듈에 LU분해(Lower-Upper decomposition)[5]와 관련된 함수가 어떤 것이 있었는지 잊어버렸다고 하자. 그러나 함수명에 'lu'가 포함되리라 생각할 수 있으므로 아래 예와 같이 함수를 검색할 수 있다.

---

5   LU분해란 정칙행렬 A를 치환행렬 P와 하삼각행렬 L, 상삼각행렬 U의 곱으로 분해하는($A = PLU$) 과정이다.

```
In [9]: import scipy as sp  # SciPy를 미리 import한다.

In [10]: sp.linalg.*lu*?  # sp.linalg 모듈에서 이름에 'lu'가 포함된 것을 검색
sp.linalg.absolute_import
sp.linalg.decomp_lu
sp.linalg.lu
sp.linalg.lu_factor
sp.linalg.lu_solve
```

이 예에서는 먼저 검색 대상이 될 SciPy 라이브러리를 import했다. 그 다음 SciPy의 linalg 모듈에서 이름에 'lu'를 포함하는 객체를 검색한다. 조금 전에는 '함수'를 검색한다고 설명했지만 따로 정의한 변수, 함수, 클래스 모두 객체이므로 모든 객체를 대상으로 검색이 이뤄진다. 이 예에서는 LU분해와 상관없는 객체도 검색되고 있지만 이 검색 결과에서 찾으려던 함수 역시 찾을 수 있을 것이다. 이 방법으로 워크스페이스에서의 변수 등도 검색할 수 있으므로 특정 문자열을 포함하는 변수(객체)를 모두 출력하고 싶을 때 유용하다.

■ 매직 커맨드 — 라인 매직, 셀 매직

IPython에는 **매직 커맨드(magic command)**라는 특별한 명령어가 있다. 매직 커맨드로 IPython에 여러 편리한 기능이 추가되어서 편의성이 크게 향상되었다. 매직 커맨드는 맨 앞에 %(퍼센트 기호)나 %%를(퍼센트 기호 2개)를 붙이는 것을 기본으로 한다. %로 시작하는 매직 커맨드를 **라인 매직(line magic)**, %%로 시작하는 매직 커맨드를 **셀 매직(cell magic)**이라고 한다. 이들은 기본적으로는 같은 것이지만 전자가 하나의 명령줄로 실행되는 것에 비해, 후자는 '여러 줄로 된 스크립트(셀)'에 대해 처리를 수행할 수 있다.

또 라인 매직은 많은 경우에 %을 붙이지 않고도 실행할 수 있도록 설정되었다. 이를 'automagic'이라고 하는데 설정 파일로 automagic을 비활성화할 수도 있다.

매직 커맨드 중 자주 사용되는 것을 표 3.1에, 그리고 관련된 prun 커맨드의 -s<key> 옵션을 표 3.2에 정리했다. 표 3.1의 매직 커맨드는 잘 기억해두고 도움말을 출력해주는 매직 커맨드인 %quickref나 %magic으로 그 외의 매직 커맨드를 확인해보기 바란다.

표 3.1 자주 사용되는 매직 커맨드(운영체제와 연계되는 커맨드 전반은 표 3.3 참조)

커맨드	설명
%quickref	전체 매직 커맨드에 대한 퀵 레퍼런스 출력
%run <스크립트 파일>	지정한 파이썬 스크립트 파일을 실행한다. 옵션 -t는 시간 측정, -p는 프로파일링, -m은 모듈 로드(pdb를 로드하여 실행하는 경우 등에 활용 가능)
%reset [옵션]	IPython을 리셋(옵션 -f는 확인 없이 강제 리셋)
%pdoc <객체>	지정한 객체의 닥스트링 출력
%who, %whos, %who_ls [객체]	현재 네임스페이스에 있는 객체 및 모듈을 표시한다. 세 명령은 출력하는 내용의 형식만 다르다. 인자에 타입 이름이나 함수명을 지정하면 관련된 것만 표시한다.
%history [옵션] [표시 범위]	지금까지 입력한 커맨드의 히스토리를 보여준다. 프롬프트 번호로 히스토리를 보여줄 범위를 지정할 수 있다. 옵션 -n은 표시 내용에 행 번호를 추가하며, -o는 출력을 함께 표시한다.
%prun [옵션] <실행할 명령>	프로파일링과 함께 실행. 옵션 -s <key>로 결과를 정렬할 수 있다. (표 3.2 참조)
%debug	디버거(pdb)를 실행시켜 바로 직전에 발생한 예외에 대한 디버그를 시작한다.
%time <실행할 명령>	주어진 명령의 실행 시간을 측정한다.
%timeit	주어진 명령의 실행 시간을 측정한다. (여러 번 실시)
%xdel <var>	변수 var를 삭제한다.

표 3.2 prun 커맨드의 -s <key> 옵션

정렬 키(key)	의미
calls	함수 호출 횟수
cumulative	누적 시간
file	파일명
module	파일명
pcalls	비재귀적 함수 호출 횟수(primitive call count)
line	행 번호
name	함수명
nfi	함수명/파일명/행 번호(name/file/line)
stdname	표준명(출력의 filename:lineno(function))
time	내부 시간

표 3.1에는 셀 매직이 포함되어 있지 않지만 셀 모드로 실행할 수 있는 명령어도 있다. 예를 들어, 매직 커맨드 timeit에는 %timeit과 %%timeit 두 가지가 있어서 %timeit은 '라인 모드로 실행'을 의미하며, %%timeit은 '셀 모드로 실행'을 의미한다.

timeit 매직 커맨드를 라인 모드로 실행한 것과 셀 모드로 실행한 예를 아래에 실었다.

```
In [11]: %timeit x = np.arange(10000)     ← 라인 모드
The slowest run took 134.11 times longer than the fastest.
This could mean that an intermediate result is being cached
100000 loops, best of 3: 8.52 µs per loop

In [12]: %%timeit x = np.arange(10000)    ← 셀 모드
    ...: y = x**2
    ...: z = y - 1
    ...:
The slowest run took 103.21 times longer than the fastest.
This could mean that an intermediate result is being cached
10000 loops, best of 3: 26.2 µs per loop
```

■ 운영체제와의 연계

IPython은 운영체제와 연계를 필요로 하는 기능도 갖추고 있다. 여기서 말하는 연계란 운영체제의 시스템 셀(이를테면 윈도우의 명령 프롬프트)에서 명령을 실행하거나, 작업 디렉터리를 변경, 작업 디렉터리 내의 파일 목록을 보는 것 등을 말한다. 운영체제 셀에 명령어를 실행하려면 해당 명령어 앞에 '!' 붙이면 된다. 아래의 예를 살펴보자.

```
In [13]: !ping localhost

Ping A [::1] 32 바이트 데이터 사용 :
::1의응답 : 시간 <1ms
::1의응답 : 시간 <1ms
::1의응답 : 시간 <1ms
::1의응답 : 시간 <1ms

::1에 대한 ping 통계 :
    패킷 : 보냄 = 4, 받음 = 4, 손실 = 0 (0% 손실),
왕복 시간(밀리초)
    최소 = 0ms, 최대 = 0ms, 평균 = 0ms
```

위의 예는 ping 명령을 실행한 것이다. 물론 ping을 IPython에서 실행해야만 하는 경우는 좀처럼 없겠지만, 이런 식으로 운영체제의 어떤 셸 명령이라도 실행할 수 있다. 이외에도 운영체제와 연계 기능을 수행하는 다양한 매직 커맨드가 갖춰져 있다. 이 중 자주 사용되는 매직 커맨드를 표 3.3에 정리했다. 현재 작업 디렉터리 확인이나 디렉터리 이동 등은 매우 자주 사용하게 될 것이다. 또한 현재 실행 중인 IPython에 대한 환경 변수 등을 확인하려면 매직 커맨드 %env를 사용하면 된다.

표 3.3 자주 사용하는 매직 커맨드(운영체제와 연계 기능 관련)

명령	설명
%alias <alias 이름> <명령>	시스템 명령어에 별명을 붙인다.
%pwd	현재 작업 디렉터리를 확인한다.
%cd <디렉터리명>	<디렉터리명>에 지정한 디렉터리로 이동한다.
%ls	현재 작업 디렉터리에 포함된 파일 목록을 확인한다.
%env	시스템의 환경 변수를 딕셔너리 형태로 확인한다.

■ 명령 히스토리 확인하기

history IPython은 이전에 입력했던 명령이나, 그 명령의 출력 결과를 저장하는 기능이 있다. 이것을 **히스토리(history)**라고 한다. 이전에 입력한 명령과 그 명령 결과를 함께 확인하려면 매직 커맨드 %history를 사용한다.

```
In [14]: %history -no 7-9
    7:c = 4.5
    8:a+c
7.5
    9:print(b)
```

위의 예제에서는 매직 커맨드 %history에 -n 옵션과 -o 옵션을 추가하여(두 옵션을 합쳐 -no로 표기) 실행하고 있는데 -n 옵션은 출력에 줄 번호를 추가하며, -o 옵션은 출력한 명령에 해당하는 실행 결과를 함께 출력하도록 한다. 그리고 히스토리를 출력할 범위로 '7-9'를 지정하고 있다. 히스토리가 긴 경우에는 이력 전체를 보는 것보다 범위를 지정하는 편이 이해하기 쉽다. 이렇게 히스토리를 확인하고 난 뒤 표 3.4와 같이 식별자를 사용하여 지금까지의 히스토리에 저장된 입출력을 다시 이용할 수도 있다. 예를 들어, 위의 예를 수행한 다음 아래의 명령을 입력하면 2개 앞의 출력을 사용해서 계산을 할 수 있다.

```
In  [15]: d = __+ 2.5    # __(언더스코어 2개)로 2개 이전의 출력을 가리킨다.
In  [16]: d
Out [16]: 10.0
```

표 3.4 IPython에서 '_'(언더스코어)로 시작하는 식별자와 그 의미

식별자	설명
_i	바로 직전(1개 전) 입력
_ii	2개 전 입력
_iii	3개 전 입력
_ih	IPython의 입력 리스트(예 _ih[3]은 세 번째 입력)
_i<n>	IPython의 프롬프트 카운터가 n인 입력(예 _i3). _i<n>은 _ih[<n>]과 같다.
_	언더스코어 1개는 바로 직전 출력
__	언더스코어 2개는 2개 전 출력
___	언더스코어 3개는 3개 전 출력
_<n>	IPython의 프롬프트 카운터가 n인 출력(예 _5)
_oh	IPython의 출력값을 저장한(프롬프트 카운터 n을 키로 하는) 딕셔너리 변수

■ 히스토리 검색하기

IPython에서 히스토리를 검색해서 사용하기 위한 방법은 아래와 같은 세 가지가 있다.

- 상하 화살표 키 또는 Ctrl + P나 Ctrl + n으로 과거에 입력한 명령을 순서대로 보여준다
- 명령을 끝까지 입력하지 않은 상태에서 현재 입력 상태와 일치(전방일치)하는 명령만을 순서대로 보여준다
- Ctrl + r로 검색 프롬프트를 불러 명령의 일부분을 입력하고 이를 '포함하는' 명령 히스토리를 순서대로 보여준다

매직 커맨드 %history보다는 위의 방법이 더 실용적이고 간단하다.

■ 탭 자동 완성

탭 자동 완성은 IPython의 기능 중에서 가장 유용한 기능 중 하나다. 이 기능에 익숙해지면 이 기능 없이는 매우 불편함을 느끼게 될 것이다. 변수명이나 함수명을 입력하는 도중에 `Tab` 키를 누르면 자동 완성 후보가 하나뿐이라면 해당 후보로 자동 완성되며, 여러 개의 후보가 있다면 그 후보들을 보여준다. 입력에 대한 후보는 해당 시점에 참조할 수 있는 네임스페이스를 검색한 결과다.

```
In [17]: mingw_ver = 3.25

In [18]: mikan = 'orange'

In [19]: mi<Tab>                      # <Tab>은 Tab 키 입력을 의미한다.
mikan min mingw_ver
In [20]: mi                           # 자동 완성 후보를 보여준 뒤 입력을 계속한다.
```

위의 예에서는 mi까지만 입력한 다음 `Tab` 키를 입력했다. 그러면 네임스페이스에는 2개의 변수(객체) mikan과 mingw_ver, 최솟값을 구하는 함수인 min이 있으므로 이들 3개가 후보로 표시된다. 자동 완성 후보를 보여준 다음 입력을 이어갈 수 있다.

이 기능은 객체 변수의 메서드나 속성을 사용하려고 할 때 더욱 유용하다.

```
In [21]: mylist = [2.3, 4.5, 6.2]

In [22]: mylist<Tab> # <Tab>은 Tab 키 입력을 의미한다.
mylist.append mylist.count mylist.insert mylist.reverse
mylist.clear mylist.extend mylist.pop mylist.sort
mylist.copy mylist.index mylist.remove

In [22]: mylist.append(10.2) # 탭 자동 완성으로 후보를 보여줄 때는 In [N]의 번호가 넘어가지 않는다.

In [23]: mylist
Out [23]: [2.3, 4.5, 6.2, 10.2]
```

위의 예에서는 mylist라는 이름의 리스트 맨 끝에 요소를 추가하려고 하고 있다. 이때, 리스트에 대한 메서드 이름이 정확하게 기억나지 않으면 mylist 뒤에 .(점)까지 입력한 다음 `Tab` 키를 누르면 메서드 이름 후보를 모두 보여준다. 이 결과로부터 append가 요소를 추가하는 메서드라는 것을 추정할 수 있다. 객체의 여러 메서드를 모두 기억하기는 어렵다. 그러나 IPython을 사용하면 이 예에서 보듯 실제로 식을 입력하면서 메서드를 기억할 수 있다. 탭 자동 완성은 모듈의 속성이나 파일명을 입력할 때도 동일하게 사용할 수 있다.

■ 스크립트 파일 실행하기

IPython으로 대화형 실행 환경을 사용할 수 있지만, 스크립트 파일로 실행할 내용을 작성해서 이 파일을 몇 번이고 실행하면서 수정해야 할 경우도 있을 것이다. 이런 경우를 위해 스크립트 파일 이름을 지정하여 IPython에서 실행하려면 매직 커맨드 %run을 사용한다. 예를 들어 myscript.py라는 스크립트 파일을 실행하려면 다음과 같은 명령을 사용한다.

```
In [24]: %run myscript.py
```

위의 예에서 확장자 .py는 생략이 가능하다. 앞에서 설명한 automagic이 활성화된 경우에는 다음과 같이 입력해도 똑같이 동작한다.

```
In [25]: run myscript
```

3.1.5 IPython에서 디버깅하기 — 디버거 pdb

IPython에서 디버깅을 하는 방법은 이미 2장에서 설명했다. 여기서는 복습을 겸해 약간의 팁을 소개하기로 한다.

■ 사후 분석 디버깅

IPython으로 프로그램을 실행한 뒤 예외(오류)가 발생한 경우 사후 분석 디버깅(debugging in post-mortem mode)이라는 방법으로 디버깅을 할 수 있다. 이를 위해 예외가 발생한 후에 매직 커맨드 %debug를 입력한다. 이 명령을 입력하면 디버거인 pdb가 실행되는데, 이 디버거 안에서는 함수의 호출 스택 프레임이나 모든 객체에 접근할 수 있는 상태가 된다.

그럼 구체적인 예를 한번 보자. 아래와 같은 버그를 포함한 스크립트 파일(myscript.py)을 예로 설명하겠다.

```
def my_add(x, y):
    """ 두 수를 더한다. """
    out = x + z  # 버그: 변수 z가 정의되지 않았다.
    return out + y

if __name__ == "__main__":
    a, b = 3, 4
    z = my_add(a, b)
    print(z)
```

이 스크립트 파일을 IPython에서 실행하면 아래와 같은 내용이 화면에 출력된다.

```
In [26]: run myscript.py
Traceback (most recent call last):

  File "C:\python\code\myscript.py", line 9, in <module>
    z = my_add(a, b)

  File "C:\python\code\myscript.py", line 4, in my_add
    out = x + z

NameError: name 'z' is not defined
```

위의 상태가 '스택 트레이스를 화면에 출력한' 상태다. 파이썬에서는 파이썬 셸이든, IPython이든 오류가 발생하면 스택 트레이스를 화면에 출력한다. 스택 트레이스란 함수 등을 호출했을 때 생성되는 스택 프레임의 생성 과정을 기록한 것으로, 오류가 발생한 지점까지 함수가 어떤 순서대로 호출되었는지를 나타내는 정보다. 위의 예에서는 아홉 번째 줄에서 my_add( ) 함수가 호출된 다음 네 번째 줄(my_add( ) 함수 안)에 다다른 뒤 이 지점에서 오류가 발생했음을 알리고 있다. 여기서는 'z라는 변수명이 정의되지 않았다'라고 오류 내용을 알려줌으로써 디버깅 없이도 어떻게 수정해야 할지를 바로 알 수 있지만, 실제 본격적인 디버깅 작업을 하려면 이때 매직 커맨드 %debug를 입력하면 된다.

```
In [27]: debug    # automagic 옵션으로 %가 생략됨
> c:\Python\code\myscript.py(4)my_add()
      3        """ 두 수를 더한다. """
----> 4 out = x + z
      5 return out + z
```

```
ipdb> p z
*** NameError: name 'z' is not defined

ipdb> p y
4
```

명령을 입력하고 나면 위의 예에서 보듯 오류가 발생한 네 번째 줄(----> 표시 줄)에서 실행이 중단된 상태로 디버거가 실행된다. 그러면 프로그램의 동작 결과에 대해서 상세한 정보를 확인할 수 있다. 디버거에서 사용되는 명령을 표 3.5에 정리했다. 이 표에서 괄호 안의 부분은 생략 가능함을 나타낸다. 예를 들어 h(elp)는 h 또는 help로 해도 같은 명령으로 취급한다. 이 표에 나오지 않은 명령도 있지만 이 명령만 잘 사용할 수 있으면 대부분의 작업에는 무리가 없다. 이외의 명령에 대해서는 h 또는 help 명령으로 도움말을 보거나 파이썬 표준 라이브러리에 대한 참조 문서를 확인하기 바란다.

표 3.5 디버거 pdb의 주요 명령어 목록

명령어	설명
h(elp) / ?	h(elp)만 입력하면(인자 없이) 명령어의 리스트를 보여준다. h [<명령어>]는 지정한 명령어의 도움말을 보여준다.
w(here)	스택 트레이스를 출력(현재 프레임이 가장 아래에 위치하도록)
d(own)	스택 트레이스 안에서 한 프레임 내려간다.
u(p)	스택 트레이스 안에서 한 프레임 올라간다.
b(reak) [<줄 번호>]	입력한 줄 번호(lineno)에 브레이크 포인트를 만든다. 줄 번호를 지정하지 않은 경우에는 현재 설정한 브레이크 포인트의 목록을 보여준다.
tbreak	임시 브레이크 포인트를 만든다(한번 지나간 뒤 삭제된다는 점이 일반적은 브레이크 포인트와 다르다).
cl [<(브레이크 포인트의) 번호>]	지정한 번호(bpnumber)에 해당하는 브레이크 포인트를 삭제한다. 번호를 지정하지 않은 경우에는 모든 브레이크 포인트를 삭제한다.
disable/enable [<(브레이크 포인트의) 번호>]	지정한 번호(bpnumber)에 해당하는 브레이크 포인트를 비활성화/활성화한다.
s(tep)	현재 줄의 함수로 진입하여 실행 가능한 첫 줄에서 혹은 그 다음 줄에서 정지한다.

표 3.5 디버거 pdb의 주요 명령어 목록 (계속)

명령어	설명
n(ext)	현재 줄을 실행하고 다음 줄로 넘어간다.
r(eturn)	현재 함수가 값을 리턴할 때까지 실행한다.
c(on(tinue))	브레이크 포인트를 만날 때까지 실행한다.
l(ist) [<시작 줄번호>[, <끝 줄번호>]]	현재 줄과 그 앞뒤로 11줄(기본값)을 표시한다. 인자를 사용하면 표시 범위를 지정할 수 있다.
a(rgs)	현재 함수의 인자 목록을 화면에 출력한다.
p <표현식>	표현식(expression)을 평가한 결과를 화면에 출력한다.
! <명령문>	명령문(statement)을 실행한다.
q(uit)	디버거를 종료한다.

■ 스크립트를 지정하여 디버거 실행

파이썬으로 작성된 스크립트 파일에 버그가 있는지와 상관없이 특정한 파이썬 스크립트에 대해 디버거를 실행하는 것도 가능하다. 디버깅을 하려는 스크립트 파일이 myscript.py라고 할 때, 다음과 같이 매직 커맨드 %run을 사용해서 디버거를 실행할 수 있다.

```
In [28]: %run -d myscript.py
```

%run -m pdb myscript.py라고 입력해도 똑같은 동작을 한다. myscript.py 파일이 다음과 같다고 할 때,

```
def my_add(x, y):
    """ 두 수를 더한다. """
    return x + y

if __name__ == "__main__":
    a, b = 3, 4
    z = my_add(a, b)
    print(z)
```

디버거를 실행하면 다음과 같은 내용이 화면에 출력된다.

```
In [29]: run -d myscript.py
> c:\Python\code\myscript.py(2)<module>()
----> 1 def my_add(x, y):
      2     """ 두 수를 더한다. """
      3     return x + y

ipdb> n # 다음 줄로 넘어가려면 n 명령을 사용한다.
> c:\Python\code\myscript.py(6)<module>()
      4
----> 5 if __name__ == "__main__":
      6     a, b = 3, 4

ipdb> n # 다시 n 명령으로 다음 줄로 넘어간다.
> c:\Python\code\myscript.py(7)<module>()
      5 if __name__ == "__main__":
----> 6     a, b = 3, 4
      7     z = my_add(a, b)

ipdb> n # 다시 다음 줄로 넘어간다.
> c:\Python\code\myscript.py(8)<module>()
      6     a, b = 3, 4
----> 7     z = my_add(a, b)
      8     print(z)

ipdb> n # 또 다음 줄로 넘어간다.
> c:\Python\code\myscript.py(9)<module>()
      6     a, b = 3, 4
      7     z = my_add(a, b)
----> 8     print(z)

ipdb> !a # 변수 a의 값을 확인한다.
3

ipdb> p b # 변수 b의 값을 화면에 출력한다.
4

ipdb> z # 변수 z의 값을 확인한다.
7
```

이 예에서는 디버거를 실행시킨 후에 n(ext) 명령으로 한 줄씩 진행하다가 마지막에 변수 a, b, z의 값을 확인한다. pdb에서 변수의 값을 확인하려면 그냥 변수명을 입력하면 되지만, 앞의 표 3.5에서 보았듯이 a는 명령어의 이름이기도 하므로 변수 a의 값을 보려면 앞에 !를 붙여 실행문으로 실행해야 한다. 변수명 하나로만 된 실행문은 그 변수명이 가리키는 객체의 값을 화면에 출력하므로 결과적으로 a의 값이 출력된다. 또한 p 명령을 사용하여 객체의 값을 출력하는 방법도 있다(앞의 예제에서 p b 부분). 그냥 변수명만 입력한 경우에는 그 변수명이 명령어와 중복되지 않는 한 해당 변수의 값을 보여준다.

■ 지정한 위치에서 디버거 실행하기

파이썬의 전형적인 디버깅 방법을 하나 더 소개하겠다. 아래와 같은 줄을 프로그램 중간에 삽입하는 방법이다.

```
import pdb; pdb.set_trace()
```

위의 코드를 삽입하고 스크립트를 실행(이를테면 매직 커맨드 %run 등을 사용해서 %run myscript와 같이)하면, 코드를 삽입한 자리에서 디버거가 실행되어 프로그램이 일시 정지된다. 위의 예에서는 두 명령문을 한 줄로 나타냈기 때문에 ;(세미콜론)으로 명령문과 명령문을 구분하고 있다. PEP 8에는 어긋나는 스타일이지만 디버깅을 위해 잠시 추가하는 코드이므로 너무 신경 쓸 필요는 없다. 지정한 위치에서 디버거를 실행시키기 위한 간편한 방법으로 기억해두면 좋다.

3.1.6 프로파일링

프로그래밍을 하다 보면 많은 경우에 '되도록 빨리 실행되었으면' 하는 요구가 생기기 마련이다. 그래서 프로그램의 어느 부분에 얼마나 시간이 걸리는지를 분석할 필요가 있다. 이때 사용되는 것이 프로파일링 도구다. **프로파일링**이란 프로그램 안에서 사용되는 각 함수의 호출 횟수나 실행 시간을 분석하거나, 실행 순서를 기록하는 것을 말하며 여기에 쓰이는 도구를 **프로파일러(profiler)**라고 한다.

여기서는 IPython에서 사용할 수 있는 프로파일러를 다루기로 한다.

■ 실행 시간 측정

프로그램을 고속화하려면 프로파일링 도구를 사용해서 프로그램의 병목을 찾고 이를 개선하는 것이 중요하다. 그러나 매번 프로파일링 도구를 사용하는 것도 번거로운 일이므로 더 간단하게 프로그램을 빠르게 할 방법을 검증할 수단이 필요하다. 이럴 때 매직 커맨드 %time이나 %timeit을 다음과 같이 사용한다.

```
In [30]: %time a = [x*x for x in np.random.randn(10000)]
Wall time: 4ms
```

위의 예는 7장에서 배울 NumPy의 기능을 사용해서 1만 개의 난수를 생성한 뒤, 이 숫자를 모두 제곱하여 변수 a에 할당하는 예제다. 이 할당문 앞에 %time을 붙이면 이를 실행하는 데 걸린 시간을 측정할 수 있다. 단, 이렇게 측정한 실행 시간은 순수하게 처리에 걸린 시간에만 해당하지는 않는다. 왜냐하면 CPU가 다른 태스크를 실행하기 위해 일단 실행을 중단해도 중단한 동안의 시간까지 합산되기 때문이다. 따라서 같은 처리를 실행해도 매번 조금씩 다른 측정 결과를 얻게 된다.

이런 결점을 개선한 것이 매직 커맨드 %timeit이다. %timeit은 자동적으로 측정 대상을 여러 번 실행한 다음 이 중 결과가 좋았던 몇 번의 측정 결과에 대한 평균값을 계산한다. 이를 통해 측정 결과의 신뢰성을 향상시킬 수 있다. 이런 연유로 대개는 매직 커맨드 %timeit을 사용하는 경우가 많다. 이를 사용하면 어떤 처리 방식이 수행 시간을 단축시킬 수 있는지를 시행착오를 통해 모색하는 과정을 쉽게 할 수 있다. 아래 예에서는 완전히 일치하는 계산을 하고 있음에도 두 번째 예가 10배 가까이 빠른 것을 알 수 있다.

```
In [31]: %timeit a = [x*x for x in np.random.randn(10000)]
100 loops, best of 3: 2.86 ms per loop

In [32]: %timeit a = np.random.randn(10000); a = a * a
1000 loops, best of 3: 380 $\mu$s per loop
```

이 예에서 보듯 파이썬에서는 같은 내용의 계산이라도 약간의 처리 방식 차이로부터 수행 시간이 크게 차이 난다. 빠른 처리를 위한 방법을 능숙하게 사용할 수 있을 때까지는 다양한 처리 방법에 대해 수행 시간을 확인해보는 검증 과정이 필요한데, IPython은 이를 쉽게 할 수 있도록 하는 기능을 제공한다는 점이 매력적이라고 할 수 있다.

그리고 IPython으로 스크립트 파일 전체에 대한 수행 시간을 측정할 수도 있다. 이를 측정하려면 아래 예와 같이 매직 커맨드 %run에 -t 옵션을 붙여준다.

```
In [33]: %run -t scipy_filter.py

IPython CPU timings (estimated):
  User       :       0.07 s.
  System     :       0.00 s.
Wall time  :       0.07 s.
```

위의 예는 scipy_filter.py가 실행 대상이다. 윈도우에서는 시스템 시간이 0으로 출력되므로 무시하자. 프로파일링과 달리 수행 시간이 느려지거나 하지 않으므로 평소에도 -t 옵션과 함께 실행하면 여러 가지를 깨닫는 계기가 될 것이다.

여기서 소개한 방법은 처리 시간의 내역까지 분석하는 방법은 아니었다. 다음 절에서는 이 '내역'까지 분석할 수 있는 프로파일링 도구에 대하여 설명하겠다.

■ 프로파일링을 위한 준비

먼저 IPython에서 사용할 수 있는 프로파일링 관련 매직 커맨드를 소개하고 이를 사용하기 위한 준비를 설명한다. 표 3.6에 프로파일링과 관련된 매직 커맨드를 정리했다.

표 3.6 (프로파일링 관련) 매직 커맨드

라인 모드	셀 모드	설명
%run -p -	-	cProfile로 함수 레벨 프로파일링(스크립트 파일을 지정하여 분석). %run -m cProfile [<옵션>] <파일>도 같은 의미다. %run -m Profile [<옵션>] <파일>은 Profile 모듈도 이용할 수 있다.
%prun	%%prun	cProfile로 함수 레벨 프로파일링(실행할 명령 문을 지정하여 분석)
%lprun	-	행 단위 레벨 프로파일링(코드의 줄 단위로 처리 부하를 계산)
%mprun	%%mprun	메모리 프로파일러(지정한 함수 안의 행 단위 메모리 사용 분석)
%memit	%%memit	메모리 프로파일러(실행할 명령문의 총 메모리 사용량을 확인)

매직 커맨드 prun은 기본적으로 갖춰져 있지만 그 외의 것들은 대부분 직접 사용 설정을 해야 한다. 사용 설정 여부는 다음과 같이 각 매직 커맨드의 도움말을 보면 확인할 수 있다.

```
In [34]: memit?
Docstring:
Measure memory usage of a Python statement

Usage, in line mode:
    %memit [-r<R>t<T>i<I>] statement

Usage, in cell mode:
    %%memit [-r<R>t<T>i<I>] setup_code
    code...
    code...

This function can be used both as a line and cell magic:
<이하 생략>
```

사용 설정이 되어 있지 않다면 먼저 line_Profiler 및 memory_Profiler를 설치해야 한다.[6]

■ 실행 시간 프로파일링

조금 전에 매직 커맨드 %time 및 %timeit에 대해 설명했다. 이 명령은 지정한 코드 전체의 처리 시간을 측정해주는 명령으로, 어느 부분에서 얼마만큼의 시간이 소요됐는지에 대해서는 알려주지 않는다.

이제 설명할 프로파일링이란 처리 시간 측정에서 한발 더 나아가 어느 부분에서 얼마만큼의 시간이 소요되었는지를 분석하는 작업이다. IPython의 매직 커맨드를 사용하여 프로파일링하는 방법을 예제와 함께 살펴보자. IPython에서는 매직 커맨드 **%prun**을 사용하여 **cProfile**을 이용한 프로파일링을 할 수 있다. cProfile이란 파이썬 표준 라이브러리에 딸린 프로파일러를 말한다. 예를 들어 다음과 같은 모듈 파일(prun1.py)이 있다고 할 때,

```
""" prun1.py """
import numpy as np

def func_a():
    a = np.random.randn(500, 500)
    return a**2

def func_b():
    a = np.random.randn(1000, 1000)
    return a**2
```

6　설치 방법은 이 책의 지원 페이지(xxi)쪽을 참조하기 바란다.

```
def func_both():
    a = func_a()
    b = func_b()
    return [a, b]

if __name__ == '__main__':
    func_both()
```

이 스크립트 전체를 대상으로 한 프로파일링은 다음과 같이 전체 실행 시간 분포에 대해
프로파일링하는 방법을 사용한다.

```
In [35]: %run -p -s cumulative prun1.py
         63 function calls (62 primitive calls) in 0.094 seconds

   Ordered by: cumulative time

   ncalls  tottime  percall  cumtime  percall filename:lineno(function)
      2/1    0.000    0.000    0.094    0.094 {built-in method builtins.exec}
        1    0.000    0.000    0.094    0.094 <string>:1(<module>)
        1    0.000    0.000    0.094    0.094 interactiveshell.
                                                   py:2616(safe_execfile)
        1    0.000    0.000    0.094    0.094 py3compat.py:179(execfile)
        1    0.001    0.001    0.093    0.093 prun1.py:3(<module>)
        1    0.001    0.001    0.092    0.092 prun1.py:16(func_both)
        2    0.079    0.040    0.079    0.040 {method 'randn' of 'mtrand.
                                                   RandomState' objects}
        1    0.009    0.009    0.074    0.074 prun1.py:11(func_b)
        1    0.002    0.002    0.016    0.016 prun1.py:6(func_a)
        1    0.000    0.000    0.000    0.000 {built-in method builtins.
                                                   compile}
<이하 생략>
```

여기서 -s cumulative는 누적 실행 시간(cumulative time)을 기준으로 결과를 정렬하도
록 하는 옵션이다. 이렇게 누적 실행 시간 순으로 결과를 출력하면 어떤 부분에서 가장
시간이 가장 많이 걸리는지를 쉽게 확인할 수 있다.

그리고 이 예에는 스크립트 파일 전체를 프로파일링하고 있지만 때로는 일부 함수만을
대상으로 할 필요가 있다. 예를 들어 func_both( )라는 함수에 대해서만 프로파일링을
실시하고 싶을 때는 다음과 같은 방법을 사용하면 된다.

```
In [36]: import prun1 # prun1.py 파일에 포함된 함수 정의를 읽어들인다.

In [37]: %prun [a, b]=prun1.func_both() # %prun 뒤에 오는 실행문을 프로파일링 한다.
         8 function calls in 0.060 seconds # 0.06초 동안 모두 8번 호출되었다.

    Ordered by: internal time

    ncalls  tottime  percall  cumtime  percall filename:lineno(function)
         2    0.050    0.025    0.050    0.025 {method 'randn' of 'mtrand.
                                                RandomState' objects}
         1    0.007    0.007    0.046    0.046 prun1.py:8(func_b)
         1    0.002    0.002    0.060    0.060 prun1.py:12(func_both)
         1    0.001    0.001    0.013    0.013 prun1.py:4(func_a)
         1    0.000    0.000    0.060    0.060 {built-in method exec}
         1    0.000    0.000    0.060    0.060 <string>:1(<module>)
         1    0.000    0.000    0.000    0.000 {method 'disable' of
                                                '_lspr of.Profiler' objects}
```

이 예에서는 함수 func_both( )가 func_a( )와 func_b( )를 한 번씩 호출하고 있는데, 그
누적 실행 시간이 각각 0.013초와 0.046초라는 것을 알 수 있다. 이와 같이 어떤 함수가
얼마나 시간을 사용하고 있는지를 파악할 수 있게 해준다. 그러나 이 방법으로는 함수
안에 어떤 내용이 처리 시간을 많이 필요로 하는지에 대해서 알 수 없다. 이때 활용되는
것이 **라인 프로파일러(line Profiler)**다. 앞에서 준비한 매직 커맨드 **%lprun**를 사용하면 코
드의 줄 단위로 수행 시간을 알 수 있다. 앞의 예로는 차이가 잘 드러나지 않으므로 다음
과 같은 모듈(파일)을 예로 들어 보겠다.

```
""" fc.py """
import numpy as np
n = 20

def func_c():
A = np.arange(0, n*n).reshape(n, n) + np.identity(n)
b = np.arange(0, n)
x = np.dot(np.linalg.inv(A), b)
```

이 모듈의 파일명을 fc.py라고 할 때 라인 프로파일러의 사용법은 다음과 같다.

```
In [38]: from fc import *

In [39]: %lprun -f func_c func_c()   # func_c()를 실행하여 func_c() 함수
                                       안쪽만을 라인 프로파일링한다.

Timer unit: 4.10547e-07 s   # 단위 시간(아래의 Time을 곱하면 실제 실행 시간이 된다.)

Total time: 0.0102025 s
File: C:\Python\code\fc.py
Function: func_c at line 11

Line #      Hits       Time  Per Hit   % Time  Line Contents
==============================================================
    5                                           def func_c():
    6          1        575    575.0      2.3       A = np.arange(0, n*n).
reshape(n, n) + np.identity(n)
    7          1         26     26.0      0.1       b = np.arange(0, n)
    8          1      24250  24250.0     97.6       x = np.dot(np.linalg.
inv(A), b)
```

이 예에서는 -f func_c 옵션을 사용해서 함수 func_c만을 대상으로 하도록 지정하고
있다.[7] 그리고 func_c()를 실행하여[8] 프로파일링을 수행한다. 그 결과를 보면 func_c의
각 줄에 단위 시간(=4.10547e-07[s])의 'Time'배만큼 시간을 사용했다는 것을 알 수 있다.
그리고 여덟 번째 줄이 단위 시간의 24250배만큼 시간이 걸린 것을 통해 가장 계산 비용
이 높은 부분이라는 것을 알 수 있다.

■ 메모리 사용량에 대한 프로파일링

메모리 사용량을 분석하려면 매직 커맨드 %memit 혹은 %mprun을 사용한다. 단, 이들
매직 커맨드는 memory_profiler라는 모듈이 있어야만 사용할 수 있으므로 이를 미리 설
치해야 한다.[9] 그럼 **%memit**의 사용법부터 알아보자. %memit은 파이썬 실행문의 메모
리 사용량을 측정해준다. 아래의 예를 보자.

```
In [40]: %memit a = [x for x in range(1000000)]
peak memory: 179.87 MiB, increment: 43.14 MiB
```

---

7   -f 옵션은 필수 옵션이다.
8   -f 옵션으로 지정한 함수를 실행하는 명령문이라면 무엇이든 상관없다.
9   설치 방법은 이 책의 컴패니언 페이지를 참조하기 바란다.

이 예에서는 리스트 변수 a를 만들고 있는데, 여기서 추가로 사용된 메모리(위에서 increment에 해당)가 43.14MiB,[10] 전체 메모리 사용량은 179.87MiB임을 알 수 있다. %memit는 실행문의 메모리 사용량을 측정해주지만, 어느 부분에서 얼마나 메모리를 사용하고 있는지에 대한 내역은 분석할 수 없다. 이런 분석에 유용한 것이 매직 커맨드 **%mprun**이다. 다음 예를 보자.

```
In [41]: import fc

In [42]: mprun -f fc.func_c fc.func_c()

Filename: C:\Python\code\fc.py

Line #    Mem usage    Increment   Line Contents
================================================
     5    108.0 MiB      0.0 MiB   def func_c():
     6    108.0 MiB      0.0 MiB       A = np.arange(0, n*n).reshape(n, n)
 + np.identity(n)
     7    108.0 MiB      0.0 MiB       b = np.arange(0, n)
     8    109.0 MiB      1.0 MiB       x = np.dot(np.linalg.inv(A), b)
```

mprun 명령으로는 이렇게 함수를 지정해서 그 함수 안에서의 메모리 사용량 변화를 살펴볼 수 있다. 위의 예에서는 -f fc.func_c 옵션으로 메모리 사용량 변화 분석 대상 함수를 지정한 다음, fc.func_c( )로 이 함수를 호출하고 있다. 호출된 함수 안에서 또 다른 함수가 호출되는 경우에는 그 호출되는 함수를 지정하여 분석할 수도 있다.

■ 메모리 프로파일링 대상을 소스 코드 안에서

지정하기 분석 대상 함수를 명령어로 지정하는 방법 외에도 아래의 예처럼 스크립트의 소스 코드 안에서 분석할 곳을 지정하는 방법도 가능하다.

```
import numpy as np
from memory_profiler import profile

@profile    # 이 함수를 메모리 프로파일링 대상으로
def func_a():
```

---

10 MiB는 메가바이트(megabyte)라고 읽는다. 컴퓨터의 용량이나 기억 장치의 크기를 나타 내는 단위로 1MiB는 $2^{20}(>=1,048,576$byte)에 해당한다.

```
    a = np.random.randn(500, 500)
    return a**2

@profile    # 이 함수를 메모리 프로파일링 대상으로
def func_b():
    a = np.random.randn(1000, 1000)
    return a**2

def func_both():
    a = func_a()
    b = func_b()
    return [a, b]

if __name__ == '__main__':
    func_both()
```

이 예는 memory_Profiler 모듈의 데코레이터(decorator) 함수인 Profile을 import한 뒤, 메모리 사용량을 분석하려는 함수에 @Profile 데코레이터 문을 붙이는 것을 보여주고 있다. 위의 스크립트(prun2.py)를 실행하면 그 결과로 아래와 같은 내용이 출력된다. @Profile이 붙은 2개 함수 내부에 대한 메모리 사용량의 증감을 각각 확인할 수 있다.

```
In [43]: run prun2
Filename: C:\Python\code\prun2.py

Line #    Mem usage    Increment   Line Contents
================================================
     5     94.7 MiB     0.0 MiB    @profile
     6                             def func_a():
     7     96.6 MiB     1.9 MiB        a = np.random.randn(500, 500)
     8     98.5 MiB     1.9 MiB        return a**2


Filename: C:\Python\code\prun2.py

Line #    Mem usage    Increment   Line Contents
================================================
    10     96.6 MiB     0.0 MiB    @profile
    11                             def func_b():
    12    104.3 MiB     7.6 MiB        a = np.random.randn(1000, 1000)
    13    111.9 MiB     7.6 MiB        return a**2
```

3.2 Spyder

파이썬 통합 개발 환경은 크게 유료인 것과 무료인 것, 그리고 기본적으로는 유료이지만 기능이 제한된 버전을 무료로 사용할 수 있는 것으로 나뉜다. 이 절에서 소개할 **Spyder**는 무료로 제공되는 통합 개발 환경 중 하나다. 주요 배포 패키지에는 기본으로 포함되어 있기 때문에 과학 기술 컴퓨팅 분야에서 널리 사용되고 있다. IPython만으로도 파이썬 개발의 효율을 높일 수 있지만, Spyder 같은 통합 개발 환경은 직관적인 조작으로 다양한 작업을 할 수 있어서 작업을 더욱 효율적으로 할 수 있다. 이번 절에서는 Spyder를 활용하는 기본적인 방법을 배울 것이다.

3.2.1 Spyder란?

Spyder는 'The Scientific PYthon Development EnviRonment'의 약자로 오픈소스 멀티플랫폼(윈도우, 리눅스, 맥OS 등) IDE다. 사용자 인터페이스가 MATLAB과 유사하여 MATLAB 사용자에게 접근성이 좋은 IDE다. 메이저 배포 패키지(Anaconda, WinPython, Python(x,y) 등)에도 포함되기 때문에 이들 패키지를 사용한다면 따로 설치할 필요가 없다.

Spyder를 실행하면 그림 3.5와 같은 화면이 나타난다.

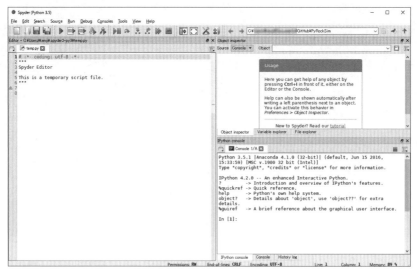

그림 3.5 Spyder의 시작 화면

이 화면은 그림 3.5에서 보듯 프로그램 에디터와 콘솔(파이썬 셸 혹은 IPython), Object inspector, Variable explorer, File explorer 등으로 이뤄져 있다. 이들은 GUI의 특성을 잘 살린 대화식 파이썬 실행 환경을 제공한다. IPython은 결국 CUI(Characterbased User Interface)이기 때문에 명령어를 기억해야 하는 번거로움이나, 변수 값에 대한 확인(이를테면, 크기가 큰 배열의 값 확인 등)이 조금 불편하다는 등의 문제가 있다. 또 닥스트링(도움말) 정보를 별도의 창에 띄우고 이를 곁눈질하면서 프로그램을 작성하고 싶어도 그럴 수 없다. Spyder는 이런 CUI의 결점을 보완하고, GUI의 특성을 살려 작업 효율을 향상시켜줄 것이다.

3.2.2 Spyder의 주요 기능

Spyder에는 **일반 모드(standard mode)**와 **라이트 모드(light mode)**[11]라는 두 가지 실행 모드가 있다. 라이트 모드로 Spyder를 실행한 화면을 그림 3.6에 실었다.

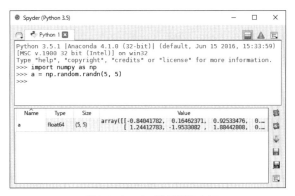

그림 3.6 **Spyder의 라이트 모드**

라이트 모드는 파이썬 셸이 뜨지만 이것은 IPython이 아니다. 변수의 목록 혹은 변수 값을 확인할 수 있는 Variable explorer는 그림 3.6과 같이 창에 추가할 수 있다(초기 상태에는 없음). Spyder가 가진 GUI로서의 이점을 최대한 활용하고 싶다면 일반 모드를 사용하는 것이 좋지만, 일부 기능만 사용하면 되는 경우에는 라이트 모드를 사용하는 것이

---

11 옮긴이 라이트 모드는 spyder 3.0부터 지원하지 않는다.

효과적이다.

지금부터는 Spyder의 일반 모드를 기준으로 GUI를 활용한 기능을 살펴보자. Spyder의 주요 기능을 열거하면 다음과 같다.

- 프로그램 에디터
- 프로그램 실행(에디터와 연동)
- IPython 콘솔 또는 파이썬 콘솔
- 닥스트링이나 도움말 보기(Object inspector)
- 워크스페이스 안에 정의된 변수와 그 값을 표시(Variable inspector)
- 데이터 파일 입출력
- 현재 작업 디렉터리의 파일 목록 보기(File explorer)
- 프로파일러(프로파일링 수행)
- 디버거(에디터와 연동한 동작 및 표시 가능)
- 코드 인스펙션(코딩 규약 준수 여부 확인)
- 파일 내 검색(Find in file)
- 코드에 대한 정적 분석(Pylint, PEP 8 준수 여부 확인)
- 프로젝트 생성 및 관리

기본적으로 이들은 대부분 파이썬 혹은 IPython에도 원래 있는 기능이지만 GUI의 장점을 살려 사용이 쉽거나, 화면에 알기 쉽게 나타내고, 기능을 확장하여 편리하게 사용하게끔 한 것이 많다. 아래는 주요 기능에 대한 설명이다.

■ 프로그램 에디터

Spyder의 프로그램 에디터는 입력 보조 기능을 제공한다. 그림 3.7에서 볼 수 있듯 일부만 입력한 상태에서 입력 후보를 보여준다. 그래서 함수명이나 변수명을 전부 입력하지 않아도 입력 후보를 선택한 뒤 Tab 키를 누르면 입력이 자동으로 완성된다. 이런 입력 보조 기능 덕분에 함수명이나 변수명을 일일이 기억하지 않아도 프로그램 작성을 이어나갈 수 있다.

Spyder에는 여기에 더해 프로그램이 앞에 설명한 PEP 8을 준수하고 있는지를 확인하는 기능도 있다. 파이썬은 언어 스펙의 특성상 들여쓰기에도 의미를 부여하고 있기 때문에 가독성이 뛰어나다는 장점이 있다. 또 PEP 8을 준수하여 코드를 작성하는 것으로 더욱 더 가독성을 향상시킬 수 있다. 프로그래밍에는 처음부터 끝까지 혼자 작성하기보다는 전에 작성한 프로그램 혹은 다른 사람이 작성한 프로그램을 읽는 시간이 더 긴 경우가 많다. 이 때문에 모든 사람이 같은 규약을 따라 프로그램을 작성하여 서로가 작성한 프로그램을 쉽게 이해할 수 있도록 하는 것이 중요하다.

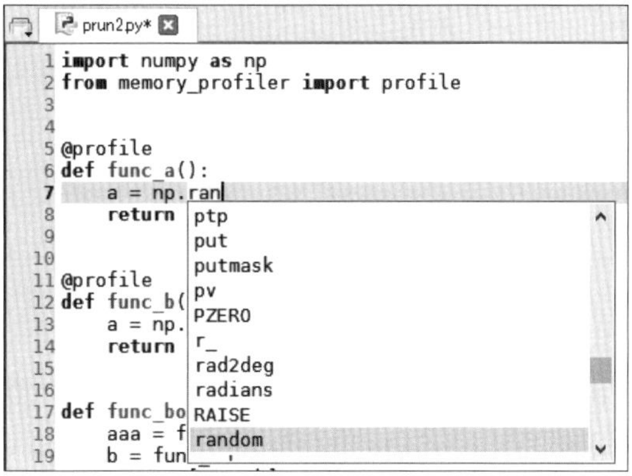

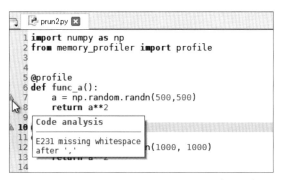

그림 3.7 Spyder 에디터의 입력 보조 기능

이미 PEP 8 패키지가 설치되어 있고, PEP 8의 Style Analysis 기능을 활성화했다면 Spyder의 에디터에 스타일 체크 결과가 나타난다(그림 3.8). Spyder의 각종 설정은 메뉴의 [Tools]–[Preferences]를 선택하면 볼 수 있다. PEP 8에 대한 Style Analysis를 활성화하려면 그림 3.9와 같이 해당 체크박스를 체크하면 된다.

그림 3.8 Spyder 에디터의 Style Analysis(PEP 8)

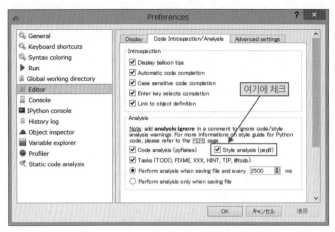

그림 3.9 Spyder의 Style Analysis(PEP 8) 설정

■ 프로그램 실행

그 다음으로 프로그램 실행 기능이다. Spyder는 콘솔에 명령어를 입력하지 않아도 에디터에서 프로그램 전체 혹은 그 일부를 실행할 수 있다. 이들 기능은 익숙해지면 매우 편리하다. 표 3.7에 이 기능에 대한 단축키 목록을 실었다. 에디터로 선택한 범위만을 실행하는 F9, 셀 단위 실행(ctrl + Enter) 등은 프로그램을 수정하면서 반복적으로 실행할 때 매우 편리하다. 셀은 줄 처음에 위치한 #%% 혹은 # %%로부터 시작해서, 그 다음에 줄 처음에 오는 #%%나 # %%(# 뒤에 공백 문자)를 만날 때까지다. 셀의 경계는 에디터에 선으로 표시되므로 쉽게 알 수 있다(그림 3.10).

표 3.7 에디터에서 프로그램을 실행하는 다양한 단축키

단축키	설명
F5	현재 파일을 실행
F9	현재 파일에서 선택한 부분만 실행
ctrl + Enter	현재 셀을 실행
shift + Enter	현재 셀을 실행한 뒤 다음 셀로 이동

```
cell1.py  ☒

1  """ Cell 실행 예 """
2
3  # %% 첫 번째 셀 : import 문만 있음
4  import numpy as np
5
6  # %% 두 번째 셀 : 감마 함수로 난수를 생성
7  scale = 2.  # dispersion
8  shape = tuple(2.*np.ones(5))
9  adat = np.random.gamma(shape, scale=scale)
10 bdat = np.random.gamma(shape, scale=scale)
11
12 # %% 세 번째 셀 : 곱한 뒤 결과를 print
13 cdat = adat * bdat
14 print(cdat)
15
```

그림 3.10 셀과 에디터에서 보여주는 셀의 경계

■ 닥스트링이나 도움말 보기 — Object inspector

Object inspector는 Spyder에 딸린 도움말 시스템이다. 객체의 닥스트링(도움말)이나 Spyder의 튜토리얼을 볼 때 사용한다. 닥스트링은 보기 좋게 정리하여 보여준다. 직접 작성한 객체의 닥스트링이라도 마크다운 문법을 사용하면 깔끔하게 출력해준다.

사용법은 더 간단하다. 예를 들어 'numpy.random.rand'의 닥스트링을 보려는 경우, Object inspector의 Object 입력란에 'numpy.random.rand'라고만 입력하면 된다(그림 3.11).

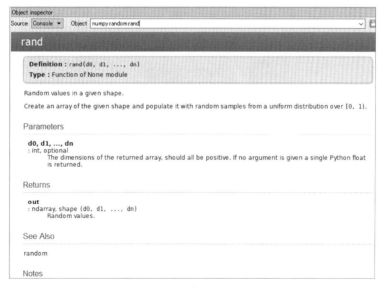

그림 3.11 Spyder의 Object inspector

그러나 이 Object inspector는 단축키와 함께 사용할 때 진가를 발휘한다. 에디터나 콘솔로 어떤 객체의 이름을 입력하는 도중 그 객체의 세부사항을 보고 싶어졌다고 하자. 이런 경우 해당 객체의 이름을 입력한 상태에서 ctrl + i (맥OS에서는 command + i)를 입력하면 Object inspector에 이 객체의 닥스트링이 표시된다. 보기 좋게 잘 정리된 형태로 보여주므로 내용을 빨리 파악할 수 있다는 점도 편리하다.

■ 워크스페이스에 정의된 변수의 정보 보기 — Variable explorer

Spyder에서 많이 사용하는 기능 중 하나로 Variable explorer가 있다. 변수의 타입이나 값을 목록을 통해 확인할 수 있기 때문에 프로그램에 대한 동작 확인이 쉽고 작업 효율이 좋아진다. 그림 3.12에서 보듯 워크스페이스에 정의된 객체의 목록을 보여주므로 세부사항을 확인하고 싶은 변수의 이름을 더블클릭하여 변수의 값을 자세히 볼 수 있다. 이때 'Format' 버튼을 누르면 표시 형식을 지정할 수도 있다.

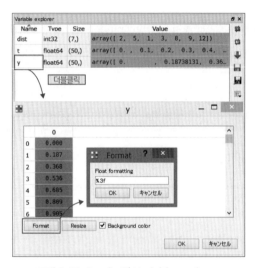

그림 3.12 Spyder의 Variable explorer

■ 데이터 파일 입출력

Spyder의 가장 편리한 기능 중 하나가 데이터 파일 입출력이다. 다양한 데이터를 읽어들여 가공하고, 다시 그 결과를 저장하는 것은 엔지니어의 일상적인 업무다. 6장에서 다양한 데이터 포맷에 대한 입출력 처리 방법을 대략적으로 다룰 것이지만 Spyder를 사용하면 이런 작업을 간단히 할 수 있다.

데이터 입력은 아래와 같은 포맷을 지원하는데 Variable explorer의 [Import data] 아이콘으로 실행할 수 있다.

- Spyder data file
- pickle file
- NumPy Arrays(.npy)
- NumPy zip Arrays(.np)
- MAT-file(MATLAB에서 사용하는 데이터 저장 포맷, 뒤에 설명함)
- CSV 텍스트
- 텍스트
- JSON
- HDF5(뒤에 설명함)
- 이미지 파일(.jpg, .png, .tiff, .gif)

이렇게 다양한 데이터 포맷을 지원하므로 대부분의 데이터 파일을 읽어들일 수 있다. 그렇기 때문에 간단한 데이터 확인 등의 작업에서는 Spyder의 데이터 로딩 기능이 위력을 발휘한다.

그리고 데이터 파일 출력은 아래와 같은 포맷을 지원한다. 데이터 출력은 Variable explorer에서 [Save data as...] 아이콘으로 실행할 수 있다.

- Spyder data file
- MAT-file
- HDF5

워크스페이스 안의 변수를 모두 저장하려는 경우에 이들 포맷으로 저장해두면 나중에 Spyder에 다시 불러올 수 있다.

3.2.3 UMD — Spyder의 숨은 중요 기능

Spyder의 숨은 중요 기능으로 **UMD(User Module Deleter)**를 들 수 있다. UMD는 Spyder 에만 있는 기능으로 파이썬 스크립트를 실행할 때 파이썬 인터프리터에 모듈의 리로드를 강제하는 것을 말한다.

일반적으로 파이썬 인터프리터는 같은 모듈에 대한 import문을 여러 번 실행할 때 처음 한 번만 모듈을 읽어들인다. 그 결과 다시 같은 모듈에 대한 import문을 실행해도 실제 로는 최초 읽어들였을 때의 캐시(저장된 정보)를 사용하게 된다. 해당 모듈의 내용이 변경 돼도 변경된 사항이 반영되지 않는다. 파이썬 인터프리터를 재시작하지 않고 프로그램 의 변경된 내용을 반영하면서 반복 실행이 필요한 경우에는 이 점이 문제가 된다. 그래서 Spyder에서는 UMD를 이용해 프로그램의 변경 내용이 매번 반드시 반영되도록 할 수 있다. UMD 기능은 Spyder 설정에서 비활성화할 수도 있다.

3.3 정리

이번 장에서는 파이썬의 대화형 실행 환경으로 과학 기술 컴퓨팅 분야에서 사실상 표준 으로 여겨지는 IPython을 다뤘다. IPython의 기능은 IPython 셸, Jupyter QtConsole, Jupyter Notebook에서 사용할 수 있다. 매직 커맨드 등의 확장 기능 외에도 IPython에서 사용할 수 있는 디버깅, 프로파일링의 방법을 설명했다. 파이썬 본체에는 없는 기능을 확 장하여 CUI 기반이지만 다양한 작업을 간단하게 할 수 있다. 익숙해지면 프로그래밍 작 업을 효율적으로 할 수 있을 것이다.

이 장의 후반부에서는 통합 개발 환경인 Spyder를 대략적으로 살펴봤다. Spyder는 오픈 소스 프로그램이므로 대부분의 배포 패키지에 포함되어 있다. IPython의 기능을 보완하 고 GUI이기 때문에 직관적 조작을 제공하여 프로그래밍 효율을 더욱 향상시켜준다. 한 번 사용해보기 바란다.

CHAPTER

파이썬의 기초

이번 장에서는 파이썬으로 프로그램을 작성하기 위한 기본적인
규칙을 설명한다.

프로그램에서 다루는 데이터는 파이썬에서 모두 '객체'라 불린다. 객체에는 다양
한 타입이 있어서 이 타입에 따라 표현 방법과 가능한 연산이 정해진다. 이 규칙을
확실히 익혀서 자유자재로 데이터를 조작할 수 있도록 하자. 이 책에서는 특히 초
보자가 헷갈리기 쉬운 참조(카피)에 대한 조작을 자세히 설명한다.

프로그램에서 사용하는 연산자나 제어문 외에도 함수를 작성하는 방법 등을 익히
며 절차적 프로그래밍이라는 프로그래밍 패러다임(사고방식의 구조)의 한 가지를
살펴볼 것이다. 파이썬은 객체지향 언어이기도 한데 이에 대해서는 5장에서 자세
히 다룬다.

그리고 규모가 큰 프로그램을 구성할 수 있도록 모듈이나 패키지를 작성하는 방법,
라이브러리의 기능을 import하는 방법 등도 설명한다.

4.1 작성 스타일

파이썬은 엄격한 작성 스타일 규칙을 갖는 언어다. 언어 스펙상으로도 그렇지만 운영 면에서도 코딩 규약을 두고 팀 내 작성 스타일을 통일하는 것이 일반적이다. 이번 절에서는 스크립트를 작성하는 규칙의 기본을 배우고 **파이썬 코딩 스타일 가이드**로 널리 쓰이는 **PEP 8**에서도 간단히 소개한다.

4.1.1 스크립트를 작성하는 규칙

먼저 스크립트(소스 코드 파일) 작성에 대해 언어 스펙에서 정해진 다음 세 가지와 관련된 규칙을 살펴보자.

- 코딩
- 들여쓰기
- 주석

■ 인코딩

리스트 4.1의 스크립트 파일을 예로 들어 설명하겠다. 리스트 4.1의 ❶은 인코딩 선언문으로 'utf-8'이라 쓰여 있다. 파이썬 3.x에서는 UTF-8이 스크립트 파일의 기본 인코딩으로 사용된다.[1] 따라서 UTF-8을 사용하는 경우에는 이 인코딩 선언문이 따로 필요하지 않다. PEP 8에서는 'UTF-8(파이썬 3.x)을 사용하는 파일에는 인코딩 선언문을 넣을 필요가 없다'라고 밝히고 있다. 단, 파이썬 2.x에서 한글을 사용하려면 인코딩 선언이 반드시 필요하다.

그리고 파일 전체의 인코딩이 일치하지 않으면 한글을 처리할 때 오류가 발생하므로 주의가 필요하다.

---

[1] 파이썬의 표준 인코딩에 대해서는 다음 문서의 '7.2.3 표준 인코딩'(영문) 항목을 참조하기 바란다.
URL https://docs.python.org/3/library/codecs.html#standard-encodings

리스트 4.1 스크립트의 예

```
# -*- coding: utf-8 -*-            ← ❶
"""
이 스크립트에 대한 주석은 여기 작성한다.
"""

import math


def myfun(x, y):
    ''' 직접 작성한 함수 '''
    a = math.cos(3 * (x - 1)) + \    ← ❷
        math.sin(3 * (y - 1))
    return a

# 테스트를 목적으로 정의한 함수를 사용
x, y = 2.0, 5.0
print("myfun(x, y) = %f" % myfun(x, y))
```

■ 들여쓰기

다음 규칙으로 소스 코드의 **들여쓰기**다. 파이썬에서는 들여쓰기가 문법적으로 의미를 갖는다. 리스트 4.2는 들여쓰기를 바르게 적용한 파이썬 코드의 예다.

리스트 4.2 들여쓰기를 포함하는 코드의 예

```
def myfunc(n, b):
    x=n%b
    if x == 0:
        return 1
    else:
        return 0

n = 123456
b=3

myfunc(n, b)
```

들여쓰기는 **공백 문자 4개**를 사용하는 것이 일반적이다. 뒤에 설명할 PEP 8에서는 들여쓰기 폭으로 공백 문자 4개를 사용할 것을 권장하고 있다. 파이썬 2.x에서는 들여쓰기로 탭과 공백 문자를 섞어 쓰는 것이 가능했으나 혼란의 여지가 많아 파이썬 3.x에서 이렇게 섞어 쓰는 것을 금지하게 되었다.

리스트 4.2의 코드에서 들여쓰기를 보고 함수를 정의하는 def문이 6줄로 끝난다는 것과 여기 포함된 if문은 세 번째 줄부터 여섯 번째 줄까지에 해당한다는 것 등을 알 수 있다.

들여쓰기에는 예외도 존재한다. 리스트 4.1의 ❷에서는 \(역슬래시)로 아직 해당 줄이 끝나지 않았음을 표시하고 있다. 이 경우에는 다음 줄의 들여쓰기 레벨은 무시된다.

■ 주석

파이썬에서 주석은 한 줄짜리 주석의 경우 #을 앞에 먼저 쓰고 작성한다. 여러 줄에 걸쳐 작성되는 블록 주석은 """(겹따옴표 3개) 혹은 '''(홑따옴표 3개)로 주석의 내용을 감싼다. 블록 주석은 여러 줄에 걸쳐 작성할 수 있다.

4.1.2 PEP

파이썬에는 PEP[2]라는 참조 문서가 있다. PEP은 파이썬 커뮤니티에 대한 정보 제공 외에도 파이썬의 새로운 기능이나 이에 대한 의사 결정 과정, 개발 환경 등을 제공하기 위한 일련의 문서를 말한다. PEP에는 PEP 편집자가 매긴 번호가 붙어 있다.

이러한 PEP 문서 중 아래의 두 문서는 파이썬 코드 작성법에 대한 문서다.

- PEP 8 'Style Guide for Python Code'
  URL https://pep8-ja.readthedocs.io/ja/latest/
- PEP 257 'Docstring Conventions'
  URL https://www.python.org/dev/peps/pep0257/

PEP 8은 파이썬 코드에 대한 스타일 가이드이고, PEP 257은 닥스트링을 작성하는 관례적인 방법에 대한 문서다. PEP 8은 다양한 경우에 대해 어떤 식으로 코딩을 해야 하는지 자세히 규정하고 있는데, 예를 들어 아래와 같은 사항에 대해서도 규정이 존재한다.

- 코드 레이아웃
- 코드 한 줄의 길이

---

2 PEP의 전반적인 사항에 대해서는 다음 URL의 'PEP 0 – Index of Python Enhancement Proposals'를 참조하기 바란다. URL https://www.python.org/dev/peps/

- 빈 줄을 사용하는 경우
- import문 구성
- 표현식 및 명령문의 공백 문자 삽입
- 각종 명령에 대한 규칙
- 프로그래밍을 할 때 권장 사항

여기서 소개한 것은 극히 일부분에 지나지 않지만 이것만 봐도 코딩 스타일에 대해 세세하게 가이드라인이 정해져 있음을 알 수 있다. 예를 들어 '모든 줄의 길이는 최대 79문자를 넘지 않도록 하자(닥스트링 및 주석은 72자)'라든가, '함수의 이름은 소문자로만 해야 한다'라는 식이다. 초심자가 한 번에 모든 사항을 알 수는 없겠지만 가능한 한 처음부터 PEP 8을 염두에 두고 코드를 작성하는 것을 추천한다. 또한 3장에서 설명했듯, 통합 개발 환경의 기능이나 정적 코드 분석 도구를 사용하여 자신이 PEP 8을 준수하는 코드를 작성하고 있는지 때때로 확인해보는 것도 좋을 것이다.

그 다음에는 PEP 257에 대하여 알아보자. PEP 257은 코딩 요소 중에서도 닥스트링에만 해당하는 스타일 가이드를 규정하고 있다. 닥스트링의 사용법은 프로젝트마다 달라도 무방하므로 개별 프로젝트의 코딩 규약에서 따로 규정할 수도 있지만, 따로 규정된 사항이 없다면 PEP 257을 따르는 것도 좋을 것이다.

파이썬에서는 '작성자와 상관없이 동일한 코드'라는 말을 중시하는 경향이 있다. 이 때문에 언어의 문법도 비교적 엄격하고 조직이나 프로젝트에서 각자 설정하는 코딩 규약도 잘 준수해야 한다. 자신의 프로젝트에 아직 코딩 규약이 규정되어 있지 않다면 PEP 8을 따르는 것도 좋다.

4.1.3 스크립트의 구성

스크립트 파일을 구성하는 방법에도 몇 가지 주요 유파가 있는데 이들을 소개하도록 하겠다. 스크립트 파일에도 크게 나누어 두 가지가 있다.

- 메인 실행 코드를 포함하는 파일(메인 실행 파일)
- 다른 파일에서 읽어들여 사용하는 파일(모듈)

이 중 전자는 프로그램의 메인 실행 파일이나 작은 스크립트 등 앞서 설명한 스크립트 모드로 실행할 수 있는 것들을 말한다. IPython에서 다음과 같이 스크립트를 지정하여 실행하는 방법을 이미 설명한 바 있다.

```
In [1]: %run rocket.py
```

이런 유형의 파일(소스 코드)는 대체로 그림 4.1과 같은 구성으로 작성한다. 파일 맨 앞에 인코딩 지정문 그리고 이 파일에 대한 닥스트링(4.9절 참조) 다시 말해 도움말이나 메모 등을 주석 형태로 적는다.[3] 그 다음 이 파일 안에서 사용할 파이썬 표준 라이브러리(파이썬에 미리 딸려 나오는 라이브러리)나 서드파티 라이브러리(파이썬 본체와는 별도로 개인이나 단체에서 작성한 라이브러리)에 대한 import(4.10절 참조)문을 작성한다. 그리고 함수 및 클래스 정의를 작성한 후에 이 파일이 메인 실행 파일로 호출되는 경우에만 실행할 코드를 작성한다.

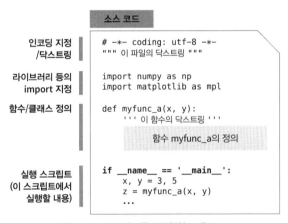

그림 4.1 스크립트를 구성하는 예 1

if __name__ == '__main__': 부분은 '이 파일이 메인 실행 파일로 호출되었을 때만 실행하라'는 의미를 가진 조건 분기문이다.

---

[3] 파이썬 3.x에서는 UTF-8 인코딩 선언을 할 필요가 없다. 여기서는 구성 내용을 보여주기 위해 추가했다.

또 그림 4.1의 파생형에 대해서도 살펴보자. 그림 4.2에서는 if__name__ == '__main__': 뒤에 main() 함수만을 호출하고 있다. 실행하려는 내용 모두를 미리 main() 함수 안에 정의해두고 이 함수만을 호출하여 실행한다.

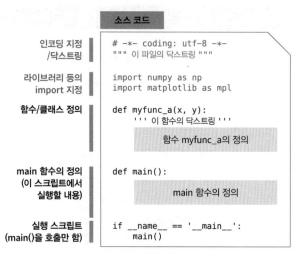

그림 4.2 스크립트를 구성하는 예 2

그림 4.1의 경우와는 달리 이 파일을 다른 파일에서 import한 경우에도 main() 함수를 실행할 수 있다는 이점이 있다. 다만 실행 후에 데이터(값)를 확인할 수 없는 변수도 있으므로[4] 특별한 이유가 없다면 그림 4.2보다는 그림 4.1과 같은 방식을 추천한다.

그 다음으로 그림 4.3과 같이 메인 실행 부분을 명시적으로 두지 않는 방식이 있다. 이 예에는 앞에 나온 그림 4.1이나 4.2에 있던 if __name__ == '__main__': 부분이 없다. 이렇게 구성된 파일을 실행하면 '실행 스크립트' 부분을 포함하여 파일 전체가 실행된다는 점에서는 앞의 두 예제와 마찬가지이지만, 이 파일이 다른 파일에서 import되는 경우에도 '실행 스크립트' 부분이 실행되게 된다. 따라서 다른 파일에서 import될 가능성이 있다면 그림 4.3과 같은 방식은 적합하지 않다.

4　최상위 전역 네임스페이스에 없는 변수는 실행 후에 값을 확인할 수 없다. 따라서 실행 후에 데이터를 확인할 필요가 있는 변수는 main() 안에서 정의해두는 것이 좋다.

그림 4.3 스크립트를 구성하는 예 3

마지막으로 다른 파일에서 import하여 사용하는 것을 전제로 작성하는 경우 그림 4.4와 같이 메인 실행 스크립트에 아무 내용도 적지 않는 방식을 소개하겠다. 이 예에서는 함수 나 클래스에 대한 정의만 작성되어 있을 뿐 메인 실행 스크립트는 아무것도 작성되어 있 지 않다.

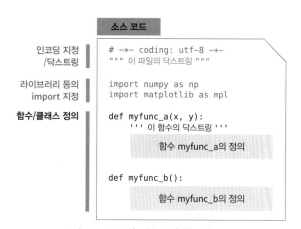

그림 4.4 스크립트를 구성하는 예 4

4.2 객체와 데이터 타입

프로그램은 **데이터**와 **명령**의 집합이라고 할 수 있다. 파이썬으로 프로그램을 구성할 때 데이터나 명령을 어떤 식으로 다루도록 규정하고 있는지에 대한 규칙을 살펴보자.

4.2.1 객체

파이썬에서 모든 것은 **객체(object)**다. 숫자 값, 문자열, 클래스, 클래스 객체와 모듈, 그리고 컴파일된 코드도 객체다.

객체란 데이터와 그 **데이터**에 대해 정의된 **메서드(method)**의 집합이다(그림 4.5). 데이터는 **속성(attribute)**이라고도 부른다. 메서드는 객체의 데이터와 관련하여 정의된 **명령(함수)**을 말한다. 객체와 관련된 함수가 아니라면 이들을 '메서드'라고 하지는 않는다. 부록 B에 정리한 파이썬의 내장 함수 등은 이러한 이유로 '메서드'가 아닌 '함수'의 범주에 들어간다. 이렇듯 파이썬 프로그램에서 사용되는 모든 데이터는 객체 안에 존재하게 된다.

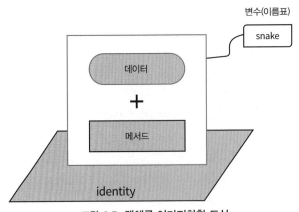

그림 4.5 객체를 이미지화한 도식

객체에는 프로그램 안에서 참조할 수 있도록 이름표를 붙일 수 있다. 이 이름표를 '변수'라고 한다. 다시 말해 변수는 객체에 대한 **참조(reference)**다.[5] 참조란 '데이터를 가리키는

5　해석에 따라서는 변수를 어떤 객체를 넣는 '상자'라고 보는 관점도 있다.

이름이나 주소' 정도의 의미를 갖는데 문맥에 따라서는 '객체'를 단순히 '변수'라고 부르거나, 반대로 '변수'를 '객체' 혹은 '객체명'이라고 부르기도 한다.[6]

또 클래스 정의(나중에 설명함)에 따라 생성되는 객체를 **인스턴스(instance)**라고 부른다. 따라서 인스턴스의 이름은 변수지만, 이를 인스턴스라 부를 것인지 변수라 부를 것인지는 문맥에 따라 달라진다. 예를 들어 'a = 1.2'라는 코드를 실행하면 부동 소수 타입 객체가 생성되어 변수 a에 할당된다. 이때 a를 '변수'라고는 부르지만 **인스턴스명**이라고 하지는 않는다. 이는 부동 소수 타입 또한 클래스라는 것을 크게 의식하지 않기 때문이다. 이와 달리, myClass가 클래스 정의라 할 때 'a = myClass(1.2)'와 같은 코드에서 생성되는 객체는 인스턴스라고 부르며 a는 '인스턴스명'이 된다. 단, 모든 경우에 이런 구분이 엄밀하게 나뉘지는 않는다.

그리고 모든 객체는 **identity**를 갖고 있다. identity란 해당 객체의 실체가 있는 위치를 가리키는 메모리상의 주소 같은 것이다. 실제로 CPython 구현에서는 메모리 주소가 리턴된다. identity는 객체가 생성될 때 결정되며 이후 변경되지 않는다.

4.2.2 식별자

어떤 대상을 프로그램 안에서 사용하려면 이름이 있어야 한다. 이 이름으로 사용되는 문자열을 **식별자(identifier)**라고 한다. 식별자에는 변수나 키워드, 대화형 셸에서 바로 직전 결과를 나타내는 _(언더스코어) 등이 있다.

식별자로 사용할 수 있는 문자는 알파벳 대소문자, 숫자, 언더스코어 외에도 파이썬 3.x에서는 한글을 포함하여 ASCII 외의 문자[7]를 사용할 수 있다. 단, 식별자의 맨 첫글자에는 숫자가 올 수 없다. 그리고 식별자의 길이는 특별히 제한을 두지 않지만 대소문자는 구분한다.

---

6 이 책에서는 기본적으로 '변수'라고 통일하고 있으나 문맥에 따라서 여기서 설명하듯 다른 용어를 사용하는 경우도 있다.

7 ASCII 외의 문자는 식별자에서 사용되는 경우가 극히 드물다. 이들을 식별자로 사용하려면 PEP 3131을 참조하기 바란다.

아래 정리한 식별자는 파이썬의 키워드다. 이들은 주로 if나 while 등 제어 구조의 문법에 사용되거나, 함수나 클래스를 정의할 때(**def**, **class**) 특별한 의미를 갖는 값(True, False, None) 등을 나타낼 때 사용한다.

```
False/class/finally/is/return/None/continue/for/lambda/try/True/def/from/
nonlocal/while/and/del/global/not/with/as/elif/if/or/yield/assert/else/import/
pass/break/except/in/raise
```

column
예약어에 속하는 식별자

식별자 중에는 특별한 의미를 갖는 것이 있다. 앞에서 설명했듯 _(언더스코어)는 IPython에서 바로 직전에 실행한 명령의 결과를 가리킨다. 그 외에도 __(언더스코어 2개)로 시작하는 식별자는 특수한 취급을 받는다. 아래의 세 가지 형태를 갖는 식별자는(*는 와일드카드를 의미) 사용에 주의해야 한다.

- _*

  모듈(파일) 안에서 _로 시작하는 식별자(변수, 함수)를 정의하면 다른 파일에서 접근할 수 없게 된다 (import에 대한 자세한 내용은 4.10절 참조).

- __*__

  식별자의 앞뒤로 __가 붙어 있는 식별자는 시스템에서 정의한 이름이다. 인터프리터와 표준 라이브러리 구현에서 정의되어 있다. 다시 말해 언어 수준에서 준비된 기능을 구현하기 위해 사용되는 이름이다. 이들 식별자의 의미를 이해하지 못한 채 사용하면 프로그램을 망가뜨리는 원인이 된다. 주의가 필요하다.

- __*

  클래스 안에서 외부로 노출되지 않는 식별자로 인식된다. 클래스를 상속할 때 상위 클래스와 하위 클래스 사이에 변수의 충돌을 방지하기 위해 '_클래스명'을 식별자 앞에 붙이는 처리가 내부적으로 이뤄진다.

그리고 IPython에서는 _로 시작하는 표현식에는 표 3.4에서 보듯 특별한 의미가 있다.

위와 같이 _로 시작하는 식별자에는 이미 용도가 정해진 것들이 있으므로 이들의 의미를 잘 이해하고 있지 않다면 주의해서 사용하도록 하자.

4.2.3 내장 데이터 타입 — 주요 데이터 타입의 목록

파이썬의 내장 데이터 타입(built-in types) 중에서 많이 사용되는 것을 표 4.1에 정리했다. 이 책에서는 중요한 데이터 타입에 대해서만 다룬다. 데이터 타입에 대한 자세한 내용은 파이썬의 공식 참조 문서를 보기 바란다.

표 4.1 주요 내장 데이터 타입

데이터 타입	설명
정수(int)	정수 값을 저장하는 데이터 타입. 파이썬 2.x에서는 정수에 두 가지 데이터 타입 (int, long)이 있었으나, 파이썬 3.x에는 int만 있다.
부동 소수(float)	배정도(double-precision) 부동 소수 타입. sys.float_info에서 자세한 정보를 확인할 수 있다.
복소수(complex)	각각 배정도 부동 소수 타입인 실수부와 허수부를 갖는 복소수
부울(Boolean)	True 혹은 False만을 값으로 갖는 부울(4.7절 참조)
문자열(string)	불변형인 문자열
리스트(list)	가변형이며, 임의의 데이터 타입을 갖는 요소를 가질 수 있고 요소 간의 순서가 있는 데이터 집합
튜플(tuple)	불변형이며, 임의의 데이터 타입을 갖는 요소를 가질 수 있고 요소 간의 순서가 있는 데이터 집합
바이트(bytes)	불변형이며, 일련의 바이트를 나타내는 데이터 타입
바이트 배열(bytearray)	가변형이며, 일련의 바이트를 나타내는 데이터 타입
집합(sets)	가변형이며, 요소 간의 순서가 없는 데이터의 모임. 불변형인 집합은 동결집합(frozen set)이라고 한다.
딕셔너리(dict)	요소 간의 순서가 없는 키(key)-값(value) 쌍의 모임

표 4.1에서 보듯 내장 데이터 타입 중에는 값을 바꿀 수 있는 것(가변형)과 바꿀 수 없는 것(불변형)이 있다. 이들에 대해서는 이 장의 칼럼 '불변형이란 무엇인가?'를 참조하기 바란다.

또 여러 데이터를 저장할 수 있는 문자열 타입이나, 리스트, 튜플, 바이트, 바이트 배열, 집합, 딕셔너리 타입을 모두 묶어 **컨테이너 타입**이라고 부른다. 그리고 이 컨테이너 타입 중에는 요소 간의 순서가 있어 인덱스(데이터의 순서를 나타내는 값)로 해당 요소에 접근할 수 있는 것이 있는데 이들을 **연속열 타입** 혹은 **시퀀스 타입**이라고 부른다.

column

불변형이란 무엇인가? — 파이썬의 구현은 메모리를 어떻게 사용할까?

내장 데이터 타입 중에는 그 값을 바꿀 수 있는 **가변형**(mutable)과 값을 바꿀 수 없는 **불변형**(immutable)이 있다.

예를 들어, 숫자 데이터 타입(int, float, complex)은 불변형이다. 숫자를 나타내는 변수는 분명히 값을 바꿀 수 있을 텐데 불변형이라는 건 무슨 뜻일까? 다음 예를 보면 명확히 이해할 수 있다.

```
In  [2]: a = 1.2
In  [3]: id(a)
Out [3]: 143187088
In  [4]: a = 2.3
In  [5]: id(a)
Out [5]: 143187184
```

이 예를 보면 a라는 변수에 먼저 부동 소수 타입 값 1.2를 할당하여 부동 소수 타입 객체를 생성한다. 그 다음 id() 함수로 객체 a의 identity를 확인한다. 이 책에서는 예제를 실행하는데 CPython을 사용하고 있으므로 이 값은 객체 a가 저장된 메모리 주소에 해당한다. 그 외의 파이썬 구현, 이를테면 Jython에서는 버전 2.5.2부터는 'identity는 메모리 주소다'라고 규정되어 있다.[a]

여기서는 a의 메모리 주소로 143187088이라는 값이 출력되었다. 숫자 값이 불변형이라는 것은 안의 값을 바꾸면 이 identity 값 역시 반드시 바뀐다는 것을 의미한다. 다시 말해, 메모리 위치를 바꾸지 않고는 데이터 내용을 바꿀 수 없다는 의미이다.

그러나 같은 변수를 사용하여 스칼라 값을 재정의하는 것은 가능하므로 스칼라 값이 불변형이라는 것을 대개의 경우는 의식하지 않아도 된다.

위의 예에서 보듯 할당문 'a = 2.3'으로 새로운 float 데이터 타입의 변수 a가 생성되고, 이 변수는 이전에 가리키던 주소와 다른 주소를 가리키고 있다. 이것을 a = 2.3을 실행하고 난 뒤의 identity 값 (id(a)의 리턴값)으로 확인할 수 있다.

여기서 설명한 내용은 처음에는 잘못 이해하기 쉽다. 파이썬 입문서에서는 가변형과 불변형의 차이에 대해서 그리 깊게 다루지 않지만, 과학 기술 컴퓨팅을 위해 파이썬을 사용하려는 경우에는 파이썬 구현이 실제로 어떻게 메모리를 사용하고 있는지 이해할 필요가 있다.

a   Jython 공식 문서 참조. URL http://www.jython.org/docs/reference/datamodel.html

■ 숫자 데이터 타입

매우 자주 사용되는 숫자 데이터 타입에는 조금 전에 본 것처럼 **정수 타입**(int)과 **부동 소수 타입**(float), **복소수 타입**(complex)이라는 세 가지 데이터 타입이 있다.

정수 타입(int)은 값의 범위에 기본적으로 제한이 없지만, 현실적으로는 메모리 크기의 제한을 받으며 최대 크기는 **sys.maxsize**(32비트/64비트 운영체제에 따라 달라진다)로 확인할 수 있다.[8]

부동 소수 타입(float)는 **배정도(double-precision)** 부동 소수 타입이다. 파이썬은 **단정도 (single-precision)** 부동 소수 타입을 지원하지 않는다. 메모리 사용량을 줄이는 것보다는 비슷한 데이터 타입을 2개 두는 데서 오는 불필요한 혼란을 없애기 위해서다. 그러나 이 점 (메모리 사용량)에 대해서도 걱정할 필요가 없는 것이 메모리 사용량까지 고려해야 할 프로그램이라면 7장에서 설명하게 될 NumPy를 사용해야 하며, NumPy를 사용한다면 이미 단정도 부동 소수 타입을 포함한 다양한 정수형 데이터 타입이 준비돼 있기 때문이다.

복소수 타입(complex)은 배정도 부동 소수 타입 2개를 묶어 복소수를 나타내는 데이터 타입이다. 변수 a를 복소수 타입 변수라고 할 때 아래의 예에서 보듯 실수부와 허수부를 각각 **a.real**, **a.imag**로 참조할 수 있다.

```
In [6]: a = 1.2+3.4j            # 복소수 타입 객체 a를 생성
In [7]: a.real                  # 복소수 타입 객체 a의 실수부를 참조
Out[7]: 1.2
In [8]: a.imag                  # 복소수 타입 객체 a의 허수부를 참조
Out[8]: 3.4
```

■ 문자열 데이터 타입

문자열 데이터 타입(string)은 시퀀스 타입의 일종이다. 앞서 밝혔다시피, 시퀀스 타입이란 순서를 갖는 유한 개 요소의 집합으로 인덱스를 사용하여 각각의 요소에 접근할 수 있다. 또한 문자열 데이터 타입은 불변형이다.

문자열은 아래에서 보듯 '(홑따옴표)로 감싸는 방법으로 정의한다. 문자열 타입은 불변형이므로 아래와 같이 문자열 데이터 타입 변수의 일부를 변경하려고 하면 오류를 일으킨다.

```
In [9]: mystr = 'GPS is used often.'
In [10]: mystr[1] = "I"          # 오류가 발생한다.
```

---

8   파이썬 2.x에서는 long 데이터 타입이 따로 있어 이것이 여기서 설명한 정수 타입(int)에 해당한다.

■ 리스트

리스트(list)는 인덱스를 사용하여 각각의 요소에 접근할 수 있는 시퀀스 타입의 일종이다. [ ](대괄호) 안에 ,(콤마)로 구분된 숫자, 문자열, 표현식 등을 열거하는 방법으로 만들 수 있다. 리스트의 요소에 대해 특별히 데이터 타입의 제한은 없으며 표현식을 포함하여 어떤 데이터 타입의 객체도 수용할 수 있다.

아래의 예처럼 리스트의 데이터로 다시 리스트를 포함시키는, 다시 말해 리스트를 중첩(겹치는)시킬 수도 있다.[9] 이때 역시 데이터 타입에 대해 특별한 제한은 없다. 리스트는 가변형이므로 최초 정의한 후에 데이터의 일부를 바꿀 수도 있다. 아래의 예를 보자.

```
In [11]: my_list = [4, 6, "pencil", 3.2+4.5j, [3,4]]
In [12]: my_list[2] = "ball" # my_list의 세 번째 요소인 문자열을 변경
In [13]: print(my_list)       # my_list의 내용을 print 함수로 출력
[4, 6, 'ball', (3.2+4.5j), [3, 4]]
```

이 예제에서는 최초 정의한 my_list의 요소 중 세 번째 요소의 값을 문자열 'ball'로 바꾸고 있다. my_list[2] = "ball"과 같은 표현식을 실행할 수 있는 것을 보면 리스트가 가변형임을 확인할 수 있다.

■ 튜플

튜플(tuple)은 리스트와 매우 비슷하지만 불변형이라는 것이 다르다. 생성할 때도 [ ]가 아니라 ( )를 사용한다.

아래의 예 ❶에서 my_tup이라는 이름으로 튜플을 생성한 뒤, ❷에서 my_tup의 세 번째 요소의 값에 대한 변경을 시도하지만 튜플이 불변형이므로 오류가 발생하는 것을 볼 수 있다.

```
In [14]: my_tup = (4, 6, "pencil", 3.2+4.5j, [3,4]) # ❶
In [15]: my_tup[2] = "ball" # ❷ 오류가 발생한다.
Traceback (most recent call last):
File "<stdin>", line 1, in <module>
TypeError: 'tuple' object does not support item assignment
```

9　이렇게 중첩된 리스트를 다중 리스트라고 부르며 NumPy(7장 참조)를 사용한 배열의 정의 등에 사용한다.

■ 바이트 및 바이트 배열

바이트(byte) 및 **바이트 배열(bytearray)**은 문자열 등을 문자로서 해석하지 않고 단순한 바이트 데이터로 저장하려는 용도 등으로 사용한다. 바이트와 바이트 배열은 생성 방법이 서로 다르다. 생성 방법 외에는 바이트가 불변형이고 바이트 배열이 가변형이라는 점 정도가 다르고 그 외에는 거의 비슷하다.[10] 바이트 배열이 유용한 경우는 데이터가 자주 변경되는 버퍼로 사용되는 경우를 들 수 있다. 불변형인 '바이트'를 이런 용도로 사용하면 값을 변경하려고 할 때마다 객체를 새로 만드는 처리가 발생하고, 여기서 비교적 큰 비용(시간)을 소모하기 때문에 고속 처리에는 적합치 않다.

이제 바이트와 바이트 배열을 생성하는 예를 살펴보자. 아래의 예를 보면 변수 a, b, c에 모두 같은 내용을 가진 바이트를 생성한 다음, d, e, f에도 같은 내용을 가진 바이트 배열을 생성하고 있다.

```
# 바이트(byte) 객체를 생성하는 예
# a, b, c 에 완전히 같은 바이트를 만든다.
a = b'abcd'
b = bytes([97, 98, 99, 100])
c = 'abcd'.encode()

# 바이트 배열(bytearray) 객체를 생성하는 예
# d, e, f에 완전히 같은 바이트 배열을 만든다.
d = bytearray('abcd', 'utf-8')
e = bytearray(b'abcd')
f = bytearray([97, 98, 99, 100])
```

■ 딕셔너리

이번에 살펴볼 데이터 타입은 **딕셔너리(dict)**다. 내장 데이터 타입 중에서는 유일하게 **매핑(mapping)**이라 불리는 유형에 속하는 데이터 타입이다. 딕셔너리 타입은 키(key)와 값(value)의 쌍의 집합으로 요소 간의 순서를 갖지 않는다.

아래의 예에서는 이름과 나이의 대응을 딕셔너리 타입 객체 my_dict에 저장한 뒤, 이름을 키로 삼아 나이를 검색하는 과정을 보여준다. 딕셔너리의 조작에 대해서는 4.4절에서 좀 더 자세히 설명할 것이다.

---

10 당연히 이러한 차이로 인해 사용할 수 있는 메서드에도 일부 차이가 있다.

```
In [16]: my_dic = {'kenji': 41, 'koji': 14, 'yasuko': 37, 'nobu': 40}
In [17]: my_dic['kenji']  # 딕셔너리 my_dic에서 kenji의 나이를 찾는다.
Out[17]: 41               # 결과를 출력
```

■ 집합

집합 데이터 타입(set)은 요소 간의 순서를 갖지 않는 데이터의 모임이다. 기본적으로 가변형이지만 불변형 버전인 **동결집합(frozen set)**이라는 데이터 타입도 존재한다. 이들의 차이점은 가변형이냐 불변형이냐의 차이일 뿐 나머지는 동일하다.[11]

그럼, 집합 타입의 데이터를 생성하는 예를 한번 살펴보자.

```
In [18]: a_set = {1, 2, 3}                    # ❶ 집합을 생성
In [19]: b_list = ['a', 2, True, 3+2j, 2]     # ❷ 리스트를 생성
In [20]: b_set = set(b_list)                  # ❸ b_list로부터 집합을 생성
In [21]: print(b_set)                         # b_set의 내용을 확인
{'a', True, 2, (3+2j)}
In [22]: c_set = set()                        # ❹ 빈 집합을 생성
In [23]: c_set.add(3)                         # ❺ 집합에 데이터를 추가
In [24]: print(c_set)                         # c_set의 내용을 확인
{3}
```

이 예에서 보듯 집합을 생성하려면 데이터를 { }(중괄호)로 감싸는 방법으로 지정한다(❶). ❷나 ❸에서처럼 리스트를 생성한 다음 함수 **set**을 이용하여 집합으로 변환하는 방법도 가능하다. 또, ❹나 ❺처럼 빈 집합을 먼저 생성한 뒤에 **add** 메서드로 집합에 데이터를 추가하는 방법도 있다.

동결집합은 다음과 같은 방법으로 생성한다. 불변형이라는 것을 제외하면 집합과 다르지 않다.

```
In [25]: fs = frozenset(['d',7, 5.6j])
```

---

[11] 당연히 이러한 차이로 인해 사용할 수 있는 메서드에도 일부 차이가 있다(4.4절 참조).

4.2.4 리터럴

리터럴(literal)이란 코드 안에서 숫자나 문자열 등의 값에 대한 데이터 표기(상수값에 대한 표기)다. 단일 데이터를 나타내는 리터럴 외에도 여러 개의 데이터를 저장하는 컨테이너 타입에 대한 리터럴도 있다.

프로그래밍의 기본인 이들 리터럴의 표기 방법을 바르게 이해하고 자신이 의도한 대로 데이터(값)를 프로그램에 설정할 수 있도록 하자.

■ 문자열 리터럴

문자열 리터럴을 작성하는 방법을 구체적으로 살펴보자. 아래의 예는 모두 문자열 변수 mystr에 유효한 문자열 리터럴을 할당하는 예다.

```
In [26]: mystr = '이것이 문자열 리터럴입니다'  # '(홑따옴표)로 감싸는 방법
In [27]: mystr = "이것도 문자열 리터럴입니다"  # "(겹따옴표)로 감싸는 방법
In [28]: mystr = '''이런 방법으로
    ...: 작성할 수도
    ...: 있습니다 '''  # '''(홑따옴표 3개)로 감싸는 방법
```

위의 예에서 보듯 문자열 리터럴이란 프로그램 안에서 문자열의 상수를 나타낸 것이다. '(홑따옴표), "(겹따옴표)로 감싸거나 '''(홑따옴표 3개) 혹은 """(겹따옴표 3개)로 감싸는 방법을 기본으로 한다. '''나 """를 사용한 경우에는 여러 줄에 걸친 문자열을 작성할 수 있다. 이외에도 문자열 리터럴을 작성하는 규칙에는 아래와 같은 것이 있다.

- '를 포함하는 문자열은 "로 감싸서 작성한다.
- + 연산자로 결합시킬 수 있다.
- 인접한 문자열 리터럴은 + 연산자 없이도 결합된다.
- 파이썬 3.x에서는 자동적으로 유니코드 문자열로 취급된다.
- 파이썬 3.x에서 리터럴 앞에 접두사 b를 붙이면 바이트 리터럴로 취급된다.
- 파이썬 2.x에서 리터럴 앞에 접두사 u를 붙이면 유니코드 문자열로 취급되며, 그 외의 경우는 바이트 리터럴로 취급된다.
- 이스케이프 시퀀스를 사용할 수 있다. (다음 항 참조)
- 맨 처음 따옴표 앞에 r을 붙이면 이스케이프 시퀀스가 무효가 된다.

■ 문자열에서 사용되는 이스케이프 시퀀스

문자열에는 해당 문자 그대로가 아니라 특별한 다른 의미로 해석되는 문자가 있는데, 이들을 **이스케이프 시퀀스(escape sequence)**라고 한다. 자주 사용되는 이스케이프 시퀀스를 표 4.2에 정리했다. 이스케이프 시퀀스는(백슬래시) 문자로 시작한다.

표 4.2 주요 이스케이프 시퀀스

이스케이프 시퀀스	의미
\\<개행문자>	\\(백슬래시)와 개행문자가 무시된다
\\\\	\\(백슬래시)
\\'	'(홑따옴표)
\\"	"(겹따옴표)
\\a	BEL (ASCII 터미널 벨)
\\b	BS (ASCII 백스페이스)
\\f	FF (ASCII 폼 피드)
\\n	LF (ASCII 라인 피드)
\\r	CR (ASCII 캐리지 리턴)
\\t	TAB (ASCII 수평 탭)
\\v	VT (ASCII 수직 탭)
\\0oo	8진수 값 oo를 갖는 문자(맨 앞에 \\와 0을 붙임)
\\xhh	16진수 값 hh를 갖는 문자(맨 앞에 \\와 x를 붙임)

이스케이프 시퀀스는 앞에 \\를 하나 더 붙이는 방법으로 회피할 수 있다. 예를 들어 \\\\n 은 개행문자로 해석되는 대신 '\\n'이라는 문자로 간주된다. 아래의 예는 '\\<개행문자>'를 사용한 예다.

```
In [29]: mystr = "Python is \
    ...: easy to learn."
```

위와 같이 하면 '\\<개행문자>' 부분이 무시되므로 아래의 코드와 같은 의미가 된다.

```
In [30]: mystr = "Python is easy to learn."
```

또, 아래 예에는 여러 가지 이스케이프 시퀀스가 사용된 것을 볼 수 있다.

```
In [31]: mystr = "\'줄바꿈은 \\n으로 나타낸다\'"
```

이 예에서는 mystr에 '줄바꿈은 \n으로 나타낸다'라는 문자열이 할당된다. 굳이 따로 예를 들지는 않겠지만 다른 이스케이프 시퀀스에 대해서도 표 4.2를 참조하여 실제로 사용해 보기 바란다.

지금까지 문자열 리터럴에 이스케이프 시퀀스를 어떤 경우에 사용하는지를 살펴봤다. 그러나 이스케이프 시퀀스를 단순 문자열로 간주하도록 접두사 r을 붙이는 방법을 소개하겠다. 아래의 예는 mystr에 문자열 '줄바꿈은 \n이다'를 대입하는 예다.

```
In [32]: mystr = r"줄바꿈은 \n이다"
```

이런 문자열을 **raw 문자열**이라고 한다. raw 문자열에도 따옴표(' 혹은 ")는 \로 이스케이프하는 것이 가능하지만 아래 예에서 보듯 \ 자체는 문자열에 남는다.

```
In [33]: mystr = r'따옴표 \'를 사용한다'
In [34]: print(mystr)
따옴표 \'를 사용한다 # print 문의 결과 (백슬래시가 남아 있음)
```

문자열안에 따옴표(' 혹은 ")가 복잡하게 들어가는 경우에는 따옴표 3개를 사용하면 좋다.

```
In [35]: mystr = r'''따옴표([']나 ["])가 사용되는 예'''
In [36]: print(mystr)
따옴표 ([']나 ["])가 사용되는 예 # print문의 결과
```

■ 숫자 리터럴

이번에는 **숫자 리터럴**을 설명하겠다. 정수 리터럴의 표기법은 그리 어렵지 않다. 가장 단순하면서 많이 사용되는 방법은 그냥 10진수 숫자처럼(0, -32, 3295.47 등) 작성하는 방법이다. 그 밖의 표기법에 대해 중요한 점을 아래에 정리했다.

- 접두사 0b/0o/0x를 붙이면 각각 2진수, 8진수, 16진수로 간주된다.
- 소수점이 있는 리터럴은 항상 10진수로 해석된다.

- '.01'은 '0.01'과 같다.
- '5e2'는 지수 표기법을 사용한 예로 '5×10^2'와 같다.
- 허수에 대한 리터럴은 알파벳 j 또는 J를 사용한다. (예 1.2+3.2j)

■ 컨테이너 타입의 리터럴

마지막으로 **컨테이너 타입**에 대한 리터럴의 예를 표 4.3에 실었다. 앞서 설명한 바와 같이 컨테이너 타입은 리스트나 집합처럼 여러 개의 데이터를 가질 수 있는 데이터 타입에 대한 총칭이다. 기본적으로 이들에 대한 리터럴은 숫자와 문자열(혹은 바이트)의 리터럴을 조합한 것이다. 각각의 내장 데이터 타입을 생성할 때와 같은 규칙(이를테면, 튜플을 생성할 때는 ()를 사용)을 따라 컨테이너 타입의 리터럴을 작성한다.

표 4.3 **컨테이너 타입의 리터럴**

내장 데이터 타입	리터럴 예제
바이트	b'abcdef'
리스트	[1, 2, 'three']
튜플	(1, 2, 'big')
집합	{1, 2, 3}
딕셔너리	{1:3.2j, 2:2+4j, 3:9}

4.3 시퀀스 타입 조작하기

문자열이나 리스트, 튜플처럼 요소 간의 순서가 있는 데이터의 모임을 나타내는 데이터 타입을 **시퀀스 타입**이라고 한다. 시퀀스 타입의 특정 데이터를 지정하는 것을 **인덱싱**, 부분집합 데이터를 골라내는 것을 **슬라이싱**이라고 한다. 인덱싱이나 슬라이싱을 통해 일부 데이터를 꺼내거나 변경할 수 있다. 또 시퀀스 타입 변수의 데이터를 변경하는 방법에는 메서드를 사용하는 방법도 있다. 이번 절에서는 자유자재로 시퀀스 타입을 조작할 수 있는 방법에 대해 알아볼 것이다.

그리고 NumPy(7장)의 ndarray로도 인덱싱이나 슬라이싱을 사용할 수 있지만, 부분적으로 차이가 있으므로 이 절의 내용은 파이썬의 내장 데이터 타입에만 적용되는 것으로 보기 바란다.

4.3.1 인덱싱

문자열이나 리스트, 튜플 같은 연속열 형의 특정한 데이터를 지정하는 것을 **인덱싱** **(indexing)**이라고 한다. 여기서는 리스트를 예로 들어 인덱싱 방법을 살펴볼 것이다.

먼저, 리스트의 각 요소에 인덱스를 사용하여 접근(**인덱스 참조**)하는 방법이 있다. 리스트에 담긴 데이터는 첫 번째 요소부터 순서대로 인덱스가 매겨져 있다. 인덱스는 0부터 시작한다. 아래 예는 '정수'와 '문자열', '정수의 리스트'를 요소로 갖는 리스트를 정의한 것이다.

```
w In [37]: mylist = [1, 10, 'name', [3, 4]]
```

앞서 설명한 바와 같이 리스트는 [ ](대괄호)로 감싸는 형태로 작성한다. 또 각 데이터는 반드시 ,(콤마)로 구분해야 한다. [ ]와 0부터 시작하는 숫자로된 인덱스를 사용하여 리스트의 첫 번째 요소를 꺼내려면 mylist[0]과 같이 하면 된다. 또, 인덱스의 사용법 중에는 음의 정수로 된 인덱스를 사용하는 것이 있다. 예를 들어 mylist[-1]은 리스트의 마지막 요소를, mylist[-2]는 끝에서 두 번째 요소에 접근하게 된다.

지금까지의 내용을 실제로 프로그램에서 확인해보면 아래와 같은 결과를 얻을 수 있다. 리스트의 요소에 접근하여 얻은 값을 print문으로 출력하여 확인한다.

```
In [38]: print(mylist[0])
1
In [39]: print(mylist[1])
10
In [40]: print(mylist[-1])
[3, 4]
In [41]: print(mylist[3][0])
3
In [42]: print(mylist[-2])
name
```

4.3.2 슬라이싱

시퀀스 타입에서 데이터의 부분집합을 꺼내는 것을 **슬라이싱(slicing)**이라고 한다. 여기서도 리스트를 예로 들어 슬라이싱을 하는 예를 살펴보기로 하자. 먼저 아래와 같이 리스트를 정의한다.

```
In [43]: a = [0,1, 2, 3, 4, 5]
```

변수 a에 할당된 리스트에 대해 $x \leq n < y$를 만족하는 인덱스 'n'에 해당하는 데이터를 잘라내려면 a[x:y]와 같이 하면 된다. 이것이 기본적인 슬라이싱이다. 이번에는 아래와 같은 응용 예를 살펴보자. 각 줄의 의미는 옆에 달린 주석을 보면 된다.

```
In [44]: a[0:3]       # '0 <= index < 3'인 데이터를 꺼낸다.
Out[44]: [0, 1, 2]
In [45]: a[2:-1]      # '2 <= index < 마지막'인 데이터를 꺼낸다.
Out[45]: [2, 3, 4]
In [46]: a[-3:-1]  # '끝에서부터 세 번째 <= index < 마지막'인 데이터를 꺼낸다.
Out[46]: [3, 4]
In [47]: a[-2:-4]     # '끝에서부터 두 번째 <= index < 끝에서부터 네 번째'인 데이터를 꺼낸다.
Out[47]: []           # 빈 리스트(해당하는 데이터 없음)
In [48]: a[:-3]       # 'index < 끝에서부터 세 번째'인 데이터를 꺼낸다.
Out[48]: [0, 1, 2]
In [49]: a[2:]        # '2 <= index'인 데이터를 꺼낸다.
Out[49]: [2, 3, 4, 5]
In [50]: a[0:3:2]     # '0 <= index < 3'인 데이터를 하나씩 건너뛰며 꺼낸다.
Out[50]: [0, 2]
In [51]: a[1::2]      # '1 <= index'인 데이터를 하나씩 건너뛰며 꺼낸다.
Out[51]: [1, 3, 5]
```

그리고 중첩된 리스트(리스트 안에 리스트가 들어 있는 형태)로 행렬을 나타내고, 이 행렬에서 부분행렬을 꺼내는 것은 까다롭다. 아래의 예에서는 A[1][1]로 중첩 리스트에서 특정한 요소를 꺼내는 것을 볼 수 있지만, A[1:3][1:3]과 같이 [[5, 6], [8, 9]]를 부분행렬로 꺼내보려고 했지만 기대했던 결과가 나오지 않았다(그림 4.6).

```
In [52]: A = [[1, 2, 3], [4, 5, 6], [7, 8, 9]]
In [53]: A[1][1]
Out[53]: 5
In [54]: A[1:3][1:3]  # [[5, 6], [8, 9]]를 꺼내려 했으나 다른 결과가 나왔다.
Out[54]: [[7, 8, 9]]
```

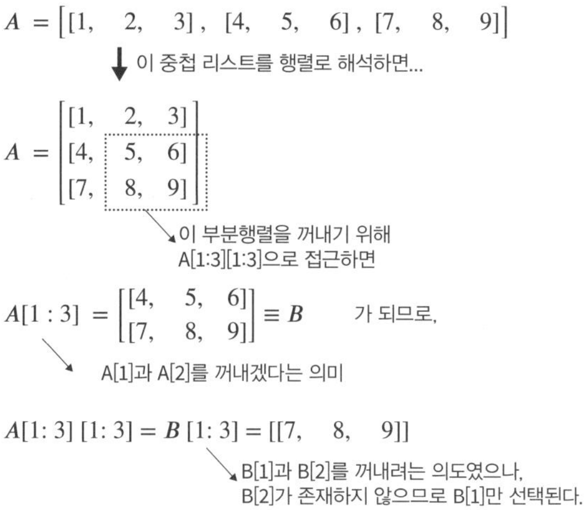

$$A = \begin{bmatrix} [1, & 2, & 3], & [4, & 5, & 6], & [7, & 8, & 9] \end{bmatrix}$$

↓ 이 중첩 리스트를 행렬로 해석하면...

$$A = \begin{bmatrix} [1, & 2, & 3] \\ [4, & 5, & 6] \\ [7, & 8, & 9] \end{bmatrix}$$

이 부분행렬을 꺼내기 위해
A[1:3][1:3]으로 접근하면

$$A[1:3] = \begin{bmatrix} [4, & 5, & 6] \\ [7, & 8, & 9] \end{bmatrix} \equiv B \qquad \text{가 되므로,}$$

A[1]과 A[2]를 꺼내겠다는 의미

$$A[1:3][1:3] = B[1:3] = [[7, \quad 8, \quad 9]]$$

B[1]과 B[2]를 꺼내려는 의도였으나,
B[2]가 존재하지 않으므로 B[1]만 선택된다.

그림 4.6 2차원 리스트(중첩 리스트)로부터 요소 꺼내기

부분행렬을 꺼내려는 경우에는 NumPy의 기능을 사용하는 쪽이 편리하다(7장에서 설명).

4.3.3 데이터를 변경하기

시퀀스 타입 중에서 리스트나 바이트 배열은 가변형인 객체이므로 데이터 중 일부의 값을 바꾸거나 데이터를 추가 혹은 삭제할 수 있다. 이번에도 리스트를 예로 들어 이러한 조작을 하는 방법을 확인해보자.

리스트의 일부 데이터를 변경하려면 인덱스나 슬라이스로 데이터를 지정한 다음 여기에 새로운 데이터를 할당한다. 구체적인 예는 아래에서 확인하자.

```
In [55]: a = [0,1, 2, 3, 4, 5]          # 원래 리스트를 정의
In [56]: a[1] = 10
In [57]: a                              # a의 내용을 확인
Out[57]: [0, 10, 2, 3, 4, 5]            # a[1] 이 10으로 바뀌었다.
In [58]: a[2:4] = [200, 300]
In [59]: a                              # a의 내용을 확인
Out[59]: [0, 10, 200, 300, 4, 5]        # a[2] 과 a[3]이 바뀌었다.
```

특정한 데이터를 지정하는 방법만 이해할 수 있으면 그 일부 데이터의 값을 바꾸는 것은 그리 어렵지 않다. 이번에는 데이터를 추가하거나 삭제하는 방법을 알아보겠다. 데이터를

추가하려면 **append** 메서드를 사용하고, 데이터를 삭제하려면 **remove** 메서드를 사용한다. 이들 메서드는 원래부터 리스트 객체에 대한 메서드다. 변수와 메서드 사이에 .(점)을 사용한다. 아래의 예를 살펴보자.

```
In [60]: a = [0, 10, 20, 30, 3]
In [61]: a.append(11); a        # a에 데이터 '11'을 추가한 뒤 a의 내용을 출력
Out[61]: [0, 10, 20, 30, 3, 11] # '11'이 마지막 요소로 추가되었다.
In [62]: a.remove(3); a         # a에서 데이터 '3'을 삭제한 뒤 a의 내용을 출력
Out[62]: [0, 10, 20, 30, 11]    # '3'이 삭제되었다.
```

리스트를 조작하는 메서드는 이외에도 extend, insert, reverse, clear, pop, index, sort, count, copy 등이 있다. 과학 기술 컴퓨팅에서는 append/remove를 포함하여 이들 메서드처럼 시간이 오래 걸리는 처리를 사용할 일이 많지 않으므로 자세한 내용은 생략하지만 필요에 따라 기능을 확인해두자.

4.3.4 리스트 컴프리헨션[12]

반복 가능한 객체(iterable object)를 사용하여 리스트 컴프리헨션을 사용하면 리스트를 효율적으로 만들 수 있는 경우가 있다. 반복 가능한 객체란 파이썬의 내장 데이터 타입 중 리스트나 튜플, 집합처럼 각 요소에 대해 반복을 수행할 수 있는 객체를 말한다.

리스트 컴프리헨션(list comprehension)을 통해 얼마나 효율이 개선될 수 있는지 예제와 함께 살펴보자.

```
In [63]: mylist = []             # 빈 리스트를 만든다.
In [64]: for x in range(5):      # for문을 이용한 반복 수행
    ...: mylist.append(2*x*x)    # (2*x*x) for i=0...4
In [65]: print(mylist)           # 생성된 리스트를 확인한다.
[0, 2, 8, 18, 32]
```

위의 예에서는 range(5)라는 반복 가능한 객체와 for문을 이용해서 x = 0, 1, 2, 3, 4에 대해 각각 2*x*x를 계산한 결과를 요소로 갖는 리스트를 만들었다. 그러나 이 내용은

---

12 옮긴이 컬렉션의 모든 요소를 열거하지 않고 나타내는 축약 표현법

다음과 같이 리스트 컴프리헨션을 이용해서도 가능하다.

```
In [66]: mylist = [2*x*x for x in range(5)] # 리스트 컴프리헨션을 사용
In [67]: print(mylist)
[0, 2, 8, 18, 32]
```

이 예에서는 지면 관계상 5개의 요소를 갖는 리스트를 예로 들었지만 리스트의 크기가 매우 큰 경우에도 리스트 컴프리헨션을 사용했을 때가 간단할 뿐만 아니라 수행 속도도 더 빠르다. 앞에서 설명한 셀 매직 명령어 %%timeit을 사용해 측정해보면 쉽게 확인할 수 있으므로 직접 확인해보기 바란다.

이번에는 리스트 컴프리헨션의 세 가지 응용 예를 살펴보자. 예제 안의 주석과 실행 결과를 함께 보면서 각각의 동작을 잘 이해하자.

```
# zip을 사용해서 두 변수 (x, y)에 대해 (x*x+y)를 반복 계산
In [68]: a = [x*y+y for x, y in zip(range(10), range(10, 30, 2))]
In [69]: print(a)
[10, 24, 42, 64, 90, 120, 154, 192, 234, 280]

# x=range(4), y=range(3)을 이용한 중첩 반복문으로 (2*x+Y)를 반복 계산
In [70]: b = [2*x+y for x in range(4) for y in range(3)]
In [71]: print(b)
[0, 1, 2, 2, 3, 4, 4, 5, 6, 6, 7, 8]

# if문으로 조건을 부여한 리스트 컴프리헨션
In [72]: c = [x for x in range(10) if x%3==0]
In [73]: print(c)
[0, 3, 6, 9]
```

그리고 지금까지 본 리스트 컴프리헨션이나 뒤에 설명할 집합 컴프리헨션, 딕셔너리 컴프리헨션은 파이썬에 추가된 지 비교적 오래지 않은 기능이다.[13] 복잡한 식에 이들 컴프리헨션을 적용하면 가독성을 해칠 수 있으므로 사용에 주의가 필요하다.

---

13 집합 컴프리헨션과 딕셔너리 컴프리헨션은 파이썬 2.7 이후부터 지원한다.

4.4 집합 타입과 딕셔너리 타입의 조작

각 요소에 순서를 갖지 않는 **집합 타입(set)**과 **딕셔너리 타입(dict)**은 인덱스를 사용해서 각 요소에 접근하는 방법을 사용할 수 없으므로 중첩된 집합이나 딕셔너리 변수를 만들 수는 없다. 그러므로 집합 타입과 딕셔너리 타입은 시퀀스 타입과는 다른 방법으로 조작해야 한다. 여기서는 집합 타입과 딕셔너리 타입에 대한 기본적인 조작 방법을 다룬다.

4.4.1 집합 타입의 조작

집합 타입(set)을 조작하는 방법을 구체적인 예와 함께 설명하겠다. 먼저 두 집합의 합집합(union)을 얻는 조작의 예를 보자. 이를 위해 **union**이라는 메서드가 갖춰져 있다. 아래 예는 일부 데이터가 중복되는 두 집합의 합집합을 얻는 과정이다.

```
In [74]: setA = {'a', 'b', 'c', 'd'}  # { }로 집합 setA를 생성
In [75]: setB = {'c', 'd', 'e', 'f'}  # { }로 집합 setB를 생성
In [76]: setA.union(setB)             # setA와 setB의 합집합을 구한다.
Out[76]: {'a', 'b', 'c', 'd', 'e', 'f'}
```

이 예에서 먼저 setA와 setB를 정의한다. 두 집합은 c와 d라는 데이터를 공통으로 갖고 있다. 이 두 집합에 대한 합집합을 구하려면 setA의 union 메서드를, setB를 인자로 호출한다. 위의 예에서 보듯 합집합에는 중복 없이 두 집합의 요소가 모두 포함되어 있다.

마찬가지로 두 집합의 교집합, 차집합, 대칭차집합을 구하는 방법을 살펴보겠다. 아래의 코드에 쓰인 각 메서드의 의미는 옆의 주석을 참조하기 바란다.

```
In [77]: setA = {'a', 'b', 'c', 'd'}
In [78]: setB = {'c', 'd', 'e', 'f'}
In [79]: setA.intersection(setB)  # setA와 setB의 교집합을 구한다.
Out[79]: {'c', 'd'}               # setA & setB처럼 연산자를 사용해도 같은 결과를 얻는다.
In [80]: setA.difference(setB)    # setA와 setB의 차집합을 구한다.
Out[80]: {'a', 'b'}               # setA - setB처럼 연산자를 사용해도 같은 결과를 얻는다.
In [81]: setA.symmetric_difference(setB)  # setA와 setB의 대칭차집합을 구한다.
Out[81]: {'a', 'b', 'e', 'f'}     # setA \^ setB처럼 연산자를 사용해도 같은 결과를 얻는다.
```

동결집합에도 이들 메서드를 사용할 수 있다. 집합 타입과 동결집합 타입 모두에서 사용할 수 있는 메서드 및 함수를 표 4.4에 정리했다.

표 4.4 집합 타입 및 동결집합 타입에서 사용 가능한 메서드와 함수

메서드 혹은 함수	설명
len(a)	a의 요소 수
a.copy()	a의 사본
a.difference(b)	차집합(b에는 없고, a에는 있는 요소를 리턴)
a.intersection(b)	교집합(a와 b에 모두 있는 요소를 리턴)
a.isdisjoint(b)	a와 b가 서로소이면 True를 리턴
a.issubset(b)	a가 b의 부분집합이면 True를 리턴
a.issuperset(b)	b가 a의 부분집합이면 True를 리턴
a.symmetric_difference(b)	대칭차(a나 b 한쪽에는 속하지만 양쪽 모두에 속하지는 않는 요소를 리턴)
a.union(b)	합집합(a나 b 한쪽이라도 포함되는 요소를 리턴)

동결집합 타입은 불변형이므로 당연히 원래 집합 자체를 바꿀 수는 없다. 따라서 집합의 데이터를 변경하는 표 4.5의 메서드는 집합 타입에만 사용할 수 있고 동결집합 타입에는 사용할 수 없다.

표 4.5 집합 타입에만 사용할 수 있는 메서드

메서드명	설명
a.add(item)	a에 item을 추가 (이미 있는 경우에는 변화 없음)
a.clear()	a의 요소를 모두 삭제
a.difference_update(b)	b에 있는 데이터를 모두 a에서 삭제
a.discard(item)	a에서 item을 제거 (item이 없다면 변화 없음)
a.intersection_update(b)	교집합을 계산하여 a에 그 교집합을 할당
a.pop()	a에서 요소를 하나 꺼내고 그 요소를 삭제
a.remove(item)	a에서 item을 삭제 (a에 item이 없는 경우 에는 KeyError 예외 발생)
a.symmetric_difference_update(b)	a와 b의 대칭차집합을 계산한 뒤 a에 그 결과를 할당
a.update(b)	b의 모든 데이터를 a에 추가 (b는 집합 타입, 시퀀스 타입 혹은 반복 가능한 객체여야 함)

마지막으로 **집합 컴프리헨션**을 살펴보자. 집합 컴프리헨션은 리스트 컴프리헨션과 비슷하지만 [ ]가 아니라 { }를 사용한다. 예를 들면 아래와 같다.

```
In [82]: a = {2*x % 6 for x in range(10)}
In [83]: print(a)
{0, 2, 4}
```

range(10)의 요소 수는 10이지만, 집합 컴프리헨션에서는 요소의 중복이 허용되지 않으므로 최종적인 결과가 되는 a의 요소 수는 3이다.

4.4.2 딕셔너리 타입의 조작

딕셔너리 타입(dict)을 조작하는 방법도 구체적인 예와 함께 살펴보자. 4.2절에서 이미 딕셔너리 타입의 생성 방법이나 사용법을 간단히 알아본 바 있다. 이번에는 여기에 더해 아래와 같은 내용을 배울 것이다.

- 생성자 dict( )로 딕셔너리 타입 객체 생성하기
- 딕셔너리 컴프리헨션
- '딕셔너리 타입 객체의 키'에 대한 정렬된 리스트를 얻기

그 구체적인 예는 각각 아래와 같다.

```
# 생성자 dict()로 딕셔너리 타입 객체를 생성하는 예
In [84]: mydicA = dict([('kenji', 41), ('yasuko', 38), ('saori', 1)])
In [85]: mydicB = dict(kenji=41, yasuko=38, saori=1)
# 딕셔너리 컴프리헨션
In [86]: {x: x**3 for x in (1, 2, 4)}
Out[86]: {1: 1, 2: 8, 4: 64}
#'딕셔너리 타입 객체의 키'에 대한 정렬된 리스트 얻기
In [87]: sorted(mydicA.keys())
Out[87]: ['kenji', 'saori', 'yasuko']
# '딕셔너리 타입 객체의 키'에 대한 정렬되지 않은 리스트 얻기
In [88]: list(mydicA.keys())
Out[88]: ['saori', 'kenji', 'yasuko']
```

4.5 변수와 데이터

파이썬의 할당문(예를 들면, a = 1.2나 b = a 같은)에서 일어나는 동작은 크게 **새로운 변수의 생성**, **변수의 재정의**, **참조**를 할당하는 것 중 하나로 볼 수 있다. 이들 동작을 이해함으로써 객체의 데이터와 이 데이터와 연결된 변수 및 메모리의 관계를 이해하는 것이 중요하다.

그리고 프로그래밍 언어에 따라 이 관계가 달라질 수도 있다는 것에 주의하도록 한다. 여기서는 파이썬의 변수와 데이터가 어떤 관계를 갖는지를 C의 경우와 비교하며 알아볼 것이다. 그 다음 절에서는 얕은 복사와 깊은 복사에 대해서 설명하겠다.

4.5.1 새로운 변수의 생성 — 파이썬의 경우

파이썬에서 a = b와 같은 할당문을 실행할 때 일어나는 동작은 확실한 이해가 필요한 부분 중 하나다. 파이썬은 C나 MATLAB 등과는 조금 다른 언어 스펙을 갖고 있기 때문에 특히 이미 다른 언어에 익숙한 사람은 주의가 필요하다.[14] 이는 메모리의 사용 방식과도 관련되어 있다. 버그 없는 프로그램을 작성하기 위해서도 변수와 데이터가 갖는 관계를 바르게 이해하는 것이 중요하다.

먼저 객체가 생성될 때 어떤 일이 일어나는지를 살펴보자. 아래 예는 정수 타입(int) 객체를 갖는 3개의 변수를 생성한 것이다.

```
In [89]: a = 2 # 변수 a를 새로 생성
In [90]: b = a # b를 a의 별명으로 설정
In [91]: c = 5 # 변수 c를 새로 생성
```

위 예를 실행하면서 일어나는 일을 그림 4.7에 모식적으로 나타냈다. 바둑판의 눈처럼 보이는 것이 메모리 공간이라고 생각하면 된다. 이 메모리 공간의 각 칸에 할당된 숫자가 메모리 주소다. 정수 타입인 '2'가 주소 21에 위치해 있으며, 마찬가지로 정수 타입인 '5'가 주소 12에 위치해 있음을 알 수 있다.

---

[14] 같은 파이썬끼리도 구현에 따라 사용자에게는 드러나지 않는 백엔드의 동작 등은 조금씩 다를 가능성이 있다. 여기서는 참조 구현인 CPython을 기준으로 설명하고 있으나 프로그램의 동작이라는 점에서는 다른 구현에서도 마찬가지이므로 이 책의 설명을 잘 이해한다면 파이썬을 올바르게 사용할 수 있을 것이다.

그리고 이름표 'a'와 이름표 'b'가 모두 '2'에 연결돼 있다. 이것은 파이썬의 동작을 이해하기 위한 이미지 표현으로, 가변형 객체에 변수를 할당한 경우에는 데이터(값) 자체에 변수가 연결된다고 보는 것이 정확하다.[15]

'b'가 'a'와 똑같은 데이터 '2'에 연결되어 있는 것은 할당문 b = a에 의해 '참조 값의 할당'이 이뤄졌기 때문이다. 참조란 앞에서 설명했다시피 '데이터를 가리키는 이름이나 주소'를 말한다. 다시 말해, 할당문 b = a에 의해 'a'의 별명으로 'b'라는 변수가 만들어졌다는 의미다. 참조 값의 할당에 대해서는 나중에 자세히 설명할 것이다.

다시 원래 이야기로 돌아가서, 'b'는 그저 'a'의 별명일 뿐이라서 'a'와 'b'는 모두 같은 메모리 주소에 연결돼 있다. 다시 말해 같은 identity(CPython에서는 메모리 주소와 같음) 값을 갖는데 이를 **id** 함수로 확인할 수 있다.

```
In [92]: id(a)    # a의 identity 값을 얻음
Out[92]: 21       # 그림 4.7에 해당
In [93]: id(b)    # b의 identity 값을 얻음
Out[93]: 21       # a 와 b의 identity 값이 동일함
In [94]: id(c)    # c의 identity 값을 얻음
Out[94]: 12
```

위의 예에서 보았듯이 'a'와 'b'는 같은 identity 값을 갖는다. 물론 실제 identity 값이 두 자리밖에 안 되는 일은 일어나지[16] 않겠지만, 그림 4.7의 상황과 맞춰 표현했다. 사실은 앞에 나온 In [90]에서 b = a 대신 b = 2를 실행해도 완전히 같은 결과가 된다. 파이썬에서 변수는 객체에 대한 참조이므로 b = a는 'a'가 가리키는 객체에 대한 참조를 'b'에도 넣을 것이라는 의미가 된다. 'a'가 가리키는 객체란 정수 타입의 '2'이므로, b = a 역시 '정수 타입의 2에 대한 참조를 b에 넣을 것'이라는 뜻이 되기 때문에 b = 2와 완전히 동일한 의미가 된다.

---

15 보충하자면 변수는 객체에 대한 참조를 가지고 있는 것이고, 그 객체가 데이터에 대한 참조를 다시 갖고 있다고 할 수 있다. 그러나 여기서는 변수와 데이터의 관계에 대한 이해를 돕는 것이 목적이므로 '변수가 데이터에 대한 참조를 갖고 있다'고만 설명하고 있다.

16 32비트 운영체제라면 메모리 공간의 주소는 2^{32} = 4294967296이 최대이므로 id 함수의 리턴값은 이보다 작은 수가 된다.

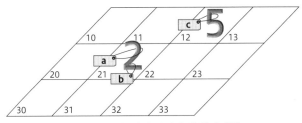

그림 4.7 정수 타입 객체의 생성(파이썬)

■ C 언어의 경우

이번에는 파이썬의 동작과 비교하기 위해 C에서 변수를 새로 만들었을 때의 동작을 살펴보자. 아래와 같이 C로도 같은 정수 타입(int)을 갖는 변수 a, b, c를 정의한다.

```
int a, b, c;   /* int 타입의 변수 a, b, c를 생성한다 */
a = 2;
b = a;
c = 5;
```

이 경우에 적용되는 변수와 메모리의 관계를 그림 4.8에 실었다. 파이썬의 경우와는 어떻게 다른지 살펴보도록 하자. C에서는 정의한 변수마다 메모리 영역이 할당되어 해당 위치에 데이터가 저장된다. 즉, 변수(a, b, c)는 메모리 주소와 일대일로 대응한다. b = a;와 같은 할당문을 실행할 때 일어나는 일은 'a'의 데이터가 'b'의 메모리 영역으로 복사되는 것이다. a와 b가 각각 서로 다른 메모리 주소에 대응한다는 점도 파이썬과 다른 점이다.

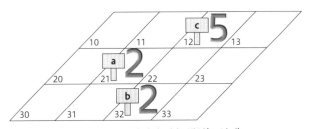

그림 4.8 int 타입의 변수 생성(C 언어)

4.5.2 변수의 재정의 — 파이썬의 경우

이번에는 앞서 정의한 변수 'a'에 처음 값과 다른 데이터를 할당했을 때 어떤 일이 일어나는지 먼저 파이썬의 경우부터 살펴보도록 하겠다. 아래와 같이 'a'에 다른 값을 할당하는 코드를 실행했다고 하자.

```
In [95]: a, c = 7, 8  # In [89]와 In [91]에서 정의한 변수 a, c에 새로운 값을 할당
```

이 상황에서 메모리상에 있는 데이터와 변수의 관계를 그림 4.9에 나타냈다. 7과 8이라는 데이터가 새로운 메모리 위치에 할당되고, 여기에 변수 'a'와 'c'가 걸려 있게 된다. 정수 타입 변수는 불변형이므로 주소 21의 데이터가 '2'에서 '7'로 바뀌는 일은 일어나지 않는다. 'a'와 'c'는 '데이터가 변경되었다'기보다는 '새로 다시 정의되었다(**재정의**)'라고 하는 것이 정확할 것이다.

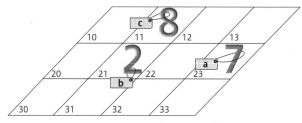

그림 4.9 정수 타입 객체의 값 변경(파이썬)

■ **C 언어의 경우**

C로 같은 내용을 처리한 경우를 살펴보자. 아래와 같이 이미 정의된 변수 'a'와 'c'에 대해서 값을 변경하는 할당문을 실행했다고 하자.

```
a = 7;
c = 8;
```

이 상황에 대한 메모리와 값의 관계를 그림 4.10에 나타냈다. 파이썬과 달리 변수 'a'와 'c'의 메모리 위치(주소)는 그대로이고 변수의 값만 바뀐 것을 알 수 있다. C에서의 변수 'a'와 'c'는 '새롭게 다시 정의된' 것이 아니라 '데이터의 값이 바뀌었다'고 할 수 있다.

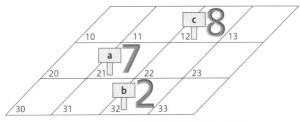

그림 4.10 int 타입 변수의 값 변경(C 언어)

이렇듯 언어에 따라 변수와 객체의 관계가 달라진다는 것을 알 수 있었다. 파이썬의 불변형 객체에서의 변수와 객체의 관계는 문자열 등 다른 데이터 타입과 같으며, 할당문에 의한 동작에 따라 일어나는 결과도 여기서 설명한 내용과 같다.

4.5.3 참조 값 할당하기 ― 참조의 할당에 대한 기본적인 예

모든 변수는 데이터에 대한 참조를 갖는다. 앞에서 설명한 것처럼 **참조**란 '데이터를 가리키는 이름이나 주소'를 말한다. 할당문에 의해 참조 값이 새롭게 할당될 때는 메모리상에서 데이터가 복제되는 경우와 그렇지 않은 경우가 있는데, 여기서는 두 번째 경우에 대해서 살펴볼 것이다. 할당문을 실행하는 아래의 예를 보도록 하자.

```
In [96]: a = [0, 1, 2, 3]
In [97]: b = a          # 변수에 대한 할당은 참조를 할당하는 방식임
In [98]: b[2] = 100 # 이 시점의 변수와 변수가 가리키는 실체의 관계는 그림 4.11과 같음
In [99]: a
Out[99]: [0, 1, 100, 3]
In [100]: print(id(a), id(b))
Out[100]: 101 101      # 2개의 변수가 같은 메모리 주소를 가리키고 있다.
```

위의 예에서는 정수의 리스트 a를 만들고 이 리스트를 다시 b = a라는 할당문으로 변수 b에 할당하고 있다. 이때 b에 참조가 할당된다. 이에 따라 a는 b와 같은 실체를 가리키는 상태(그림 4.11)가 된다. 다시 말해, b는 a의 별명이 된다. 이 b를 사용하여 일부 데이터를 변경하면 그 결과가 a에도 반영되게 된다.

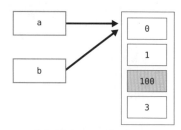

그림 4.11 참조가 생성되는 예를 이미지화한 것

이 예에서 보듯 변수 a와 b가 같은 실체(메모리상의 영역)를 가리킨다는 것은 id 함수로 두 변수의 identity 값(변수의 주소)을 확인해보면 알 수 있다. 이 예에서도 a와 b 두 변수의 identity 값이 일치하고 있다. '같은 실체를 가리킴'과 'identity 값이 같다'는 것은 동일한 의미다.

변수 2개가 같은 실체를 가리키고 있는지는 다음과 같이 is 연산자를 이용해서도 확인할 수 있다.

```
In [101]: a is b # identity 값이 동일한지 확인
Out[101]: True    # a와 b는 동일한 identity 값을 갖는다.
```

이때의 처리 과정을 좀 더 깊이 살펴보도록 하자. a = [0, 1, 2, 3]으로 리스트 a를 새로 생성하면, 그림 4.12에서 보듯 a라는 리스트에 identity 값 101이(그림에서는 'ID'로 표시) 부여된다. 또, b = a라는 명령으로 참조가 할당되어 b에도 같은 identity 값이 부여된다. 이 리스트 a는 각각 4개의 데이터로 이어진 identity의 리스트를 갖고 있으므로 이를 통해 데이터의 실체(메모리 주소)와 이어지게 된다.

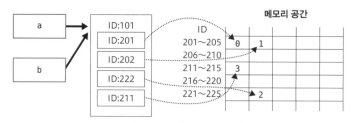

그림 4.12 참조 생성의 예 이미지화(상세도)

그 다음 b[2] = 100 명령으로 리스트의 데이터 중 하나를 변경하면 b[2]에 해당하는 데이터 자체가 변경되고 동시에 b[2]의 identity 값도 변경된다(그림 4.13). 사실 b[2]에는 불변형인 정수 타입이 들어 있었으므로 값을 바꿀 수 없다. 그래서 b[2]는 변경되는 것이 아니라 재정의된 것이다. identity 값이 바뀌었다는 것은 재정의된 것을 의미한다. 그리고 a와 b는 모두 같은 곳을 참조하고 있으므로 a에도 같은 내용의 변경이 반영된다.

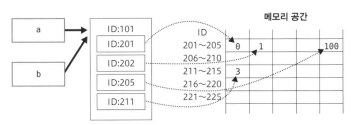

그림 4.13 참조 생성의 예 이미지화(b[2]를 변경한 후의 상세도)

이렇게 리스트 자체는 가변형이지만 불변형 데이터는 값이 바뀌는 것이 아니라 재정의되도록 돼 있다. 이러한 동작에 대한 이해는 뒤에 설명할 얕은 복사에서 일어나는 동작 내용을 이해하는 데도 유용하다.

■ 참조 값을 할당한 후 재정의하기

이번에는 앞의 내용과는 조금 다른 예를 살펴보기로 하겠다.

```
In [102]: a = [0,1, 2, 3]
In [103]: b = a      # ❶ 참조 값을 할당
In [104]: b = [0.0, 1.1, 2.2, 3.3] # 할당된 참조 값을 파기하고 재정의
In [105]: a          # a의 내용을 출력
Out[105]: [0, 1, 2, 3]
In [106]: a is b # identity 값이 같은지 확인
Out[106]: False  # 결과가 False인 것으로 봐서 a와 b는 서로 다른 대상을 가리키고 있음
```

위의 예를 보면 b의 값을 바꾸었음에도 a에는 반영되지 않았음을 알 수 있다. ❶에서 b = a를 실행한 시점까지는 확실히 b와 a는 같은 실체를 가리키고 있었을 것이다. 그러나 그 다음 명령에서 변수 b는 원래 할당되었던 참조 값을 파기하고 재정의된다. 이 부분이 조금 이해하기 까다로운 부분인데, 인덱싱을 통해 데이터의 일부를 변경하는 경우와는 (앞서 설명한 b[2] = 100처럼) 달리 인덱싱이나 슬라이싱이 아닌 할당문으로는 그 변수가

새롭게 재정의되게 된다(그림 4.14). 따라서 이 예에서 b는 새로운 리스트로 재정의되고 a의 데이터에 대한 참조는 끊기게 된다.

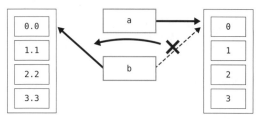

그림 4.14 b의 값이 변경이 아니라 재정의가 되는 예

만약 b를 재정의하고 싶지 않다면 b를 인덱싱이나 슬라이싱을 사용한 할당문으로 처리한다. 위의 예에서 In [104]을 보면 리스트의 요소 4개를 모두 바꾸고 있는데 슬라이싱을 사용해서 4개의 요소를 모두 바꾸려면 다음과 같이 하면 된다.

```
In [107]: b = a; b[:] = [0.0, 1.1, 2.2, 3.3]
In [108]: print(a)
[0.0, 1.1, 2.2, 3.3]  # b와 a가 같은 대상을 가리키고 있다.
```

■ 2개의 변수에 동일한 리스트를 할당하기

참조 할당에 대한 좀 더 깊은 이해를 위해 동일한 리스트를 2개의 변수에 할당하면 참조할당이 어떤 식으로 동작하는지를 살펴보겠다. 다음과 같은 경우에 a와 b의 관계는 어떻게 될까.

```
In [109]: a = [0, 1, 2, 3]
In [110]: b = [0, 1, 2, 3]
```

이때의 상황을 그림 4.15에 나타냈다.

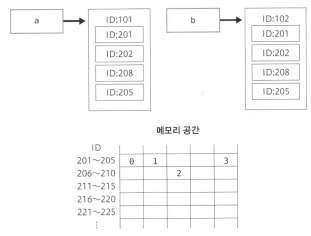

메모리 공간

ID				
201~205	0	1		3
206~210			2	
211~215				
216~220				
221~225				
⋮				

그림 4.15 a와 b가 서로 다른 할당문으로 정의된 경우

두 리스트의 내용은 완전히 같으므로 리스트의 각 요소에 대한 identity 값도 일치한다. 그러나 리스트 자체에 부여된 identity 값은 서로 다르다. 이 사실을 아래와 같은 방법으로 확인할 수 있다.

```
In [111]: a == b # a와 b는 같은 데이터를 가질까?
Out[111]: True    # 같다.
In [112]: a is b # a와 b의 identity 값은 같을까?
Out[112]: False   # 같지 않다.
In [113]: [id(k) for k in a] # a의 모든 데이터에 대한 identity 값을 출력하라.
Out[113]: [201, 202, 208, 205]
In [114]: [id(k) for k in b] # b의 모든 데이터에 대한 identity 값을 출력하라.
Out[114]: [201, 202, 208, 205]
```

b = a를 실행한 경우에는 분명히 다른 결과를 확인할 수 있었다. b의 데이터를 바꿔보면 이를 더 명확하게 확인할 수 있다.

```
In [115]: b[2] = 100
In [116]: a               # a의 데이터를 확인한다.
Out[116]: [0, 1, 2, 3] # b의 데이터를 변경해도 a는 바뀌지 않는다.
```

이렇듯 a와 b는 각각 별개의 리스트를 가리키므로 어느 한쪽의 데이터를 바꾼다 하더라도 다른 쪽에 영향을 미치지 못한다.

4.6 얕은 복사와 깊은 복사

앞 절에서는 변수의 생성과 재정의, 또 참조 값의 할당에 대해서 설명했다. 가변형인 객체 변수의 경우에는 여기에 **얕은 복사**와 **깊은 복사**라는 개념에 대한 이해가 추가로 필요하다.

일부 오류가 있을 수도 있지만 간단하게 설명하면 얕은 복사란 '참조만 복사'하고, 깊은 복사는 '데이터까지 완전히 복사'하는 것이라고 할 수 있다. 대부분의 경우 복사라고 할 때는 깊은 복사를 말한다. 얕은 복사는 혼란의 원인이 되기 쉬우므로 의도적으로 사용하는 경우 이외에는 사용하지 않는 것이 무난하다. 이번 절에서는 가변형인 객체에 대한 할당 혹은 데이터를 변경하는 구체적인 예를 살펴보며 얕은 복사와 깊은 복사가 무엇인지 자세히 보도록 하자.

4.6.1 얕은 복사

얕은 복사(shallow copy)와 **깊은 복사(deep copy)**의 차이가 드러나는 경우는 컨테이너 타입이나 클래스 인스턴스처럼 내부에 객체를 포함하는 복합 객체를 다룰 때 뿐이다. 예를 들어 a = [1, 2, 3]처럼 중첩하지 않은 리스트의 복사는 어느 쪽이든 같다. 파이썬에서는 다음과 같은 경우에 얕은 복사가 수행된다.

- 표준 라이브러리(copy)의 copy 함수를 이용한 복사
- list/dict 함수를 이용한 리스트 및 딕셔너리의 복사
- 인덱싱 혹은 슬라이싱을 사용한 복사

이러한 방법으로 생성된 얕은 복사가 복합 객체인 경우와 아닌 경우에 대해서 어떻게 동작하는지를 자세히 검증하겠다.

■ 복합 객체가 아닌 경우

a = [1, 2, 3, 4]와 같이 중첩되지 않은 리스트 등에 해당하는 복합 객체가 아닌 경우의 동작을 먼저 살펴보자.

```
In [117]: a =[1, 2, 3, 4]
In [118]: import copy; b = copy.copy(a)   # a의 얕은 복사로 b를 생성
In [119]: a is b                          # a와 b의 identity 값이 같은가?
False
```

이 예에서는 b = copy.copy(a)로 얕은 복사를 만들었다. a is b가 False이므로, a와 b 는 같은 실체를 가리키고 있지 않다는 것을 알 수 있다. 따라서 아래와 같이 b의 데이터 를 변경해도 a는 영향을 받지 않는다.

```
In [120]: b[0] = 100  # 이 시점의 변수와 변수가 가리키는 실체의 관계를 그림 4.16으로 나타냄
In [121]: print("a = ", a)
a = [1, 2, 3, 4]
In [122]: print("b = ", b)
b = [100, 2, 3, 4]
```

위의 예처럼 복합 객체가 아닌 경우는 앞에서 본 그림 4.15와 같은 상황이 일어나게 된 다. 실질적으로는 그림 4.16처럼 데이터의 실체 자체가 전부 복사되는 것과 다를 바가 없 다. 이 예에서는 얕은 복사와 깊은 복사가 같은 결과를 낳게 된다.

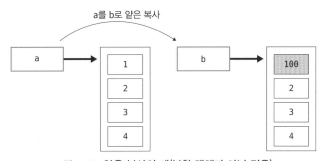

그림 4.16 얕은 복사의 예(복합 객체가 아닌 경우)

그리고 이 같은 결과는 아래에서 보듯 list 함수나 인덱싱 및 슬라이싱으로 생성한 복합 객체가 아닌 얕은 복사에 대해서도 마찬가지다.

```
In [123]: c = a[:]          # 슬라이싱을 이용한 얕은 복사
In [124]: d = list(a)  # list 함수를 이용한 얕은 복사
In [125]: e = [[1, 2], [3, 4, 5]]
In [126]: f = e[1]          # 인덱싱을 이용한 얕은 복사
```

■ 복합 객체인 경우
복합 객체의 얕은 복사는 조금 양상이 달라진다. 아래의 예를 보자.

```
In [127]: a = [1, 2, [30, 40]]  # 복합 객체의 리스트 a를 만든다.
In [128]: import copy; b = copy.copy(a)  # a의 얕은 복사로 b를 만든다.
In [129]: b[0] = 100             # b[0]와 b[1]에 대한 변경은 a에 영향을 주지 못한다.
In [130]: print("a = ", a)
a = [1, 2, [30, 40]]             # 최상위 레벨의 요소는 b에 대한 변경에 영향을 받지 않는다.
In [131]: print("b = ", b)
b = [100, 2, [30, 40]]           # 당연히 b[0]에 대한 변경은 반영된다.
In [132]: b[2][0] = 200          # '리스트 안에 중첩된 리스트'의 데이터를 변경
In [133]: print("b = ", b)
b = [100, 2, [200, 40]]          # b의 데이터도 당연히 변경된다.
In [134]: print("a = ", a)
a = [1, 2, [200, 40]]            # a의 데이터도 변경이 반영되어 있다!
```

위의 예에서 지금까지와는 무언가 달라진 것을 발견했는가? b[0] = 100과 같은 할당에서는 b의 데이터밖에 변경할 수 없었다. 그러나 b[2][0]에서는 a의 데이터까지 바뀌는 것을 볼 수 있었다. 파이썬의 공식 문서[17]에 따르면 얕은 복사로 '새로운 복합 객체를 만든 다음 (가능한 한) 원래 객체 안에서 찾은 객체에 대한 참조를 삽입한다'고 돼 있다.

바꿔 말하면, 위의 예에서 리스트 b를 위한 별도의 메모리 영역에 복사되는 데이터는 리스트 a의 최상위 데이터뿐이다. 리스트 a의 최상위 데이터는 '1'과 '2'라는 데이터에 대한 참조와 리스트 [30, 40]에 대한 참조다. 즉, a[2]의 참조(identity)는 b에 복사되지만, a[2]가 가리키는 리스트 [30, 40]의 각 데이터에 대한 참조는 다른 메모리 영역에 복사되지 않는다. 따라서 a[2]와 b[2]는 같은 실체를 가리키게 된다. 다음 식을 평가해보면 이를 확인할 수 있다.

```
In [135]: a[2] is b[2]
Out[135]: True
```

지금까지 보았듯 가변형 객체 안에 가변형 객체가 들어 있는 복합 객체인 경우에는 안에 들어 있는 가변형 객체는 원본과 복사된 사본에서 공통되는 데이터로 다뤄야 하는 상황이 된다(그림 4.17).

그리고 여기서 설명한 내용은 복합 객체가 아닌 경우의 설명과 마찬가지로 list/dict 함수나 인덱싱 및 슬라이싱으로 얻은 복합 객체에도 적용된다.

---

17   URL http://docs.python.org/3/library/copy.html

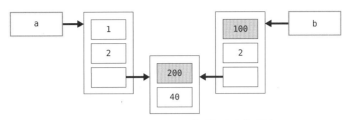

그림 4.17 얕은 복사의 예(복합 객체인 경우)

4.6.2 깊은 복사

깊은 복사는 표준 라이브러리 copy의 **deepcopy** 함수로 수행할 수 있다. 깊은 복사는 완전한 사본을 만들어내므로 다른 언어에서 데이터를 복제할 때와 크게 다르지 않은 동작을 기대할 수 있다. 지금부터 깊은 복사의 구체적인 예를 살펴보며 그 동작을 검증할 것이다.

깊은 복사에서는 복합 객체의 경우에도 기본적으로 모든 데이터를 복사한다.

```
In [136]: from copy import deepcopy # 표준 라이브러리 copy의 deepcopy 함수를 import
In [137]: a  =  [0, 1, [20, 30], 4]
In [138]: b  =  deepcopy(a)
In [139]: b[0]  =  -5
In [140]: b[2][0]  =  100 # 이 시점의 변수와 변수가 가리키는 실체와의 관계를 그림 4.18에 실었다.
In [141]: print("a  =  ", a)
a = [0, 1, [20, 30], 4]
In [142]: print("b  =  ", b)
b = [-5, 1, [100, 30], 4]
```

a와 b는 그림 4.18에서 보듯 전혀 별개의 객체를 가리키게 된다. 다만, 깊은 복사에서는 얕은 복사에서 일어나지 않는 문제들이 자주 발생한다. 이런 예로 재귀적인 객체를 복사하는 경우 등을 들 수 있다. 지면 문제상 여기서 자세히 설명할 수는 없지만 파이썬은 이들 문제를 잘 해결할 수 있는 구조를 취하고 있다.[18]

---

18 자세한 내용은 다음 문서를 참조. URL http://docs.python.org/3/library/copy.html

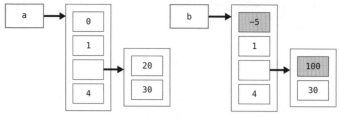

그림 4.18 깊은 복사의 예

연산자와 평가식

이번 절에서는 파이썬의 내장 연산자와 식, 그리고 이들을 평가하는 규칙에 대해 설명한다. 여기서는 파이썬의 내장 데이터 타입에 대한 것만을 다룬다.[19]

4.7.1 부울 값의 판정과 부울 연산

참(True)과 **거짓(False)** 두 가지 값을 **부울 값**이라고 부르며, 이 두 가지는 키워드로 정의되어 있다. 부울 값에 대한 연산을 **부울 연산(논리 연산)**이라고 하며, 뒤에 설명할 if문이나 while문의 조건문으로 사용된다. 모든 객체는 부울 연산에 적용될 수 있으며 아래와 같은 값은 **거짓(False)**으로 간주된다.

- None(데이터가 존재하지 않음을 나타내는 NoneType 타입의 내장 상수)
- False
- 정수 타입의 0 (예 0, 0.0, 0j)
- 빈 문자열/리스트/튜플/딕셔너리(' ', [ ], ( ), { })

위에 열거한 값 이외의 데이터(값)는 모두 **참(True)**으로 간주한다. 또, 부울 값에 대한 연산에는 표 4.6에서 보듯 세 가지 연산이 존재한다. or와 and는 **간략연산(short-circuit) 연산자**라고도 부른다. 예를 들면 x or y는 x가 참인 경우에 평가할 필요가 없게 된 y를 실제로

---

19 사용자 정의 객체에 대해서도 내장 연산자의 정의를 확장할 수 있다. 자세한 사항은 다음 문서 참조. URL http://docs.python.org/3/index.html에서 볼 수 있다.

평가하지 않는다. 마찬가지로 x and y에서도 x가 거짓인 경우 y를 평가하지 않는다.

표 4.6 부울 값에 대한 연산

연산자	결과
x or y	x나 y 둘 중 하나가 참이라면 참
x and y	x와 y 모두 참이라면 참
not x	x가 거짓이면 참, x가 참이면 거짓

4.7.2 비교 연산자

파이썬에는 내장 데이터 타입에 대한 여덟 가지의 **비교 연산자**가 있다. 이들 연산자를 표 4.7에 정리했다. 이들 연산자는 부울 값(True 혹은 False)을 리턴한다. 비교 연산자의 우선 순위는 모두 동등하며 부울 연산자보다는 높은 우선순위를 갖는다. 파이썬의 비교 연산자의 특징이라면 연산자를 연쇄적으로 사용하는 데 제한이 없다는 것을 들 수 있다. 예를 들어, $x > y \geqq z$를 평가하고 싶다면 x > y >= z처럼 작성하는 것도 가능하다. C에서는 (x > y && y >= z)처럼 작성해야 하는 것과는 대조적이다.

표 4.7 비교 연산자

연산자	의미	연산자	의미
<	미만	==	변수의 데이터가 같다.
<=	이하	!=	변수의 데이터가 같지 않다.
>	초과	Is	변수의 identity 값이 같다.
>=	이상	is not	변수의 identity 값이 같지 않다.

4.7.3 숫자 데이터 타입의 연산

숫자 데이터(정수 타입/int, 부동 소수 타입/float, 복소수 타입/complex)에 대한 연산자로는 표 4.8과 같은 것이 있다. 표 4.8은 우선순위가 낮은 순서부터 정리한 것이다.

표 4.8 숫자 타입(int, float, complex)에 대한 산술 연산

연산	결과	계산 프로그램	예 실행 결과
x + y	x와 y의 합	2+5	7
x - y	x와 y의 차	5-2	3
x * y	x와 y의 곱	3*5	15
x / y	x를 y로 나누는 나눗셈	22/5	4.4
x // y	x를 y로 나누는 정수 나눗셈[※1]	22//5	4
x ** y	x의 y 거듭제곱	3**4	81
x % y	x/y의 나머지(modulo)[※1]	22%4	2
-x	x의 부호 반전	-(-4)	4
+x	x 그대로	+(-4)	-4
abs(x)	x의 절댓값	abs(-3)	3
int(x)	x의 정수 변환[※1]	int(-3.9)	-3
float(x)	정수 x를 부동 소수로 변환[※1]	float(-3)	-3.0
complex(re, im)	실수부가 re이고 허수부가 im인 복소수	complex(-2.3, 3.1)	-2.3+3.1j
c.conjugate()	복소수 c의 켤레 복소수	c=1+2j;c.conjugate()	1-2j
divmod(x, y)	(x // y, x % y)를 리턴[※1]	divmod(22, 5)	(4, 2)
pow(x, y)	x의 y 거듭제곱	pow(0,0)	1
round(x, [n])	10의 (-n) 자리에서 반올림[※1][※2]	round(3.12, 1)	3.1

※1 복소수 타입에는 사용할 수 없다.
※2 n은 옵션. 지정하지 않은 경우 기본값은 n = 0이다.

덧셈, 뺄셈, 곱셈에 대해서는 특별한 설명이 필요없지만 나눗셈은 조금 주의가 필요하다. 파이썬 3.x에서는 정수와 정수의 나눗셈(22 / 5)에서도 부동 소수 타입 결과가 나온다. 이 것은 딱 떨어지는 정수끼리에서도 마찬가지다. 이와 달리 파이썬 2.x에서는 정수끼리의 나눗셈의 결과는 정수로 나오도록 돼 있다. 다시 말해, 22 / 5의 결과는 4가 된다. 파이썬 2.x에서 정수끼리의 나눗셈은 파이썬 3.x의 정수 나눗셈(floor division, 표 4.8 참조)과 같은 방식으로 동작하기 때문이다.

파이썬 3.x의 나눗셈에 대한 아래의 예를 살펴보자.

```
In [143]: 22 / 5 # 나눗셈
Out[143]: 4.4
In [144]: 22 // 5 # 정수 나눗셈
Out[144]: 4
In [145]: 22.0 // 5.0
Out[145]: 4.0
In [146]: -22 // 5 # 음의 무한대 방향으로 반올림('22 // -5'도 마찬가지)
Out[146]: -5
In [147]: -(22 // 5)
Out[147]: -4
```

이 예에서 보듯 연산자 //를 사용하면 명시적으로 정수 나눗셈을 수행한다는 것을 알 수 있다. 또, 부동 소수 타입 실수에 대해서도 정수 나눗셈이 가능하며, 정수 나눗셈은 음의 방향으로 정수를 반올림한다는 것에 주의가 필요하다. 위 예의 마지막 2개를 보면 언뜻 같은 결과가 나올 것 같아도 이 규칙에 따르면 다른 결과가 나오게 된다. 위의 예 중에서 파이썬 2.x에서 22 / 5만 결과가 달라지는데 그 이유는 앞서 설명한 바와 같다.

이외에 나머지는 좌변의 값을 우변의 값으로 나눈 나머지다. 음수에 대한 나머지는 이해하기 까다로울 수 있지만 x % y는 (x // y) * y를 계산한 결과와 일치하는 것을 알 수 있다.

4.7.4 정수의 비트 연산

비트 연산이란 정수를 2진수 표현으로 나타낸 비트열에 대한 연산이다. 예를 들어, 10진수 16은 2진수로 나타내면 0b10000인데(0b는 2진수임을 나타내는 접두사), 이 비트열 10000에 대한 연산에 해당한다. 정수 객체에 대해서는 표 4.9에 대한 연산을 수행할 수 있다.

표 4.9 정수에 대한 비트 연산

연산	결과	계산 프로그램	예 실행 결과
x | y	x와 y의 비트 단위 논리합	4 | 2	6
x . y	와 y의 비트 단위 배타적 논리합	x 7 . 9	14
x & y	x와 y의 비트 단위 논리곱	7 & 9	1
x << n	x를 왼쪽으로 n비트 시프트	1 << 3	8
x >> n	x를 오른쪽으로 n비트 시프트	16 >> 4	1
~x	x의 비트 반전	~15	−16

비트 연산에서 중요한 점은 음수도 2의 보수 표현인 비트열에 대해 비트 연산이 이뤄진다는 점이다. 양수의 2의 보수 표현은 일반적인 2진수 표현과 차이가 없다. 음수의 2의 보수 표현은 절댓값이 같은 양수의 2진수 표현을 비트 반전한 다음 1을 더하는 방법으로 구할 수 있다(그림 4.19).

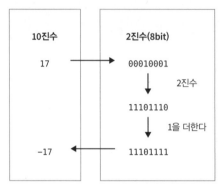

그림 4.19 음수에 대한 2의 보수 표현을 구하는 방법

4.8 흐름 제어

프로그램에서 어떤 특정한 처리를 반복하거나, 실행 중의 어떤 조건이나 데이터의 내용에 따라 처리 내용을 바꾸고 싶은 경우가 있다. 이렇게 처리 과정을 제어하는 것을 **흐름 제어**라고 부르며, 파이썬에서도 다른 프로그래밍 언어와 마찬가지로 for문이나 if문, while문 등의 문법을 갖추고 있다. 이번 절에서는 흐름 제어의 기본 문법을 배워 프로그램의 흐름을 자유자재로 제어할 수 있도록 하자.

4.8.1 if문

파이썬에서 어떤 조건이 성립하느냐에 따라 다른 처리를 하고 싶은 경우에 사용하는 것이 **if문**이다. 바로 예제를 보자.

```
In [148]: if 3 < 5 :
     ...: print('3 is smaller than 5.') # 조건문이 참일 때 실행
     ...:
3 is smaller than 5.
```

이 예는 조건식 3 < 5가 참(True)인지 거짓(False)인지를 판정한 후, 참이면 다음 줄의 print 문을 실행한다. 만약 거짓이라면 아무것도 실행하지 않는다. 3 < 5는 당연히 참이므로 이 예에서는 print문이 실행된다. 이것은 가장 단순한 예지만 if문의 문법은 일반적으로 그림 4.20과 같다. if문에서 실행할 명령은 스페이스나 탭[20]으로 들여쓰기와 함께 작성한다. 파이썬에서는 이렇듯 들여쓰기를 통해 코드 블록의 범위를 지정한다. 그림 4.20에는 elif문과 else문이 추가된 것을 볼 수 있다. elif문은 여러 개를 늘어놓을 수 있다. 이럴 경우 위에서부터 순서대로 조건식이 평가되며, 조건식이 참일 때 그 바로 뒤에 놓인 코드 블록이 실행되고 나머지 부분은 무시된다. 모든 조건식이 참이 아닌 경우에는 else문 바로 뒤에 오는 코드 블록이 실행된다.

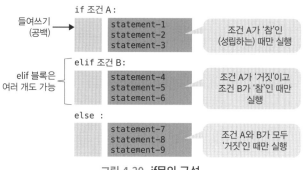

그림 4.20 if문의 구성

그럼 구체적인 예와 함께 살펴보자. 아래의 예에서 첫 번째 조건식 a < 5는 거짓이므로 그 다음 오는 elif문의 조건식 a > 10이 평가되었으나, 이 조건식도 거짓이므로 다시 그 다음에 오는 elif문의 조건식 a > 8이 평가된다. 그러나 이 조건식도 또 거짓이다. 그래서 마지막으로 else문 뒤에 오는 코드 블록이 실행되어 5 <= a <= 8이 출력된다.

```
In [149]: a = 8
In [150]: if a < 5 :
    ...:     print('a is smaller than 5.') # a < 5가 거짓이므로 실행되지 않는다.
    ...: elif a > 10 :
    ...:     print('a is bigger than 10.') # a > 10이 거짓이므로 실행되지 않는다.
    ...: elif a > 8 :
```

---

20 파이썬 3.x부터는 스페이스와 탭을 섞어쓸 수 없으니 주의하라.

```
    ...:        print('a is bigger than 8.') # a > 8도 거짓이므로 실행되지 않는다.
    ...: else :
    ...:        print('5 <= a <= 8') ## 이 코드 블록이 실행된다.
    ...:
5 <= a <= 8
```

또, if문은 중첩시키는 것도 가능하다. 아래의 예는 표현식 a == b가 거짓인 경우 실행되
는 else문 바로 뒤의 코드 블록 안에 또 다른 if문이 들어 있다. if문뿐만 아니라 그 외의
다양한 요소도 중첩이 가능하다.

```
if a == b:
    print('a와 b는 같다')
else:
    if a < b:
        print('a는 b보다 작다')
    else:
        print('a는 b 이상이다')
```

4.8.2 for문

프로그램 안에서 반복되는 처리가 필요한 경우에 사용되는 것이 **for문**이다. 사용 예를
보도록 하자.

```
In [151]: a = [1, 2, 3]
In [152]: for i in a:
    ...:        print(i*2)
    ...:
2
4
6
```

이 예에서 보듯 for문은 일반적으로 그림 4.21과 같은 형태로 작성한다.

그림 4.21의 **반복 가능한 객체**란 앞서 설명한 바와 같이 파이썬의 내장 데이터 타입인 리
스트, 튜플, 딕셔너리, 집합처럼 각 요소를 하나씩 꺼내 반복을 수행할 수 있는 것을 가
리킨다. 반복 가능한 객체를 for문의 in 다음에 지정하면 이 객체의 요소를 차례로 꺼
내어 '임시변수'에 할당한 다음, 그 바로 뒤에 오는 코드 블록에서 이 임시변수를 써서

처리를 수행하는 구조다. 위에 있는 for문의 예에서는 a라는 리스트의 3개 요소(1, 2, 3)를 차례로 꺼내어 임시변수 i에 차례대로 할당한 뒤 이 변수 i를 이용한 처리(여기서는 i에 2를 곱한 뒤 콘솔에 출력)가 순서대로 수행된다.

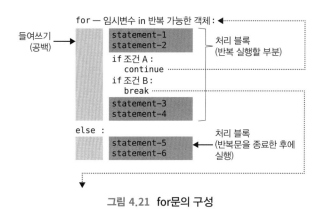

그림 4.21 for문의 구성

또한 파이썬에는 else문도 사용할 수 있다. else문 뒤에 작성된 코드 블록은 for문의 반복이 모두 끝난 후 맨 마지막에 실행된다. 그리고 for문의 코드 블록 안에 continue문이 실행되면 for문 맨 앞으로 돌아가 다음 반복으로 진행한다. break문이 실행된 경우에는 이후의 코드를 모두 건너뛰고 for문을 종료한다.

column
공백 문자의 사용법

파이썬에서 공백 문자를 이용한 들여쓰기가 의미를 갖는다는 것은 이미 설명한 바 있다. 그러나 아래 세 가지 방법 모두 파이썬 문법에 부합하는 작성법이다.

```
# 패턴 ❶
if 1 + 2 == 3:
    print('It is ', end='')
    print('True!')
# 패턴 ❷
if 1 + 2 == 3:
    print('It is ', end=''); print('True!')
# 패턴 ❸
if 1 + 2 == 3: print('It is ', end=''); print('True!')
```

패턴 ❶은 일반적인 형태지만 패턴 ❷와 ❸은 정상적으로 실행되는 것이 조금 이상하게 생각될 수도 있다. 다만 이런 스타일이 바람직한지는 또 다른 이야기다. 가독성을 향상시킨다는 관점에서 보면 이런 스타일은 코딩 규약에서 금지하는 것이 좋다.

PEP 8(4.1절 참조)에서는 공백 문자를 어떻게 사용해야 하는지 꼼꼼하게 지정하고 있다. 예를 들면, var[1, 2]처럼 인덱스를 지정하여 배열의 요소에 접근하는 경우에도 ,(콤마) 뒤에 공백 문자를 하나 넣을 것을 규정하고 있다. 이렇듯 파이썬에서는 공백 문자도 중요한 의미를 갖는다. 아래의 예를 살펴보자.

```
is_qzss       = 1
prn           = 193
got_ephemeris = 1
eccen         = 0.0139305
mean_anom     = -2.62555
```

이 예에서 =의 위치를 정렬하면 가독성이 향상된다. 언어의 스펙상으로도 아무 문제도 발생하지 않는다. 다만, 이 예에서는 got_ephemeris보다 글자 수가 많은 변수가 나중에 추가될 경우 모든 줄에서 =의 위치를 다시 수정해야 해서 유지보수성은 낮아지게 된다. PEP 8이나 Google의 Python Style Guide[a]에서는 이런 스타일을 금지하고 있다. 기본적으로 이런 스타일은 쓰지 않는 편이 좋을 것이다.

a   URL https://google.github.io/styleguide/pyguide.html

4.8.3 while문

while문은 특정한 조건이 성립하는 동안 계속해서 어떤 처리를 수행하려는 때 사용한다. 예를 보도록 하자.

```
fib = [0, 1]
while fib[-1] < 30:          # fib[-1]은 fib의 마지막 요소
    tmp = fib[-2] + fib[-1]  # fib의 마지막 두 요소를 더한다.
    fib = fib + [tmp]        # 리스트 fib 뒤에 tmp를 요소로 추가한다.
else:
    print(fib)
```

이 예에서는 첫 번째 줄에서 리스트 fib를 정의하고, while문 안에서 이 fib를 초깃값으로 삼아 피보나치 수열을 계산한다. 피보나치 수열이란 아래와 같은 수식을 통해 계산하는 수열을 말한다.

$$F_0 = 0$$
$$F_1 = 1$$
$$F_{k+2} = F_{k+1} + F_k(k \geq 0)$$

위의 예에 나오는 while문은 피보나치 수열을 순차적으로 계산하여 리스트 fib에 추가하다가 마지막 요소의 값이 30을 넘으면 계산을 마치고, else문의 코드 블록을 실행한 뒤 종료한다. 이를 실행하면 다음과 같은 실행 결과를 얻을 수 있다.

```
[0, 1, 1, 2, 3, 5, 8, 13, 21, 34]
```

while문의 문법은 일반적으로 그림 4.22와 같다. for문과 크게 다르지 않다는 것을 알 수 있다.

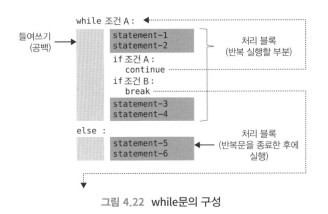

그림 4.22 while문의 구성

4.8.4 try문

파이썬에도 다른 언어와 마찬가지로 예외 처리를 위한 **try문**이 있다. **예외(exception)**란 프로그램의 정상적인 진행에 방해가 되는 일이 발생했을 때 전달되는(raise) 객체다. 보통은 오류가 발생한 시점에서 예외가 전달되며 이를 포착하기 위한 특별한 문법(예외 처리)으로 이를 검출한다. 프로그램이 파일을 읽거나 하는 등의 입출력을 수행할 때는 오류가 발생하기 쉬우므로 오류 처리를 위한 try문은 필수라고 할 수 있다.

간단한 예를 살펴보도록 하자.

```
try:
    file_in = open('no_file.txt') # no_file.txt을 연다.
    for line in file_in:
        print(line)
    file_in.close # 여기까지가 try 코드 블록의 처리 내용
except:
    print('뭔가 오류가 발생했습니다')
```

이 예에서는 먼저 try 블록 안에서 'no_file.txt'라는 이름의 파일에 열기를 시도한다. 이 파일이 실제로 존재하는 경우는 try 블록의 처리가 끝까지 실행되므로 for문에 의해 파일의 모든 줄을 읽어들여 콘솔에 출력한다. **except문** 바로 뒤에 오는 코드 블록은 실행되지 않는다. 그러나 열려던 파일이 존재하지 않을 경우에는 오류가 발생하여 except문 뒤의 코드 블록으로 점프하여 print문이 실행된다.

try를 사용한 예외 처리의 기본 문법을 그림 4.23에 실었다.

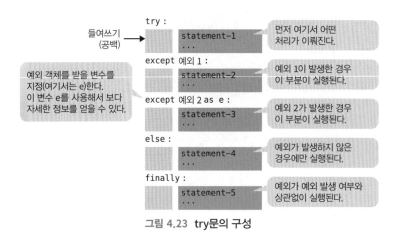

그림 4.23 try문의 구성

그림 4.23에서 보듯이 try문 뒤에 오는 코드 블록에 실행할 내용을 작성한다. 이 내용이 예외가 발생하지 않고 실행되면 그 다음으로 **else**문의 코드 블록의 내용이 처리된다. else문 블록은 try문 블록이 이상 없이 완료되었을 때만 실행되지만, **finally**문 블록은 try블록에서 오류가 발생하지 않더라도 실행된다. 그림 4.23을 보면 두 가지 예외, 즉 '예외1'이 발생했을 때와 '예외2'가 발생했을 때를 위한 처리 내용이 2개의 except문에 준비되어 있다. except문은 이렇게 여러 개를 둘 수도 있다. 예외에는 **AttributeError**나

ImportError, IOError, MemoryError 등이 있는데 예외의 구체적인 목록은 파이썬 표준 라이브러리의 참조 매뉴얼[21]의 5항 '내장 예외 타입'을 참조하기 바란다. 예외2 뒤에 as e 라고 되어 있는 것은 예외2의 객체를 e라는 변수로 받아 코드 블록 내에서 사용하겠다는 뜻이다.

그리고 사용자 정의 클래스에서 별도의 예외를 정의한 다음 특정한 조건이 되면 이 예외를 전달할 수도 있다.

4.8.5 with문

with문은 with 바로 다음에 오는 식을 평가한 결과를 **컨텍스트 매니저**(context manager)로 사용해서 동작을 제어하는 기능을 제공한다. 컨텍스트란 '처리를 실행하도록 하기 위한 제어 정보'를 의미한다. with문을 사용하면 파일 열기나 닫기처럼 반드시 쌍으로 수행되어야 하는 처리에 대해 묵시적인 제어가 가능해진다.

파일 등의 시스템 자원을 적절하게 관리하는 데 간혹 어려운 문제가 발생 하곤한다. 예외를 전달함으로써 처리 내용 중 일부를 건너뛰는 흐름 제어 효과가 발생하기 때문인데, 이 때문에 파일을 미처 닫지 못한다거나 하는 일이 발생하기 쉽다. 이런 문제를 해결할 수 있는 것이 with문이다. with문을 사용하면 열려 있는 파일을 with문을 벗어날 때 자동적으로 닫아줄 수 있다(6장 참조).

```
with open('science.txt', 'tw') as f:
    f.write("Let's use Python for scientific calculations.")
```

이 예와 같이 하면 write 메서드를 실행한 다음 science.txt 파일이 닫히는 것이 보장된다. 컨텍스트 매니저는 아래의 두 메서드를 구현하는 클래스[22]다.

- __enter__ : 컨텍스트 매니저의 입구에서 실행할 처리를 정의하는 메서드
- __exit__ : 컨텍스트 매니저의 출구에서 실행할 처리를 정의하는 메서드

---

21 URL http://docs.python.org/3/library/index.html
22 클래스에 대한 내용은 5장을 참조하라.

with가 컨텍스트 매니저를 받으면 __enter__ 메서드에 의해 초기화를 실행한다. 필요하다면 객체를 리턴하여 이 객체가 as 뒤에 오는 임시변수에 할당된다. 위의 예에서는 open에 의해 컨텍스트 매니저가 되는 클래스 객체가 생성되어 파일 객체가 임시변수 f에 할당되고 있다.

그 다음 write 메서드가 처리를 마치고 with 블록을 벗어날 때 자동적으로 __exit__ 메서드가 호출된다. __exit__ 메서드에는 파일을 닫는 내용이 들어 있으므로 with문을 벗어날 때 자동적으로 파일이 닫히도록 되어 있다.

이 예에서 보듯 파일 입출력 제어에서 with문을 사용하는 예는 초심자가 보기에도 이해하기 쉽기 때문에 실제로도 많이 사용된다. 또 여기서는 자세히 다루지 않았지만 with문은 훨씬 응용 범위가 넓다. 이를테면 컨텍스트 매니저를 구현한 사용자 정의 클래스도 같은 방법으로 사용할 수 있다.

4.9 함수 정의하기

특정한 처리 내용을 반복해서 실행하는 경우 이 내용을 함수의 형태로 정리해두면 코드를 여러 번 작성하지 않아도 된다. 함수는 입력을 따로 필요로 하지 않는 처리 내용의 집합일 수도 있고, 입력(인자)으로 받은 내용에 대해 처리를 한 후 그 결과를 출력하는 형태를 가질 수도 있다. 이제 함수를 정의하는 방법을 학습해보자.

4.9.1 함수를 정의하는 기본 방법

'함수'라는 용어는 프로그래밍 분야와 수학 분야에서 조금 다른 의미로 사용된다. 프로그래밍 분야에서는 어떤 일련의 처리를 수행하는 프로그램에 이름을 붙여놓은 것을 **함수**라 부른다. 따라서 입력을 받아 이에 대한 처리를 하는 형태를 반드시 가질 필요는 없다. 물론 수학적 의미의 함수도 프로그램의 함수에 포함된다.

함수는 그림 4.24에서 보듯 **def**문을 사용해서 정의한다. 인자의 개수는 임의로 지정할 수 있으나 하나도 없을 수도 있다.

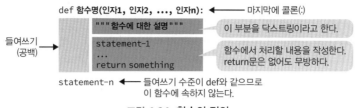

그림 4.24 함수의 정의

함수를 정의할 때 옵션으로 해당 함수에 대한 설명을 붙일 수 있다. 이를 **닥스트링** **(docstring)**이라 부른다. 닥스트링은 """이나 '''(겹따옴표 혹은 홑따옴표 3개)로 내용을 감싸면 된다.[23] 닥스트링은 여러 줄로 작성해도 상관없다. 또, 닥스트링은 객체의 특수 속성인 __doc__에 저장되며 IPython 등에서는 <객체명>?과 같이 물음표를 붙이면 닥스트링의 내용을 확인할 수 있다. 따라서 닥스트링에는 함수의 사용법이나 기능 등에 대한 설명을 작성해두는 것이 좋다. 함수의 정의가 끝나는 부분은 들여쓰기로 나타낸다. 이 규칙은 for문이나 if문에서 배웠던 것과 같다.

그럼 함수를 정의하는 구체적인 예를 살펴보자.

```
def my_add(a, b):
    """ 간단한 덧셈(혹은 문자열 연접)을 수행하는 함수 """
    print('인자는 %s와 %s\n' %(a, b))
    return a + b
```

함수를 정의하려면 **def** 뒤에 **함수명**과 **인자**를 지정한다. 여기서는 'my_add'가 함수명이고, 'a'와 'b'가 인자에 해당한다. 함수명은 알파벳이나 숫자, _(언더스코어)로 이뤄져야 하고 대소문자를 구별한다. 그리고 숫자로 시작할 수 없다. 파이썬 3.x부터는 한글도 함수명으로 사용할 수 있게 되었다. return문은 함수를 종료할 때의 리턴값을 정한다. 이 예에서는 a + b를 계산하여 함수를 호출했던 자리로 리턴한다. return문이 함수에 꼭 필요한 것은 아니며 리턴값이 없는 함수는 return문을 갖지 않아도 무방하다. 위에서 정의한 함수의 경우 다음과 같은 방법으로 리턴값을 얻을 수 있다.

---

23 """가 더 자주 사용된다. 닥스트링을 작성하는 스타일에 대해서 다음 URL의 PEP 257 참조.
URL https://www.python.org/dev/peps/pep-0257/

```
In [153]: ans = my_add(3, 4) # 함수의 리턴값을 ans에 할당
인자는 3과 4
In [154]: ans
Out[154]: 7
```

인자의 수가 다르거나 파이썬 인터프리터가 타입에 대한 처리를 할 수 없는 인자를 지정
하면 **TypeError 예외**가 전달된다. 위에서 본 **my_add** 함수의 정의에서는 인자의 데이터
타입에 대해서는 아무런 정의를 하지 않았으므로 파이썬 인터프리터가 가능한 한 인자의
타입에 맞춘 처리 방법을 택해서 실행해준다. 다음 예에서 이를 잘 확인할 수 있다.

```
In [155]: ans = my_add('abc', 'def')
인자는 abc와 def
In [156]: ans
Out[156]: 'abcdef'
In [157]: ans = my_add(3.2, 1.5)
인자는 3.2와 1.5
In [158]: ans
Out[158]: 4.7
```

4.9.2 옵션 인자

이번에는 함수의 인자에 기본값을 지정해서 이 인자를 옵션 인자로 만드는 예를 살펴보
자. 함수 정의에서 기본값을 지정한 인자가 사용된 경우 이 인자와 그 뒤에 오는 인자는
모두 옵션 인자가 된다. 다시 말해, 이들 인자는 함수를 호출할 때 지정을 하지 않아도
함수가 정상적으로 동작한다. 구체적인 예를 보도록 하자.

```
In [159]: def my_add2(a, b=5): # 인자 b에만 기본값을 지정
    ...: print('인자는 %s와 %s\n' % (a, b))
    ...: return a + b
    ...:
In [160]: my_add2(3) # a에 3이 할당되고, b는 기본값이 된다.
인자는 3과 5

Out[160]: 8 # 함수의 리턴값
```

이 예에서는 인자 b만 기본값을 갖는 옵션 인자로 정의돼 있다. my_add2(3)을 실행하면
인자가 하나만 지정되었으므로 두 번째 인자인 b에는 기본값 5가 적용되어 함수 안의 내
용이 실행된다. 이때문에 리턴값은 8이 된다.

그리고 함수 정의에서 기본값을 갖는 인자를 사용할 때 이 기본값으로 가변형인 값을 지정하면 예상치 못한 동작을 보이는 경우가 있으니 주의가 필요하다. 다음 예를 보기 바란다.

```
In [161]: def list_append(a, mylist=[]):
     ...:     mylist.append(a)
     ...:     return mylist
     ...:
In [162]: list_append(1)
Out[162]: [1]
In [163]: list_append(2)
Out[163]: [1, 2] # mylist의 변경된 값이 이어지고 있다.
In [164]: list_append(3)
Out[164]: [1, 2, 3]
```

이 예에서는 인자 mylist의 기본값이 애초 빈 리스트였으나, 첫 번째 함수 호출에서 리스트에 요소가 추가되면 이 요소가 다음 함수 호출 시에도 기본값인 리스트에 포함되어 있음을 보여준다. 이렇게 동작하는 것을 방지하려면 다음과 같이 None 같은 값을 기본값으로 삼는다.

```
In [165]: def list_append(a, mylist=None):
     ...:     if mylist is None:
     ...:         mylist = []
     ...:     mylist.append(a)
     ...:     return mylist
     ...:
In [166]: list_append(1)
Out[166]: [1]
In [167]: list_append(2)
Out[167]: [2] # 이전 호출의 영향을 받지 않는다.
```

4.9.3 가변 길이 인자와 키워드 인자

이번에는 함수가 갖는 인자의 수를 가변적으로 두는 방법을 소개하겠다. 아래의 예를 살펴보자.

```
In [168]: def func_varg(a, b, *args, **kwargs):
    ...:     print(a, b, args, kwargs) # 함수 정의의 끝
    ...:
In [169]: func_varg(3, 'best', 5, 6.2, num=3, hight='high')
Out[169]: 3 best (5, 6.2) {'num': 3, 'height': 'high'} # print() 함수의 출력
# '3'과 'best'는 필수 인자
# (5, 6.2)는 가변 길이 인자로 간주된다.
# {'num': 3, 'height': 'high'}는 키워드 인자로 간주된다.
```

이 예에서 먼저 처음 2개의 인자는 호출 시 필수 인자이지만 그 외에는 꼭 필요한 인자는 아니다. 위의 def문의 세 번째 인자 '*args'는 **가변 길이 인자**(variable length arguments)라고 한다. 또, 네 번째 인자 '**kwargs'는 **키워드(가변 길이) 인자**(keyword arguments)라고 한다. 키워드 인자는 항상 맨 마지막에 배치해야 한다.

가변 길이 인자는 **튜플** 형태로 함수에 넘겨진다. 위의 함수 정의에서는 args에 튜플이 할당된다. 키워드 인자는 딕셔너리 형태로 **함수**에 넘겨진다. 따라서 위의 예에서는 kwargs에 딕셔너리 타입이 할당된다. 예에서 print문의 출력 내용(Out [169]:)을 보면 이를 확인할 수 있다.

4.9.4 lambda 식

파이썬에는 **lambda** 식, 소위 말하는 익명 함수를 작성할 수 있는 기능이 있다. **익명 함수**란 이름 그대로 이름을 붙이지 않아도 되는 함수를 말하는데 따로 이름을 붙일 수도 있다. 아래의 예를 보기 바란다.

```
In [170]: mylamf = lambda x, y : x * x + y
In [171]: mylamf(3, 4) # x=3, y=4으로 해서 mylamf를 계산
Out[171]: 13
In [172]: mylamf(5, 2)
Out[172]: 27
```

이 예는 인자 x, y를 받아 '$x \times x + y$'를 계산하는 함수에 'mylamf'라는 이름을 붙이는 내용이다. 이것만 보면 평범하게 def문으로 정의한 함수와 무엇이 다른가 싶을 수도 있지만, 익명 함수는 **map**, **sorted**, **filter** 등의 함수와 조합하여 사용할 때 위력을 발휘한다. 여기서는 map( ) 함수와 함께 사용하는 예를 소개하기로 하겠다. 아래의 예를 보자.

```
In [173]: xy = [[3, 5, 1], [4, 2, 9]]
In [174]: ans = list(map(lambda x, y : x * x + y, *xy))
In [175]: print(ans)
[13, 27, 10]
```

이 예에서 인자 *xy는 리스트의 요소를 전개한 다음 map 함수에 이를 넘기므로, 예제의
두 번째 줄은 아래와 같은 의미가 된다.

```
In [176]: ans = list(map(lambda x, y : x * x + y, [3, 5, 1], [4, 2, 9]))
In [177]: ite = map(lambda x, y : x * x + y, [3, 5, 1], [4, 2, 9])
In [178]: next(ite)
Out[178]: 13
In [179]: next(ite)
Out[179]: 27
In [180]: next(ite)
Out[180]: 10
```

이 프로그램에서는 $x = 3$, $y = 4$일 때의 '$x \times x + y$' 외에도 $x = 5$, $y = 2$, $x = 1$, $y = 9$에
대해서도 같은 식을 계산한다.

map 함수의 출력은 **맵 객체(map object)**라 하는데 반복 가능한 객체의 일종이다. 이 객체
를 인자로 next( ) 함수를 호출하면 안에 저장된 데이터(여기서는 lambda 식을 사용한 계산 결
과)가 순서대로 나온다. 결과를 한꺼번에 꺼내고 싶을 때는 list 함수를 이용해서 리스트
로 변환하면 된다.

4.9.5 제너레이터 함수

함수 정의 안에서 **yield문**이 사용된 함수를 제너레이터 함수라고 한다. **제너레이터 함수**
는 반복 가능한 객체의 일종이다. 사용 예를 보도록 하자.

```
def count_down(m):
    print("카운트다운 %d부터 시작" % m)
    while m > 0:
        if m == 3:
            print('m = 3')
        yield m
        m -= 1
    print("카운트다운 끝")
    return
```

이 함수를 정의한 뒤 다음과 같이 함수를 호출하면 아무 일도 일어나지 않는다.

```
In [181]: cnt = count_down(5)
```

이렇게 호출하면 제너레이터 객체가 cnt에 할당된다. 재너레이터 객체는 이터레이터 (iterator)이므로 next( ) 함수(파이썬 3.x에서는 __next__ 메서드도 사용할 수 있음)에 인자로 넘기면 이 함수에서 yield된 값을 순서대로 꺼낼 수 있다. 여기서 'yield된다'는 것은 제너레이터 함수에서 출력되는 것을 의미한다.

print 함수의 출력은 yield와 관계없는 콘솔에 표시된다. 위에서 정의한 함수의 경우 next( ) 함수로 꺼낸 결과와 print 함수의 출력은 아래와 같다.

```
In [182]: next(cnt)
카운트다운 5부터 시작
Out[182]: 5
In [183]: next(cnt)
Out[183]: 4
In [184]: next(cnt)
m=3
Out[184]: 3
In [185]: next(cnt)
Out[185]: 2
In [186]: next(cnt)
Out[186]: 1
In [187]: next(cnt)
카운트다운 끝
Traceback (most recent call last):

  File "<ipython-input-17-77509b5792d1>", line 1, in <module>
    next(cnt)

StopIteration # 생성 대상이 더 이상 없게 되면 예외를 전달한다(정상 동작).
```

4.9.6 데코레이터

데코레이터란 함수나 클래스를 수식하여 기능을 변경하거나 확장하는 메커니즘이다. 데코레이터는 @(앳) 마크 뒤에 데코레이터가 되는 함수명을 작성하는 방식으로 다음과 같은 형태를 갖는다.

```
@debug_log
def myFunc(x):
    return x+x
```

이것은 사실 아래 코드의 축약형이다.

```
def myFunc(x):
    return x+x
myFunc = debug_log(myFunc)
```

이 예에서는 myFunc라는 간단한 함수를 정의하고, 이 함수가 debug_log( )에 의해 재정
의된다. 그럼 이 debug_log( )라는 함수로는 어떤 함수가 유용할까? 구현 예를 하나 보도
록 하자.

```
# 데코레이터(debug_log)의 기능을 활성화하기 위한 플래그
debug_trace = True
# 위의 플래그가 활성인 경우, 로그 파일을 연다.
if debug_trace:
    log_file = open("debug.log", "w", encoding='utf-8')

# 데코레이터 함수의 정의
def debug_log(func):
    if debug_trace:
        def func_and_log(*args, **kwargs):
            # func을 실행하기 전에 로그 파일에 기록
            log_file.write("시작 %s: %s, %s\n" %
                           (func.__name__, args, kwargs))
            # func를 그대로 실행
            r = func(*args, **kwargs)
            # func가 종료되면 로그 파일에 이를 다시 기록
            log_file.write("종료 %s: 리턴값 %s\n" % (func.__name__, r))
            return r
        return func_and_log
    else:
        return func # debug_trace = False면 아무것도 바뀌지 않는다.

# 데코레이터로 myFunc의 기능을 바꾼다.
@debug_log
def myFunc(x):
    return x+x

# 데코레이터로 변경된 myFunc를 실행
myFunc(3)
myFunc(5)
log_file.close() # 로그 파일을 닫는다.
```

이 예는 debug_trace 플래그가 True일 때만 로그 파일을 열고 디버그 정보를 로그에 남긴다. 이때문에 debug_trace가 True면 debug_log라는 함수는 인자로 받은 함수의 실행 전후로 로그 파일에 정보를 기록하도록 하는 처리를 추가한 래퍼 함수(wrapper function)를 만든다. 즉, 원래 함수 앞뒤에 로그 파일 기록을 위한 코드를 추가하여 만든 func_and_log라는 함수를 원래 함수와 바꾸는 것이다. 이 예에서는 debug_trace가 False이면 원래 함수에 아무 영향도 미치지 않는다.

한 함수에 데코레이터를 여러 개 지정할 수도 있다. 아래의 예를 보기 바란다.

```
@fout
@fmid
@debug_log
def myFunc(x):
    return x+x 이렇게 하면 아래 코드와 같은 의미가 된다.
myFunc = fout(fmid(debug_log(myFunc)))
```

데코레이터에 인자를 지정하여 동작을 제어하는 것도 가능하다.

4.9.7 절차적 언어

이번 장의 첫머리에서 절차적 프로그래밍 패러다임에 대해 언급한 바 있다. 절차적 프로그래밍 언어[24]에는 다음과 같은 특징이 있다.

❶ 미리 정해진 처리 내용을 함수로 만들어 이를 반복 사용할 수 있다. (모듈성)
❷ 처리의 흐름을 중심으로 작성한다.
❸ 데이터(의 구조)와 처리(함수)가 분리되어 있어 각각 규정된다.

4.1절의 스크립트 구성을 떠올려 보기 바란다. 앞서 나온 그림 4.1에서 볼 수 있듯이 먼저 필요한 처리(함수)를 정의하고, 이 처리의 흐름을 if __name__ == '__main__': 아래 작성한다. 바로 이것이 위의 세 가지 특징 중 ❶, ❷에 해당한다.

그리고 ❸의 특징인 데이터와 처리의 분리는 사용하는 데이터를 그에 대한 처리와 분리하여 어디서든 자유롭게 정의할 수 있다. 파이썬에서 사용하는 데이터는 모두 객체(4.2절)

---

24 일반적으로 명령형 프로그래밍 언어와 같은 의미로 사용된다.

라고 설명했으나, 이런 특징이 함수형 언어로 사용하는 데 장애가 되지는 않는다.

절차적 프로그래밍과 비교되는 경우가 많은 '함수형 프로그래밍'과 '객체지향 프로그래밍'의 차이도 간단히 설명하도록 하겠다. 함수형 프로그래밍에서는 데이터의 흐름을 중심으로 프로그램을 작성한다. 객체지향 프로그래밍에서는 데이터와 이 데이터에 대한 처리를 함께 정의한다는 차이가 있다.

파이썬에서는 함수형 프로그래밍과 객체지향 프로그래밍[25]이 모두 가능하다. 그러나 함수형 프로그래밍 언어로서의 특징[26]은 부가적인 요소에 가까우므로 이 책에서는 더 이상 자세히는 다루지 않는다. 더 자세한 내용은 파이썬의 공식 참조 문서[27]를 보기 바란다.

4.10 모듈과 패키지

파이썬에는 **표준 라이브러리**라고 하여 파이썬 본체와 함께 설치되는 **모듈**과 **패키지**가 여럿 포함돼 있다. 그 외에도 편리한 서드파티 라이브러리가 여러 가지가 있으며 프로그램을 작성할 때 이들을 흔히 사용한다. 또, 사용자가 작성한 파이썬 프로그램도 규모가 커지면 모듈이나 패키지로 분할하여 전체를 파악하기 쉽게 하거나, 프로그램을 다른 곳에서 재사용할 수 있게 한다. 이번 절에서는 이 모듈과 패키지에 대해 자세히 알아보도록 한다.

4.10.1 라이브러리, 모듈, 패키지

라이브러리(library)란 특정한 기능을 구현하기 위해 미리 작성된 한 무리의 프로그램을 가리킨다. 파이썬의 라이브러리는 다시 모듈과 패키지로 나뉜다.

앞서 설명한 바와 같이 파이썬의 **모듈**(module)은 함수나 클래스 등의 객체 정의를 포함하는 파일 하나를 가리킨다. 규모가 큰 프로그램을 작성할 때는 각 기능 단위로 파일을 나누고 싶은 경우가 있다. 이런 경우에는 모듈을 작성하여 다른 파일에서 이를 import하여

---

25 객체지향에 대해서는 이 책 5장에서 설명한다.

26 앞서 설명한 이터레이터나 리스트 컴프리헨션, 제너레이터 등은 함수형 프로그래밍과도 관계 깊은 언어 요소다. 이들을 사용하면 함수형 프로그래밍의 사상에 따라 프로그램을 작성할 수 있다.

27 ⓤⓡⓛ http://docs.python.org/3/howto/functional.html

사용한다. 파이썬에서는 **import**하지 않는 한 다른 파일에 작성된 내용을 볼 수 없다.[28]

또 모듈에는 실행문을 작성할 수도 있다. 이 실행문은 보통 해당 모듈을 초기화하기 위한 것으로 이 모듈을 어딘가에서 처음 읽어들였을 때 단 한 번 실행된다. 모듈을 사용하면 서로 다른 모듈의 작성자가 각각 정의한 전역 변수에 대한 중복의 우려가 해결된다.

파이썬의 **패키지(package)**는 여러 개의 모듈을 하나로 묶어 관리하는 것이다. 모듈의 실체는 파일 하나지만, 패키지의 실체는 패키지를 구성하는 모듈 파일이 여러 개 포함된 디렉터리다. 패키지의 구성을 그림 4.25에 실었다.

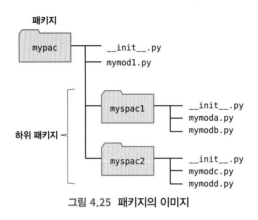

그림 4.25 패키지의 이미지

패키지 안의 폴더에는 __init__.py라는 파일이 있다.[29] 패키지를 import하면 우선 이 파일을 읽어들인다. 이 파일에는 패키지를 import할 때 실행하고 싶은 처리를 작성해둔다. 패키지에서는 패키지에 포함되는 모듈을 모듈명 앞에 .(점)을 붙여 호출한다. 예를 들어, 'foo.bar'처럼 <패키지명>.<모듈명>의 형식으로 모듈을 호출할 수 있다. 이런 구조 덕분에 다른 패키지와 모듈명이 중복돼도 걱정할 필요가 없다.

---

28 다른 언어 중에는 정의를 포함한 파일이 한 번 파싱되고 나면 이를 '볼 수 있는' 언어도 있다. 예를 들어 MATLAB에서는 실행 파일과 같은 디렉터리 안에 있는 파일에 정의된 함수는 import 등을 하지 않아도 이를 참조할 수 있다.

29 패키지의 일부로서 import 대상이 되지 않는 디렉터리에는 __init__.py 파일을 둘 필요가 없다.

4.10.2 import의 기본

모듈은 파이썬 프로그램이 담긴 파일이라고 설명한 바 있다. 따라서 파이썬의 스크립트 파일은 보통 그 자체를 모듈로 만들 수 있다. 아래의 예를 보자.

```python
# 파일명 : module_1.py
print("module_1 is imported.")
wgt = 60.5 # 초기 체중 [kg]

def teacher(x):
    if x > 60:
        print("과다 체중입니다")
    else:
        print("적정 체중입니다")
def run(weight):
    print("달리기로 체중을 1kg 감량합니다")
    weight -= 1
    return weight
```

이 프로그램이 'module_1.py'라는 파일에 저장돼 있다고 하자. 이때, 이 모듈(파일)을 import하려면 import module_1이라고 하면 된다. 이 모듈이 처음으로 import될 때 다음과 같은 과정이 일어난다.

❶ 새로운 네임스페이스를 만들고 import하는 모듈 안의 객체를 모두 이곳에 저장한다.

❷ import하는 모듈 안의 코드를 새 네임스페이스 안에서 실행한다.

❸ 모듈이 import한 네임스페이스에 새로 만든 네임스페이스에 대한 참조명을 만든다. 이 참조명은 모듈의 이름과 같다.

모듈을 호출한 쪽(module_2.py)에서는 다음과 같이 조금 전의 모듈(module_1.py)을 이용할 수 있다.

```python
# 파일명 : module_2.py
import module_1 # module_1을 import해서 이 모듈 안의 프로그램을 실행

# module_1 안의 변수에 접근
weight = module_1.wgt
# 이 아래로 module_1 안의 함수에 여러 번 접근한다.
module_1.teacher(weight)
weight = module_1.run(weight)
module_1.teacher(weight)
```

이를 실행한 결과는 다음과 같다.

```
In [188]: %run module_2.py
module_1 is imported.  # import 시에 실행된 출력
과다 체중입니다  # 이 줄 아래로는 함수를 내용 호출한 결과
달리기로 체중을 1kg 감량합니다
적정 체중입니다
```

여기서 주의할 점은 import한 모듈 안의 코드는 처음 import되었을 때만 실행된다는 것과 출력이 있는 실행문이 포함된 경우에는 이 출력 내용이 import 시점에만 출력된다는 것이다.

그런데 모듈을 import하는 방법은 한 가지만 있는 것이 아니다. 모듈을 import하는 패턴은 크게 아래와 같이 나뉜다.

❶ import [모듈명]

❷ import [모듈명] as [별명]

❸ from [모듈명] import [모듈 요소명 1], [모듈 요소명 2], ...

❹ from [모듈명] import *

❺ from [모듈명] import [모듈 요소명] as [별명]

❻ import [모듈명 1], [모듈명 2], ...

방법 ❶은 단순히 모듈을 import하는 예다. import한 모듈명을 그대로 사용하며 .(점)으로 연결하는 방법으로 이 모듈 안의 **요소**(함수나 클래스, 변수 등)를 참조한다.

방법 ❷는 import한 모듈에 별명을 붙이는 방법이다. 이 방법을 사용한 경우에는 <별명>.<요소명>의 형식으로 모듈 안의 요소를 참조할 수 있다. 모듈명이 길거나 한 경우에 편리하다.

방법 ❸은 모듈 안에서 특정한 함수나 변수 등 일부 요소만을 import할 때 사용하는 방법이다. 이 방법을 사용하면 import한 요소를 모듈명을 붙이지 않고 참조할 수 있게 된다. 다시 말해 <모듈명>.<요소명> 형식이 아니라 <요소명>만으로도 참조할 수 있다. 코드가 짧아져서 가독성 향상이라는 관점에서는 편리하지만 서로 다른 모듈에서 같은 이름의 요소가 import되는 폐해가 있으므로 주의가 필요하다.

예를 들면, 파이썬의 표준 라이브러리에는 'os' 모듈과 'sys' 모듈이 있는데, 이 두 모듈은 모두 'path'라는 이름의 요소를 갖고 있다. 'os.path'는 모듈이고, 'sys.path'는 리스트(변수)다. 이 2개의 요소를 from을 사용해서 `from os import path`, `from sys import path`와 같이 둘 다 import한 경우 'path'라는 이름에 나중에 import된 요소가 덮어쓰게 된다.

파이썬에서는 모듈, 함수, 클래스 등도 정수나 문자열과 마찬가지로 변수에 대입하여 이름을 붙일 수 있다. 그리고 이 변수는 몇 번이고 재정의하는 것이 가능하다. 따라서 파이썬에서는 오류 발생도 없이 눈치채지 못한 틈에 변수가 다른 것으로 바뀐 경우를 당하기 쉽다. from을 사용해서 import할 때 이 점에 유의하도록 하자.

방법 ❹는 해당 모듈의 모든 요소를 import한다. 이를 **별 import**라고도 한다. 이 방법은 대상 모듈에 어떤 요소가 있는지를 완전히 파악하고 있다면 크게 문제가 되지 않지만, 그렇지 않은 경우에는 깨닫지 못한 사이에 변수를 덮어쓸 가능성이 높다. PEP 8에서도 이 방법은 사용하지 말라고 하고 있다.

방법 ❺는 방법 ❸의 응용이다. import한 요소에 별명을 붙여 참조할 수 있도록 한다.

방법 ❻은 여러 개의 모듈을 import하는 방법이다. 그러나 이 방법 역시 PEP 8에서 권장하지 않는 방법이므로 되도록 사용하지 않도록 한다.

■ 패키지의 import

지금까지 모듈을 import하는 방법에 대해서 알아봤다. 패키지를 import하는 방법도 아래와 같이 거의 비슷한 방법을 사용한다.

① `import [패키지명1]`

② `from [패키지명] import [패키지명 1], [패키지명 2], ...`

③ `from [패키지명] import *`

④ `import [패키지명] as [별명]`

⑤ `from [패키지명] import [모듈명] as [별명]`

⑥ `import [패키지명.모듈명]`

⑦ `import [패키지명.모듈명] as [별명]`

⑧ `import [패키지명 1], [패키지명 2], ...`

앞서 나온 그림 4.25의 패키지를 예로 들면, import mypac.myspac1 혹은 import mypac as mp, import mypac.myspac1.mymoda as mma와 같은 방법으로 import할 수 있다. 모듈의 import와 다른 점은 패키지 안의 어떤 부분을 import할지를 .(점)으로 연결한 계층 구조로 나타낸다는 점뿐이다.

4.10.3 파일을 검색하는 순서

파이썬에서 모듈을 import할 때 import하려는 이름의 모듈이 여러 군데 존재하는 경우가 있다. 이런 경우에는 미리 정해진 우선순위에 따라 모듈을 검색해서 가장 처음 발견된 모듈을 import하도록 되어 있다. 파이썬이 모듈을 검색할 때 적용되는 우선순위는 크게 다음과 같다.

❶ 현재 작업 디렉터리
❷ 환경 변수 PYTHONPATH에 설정된 디렉터리
❸ 표준 라이브러리의 모듈 디렉터리
❹ 서드파티 라이브러리의 모듈 디렉터리

현재 적용되는 검색 경로 및 그 우선 순위를 자세히 알아보려면 다음과 같은 방법이 있다.

```
In [189]: import sys
In [190]: sys.path
['',
[<이하 생략 : 경로의 목록이 출력된다>]
```

검색 경로에는 디렉터리와 파이썬 모듈을 포함하는 zip 압축 파일을 지정할 수 있으며, 다음과 같이 검색 경로를 추가할 수 있다.

```
In [191]: import sys
In [192]: sys.path.append("mymodules.zip")
In [193]: sys.path.append("c:/Myfolder/mysubfolder")
```

자주 있는 일은 아니지만 같은 이름의 모듈이 여러 곳에서 발견되는 경우가 있다. 예상하는 것과 다른 모듈이 import되는 일이 없도록 시스템에 중복되는 이름의 모듈이 없도록 항상 확인하자. 또, 앞서 설명한 검색 경로의 우선순위를 염두에 두고 파일을 배치하는 것이 좋을 것이다.

4.11 네임스페이스와 유효 범위

프로그래밍 언어에는 일반적으로 **네임스페이스**와 **유효 범위**라는 개념이 있다. 네임스페이스란 변수나 함수명 등의 '이름'과 이들이 가리키는 '객체'의 대응 관계를 말한다. 그리고 이 변수가 소스 코드상에서 참조될 수 있는 범위를 유효 범위라고 한다. 이번 절에서는 파이썬에서의 이들 개념에 대해 알아보며 유효 범위를 자유롭게 다룰 수 있도록 하자.

4.11.1 네임스페이스

네임스페이스(namespace)란 간단히 말해 '이름'과 그 이름이 가리키는 '객체'의 대응 관계다. 파이썬에서는 보통 딕셔너리 타입으로 구현된다. 네임스페이스는 사용자가 직접 만드는 것이 아니라 프로그램이 필요로 할 때 자동적으로 생성되며 필요하지 않게 되면 파기된다. 예를 들어, 모듈을 읽어들일 때 해당 모듈의 네임스페이스가 생성된다. 이를 이 모듈에 대한 **전역 네임스페이스(global namespace)**라고도 한다.

함수 역시 호출될 때 네임스페이스를 생성한다. 그리고 함수가 종료되면 생성된 네임스페이스는 삭제된다. 함수의 네임스페이스는 **지역 네임스페이스(local namespace)**라고 한다.

이외에도 내장 함수 등에 대한 이름을 포함하고 있는 네임스페이스로 **내장 네임스페이스 (built-in namespace)**가 항상 존재한다. 이 때문에 print( )나 id( ) 등의 함수를 항상 사용할 수 있다.

각각의 네임스페이스는 서로 완전히 독립적이기 때문에 여러 개의 네임스페이스에 같은 이름의 객체가 존재해도 문제되지 않는다. 앞에서 설명했다시피 파이썬의 모듈은 파일 하나에 해당한다. 따라서 여러 개의 파일로 구성되는 프로그램에는 각각의 파일 안에 같은 이름의 변수가 존재한다고 해도 기본적으로 문제가 되지 않는다. 예를 들어 2개의 파일 tokyo.py와 yokohama.py로 된 스크립트에 constA라는 이름을 가진 변수가 각각 있다고 하자. 이런 경우에도 변수 constA를 다루는 데 아래와 같이 문제가 없음을 알 수 있다.

```
import tokyo # tokyo.py 안에 constA가 정의되어 있음
import yokohama # yokohama.py 안에도 constA라는 변수가 정의되어 있음

constA = tokyo.constA + yokohama.constA # 어느 모듈의 constA인지 구별 가능
```

그러나 다음과 같은 상황에서는 이름이 중복되므로 의도대로 동작하지 않는다.

```
from tokyo import constA     # tokyo.py 안에 있는 constA에 'constA'로 접근할 수 있음
from yokohama import constA # yokohama.py 안에 있는 constA에도 'constA'로 접근할 수 있음

constA = constA + constA     # 이 constA는 둘 중 어느 것일까?
```

이 예에서는 먼저 2개의 import문에서 tokyo.py와 yokohama.py 안에 정의된 constA를
모두 japan.py에서 직접 'constA'로 접근할 수 있도록 했다. 이 때문에 이름에 충돌이 발
생하여 'constA'가 어느 변수를 가리키는지 알 수 없게 됐다. 여기서 '직접 접근한다'는 것
은 'tokyo.constA'처럼 모듈명을 앞에 붙일 필요가 없다는 의미다. 만약, 두 constA를 모
두 직접 접근하려는 경우에는 import할 때 다음과 같이 별명을 붙여줄 필요가 있다.

```
# japan.py
from tokyo import constA as tconstA     # constA에 별명 tconstA를 붙인다.
from yokohama import constA as yconstA # constA에 별명 yconstA를 붙인다.

japan_constA = tconstA + yconstA
```

4.11.2 유효 범위

유효 범위(scope)란 파이썬 프로그램에서 어떤 객체를 직접 참조할 수 있는 범위를 말한
다. 여기서 말하는 '직접'은 import한 모듈명을 붙여 'numpy.pi'와 같은 식으로 접근하는
것이 아니라 'pi'처럼 변수명만 써서 이름을 지정하는 것을 말한다. 프로그램을 실행할 때
는 보통 아래와 같이 마치 마트료시카[30] 인형 구조의 유효 범위가 존재한다.

---

30 옮긴이 나무로 만든 러시아의 인형이다. 인형 몸체 안에 조금 더 작은 인형이 들어 있으며 이런 구조가 여러 번
반복되는 상자 구조로 되어 있다.

❶ 지역 변수를 가지며 현재 실행하는 코드가 있는 함수 등의 유효 범위

❷ 바깥쪽 함수의 유효 범위. 가까운 것부터 순서대로 검색되며, 지역 변수도 전역 변수도 아닌 변수를 갖는다

❸ 전역 변수를 갖는 모듈의 유효 범위

❹ 내장 요소의 이름을 갖는 가장 바깥쪽 유효 범위

함수 안에서 어떤 변수가 나타났을 때 이 변수는 먼저 해당 함수의 지역 네임스페이스 (❶)에서 검색된다. 만약 여기서 발견되지 않았다면 좀 더 바깥쪽의 유효 범위(함수 호출이 중첩된 경우, ❷), 모듈의 전역 네임스페이스(❸), 내장 요소의 네임스페이스(❹) 순으로 찾아나간다.

4.11.3 함수에서의 유효 범위와 네임스페이스

앞서 설명한 바와 같이 함수가 실행되면 매번 새로운 네임스페이스가 생성된다. 이 네임스페이스는 해당 함수에서 사용되는 인자나 함수 안에서 정의된 변수 등의 이름을 포함하는 지역적인 환경을 제공한다. 지역적인 환경이란 바깥쪽의 함수나 스크립트에서는 보이지 않는 네임스페이스라는 의미다. 함수가 마트료시카 인형처럼 겹쳐 있으면 이 지역 네임스페이스 안에 또 다른 지역 네임스페이스가 생긴다. 네임스페이스의 이미지를 그림 4.26에 실었다.

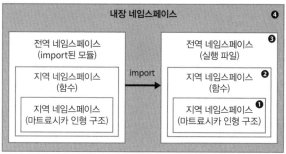

❶, ❷, ❸, ❹는 ❶에 현재 실행 코드가 있을 때 변수 이름 검색

그림 4.26 네임스페이스의 이미지

스크립트 파일을 실행하면 그 실행 환경에 대해 전역 네임스페이스가 할당된다. 그림 4.26은 모듈을 하나 import할 때에 대한 이미지이지만 모듈을 여러 개 읽어들이면 전역

네임스페이스가 여러 개 존재하게 된다. 그리고 전역 네임스페이스를 사용할 수 있는 유효 범위를 전역 유효 범위, 지역 네임스페이스를 사용할 수 있는 유효 범위를 로컬 유효 범위라고 한다. 보통은 전역 네임스페이스를 이루는 모듈(파일)이나 코드 블록(함수 정의 등)과 유효 범위가 일대일로 대응한다. 그리고 클래스가 관계된 경우에는 조금 상황이 복잡해지기 때문에 이 부분은 5장에서 설명하겠다.

■ 네임스페이스와 변수의 조작

함수 안에서 쓰이는 변수는 먼저 지역 네임스페이스부터 찾는다. 만약 지역 네임스페이스에 해당 변수가 없는 경우에는 전역 네임스페이스를 찾는다. 전역 네임스페이스에도 이 객체가 없으면 마지막으로 내장 네임스페이스를 검색한다. 여기에도 찾는 객체가 없으면 **NameError 예외**를 전달하고 오류가 발생한다.

바깥쪽 네임스페이스에서 변수가 발견된 경우에도 이 데이터를 참조할 수는 있지만 데이터 자체를 변경할 수는 없다. 바깥쪽 네임스페이스의 변수에 새로운 값을 대입하고 싶어도 지역 네임스페이스에 그 이름의 변수가 새로 생겨서 새로 생긴 변수에 대입이 이뤄진다. 다음 예를 살펴보도록 하자.

```
In [194]: a,b = 3, 7 # 전역 네임스페이스상의 변수 a, b
In [195]: def foo():
    ...:     a = 5 # 함수 foo()의 지역 네임스페이스상의 변수 a
    ...:     print('(a, b) = (%d, %d)' % (a, b))
In [196]: foo()
Out[196]: (a, b) = (5, 7) # b는 전역 네임스페이스로부터 참조
In [197]: a
Out[197]: 3 # 전역 네임스페이스상의 a의 값은 여전히 3
```

이 간단한 예로도 알 수 있는 것처럼 지역 네임스페이스에 없는 변수는 전역 네임스페이스로부터 참조할 수는 있지만, 전역 네임스페이스에 있는 변수의 데이터를 변경할 수는 없다.

■ global문과 유효 범위 확장

전역 네임스페이스에 있는 변수를 로컬 유효 범위에서 변경할 수 있는 수단이 없다고 했지만 사실은 이를 가능하게 하는 **global문**이 있다.

```
In [198]: a, b = 3, 7 # 전역 네임스페이스상의 변수 a, b
In [199]: def foo():
    ...:     global a # a는 전역 네임스페이스상의 a를 가리킨다.
    ...:     a = 5 # 전역 네임스페이스상의 a를 5로 변경
    ...:     print('(a, b) = (%d, %d)' % (a, b))
In [200]: foo()
(a, b) = (5, 7)
In [201]: a
Out[201]: 5 # 전역 네임스페이스상의 a가 함수 foo() 안에서 변경되었음
```

이 예에서는 global문으로 수식된 함수 foo 안의 변수 a를 함수 foo 안에서 사용한 a에
대한 할당문에 의해 전역 네임스페이스에 있는 변수 a의 데이터가 변경되었다. 다시 말해
'변수 a에 대한 할당문'의 유효 범위가 확장되었다고 볼 수 있다.

■ nonlocal과 유효 범위 확장

마트료시카 인형 구조를 갖는 함수의 경우 **nonlocal문**을 사용하면 global문과는 약간
다르지만 역시 유효 범위를 확장할 수 있다. 예를 들어 파이썬에서는 다음과 같은 마트
료시카 인형 구조의 함수에서 nonlocal문을 사용할 수 있다.

```
In [202]: def countdown(init_n):
    ...:     n = init_n
    ...:     def minusone():
    ...:         nonlocal n # 부모 함수에서 정의된 n을 사용한다. (파이썬 3.x에서만 가능)
    ...:         n -= 1
    ...:     while n > 0:
    ...:         print(n)
    ...:         minusone()
In [203]: countdown(3)
3
2
1
```

이 예에서는 countdown( )이라는 함수 안에 minusone( )이라는 함수가 정의되어 있다.
이런 마트료시카 인형 구조를 갖는 함수에서는 먼저 minusone( )의 지역 네임스페이스
안에서, 함수 안에서 참조되는 변수가 검색된 다음, 여기에서 찾지 못한 경우에는 다시
바깥쪽에 있는 countdown( )의 네임스페이스를 검색한다. 그래도 찾지 못한 경우에는 전
역 네임스페이스에서 찾는 식으로 단계를 밟아나가며 변수를 찾는다. 단, 위의 예에는
nonlocal문이 쓰였기 때문에 변수 n은 함수 minusone( )의 지역 변수가 아니게 되므로

전역 네임스페이스도 지역 네임스페이스도 아닌 바깥쪽 네임스페이스(그림 4.26의 ❷)를 검색하라는 의미가 된다. global문과 비슷하지만 global문에서는 전역 네임스페이스부터 변수를 검색하도록 한다는 점이 다르다.

■ 클로저

앞의 내용과 관련된 내용으로 마트료시카 인형 구조를 갖는 함수의 바깥쪽 함수에서 정의된 변수나, 전역 네임스페이스의 변수를 참조하는 변수에 대해서 인자 이외의 변수를 실행할 때의 환경이 아니라 자신이 정의된 환경에서 해결하는 특징을 갖는 함수를 **클로저(closures)**라고 한다. 아래의 프로그램을 실행하면 print문의 출력 결과로 '5'가 출력된다.

```
# file : fetcha.py
a=3
def fetch_a():
    return a

if __name__ == "__main__":
    a=5
    print(fetch_a()) # 결과는 '5'
```

이와 달리, 이 fetcha.py라는 파일을 다음과 같이 모듈로 읽어들여 fetch_a( ) 함수를 사용해보자.

```
from fetcha import fetch_a

a=7
print(fetch_a()) # 결과는 ('7'이 아니라) '3'
```

이 예에서 print문의 결과가 '7'이 아니라 '3'이 나왔다. a의 데이터는 fetch_a( )가 정의되는 시점의 환경에서 해결된 '3'이 쓰이고 있다. 클로저는 잘 사용하면 매우 편리하지만 자칫 일반적인 예상을 벗어날 가능성도 있으므로 주의가 필요하다.

4.12 정리

이번 장에서는 파이썬의 전반적인 기본에 대해 설명했다. 이번 장의 내용을 배움으로써 프로그램에서 쓰일 변수를 정의하고, 함수를 사용하여 구조화된 프로그램을 작성하여, 프로그램의 흐름을 제어하기 위한 기초를 익혔을 것이다.

특히, 과학 기술 컴퓨팅 분야에서 파이썬을 이용하는 주요 이유 중 하나인 메모리를 사용하는 방식에 중점을 두고 변수를 생성하거나 복사할 때 일어나는 일(얕은 복사, 깊은 복사)이나, 네임스페이스와 유효 범위에 대해 자세히 다뤘다. 이 지식을 기반으로 하여 7 장에서는 NumPy를 사용한 복사를 할 때 일어나는 일에 대해서도 자세히 배울 것이다. 이를 통해 효율적인 메모리 사용과 고속으로 동작하는 프로그램을 작성하는 데 필요한 지식을 익히도록 하자. 네임스페이스와 유효 범위에 대해서도 여러 라이브러리를 활용한 대규모 프로그램을 작성하려는 독자는 이를 잘 이해해야 한다. 이 책의 예제를 통해 본 격적인 프로그램 작성에 필수적인 이 장의 지식을 습득하기 바란다.

그리고 클래스와 객체의 기초에 대해서는 5장에서, 데이터 입출력 기능은 6장, 그리고 내 장 함수와 표준 라이브러리에 대해서는 책 뒤의 부록 B에서 자세히 다뤘으므로 필요하 다면 이를 참조하기 바란다.

CHAPTER

5

클래스와 객체의 기초

이번 장에서 배우게 될 각 항목을 소개하고, '클래스 정의', '상속', '정적 메서드와 클래스 메서드', '캡슐화를 위한 방법', '클래스와 네임스페이스'에 대해 순서대로 살펴보도록 하자.

클래스는 객체(4.2절 참조)의 설계도라고 할 수 있다. 지금까지는 정수 타입이나 문자열 타입 등 이미 설계도가 있는 데이터 타입으로 된 데이터만을 다뤘다. 이번 장에서 클래스를 배우게 되면 새로운 데이터 타입의 설계도를 만들 수 있게 될 것이다.

5.1 클래스 정의

이번 절에서는 **클래스 정의**에 대한 기본적인 내용을 다룬다. 클래스를 정의하기 위한 문법 외에도 특수 메서드인 생성자와 소멸자를 설명한 뒤, 클래스 속성과 인스턴스 속성의 차이에 대해서도 설명한다.

5.1.1 이번 장에서 배울 내용

클래스의 기본적인 개념과 이를 실용적으로 사용하기 위한 필수적인 내용을 배우기 위해 이번 장에서는 아래와 같은 항목을 설명한다. 이들 기법을 배우고 나면 한눈에 알아보기 쉬운 프로그램 작성 기술을 습득하게 된다.

- 클래스 정의의 기본(새로운 데이터 타입의 설계도를 작성하는 기본적인 방법)
- 인스턴스화(설계도에 기초하여 객체를 생성)
- 클래스의 상속(데이터 타입의 설계도를 빌림)
- 특수한 메서드(정적 메서드와 클래스 메서드)
- 정보 은폐와 캡슐화(정보를 외부로부터 숨기는 것의 의미와 그 방법)
- 네임스페이스와의 관계

5.1.2 클래스 정의의 기본 형태

클래스란 '객체를 생성하는 것이 목적인 확장 가능한 프로그램 코드의 작은 모형'이다. 바꿔 말하면 객체의 설계도라고 할 수 있다. **클래스**는 **데이터**와 이 데이터에 대한 처리인 **메서드**로 구성된다.

객체지향에서 간혹 데이터만을 '속성(attribute)'이라고 부르는 경우가 있으나, 파이썬에서는 .(점)으로 연결하여 호출하는 데이터와 메서드를 모두 '속성'이라고 한다. 이 책에서는 파이썬의 정의를 따라 데이터와 메서드를 포함하는 의미로 '속성'을 사용할 것이다.

클래스 정의의 기본 형태를 그림 5.1에 실었다. 클래스를 정의하려면 **class문**을 사용한다. 예약어 class 뒤에 클래스명을 적고, 상속(뒤에서 설명함)할 클래스의 이름을 괄호 안에 작성한다. 이렇게 상속할 클래스를 **기반 클래스**(뒤에 설명함)라고 하며, 기반 클래스는 생략할 수 있다. 이런 경우에는 클래스 이름 뒤에 괄호를 생략하고 'class 클래스명:'으로 작성한다.

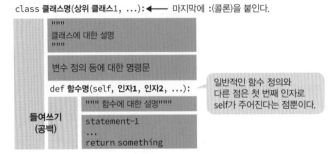

그림 5.1 클래스 정의의 기본 형태

클래스를 정의하는 방법은 함수와 비슷하다. 들여쓰기를 사용해서 코드 블록의 범위를 나타내고, 함수를 정의할 때처럼 닥스트링을 작성할 수도 있다. 클래스 이름은 일반적으로 'MyClass'처럼 영단어의 첫글자만을 대문자로 써서 붙여쓰는 식으로 이름을 짓는다.[1]

클래스는 객체의 설계도라고 할 수 있다. 이 설계도에 기초하여 여러 개의 객체를 만들 수 있는데 이렇게 객체를 생성하는 것을 **인스턴스화**라고 하며, 생성한 객체를 **인스턴스**라고 부른다.

인스턴스는 '객체'이며 그 객체의 이름은 '변수'이지만, 강조하여 '인스턴스'라고 부르는 경우는 클래스 정의로부터 만든 객체임을 명확히 하기 위한 일종의 관례다.

그럼, 구체적인 클래스의 정의와 이 정의에 대한 클래스 인스턴스의 생성을 살펴보자. 리스트 5.1을 보자.

리스트 5.1 클래스 정의의 한 예(class1.py)

```python
# 클래스 정의
class MyClass(object):  # ❶ 상속하는 클래스 없음
    """ ❷ 클래스의 닥스트링 """
    # ❸ 변수 x, y 정의
    x = 0
```

---

1 이 방법을 어퍼 카멜 케이스(upper-camelcase), 파스칼 케이스(pascal-case)라고도 부른다.

```
    y = 0
    # ❹ 이 클래스가 갖는 메서드 정의
    def my_print(self):
        # 변수 x에 1을 더함
        self.x += 1
        # 변수 y에 1을 더함
        MyClass.y += 1
        # 변수 x와 y의 값을 확인
        print('(x, y) = ({}, {})'.format(self.x, self.y))

# 클래스의 인스턴스를 생성
f = MyClass  # ❺ ()가 없으면 클래스에 별명을 붙인다는 의미
a = MyClass()  # ❻ MyClass 클래스의 인스턴스를 만들고 여기에 a라는 이름을 붙임
b = f()  # ❼ f()는 MyClass()와 같은 의미(❺에서 별명을 붙였으므로)
# ❽ 메서드 실행
a.my_print()
b.my_print()
b.my_print()
```

이 예에서는 'MyClass'라는 이름의 클래스를 정의하고 있다. 이 클래스는 어떤 클래스로 부터도 상속을 받지 않았으므로 이 클래스의 기반 클래스(자세한 내용은 나중에 설명함. 5.2 절 참조)는 자동적으로 'object'가 된다. 위의 예에서는 이를 명시적으로 나타내고 있다(클래스 상속에 대해서도 나중에 설명함). 기반 클래스가 되는 object 클래스일 때는 따로 명시적으로 작성할 필요가 없으므로 class MyClass:라고 작성해도 무방하다.

그 다음 ❷에서 이 클래스에 대한 설명을 덧붙인다. 이 도움말을 함수와 마찬가지로 닥스트링이라고 부르는데, 반드시 필요한 것은 아니다. ❸에서는 클래스의 인스턴스 변수로 x와 y를 정의하고 있다. 물론, 리스트나 딕셔너리 타입 등 어떤 데이터 타입의 객체라도 클래스 변수로 삼을 수 있다. ❹에서는 이 클래스의 메서드를 정의하고 있다. 여기서는 이 클래스의 변수 x와 y에 1을 더하고 이 값을 출력하는(print) 내용이 정의되어 있다. 클래스가 갖는 메서드의 첫 번째 인자는 이 클래스에 속하는 인스턴스를 참조하기 위한 인자인 self다. 사실 이 인자의 이름은 무엇이든 상관없지만 'self'라는 이름을 사용하는 것이 관례적으로 굳어져 있다. 이 예에서 보듯, 데코레이터가 달리지 않은 메서드를 **인스턴스 메서드**라고 한다. 그 외의 메서드에 대해서는 5.3절에서 설명하겠다.

5.1.3 클래스 속성과 인스턴스 속성

앞서 본 리스트 5.1의 예에서 변수 x와 y를 참조하는 방법이 조금 달랐다. x는 self.x처럼 앞에 'self'를 붙여주고 점으로 연결했다. y는 'MyClass.y'처럼 클래스명을 앞에 붙였다. 그럼 이들이 어떤 차이가 있는지 알아보자.

앞에서 설명했듯이 self는 인스턴스를 참조하기 위한 이름이다. 그러므로 x를 인스턴스 고유의 변수로 다루게 된다. 이런 변수를 **인스턴스 속성**이라고 한다. 이와 달리 클래스명을 지정했던 'MyClass.y' 쪽은 y를 클래스 속성으로 다룬다는 의미다. 이 경우 MyClass라는 클래스에 속하는 여러 개의 인스턴스가 속성 y를 공유한다. 이런 변수를 **클래스 속성**이라고 한다.

이 내용을 리스트 5.1의 예를 통해 확인해보자.

먼저, 클래스의 인스턴스를 만드는 부분이다. ❺에서 MyClass 클래스에 'f'라는 별명을 붙이고 있다(()가 붙지 않았기 때문). 그리고 실제 인스턴스를 만드는 부분은 ❻과 ❼이다. 클래스명인 MyClass에 ()를 붙이면 인스턴스가 생성된다. ❼에서는 별명 f를 사용했을 뿐 내용은 ❻과 같다.

그리고 ❽에서 a의 메서드 my_print()와 b의 메서드 my_print()가 각각 한 번씩 실행된다. 이를 실행한 결과는 아래와 같다.

```
In [1]: %run class1.py
(x, y) = (1,1)
(x, y) = (1,2)
(x, y) = (2,3)
```

이 예에서 x는 인스턴스 속성이기 때문에 x의 값은 인스턴스 a와 b에서 각각 my_print() 메서드가 실행된 횟수를 나타낸다. 이와 달리 y는 클래스 속성이므로 a와 b 두 인스턴스에서 my_print()가 실행된 횟수의 합이 된다. 이렇듯 클래스에서 정의된 변수를 각 인스턴스 고유의 객체로 다룰 수도 있고, 클래스 고유의 객체로 다룰 수도 있으므로 이를 잘 구별해서 사용하는 것이 중요하다.

5.1.4 생성자와 소멸자

파이썬의 클래스에는 객체지향 언어의 클래스에 대개 있게 마련인 **생성자**와 **소멸자**에 해당하는 기능을 제공하는 메서드가 있다. 또한 이들 메서드는 특별한 이름을 사용하여 일반적인 메서드와 구별한다. 생성자란 인스턴스를 만들 때 인스턴스의 초기화를 위해 실행되는 메서드고, 소멸자는 인스턴스를 삭제할 때 실행하는 종료 처리를 위한 메서드다.

파이썬에서는 __init__이라는 이름으로 생성자 메서드를 정의한다. 리스트 5.2를 보자.

리스트 5.2 생성자 메서드의 예(class2.py)

```
# 클래스 정의
class MyClass(object):  # 상속하는 클래스 없음
    """ 이 클래스의 닥스트링 """

    def __init__(self, x, y):
        self.x = x
        self.y = y

    def my_print(self):
        print('{}년의 올림픽 개최지는 {}'.format(self.x, self.y))

# 클래스의 인스턴스를 생성
a = MyClass(2016, '리우데자네이루')
b = MyClass(2020, '도쿄')
# 메서드를 실행
a.my_print()
b.my_print()
```

리스트 5.2의 예에서는 메서드 __init__ 2개의 인자를 넘겨 인스턴스를 만들 때 새로 만들 인스턴스의 속성을 초기화하고 있다. 속성값에 대한 설정은 별도의 메서드를 호출해서도 가능하지만 인스턴스를 생성하면서 함께 설정하는 것이 편리하다. 이 스크립트의 실행 결과는 다음과 같다.

```
In [2]: %run class2.py
2016년의 올림픽 개최지는 리우데자네이루
2020년의 올림픽 개최지는 도쿄
```

소멸자 메서드는 __del__이다. 파이썬이 인스턴스를 삭제할 때 해당 클래스에 __del__이라는 메서드가 정의되어 있으면 자동적으로 호출된다. 그러나 파이썬에서는 보통 소멸자

메서드를 정의하지 않는다. 왜냐하면 소멸자 메서드가 반드시 호출된다는 보장이 없기 때문이다. 이 문제는 파이썬 언어 스펙에 대한 것이다.[2] 리소스 관리는 소멸자 메서드를 통해서가 아니라 with문 등을 사용하는 것이 옳다.

5.2 상속

객체지향 프로그래밍의 클래스를 이해하기 위해 상속의 개념은 매우 중요하다. 상속이란 기존의 클래스에 대한 설계도를 이어받아 그 일부를 수정하여 새로운 클래스를 만드는 메커니즘이다. 이번 절에서는 상속에 대해서 설명한다.

5.2.1 기반 클래스와 파생 클래스

기존의 클래스를 **기반 클래스(base class)** 또는 **상위 클래스(superclass)**라고 한다. 또, 상속 메커니즘을 이용하여 기반 클래스의 일부를 변경하여 작성된 클래스를 **파생 클래스(derived class)** 또는 **하위 클래스(subclass)**라고 한다. 상속을 통해 생성된 파생 클래스는 기반 클래스가 갖는 속성(변수 및 메서드)을 모두 이어받는다. 그러나 이들 속성을 재정의할 수도 있으며, 새로운 속성을 추가할 수도 있다. 속성을 재정의한다는 것은 기반 클래스가 가진 변수나 메서드와 이름이 같은 변수 혹은 메서드를 파생 클래스에서 정의하는 것을 말한다. 이를 **오버라이딩(overriding)**이라고 한다.

class문에서 클래스명 뒤에 오는 괄호 안에 속성을 상속할 기반 클래스를 지정하는 데 하나 이상의 클래스를 지정할 수도 있다(그림 5.1). 기반 클래스가 여러 개인 경우를 **다중 상속(multiple inheritance)**이라고 한다. 만약 기반 클래스를 지정하지 않았다면 object 클래스를 자동적으로 상속받게 된다. object 클래스는 모든 클래스의 근본이 되는 클래스로 __str__과 같은 공통 메서드가 정의되어 있다.

---

2 소멸자 메서드에 대한 더 자세한 사항은 다음 파이썬 공식 참조 문서의 'object.__del__(self)' 항목을 참조. `URL` http://docs.python.org/3/reference/datamodel.html

5.3.2 상속받은 속성의 재정의와 속성 추가

파생 클래스를 생성하는 예를 보면서 지금까지의 내용을 다시 곱씹어보자. 리스트 5.3은
클래스 상속의 한 예다. 기반 클래스로부터 상속받은 속성을 재정의하거나, 새로운 속성
을 추가하는 내용을 볼 수 있다.

리스트 5.3 **클래스 상속의 한 예(inheritance1.py)**

```python
# ❶ 클래스 MyBase의 정의(MyDeriv의 기반 클래스)
class MyBase:
    coeff = 2

    def __init__(self, x):
        self.x = x

    def mult(self):
        return self.coeff * self.x

# ❷ 클래스 MyDeriv의 정의(MyBase의 파생 클래스)
class MyDeriv(MyBase):
    coeff = 3                    # ❸ 속성을 재정의

    # ❹ 생성자 메서드를 재정의
    def __init__(self, x, y):
        super().__init__(x)  # ❺ 기반 클래스의 메서드 호출 예
        self.y = y               # ❻ 속성 y를 추가하여 인스턴스를 생성할 때 초기화함
    # ❼ 새로운 메서드를 추가(메서드 mult는 상속받았음)
    def mult2(self):
        return self.coeff * self.x * self.y

# ❽ MyBase와 MyDeriv를 사용한 예
a = MyBase(3)                    # MyBase의 인스턴스를 생성
print(a.mult())                  # 결과는 2*3=6
b = MyDeriv(3, 5)                # MyDeriv의 인스턴스를 생성
print(b.mult())                  # 결과는 3*3=9(상속받은 메서드 확인)
print(b.mult2())                 # 결과는 3*3*5=45(새로 추가한 메서드 확인)
```

리스트 5.3의 예에서는 먼저 기반 클래스가 되는 MyBase 클래스를 정의한다. MyBase
클래스는 coeff와 x라는 속성을 가지며 메서드는 mult를 갖고 있다. 그 다음 MyBase 클
래스를 기반 클래스로 갖는 파생 클래스 MyDeriv를 ❷에서 정의한다. 이때, ❸에서
MyBase로부터 상속받은 coeff 속성을 재정의한다. 파생 클래스에서 기반 클래스 속성의
값을 바꾸어야 하는 경우 이렇게 재정의를 사용하면 된다.

그 다음으로 ❹에서 생성자 메서드를 재정의하고, ❺에서는 기반 클래스의 함수를 super()라는 내장 함수를 사용해서 호출한다. ❻에서는 속성 y를 새로 추가하여 인스턴스 생성 시에 이를 초기화하도록 한다. MyDeriv 클래스는 MyBase를 상속하고 있으므로 mult 메서드 역시 이미 가지고 있지만 ❼에서 새로운 메서드 mult2를 새로 추가한다.

이런 방법으로 상속을 사용하여 새롭게 정의한 MyDeriv 클래스, 그리고 기반 클래스인 MyBase를 ❽에서 사용한다. 계산 결과는 주석에 설명한 대로다. 상속받은 속성 혹은 메서드, 여기에 다시 수정이나 추가를 거친 부분이 결과에 반영되었음을 알 수 있다.

5.3 스태틱 메서드와 클래스 메서드

파이썬의 클래스가 갖는 메서드는 특별히 지정하지 않는 한 인스턴스에 대해 작용하는 것이 원칙이다. 이 점이 메서드의 첫 번째 인자가 self라는 인스턴스로 명시된다. 그러나 인스턴스에 대해 작용하지 않는 메서드도 있는데, 스태틱 메서드와 클래스 메서드가 이러하다. 이번 절에서는 이들 메서드에 대해 알아보겠다.

5.3.1 스태틱 메서드

스태틱 메서드(static method)란 간단히 말해 클래스 인스턴스에 전혀 작용하지 않는 메서드다. 스태틱 메서드를 만들려면 **@staticmethod**라는 데코레이터를 사용한다. 리스트 5.4를 보자.

리스트 5.4 스태틱 메서드의 예

```
class MyCalc(object):
    @staticmethod
    def my_add(x,y):
        return x + y

a = MyCalc.my_add(5, 9)  # a=14가 된다(MyCalc의 인스턴스를 만들지 않아도 된다)
```

이 예에서는 my_add( )라는 함수를 MyCalc 클래스의 스태틱 메서드로 정의했다. 이 경우 my_add( )의 첫 번째 인자로 (인스턴스를 의미하는) **self**를 갖지 않는다. 조금 생각해보면

my_add( )를 MyCalc 클래스 밖에서 정의해도 괜찮을 것 같다. 실제로 이 예에서는 my_add를 클래스 외부에서 그냥 함수로서 정의해도 마찬가지가 된다. 스태틱 메서드가 제 역할을 하는 것은 인스턴스를 여러 가지 방법으로 만들려고 할 때 등이다.

리스트 5.5를 보자. 리스트 5.5에서는 MyTime(15,20,58),MyTime.now()와 MyTime.two_hours_later() 세 가지 방법으로 인스턴스를 만들 수 있다. 이 코드의 구체적인 내용에 대해서는 주석에 적었으므로 참고하기 바란다.

리스트 5.5 인스턴스 생성 방법을 하나 이상 정의한 예

```python
import time

class MyTime(object):
    def __init__(self, hour, minutes, sec):
        self.hour = hour
        self.minutes = minutes
        self.sec = sec

    @staticmethod # now()를 스태틱 메서드로 지정
    def now():
        t = time.localtime()
        return MyTime(t.tm_hour, t.tm_min, t.tm_sec)

    @staticmethod # two_hours_later()를 스태틱 메서드로 지정
    def two_hours_later():
        t = time.localtime(time.time()+7200)
        return MyTime(t.tm_hour, t.tm_min, t.tm_sec)

# MyTimes 클래스의 인스턴스를 세 가지 방법으로 생성
a = MyTime(15, 20, 58) # __init__를 사용한 보통의 방법
b = MyTime.now() # 스태틱 메서드를 사용한 인스턴스 생성 ❶
c = MyTime.two_hours_later() # 스태틱 메서드를 사용한 인스턴스 생성 ❷
```

5.3.2 클래스 메서드

이와 달리 **클래스 메서드(class method)**는 인스턴스가 아니라 클래스 자체에 작용하는 메서드다. **@classmethod**라는 데코레이터를 사용하는데, 리스트 5.6에 클래스 메서드의 예를 실었다.

리스트 5.6 클래스 메서드의 예

```python
# CoeffVar 클래스를 정의
class CoeffVar(object):
    coefficient = 1

    @classmethod # 메서드 mul을 클래스 메서드로 지정
    def mul(cls, fact): # 첫 번째 인자는 cls
        return cls.coefficient * fact

# CoeffVar 클래스를 상속하는 클래스 MulFive를 정의
class MulFive(CoeffVar):
    coefficient = 5

x = MulFive.mul(4) # CoeffVar.mul(MulFive, 4) -> 20
```

이 예에서는 먼저 CoeffVar 클래스를 정의하고, CoeffVar 클래스 안에서 정의된 메서드 mul에 @classmethod 데코레이터를 달아 클래스 메서드로 만들었다. 이 때문에 메서드 mul의 첫 번째 인자 cls가 CoeffVar 클래스를 가리키게 된다. 또, 클래스 CoeffVar을 상속받은 클래스 MulFive를 정의하고, 이 클래스의 변수 coefficient의 값을 5로 설정한다. 그 결과 MulFive.mul(4)는 CoeffVar.mul(MulFive, 4)로 전개되며 최종적으로 5*4가 되어 x에 할당되는 값이 '20'이 된다.

5.4 정보를 은폐하는 방법

객체지향 프로그래밍에서 정보 은폐와 캡슐화는 중요한 위치를 차지하는 개념이다. 이들 개념을 실현함에 따라 프로그램이 갖는 계층적 구조가 명확해지고, 예상치 못한 오류를 막을 수 있게 된다. 이 절에서는 정보 은폐화 캡슐화 개념을 실현하기 위해 필수적인 기능인 프라이빗 멤버를 지정하는 방법을 알아보자.

5.4.1 정보 은폐와 캡슐화

정보 은폐(informationhiding)란 '소프트웨어의 부품(클래스 등)의 사용자가 이 요소를 초기화하고 사용하는 방법만 알면 내부 구현을 신경 쓸 필요가 없는 원칙'을 말한다. 다시 말해,

알맹이가 어떻게 구현되었는지 몰라도 이 요소가 수행하는 기능만 알고 있다면 사용할 수 있다는 의미다.

캡슐화(encapsulation)는 '데이터와 처리 절차를 함께 어떤 구조 안에 감추는 기법'을 말한다.

이들 용어는 일반적으로 객체지향을 설명하는 데 사용되는데 설명하는 사람이나 대상이 되는 프로그래밍 언어에 따라 다소 차이가 있을 때도 있다. 실질적으로는 정보 은폐 혹은 캡슐화라는 용어는 프로그램 코드 안에서 적합한 정보를 은폐하기 위한 기법을 가리킨다고 이해하면 문제 없을 것이다.

5.4.2 프라이빗 멤버 지정하기

파이썬에서 이들 개념을 실현하기 위한 메커니즘 중 하나가 클래스의 **프라이빗 멤버**다. 기본적으로 파이썬에서는 클래스 안에서 정의된 변수나 메서드를 외부에서 사용할 수 있다. 때로는 이들 변수나 메서드를 외부에서 사용하면서 예기치 못한 오류의 원인이 되기도 한다. 그래서 파이썬에서는 외부에서 변수나 메서드를 참조하는 것을 막기 위해 다음 두 가지 방법을 사용한다.

❶ 변수나 메서드의 이름 앞에 _(언더스코어 1개)를 붙인다.
❷ 변수나 메서드의 이름 앞에 __(언더스코어 2개)를 붙인다.

파이썬에서는 이름 앞에 _가 붙은 변수나 메서드는 해당 클래스 안에서만 사용한다는 규칙이 있다. 외부에서 참조하지 못하는 것은 아니지만 외부에서 접근하지 않는다는 규칙을 준수하기 때문에 실질적으로 '은폐'가 이루어지게 된다.

그리고 이름 앞에 __(언더스코어 2개)를 붙인 변수나 메서드는 클래스 외부에서 참조할 수 없도록 언어 스펙에 정해져 있다. 엄밀히 말하면, 내부적으로 속성의 이름을 _<클래스명>__<속성명>과 같이 치환한다. 따라서 치환된 이름을 사용하면 이들 요소를 외부에서 참조하는 것이 가능하다. 그렇다 하더라도 _(언더스코어 1개)를 붙이는 것보다는 더 안전하게 숨겨진다고 할 수 있다.

클래스를 새로 작성하면 함수를 작성했을 때처럼 네임스페이스가 생성된다. 또, 인스턴스를 생성함과 동시에 인스턴스에 대한 네임스페이스도 생성된다. 이번 절에서는 여러 종류의 네임스페이스와 이들이 갖는 관계에 대해서 알아볼 것이다.

5.5.1 네임스페이스와 유효 범위의 생성

앞에서 클래스를 작성하면 함수를 작성했을 때처럼 네임스페이스가 생성되며, 클래스의 인스턴스를 만들었을 때에도 이 인스턴스에 대한 네임스페이스가 생긴다고 설명했다. 그러나 이들에 대응하는 유효 범위는 생성되지 않는다. 왜냐하면 메서드에서 변수를 참조할 때 이 변수가 '클래스의 변수'인지, '인스턴스의 변수'인지 알 수 없기 때문이다. 리스트 5.7을 보자.

리스트 5.7 유효 범위가 생성되지 않아서 발생하는 오류

```
x = 10

class MyClass(object):
    x=3 # x가 속하는 네임스페이스가 생성된다.

    def __init__(self, y):
        self.x += y

    def my_add(self, z):
        x += z # 오류 :x의 유효 범위가 생성되지 않았다.
        # self.x로 바꾸면 참조 가능

if __name__ == '__main__':
    a = MyClass(10)
    a.my_add(10)
    print(a.x)
```

이 예에서는 MyClass 클래스의 메서드 my_add 안에 x라는 변수를 참조하려고 하고 있다. 그러나 이 x에 대한 유효 범위가 생성되어 있지 않아서 오류가 발생한다. 따라서 클래스 정의 안의 메서드에서 변수를 참조할 때는 클래스 속성에 대한 참조인지, 인스턴스 속성에 대한 참조인지를 각각 <클래스명>.<변수명> 혹은 self.<변수명>의 형태로 명시하지 않으면 안 된다.

5.5.2 클래스 속성과 인스턴스 속성

클래스 속성(여기서 말하는 '속성'은 변수만을 가리킨다)을 변경하면 모든 인스턴스에 영향을
미친다. 그러나 일단 같은 이름의 인스턴스 속성에 대해 할당을 수행하면 인스턴스의 네
임스페이스에 이 변수의 이름이 등록돼서 클래스 속성값의 변경에 영향을 받지 않게 된
다. 리스트 5.8에서 이 동작에 대해서 알아보자.

리스트 5.8 네임스페이스와 클래스 정의의 관계(class3.py)

```python
# ① 전역 네임스페이스에 x를 정의
x = 100

class MyClass:
    # ② 이 클래스의 변수 i와 x를 정의
    i = 10 # 메서드 price() 안에서 참조
    x += 2 # 전역 네임스페이스상의 x에 2를 더함
    xx = x + 2 # ③ MyClass 안의 x를 참조
    print('xx = ', xx)

    def price(self):
        y = self.i * x # ④ 전역 네임스페이스의 객체 x를 참조
        z = self.i * self.x # ⑤ 인스턴스 속성 → 클래스 속성 순으로 검색하여 참조
        # z = i * x # ⑥오류(여기서 변수 i를 볼 수 없다.)
        print("price y = %d" % y)
        print("price z = %d" % z)

    def shop(self):
        # price() # ⑦ 오류(NameError)
        self.price() # ⑧ 오류 없음
        # MyClass.price(self) # ⑨ 역시 오류 없음
        MyClass.i = 20 # ⑩ 클래스 변수를 변경
        print("메서드 shop 실행 끝")

# ⑪ 테스트를 위한 실행 코드
if __name__ == '__main__':
    a = MyClass()
    b = MyClass()
    a.shop() # 이 안에서 MyClass.i = 20이 실행된다.
    print('(a.i, b.i) = ({}, {})'.format(a.i, b.i))
    a.i = 2 # 인스턴스 속성값을 설정
    MyClass.i = 4 # 클래스 속성값을 설정
    print('(a.i, b.i) = ({}, {})'.format(a.i, b.i)) # xx = 104 : 출력 결과
```

이 예에서는 MyClass라는 클래스를 정의하고 있다. 이 예제 코드는 파이썬 스크립트 파
일 하나로 구성(class3.py)된다. 이를 실행한 결과는 다음과 같다.

```
In [3]: %run class3.py
xx = 104
price y = 1000
price z = 1020
메서드 shop 실행 끝
(a.i, b.i) = (20, 20)
(a.i, b.i) = (2, 4)   # ⑫ 클래스 속성을 변경한 영향이 b.i에만 미친다.
```

리스트 5.8를 보면 먼저 전역 네임스페이스에서 x라는 객체를 정의한다(❶). 그 다음 MyClass의 정의에서 변수 i와 x를 정의한다(❷). 여기서 주의해야 할 점은 표현식 x += 2 는 x = x + 2와 같은 의미이므로 우변에서 x에 대한 참조가 먼저 일어난다는 것이다. 이때 전역 네임스페이스에 있는 x(= 100)이 참조된다. 그리고 여기에 2를 더한 값으로 MyClass 의 변수 x가 생성된다. 일단 변수 x가 MyClass의 네임스페이스에 생성되고 나면 ❸부터 는 클래스 속성인 x가 참조된다. 이를 xx = 104라는 출력 내용에서 확인할 수 있다.

이번에는 MyClass의 price 메서드를 살펴보자. 우선 **self.i**와 같이 변수 i를 참조하고 있 다(❹, ❺). i는 아직 인스턴스 속성으로 정의되지 않았으므로 클래스 속성을 참조한다. 다시 말해, 인스턴스 속성을 먼저 찾아서 있다면 이를 사용하고, 없다면 클래스 속성값 을 사용한다. MyClass 안에서 인스턴스 변수 i에 대한 할당이 없는 한 이 두 가지는 같은 대상을 가리킨다. 그 다음으로 x에 대한 두 가지 참조가 나온다. 그냥 x라고만 참조한 경 우(❹)와 self.x라고 참조한 경우(❺)다. 이 경우 전자(❹)는 전역 네임스페이스상의 x를 참 조한다. 이와 달리 후자(❺)는 여기서는 인스턴스 변수 x에 대한 참조가 된다. 실제로 ❹ 와 ❺에서 계산된 y와 z의 값이 서로 다르다. 이 사실을 prince y = 1000, price z = 1020이라는 출력 내용에서 확인할 수 있다.

그리고 ❻을 보면 z = i * x가 오류를 일으켜 주석 처리된 것을 볼 수 있다. 이 표현식에 서 i를 참조하고 있는데 클래스 네임스페이스에 대응하는 유효 범위가 생성되어 있지 않 으므로, i가 이 클래스의 변수라고 해도 참조할 수 없게 된다. 반드시 대응하는 네임스페 이스를 앞에 붙여서 self.i(인스턴스 속성인 경우) 혹은 MyClass.i(클래스 속성인 경우)와 같 이 해야 한다.

속성을 참조할 때 일어나는 동작을 정리하면 다음과 같다.

- self.<속성명>은 우선 인스턴스 속성을 참조하고 해당 이름이 없으면 클래스 속성을 참조한다.
- <클래스명>.<속성명>은 클래스 속성만을 참조한다.
- 그냥 <속성명>만으로는 이 클래스 바깥의 네임스페이스(전역 네임스페이스 등)로부터 <속성명>을 참조한다.

이제는 MyClass의 메서드 shop을 살펴볼 차례다. ❼에서 price( )가 오류를 일으켜 주석 처리되었다. 앞서 설명한 바와 같이 메서드도 속성의 일종이므로 참조의 규칙이 변수와 마찬가지로 적용된다. 따라서 메서드 shop에서 메서드 price를 호출하려면 ❽이나 ❾와 같은 방법을 사용해야 한다.

마지막으로 ❿에서는 클래스 속성 i를 재정의하고 있다. 클래스 속성을 변경하면 이 클래스에 속하는 모든 인스턴스에 영향이 미친다. 단, 인스턴스 속성이 존재하는 경우에는 조금 전에 설명한 규칙에 따라 실질적으로는 영향을 미치지 못하는 경우도 있다. 이는 ⓫에 해당하는 동작 확인용 실행 코드에 있는 'a.i'에 대한 재정의를 전후로 'MyClass.i'의 재정의 결과가 어디까지 영향이 미치는지를 주의 깊게 보면 알 수 있다(⓬).

지금까지 설명한 내용을 정리하면 그림 5.2와 같다. 클래스와 관계되는 경우의 네임스페이스와 유효 범위의 관계는 이 그림에서 나타내지 못한 부분도 있지만 개요를 이해하는 데는 도움이 될 것이다.

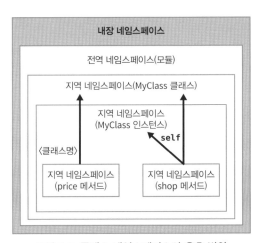

그림 5.2 **클래스 네임스페이스와 유효 범위**

5.6 정리

이번 장에서는 소위 객체지향 프로그래밍의 대들보라 할 수 있는 메커니즘인 클래스를 사용하는 방법에 대해 알아봤다. 파이썬은 데이터 및 함수를 모두 객체로 다루고 있는데 이 객체에 대한 설계도 역할을 하는 것이 '클래스'다. 클래스와 객체지향 프로그래밍은 매우 깊이 있는 주제로, 이 책에서 본격적인 내용까지는 다루지 못했지만 파이썬의 클래스가 갖는 특징에 대해서는 이해하기 쉽도록 코드와 함께 설명했다. 이번 장에서 배운 내용을 활용하여 구조를 이해하기 쉬운 프로그램 코드를 작성할 수 있도록 하자.

CHAPTER

6

입력과 출력

이번 장에서는 프로그램에 대한 입력과 출력에 대해서 배운다.

파이썬 콘솔이나 IPython 콘솔을 통한 입출력과 텍스트 파일 및 바이너리 파일을 통한 입출력에 대해서도 다룬다. 과학 기술 컴퓨팅 분야에서 자주 사용되는 파일 포맷에 대한 기초적인 입출력 방법도 훑어본다.

프로그램을 실행하는 중에 사용자의 입력을 받거나, 계산 결과를 출력해야 할 경우가 있다. 이번 절에서는 스크립트나 IPython에서 사용하는 콘솔을 통한 입출력 방법을 소개한다.

6.1.1 콘솔 입력

프로그램 실행 중에 사용자로부터 입력을 받아 프로그램의 동작을 제어하려는 등의 경우에 **input 함수**를 사용한다. 아래 예를 보도록 하자.

```
In [1]: buf = input('좋아하는 문구를 입력하시오 : ')
좋아하는 문구를 입력하시오 : Stay hungry, stay foolish.
In [2]: print(buf)
Stay hungry, stay foolish.
```

input 함수는 인자로 받은 문자열을 화면에 표시한 다음 사용자의 입력을 기다린다. 이 예에서 보듯 Stay hungry, stay foolish라고 입력한 다음 마지막에 `Enter` 키를 치면 문자열 buf에 이 문자열이 대입된다. 실제로 print 함수를 사용해서 buf의 내용을 화면에 찍어보면 입력한 문자열이 저장된 것을 확인할 수 있다.[1]

이때, input 함수를 통해 입력된 숫자는 문자열 형태로 들어오기 때문에 이를 숫자로 다루려는 경우에는 다음 예에서 보듯 형변환을 먼저 해야한다.

```
In [3]: buf = input('마음에 드는 정수를 입력하시오 : ')
마음에 드는 정수를 입력하시오 : 777
In [4]: type(buf)              # 변수 buf의 데이터 타입을 화면에 출력
<class 'str'>                  # buf는 문자열
In [5]: int_a = int(buf)       # int 함수를 사용해서 정수 타입으로 변환
In [6]: type(int_a)            # 변수 int_a의 데이터 타입을 화면에 출력
<class 'int'>
In [7]: print(int_a)
777
```

---

1   파이썬 2.x에서는 raw_input 함수를 사용한다. raw_input 함수는 파이썬 3.x에서는 사용할 수 없으므로 주의가 필요하다.

이 예를 보면 정수를 입력했을 때 input 함수가 이를 문자열로 받아들인 다음 이 변수 buf를 정수 타입으로 변환하고 있다. 부동 소수 타입으로 변환할 경우에는 int 함수 대신 float 함수를 사용한다.

6.1.2 콘솔 출력

지금까지 본 예제 프로그램에서 몇 번인가 파이썬 셸이나 IPython 콘솔에 결과를 출력해 본 적이 있을 것이다. 이들 콘솔 출력에 대해 설명을 보충하면, 셸의 대화형 모드[2]에서 실행하는 경우에는 print 함수를 사용해서 변수 값을 화면에 표시하거나, 이들 변수를 직접 명령문으로 입력하여 값을 확인할 수 있다.

그러나 스크립트 모드로 실행하는 경우에는 프로그램 안에서 변수의 이름만을 사용하면 아무 일도 일어나지 않으며 변수의 값을 확인할 수도 없다.[3]

6.2 파일 입출력의 기본

파이썬 프로그램에서 파일에 입출력을 수행하기 위해서는 파일을 열 때는 **open**, 파일 객체를 닫을 때는 **close** 메서드를 사용하는 것이 기본적인 방법이다. 이번 절에서는 이 기본적인 방법에 대해 알아본다.

6.2.1 open 함수

하드디스크에 저장된 파일을 열어 데이터 입출력을 수행하기 위해서는 **open 함수**를 사용한다. open 함수는 '파일명'과 '파일을 여는 모드'를 인자로 받는다. 또, 한글처럼 ASCII 이외의 문자를 사용할 때는 인코딩을 옵션 인자로 지정한다.

---

2 IPython 등을 사용해서 일일이 변수와 함수의 정의를 입력하여 실행하고 이들이 처리할 내용을 이어 입력하는 과정을 반복하는 모드.

3 이 점은 MATLAB과 다르다.

```
f = open('mydir/데이터/textfile.txt', 'r', encoding='utf-8')
```

위의 예를 보면 현재 작업 폴더로부터의 상대 경로가 'mydir/데이터'에 있는 'textfile.txt'라는 파일을 읽기 전용 모드('r')로 열고 있다. 파일이 위치한 디렉터리(경로명)는 /(슬래시)를 구분자로 사용하면 운영체제에 상관없이 정상적으로 동작한다. 파일의 위치는 절대 경로로 지정할 수도 있으며, 파이썬 3.x 이상이라면 경로명에 한글이 있어도 문제없이 동작한다.

이 예제에서는 open 함수로 **파일 객체** 'f'가 생성되어 파일 객체를 위한 메서드인 read( ) 및 write( )로 파일 내용에 접근할 수 있게 된다.

6.2.2 open 함수의 열기 모드

파일을 열 때 open 함수에서 지정할 수 있는 모드를 표 6.1에 정리했다. 쓰기 모드인 'w', 'a', 'x'의 차이점에 주의하자. 그리고 기본 설정이 텍스트 모드이므로 'tr'과 'r'은 같은 의미가 된다. 또한 텍스트 파일의 인코딩은 플랫폼에 따라 다르므로 범용성이 높은 프로그램을 원한다면 항상 open 함수의 인자로 따로 지정하는 습관을 들이도록 한다.

인코딩 지정은 한글일 경우, 'cp949', 'euc-kr' 등이 사용된다. 윈도우 사용자라면 UTF-8('utf-8')이나 CP949('cp949')를 주로 사용할 것이다.

표 6.1 open 함수의 파일 열기 모드

모드	의미
'r'	읽기 모드(기본값)
'w'	쓰기 모드(기존 파일이 있다면 내용이 지워진다.)
'a'	쓰기 모드(기존의 파일이 있다면 뒤에서부터 이어쓴다.)
'x'	쓰기 모드(기존 파일이 있다면 예외(FileExistsError)를 발생시킨다.)
'b'	이진 모드
't'	텍스트 모드(기본값이므로 사용하는 경우가 적다.)
'+'	파일 업데이트를 위해 읽기와 쓰기를 모두 할 수 있다.

6.2.3 파일 열기와 파일 닫기

열어 놓은 텍스트 파일을 읽어들여 내용을 화면에 표시하는 간단한 예를 보자.

```
f = open('textfile.txt', 'r', encoding='utf-8')
for line in f: # 한 줄씩 읽어들이여 변수 line에 대입한다.
    print(line, end='') # line의 내용을 그대로 출력한다.
f.close()
```

이 스크립트를 보면 파일 객체 f에서 **for A in B** 문법을 사용하여 파일 내용을 한 줄씩 읽어들여 이를 line에 대입하고, 이를 다시 print문으로 표시 하고 있다. print문에 포함된 end=' '는 line 끝에 개행문자가 없음을 의미한다. 이 for 반복문은 파일의 모든 줄을 읽게 되면 종료되며 마지막으로 f.close( )로 열었던 파일을 닫는다.

이렇게 파일을 열었다면 열린 파일을 다시 닫아(**close** 메서드)야 한다. 그러나 도중에 오류가 발생한 경우에는 닫기 명령을 실행하기 전에 오류로 인해 프로그램이 종료되는 경우가 있다. 또, 일일이 close 메서드를 호출하는 것도 귀찮은 일이다. 이때 유용한 것이 **with문**(4.8절에서 설명)이다.

```
with open('textfile.txt', 'r', encoding='utf8') as f:
    whole_file = f.read() # ❶
    print(whole_file) # 이 줄까지가 with문 코드 블록
```

이 방법을 사용하면 with문 코드 블록의 실행이 끝난 시점에서 자동으로 열었던 파일을 닫게 된다. ❶에서 파일 객체에 대해 **read** 메서드가 실행되고 파일 전체가 읽히게 된다. 그리고 f.read([size])와 같은 방법으로 지정한 크기(byte 단위)만큼 읽어들일 수도 있다. 또, **readline**(한 줄씩 읽어들이기)나 **readlines**(모든 줄을 읽어들인 후 한 줄씩 처리) 메서드를 사용해서 파일에 기록된 텍스트 데이터를 읽을 수도 있다.

6.2.4 파일에 쓰기

파일 쓰기는 open으로 파일을 연 다음 **write** 메서드를 사용하면 된다. 아래의 예는 write 메서드를 사용하여 문자열을 파일에 쓰고 writelines 메서드를 사용하여 문자열의 리스트를 파일에 쓰는 예다.

```
a = ['Scientific ', 'computing ', 'in Python.']
with open('textfile.txt', 'w', encoding='utf8') as f:
    f.write('Stay hungry, stay foolish.\n')
    f.writelines(a)
```

이를 실행한 결과는 아래와 같다.

```
# textfile.txt 파일에 기록된 데이터
Stay hungry, stay foolish.
Scientific computing in Python.
```

2진 모드로 파일을 열면 2진 데이터를 파일에 쓸 수도 있다. 자세한 방법은 파이썬 튜토리얼[4]을 참조하도록 하자.

6.3 데이터 파일 입출력하기

이전 절에서는 파일 입출력을 위해 open 함수와 파일 객체의 메서드 read/write/close를 사용하는 방법에 대해 배웠다. 자주 쓰이는 데이터 파일 포맷을 위해서 좀 더 편리한 방법이 갖춰져 있는데, 이번 절에서는 이 방법에 대해서 살펴보겠다. 그리고 pandas의 데이터 입출력 기능을 그 다음 절에서 소개한다.

6.3.1 입출력에 자주 사용되는 데이터 포맷

과학 기술 컴퓨팅뿐만 아니라 프로그램에서 일정 규모 이상의 데이터를 입력하거나 출력할 때 자주 사용되는 데이터 포맷에는 아래와 같은 것들이 있다.

- CSV
- Excel 파일
- pickle 파일
- NumPy에서 쓰이는 npy/npz 포맷
  NumPy(7장 참조)의 바이너리 데이터를 저장하는 포맷(확장자 .npy, .npz)

---

4 URL http://docs.python.org/3/tutorial/inputoutput.html

- HDF5(Hierarchical Data Format 5) 포맷
  계층적 구조를 가진 대규모 데이터 저장 포맷, 개방형 포맷이며 무료로 사용 가능
- MAT-file 포맷
  MATLAB 에서 바이너리 데이터를 저장하는 포맷

이들 파일에 데이터를 입력하거나 출력할 때 자주 사용되는 함수를 표 6.2에 정리했다. 이번 절에서는 이들 함수를 사용하여 파일의 입출력을 수행하는 방법을 살펴보겠다.

표 6.2 파일 입출력에 사용되는 함수들

파일 포맷(확장자)	라이브러리	입력 함수	출력 함수
CSV (.csv 외)	표준 라이브러리(csv)	reader	writer
	NumPy	loadtxt genfromtxt fromfile	savetxt ndarray.tofile
	pandas	read_csv	to_csv
Excel (.xls)	xlrd	리스트 6.2 참조	-
	xlwt	-	리스트 6.2 참조
Excel (.xlsx/.xlsm/.xltx/xltm)	openpyxl	load_workbook 등	
	xlwings	Workbook.caller 등	
pickle (.pickle)	표준 라이브러리 (pickle)	load	dump
NumPy 바이너리 (.npy/.npz)	NumPy	load	save, savez
HDF5 (.h5/.hdf5)	h5py	File 등	
MAT-file (.mat)	SciPy	io.loadmat	io.savemat

6.3.2 CSV 파일 읽고 쓰기

CSV(Comma-Separated Values)는 다양한 분야에서 데이터를 읽고 쓰는 데 사용되는 데이터 포맷이다. 이름 그대로 ,(콤마)로 구분된 텍스트 데이터이지만 구분자로 공백 문자나 탭, 다른 기호를 사용한 것도 여기서는 CSV 파일로 총칭한다. 리스트 6.1은 CSV 파일의 한 예다.

리스트 6.1 CSV 파일(data1.csv)의 예

```
time, 속도, 고도
0.1,0,10
0.2,7.532680553,20
0.3,11.28563849,35
0.4,15.02255891,40
0.5,18.73813146,42
0.6,22.42707609,43
0.7,26.08415063,60
0.8,29.70415816,80
0.9,33.28195445,121
1,36.81245527,150
```

위의 예를 보면 첫째 줄에 헤더가 있고 이어지는 줄에 데이터 값이 있다. 여기서 나타난 값은 속도와 고도의 시간에 따른 이력이다. 이 파일의 ,(콤마)처럼 각 값을 구분하기 위해 사용되는 기호를 **구분자(delimiter)**라고 한다. 앞으로 소개할 CSV 사용법에서는 이 구분자로 사용할 문자를 임의의 문자로 지정할 수 있다. CSV 파일을 읽어들이는 방법에는 다음과 같은 것이 있다.

- 파일 객체의 메서드(read 등)를 사용(6.2절 참고)
- 표준 라이브러리 모듈 csv를 사용
- NumPy의 텍스트 파일 읽기 기능(loadtxt 함수, genfromtxt 함수)을 사용
- pandas의 읽기 기능(read_csv 함수)을 사용

이들 중 첫 번째 방법은 이미 알고 있지만 CSV 파일에 특화된 기능을 충실히 갖추고 있는 다른 방법을 선택하는 것이 좋다. 여기서는 표준 라이브러리 모듈 csv를 사용하는 방법과 NumPy의 CSV 읽기 기능을 대략적으로 소개한다. pandas의 CSV 읽기 기능은 6.4절에서 다룬다.

■ 표준 라이브러리 모듈

csv 표준 라이브러리의 csv 모듈을 사용하여 CSV 파일을 읽고 쓰는 방법은 다음과 같다.

```python
import csv # 표준 라이브러리 모듈 csv를 import하여 사용할 준비를 한다.

# CSV 파일 읽기
with open('data1.csv', 'r', encoding='utf8') as f:
    dat = [k for k in csv.reader(f)] # 리스트 컴프리헨션을 사용한다.
```

```
# CSV 파일 쓰기
with open('out.csv', 'w', newline='') as f:
    writer = csv.writer(f)
    writer.writerows(dat)
```

위의 예를 보면 'data1.csv'라는 파일을 텍스트(UTF-8) 읽기 모드로 연 다음 리스트 컴프리헨션을 사용하여 파일 내용 전체를 dat라는 리스트로 읽어들인다. **csv.reader** 함수는 reader 객체라는 반복 가능 객체를 리턴한다. 그리고 [k for k in csv.reader(f)] 줄을 통해 data1.csv의 각 줄을 차례로 꺼내어 '리스트의 리스트' 즉 2차원 리스트로 만들어 파일 안의 모든 요소를 꺼낸다. 그 결과로 여기서는 요소가 3개인 리스트를 11개 요소로 갖는 2차원 리스트가 만들어진다. 숫자를 포함하여 모든 값이 문자열로 저장되어 있는 것에 주의해야 한다.

읽어들인 데이터를 숫자로서 다루려면 숫자 데이터 타입으로 변환이 필요하다. 읽어들인 dat에 다음과 같은 처리를 하면 다음과 같은 차이를 확인할 수 있다.

```
In [8]: dat[1][0] * 2 # 문자열 '0.1'을 두 번 반복하여 연결
'0.10.1'
In [9]: float(dat[1][0]) * 2 # float 타입으로 변환한 뒤 2를 곱함
0.2
```

이 예에서 사용한 방법은 문자열 타입의 데이터를 갖는 2차원 리스트가 생성되므로 편의성은 그다지 좋은 편은 아니다.

■ NumPy의 CSV 읽기 기능을 제공하는 함수

csv.reader( ) 함수는 숫자 데이터 파일을 읽어들이는 데는 적합하지 않은 면이 있었다. 이 점을 개선한 NumPy의 텍스트 데이터 읽기 함수인 **loadtxt**와 **genfromtxt**의 사용 예를 보도록 하자.

NumPy는 과학 기술 컴퓨팅이나 데이터 분석에서 사용되는 파이썬 패키지다. NumPy에 대해서는 7장에서 자세히 다룰 것이므로 여기서는 CSV 파일을 읽고 쓰는 기능에 대해서만 설명한다. loadtxt 함수의 사용 예부터 보도록 하자.

```
import numpy as np # NumPy를 import
import csv # 표준 라이브러리의 csv 모듈을 import

# CSV 파일 읽기
dat = np.loadtxt('data1.csv', delimiter=',', skiprows=1, dtype=float)

# ndarray 타입인 dat를 CSV 파일에 쓰기(한글을 사용할 수 없으므로 주의)
np.savetxt('data1_saved.csv', dat, fmt='%.1f,%.8f,%d',
           header='time,vel,alt', comments='')

# ndarray 타입인 dat를 CSV 파일에 쓰기(한글 사용 가능)
with open('out.csv', 'w', newline='', encoding='utf-8') as f:
    f.write('time, 속도, 고도\n')
    writer = csv.writer(f)
    writer.writerows(dat)
```

이 예를 보면 먼저 import numpy as np와 같이 NumPy를 import한 뒤 NumPy를 호출하기 위해 'np'라는 별명을 붙인다.

그 다음 NumPy의 loadtxt( ) 함수로 데이터를 읽어들인다. 이 경우에는 NumPy에서 정의된 함수나 클래스를 np.func( )(func가 NumPy의 함수명)과 같은 방식으로 호출할 수 있다. 이 loadtxt 함수를 호출하여 data1.csv 파일을 구분자가 ,(콤마)인 파일로 해석(delimiter=',')하여 첫 줄은 건너뛰고(skiprows=1), 부동 소수 타입으로(dtype=float) 데이터를 읽어들인다.

읽어들인 데이터의 데이터 타입은 float가 기본값으로 dtype=float는 따로 지정하지 않아도 된다. 이 데이터는 NumPy의 n차원 배열 객체인 **ndarray** 형식[5]으로 변수 dat에 할당되어 있다. 이 때문에 이 데이터를 바로 그래프로 나타내거나 할 수 있다.

이 예에서는 다시 ndarray인 dat를 savetxt 함수로 CSV 파일에 쓴다. savetxt 함수로는 한글을 사용할 수 없다는 점에 주의할 필요가 있다. 그러므로 조금 전에 본 표준 라이브러리 모듈 csv를 사용하는 방법을 ndarray를 사용한 방법과 비교할 수 있도록 했다. 파일 객체에 대해 write 메서드를 사용하면 헤더 역시 원하는 대로 붙일 수 있다. 그 다음에는 genfromtxt 함수를 사용하는 예를 살펴보자.

---

5 ndarray는 n차원 배열(n-dimensional array)을 저장하기 위한 NumPy의 기본 요소 중 하나다. 파이썬 실행 환경에서 숫자 데이터의 빠른 처리를 위해필수적인 요소다. 자세한 내용은 7장 참조.

```
from numpy import genfromtxt # NumPy에서 genfromtxt를 import

dat = genfromtxt("data1.csv", skip_header=1, delimiter=",", dtype=float)
```

이 예도 loadtxt의 예와 거의 같다. 다만 헤더가 있는 줄은 건너뛰기 위한 설정만 약간 다르다(skip_header=1). genfromtxt는 loadtxt의 기능 강화판이라고 할 수 있으며, 데이터가 빠진 곳이 있는 파일도 잘 처리할 수 있고, 특정 열의 데이터에 대한 변환을 지정(옵션 인자 converter를 지정)할 수도 있다.

6.3.3 Excel 파일 입출력

Excel 파일에 담긴 데이터는 일단 파일을 CSV로 변환한 다음 읽어들이면 좀 더 유연한 처리가 가능하지만 변환하지 않고 읽어들일 수도 있다. 또, 파이썬으로 처리한 결과를 Excel 파일에 써야 할 경우도 있을 것이다. 이 기능은 파이썬 자체에서는 지원하지 않으며 서드파티 라이브러리를 사용해야 한다. 앞서 나온 표 6.2에서 보았듯이 대표적인 라이브러리로 **xlrd**(BSD License), **xlwt**(BSD License), **openpyxl**(MIT License), **xlwings**(3-clause BSD License[6]) 등이 있다. 이들 라이브러리의 라이선스는 모두 오픈소스 라이선스다.

Excel 파일은 XLS 포맷과 OOXML 두 가지 포맷[7]이 있는데 각각의 포맷을 지원하는 라이브러리는 아래와 같다.

- XLS 포맷(확장자 .xls): xlrd, xlwt
- OOXML 포맷(Office Open XML, 확장자 .xlsx/.xlsm): openpyxl, xl-wings

이 책에서는 xlrd/xlwt, openpyxl의 사용법을 다룬다.

■ XLS 포맷 파일의 입출력

이제 xlrd와 xlwt를 사용하여 XLS 포맷(확장자 .xls)으로 된 파일에 읽고 쓰기를 한 예를 살펴보자(리스트 6.2). 자세한 처리 내용은 리스트 6.2의 주석을 참고하기 바란다. 리스트

---

6 BSD License의 변종 중 하나. 파생 저작물의 광고에 초기 저작자의 이름을 포함하지 않아도 된다는 조항이 포함된 것이 특징이다. 자세한 내용은 다음 URL 참조. **URL** https://opensource.org/licenses/BSD-3-Clause

7 두 포맷의 차이에 대한 자세한 내용은 다음 URL 참조. **URL** https://en.wikipedia.org/wiki/Office_Open_XML

6.2의 코드를 실제로 실행하고 동작을 확인해보면 이해에 도움이 될 것이다.

리스트 6.2 xlrd와 xlwt의 사용 예

```python
import xlwt # Excel 파일 쓰기를 위한 라이브러리
import xlrd # Excel 파일 읽기를 위한 라이브러리

# ---Excel 파일 쓰기
# Work book을 준비
wb = xlwt.Workbook()
# 시트 추가
ws = wb.add_sheet('시트1')
# 시트의 특정 셀에 값을 넣음
ws.write(0, 0, 'Upper Left')
ws.write(1, 0, 1)
ws.write(1, 1, 2)
ws.write(1, 2, xlwt.Formula("A3+B3"))
# Work book에 이름을 지정하여 저장
wb.save('xlwt.xls')

# ---Excel 파일 읽기
# 읽어들일 Work book을 지정하여 파일 열기
wb = xlrd.open_workbook('xlwt.xls')
# 시트명으로 시트를 지정
st = wb.sheet_by_name('시트1')
# 지정한 시트의 특정 셀 값을 읽은 뒤 화면에 표시
print(st.cell(0, 0).value)
```

■ OOXML 포맷 파일의 입출력

이번에는 openpyxl을 사용해서 OOXML 포맷(확장자 .xlsx/.xlsm[8]) 파일의 데이터를 읽는 예를 살펴보자. 읽어들일 데이터는 그림 6.1과 같다. 이 파일에는 온도 데이터가 Excel 계산 식으로 저장되어 있는데, 이번에는 이 계산 식이 아니라 계산한 결과 값만으로 읽어오려고 한다. 이때 리스트 6.3과 같은 방법으로 시간 및 온도 데이터를 읽어들여 NumPy의 ndarray 변수에 대입할 수 있다.

---

8 openpyxl은 확장자가 .xltx/.xltm인 템플릿 파일도 다룰 수 있다. 템플릿 파일에서 데이터를 읽거나 쓸 경우는 거의 없을 것이므로 여기서는 다루지 않는다.

리스트 6.3 openpyxl을 사용한 데이터 입력

```
# openpyxl에서 필요한 함수(load_workbook)를 import
from openpyxl import load_workbook
import numpy as np # NumPy도 import

# WorkBook을 연다.
wb = load_workbook(filename='Sample1.xlsx', read_only=True, data_only=True)

# WorkSheet를 이름으로 지정
ws = wb['온도 변화']

# 데이터를 저장할 NumPy ndarray를 미리 만들어둔다.
Nrow = 11
time_vec = np.zeros(Nrow)
temp_vec = np.zeros(Nrow)

# 데이터 읽기
for i, row in enumerate(ws.iter_rows(row_offset=1)):
    time_vec[i] = row[0].value
    temp_vec[i] = row[1].value
```

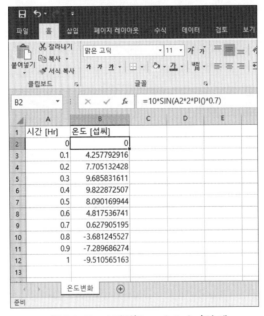

그림 6.1 Excel 파일(Sample1.xlsx)의 예

이와 같은 처리 중 workbook을 열 때 옵션인자 data_only=True를 지정하면 계산 식 대신 해당 계산 식으로 계산한 값을 읽어오게 된다. 또, 데이터 입력만 수행할 경우에는 read_only=True로 설정한다. 그 외의 자세한 내용은 openpyxl의 참조 문서[9]에서 필요에 맞게 응용하기 바란다.

6.3.4 pickle 파일 입출력

pickle[10]이란 파이썬의 데이터 객체를 직렬화(serialize)하여 파일에 저장하거나, 반대로 이를 파일로부터 역직렬화(de-serialize)하여 네임스페이스에 파이썬 객체로 읽어들이는 표준 라이브러리의 기능이다. MATLAB에서도 지정한 임의의 객체를 save 명령으로 저장할 수 있는데 파이썬에서도 pickle로 같은 기능을 사용할 수 있다.

■ 단일 변수를 pickle로 만들기

파이썬을 처음 사용하면, 특히 IPython을 사용할 때 현재 워크스페이스 상의 객체를 그대로 저장해두고 싶다는 생각이 들 때가 많다. 이런 경우에 pickle을 사용하면 편리하다. 간단한 예를 먼저 보도록 하자.

```
import pickle # 표준 라이브러리 pickle을 import

# 저장할 객체를 만든다.
mydata = [1, 2, 3]

# 객체(mydata)를 'pickle1.pickle' (확장자 생략 가능) 파일에 저장
with open('pickle1.pickle', 'wb') as f:
    pickle.dump(mydata, f)

# 'pickle1.pickle' 파일에서 데이터를 읽어들여 dat에 대입
with open('pickle1.pickle', 'rb') as f:
    dat = pickle.load(f)
```

이 예를 보면 mydata라는 리스트를 pickle.dump( ) 함수로 'pickle1.pickle'이라는 파일에 저장하고 있다. pickle.dump( ) 함수의 첫 번째 인자는 저장 대상이 될 변수이고, 두 번째

---

9 URL http://openpyxl.readthedocs.org/en/latest/index.html
10 장아찌, 피클이라는 뜻

인자는 파일명을 지정한다. 한 번에 하나의 객체만 dump할 수 있다. 또한 파일은 반드시 바이너리 모드로 열어야 한다.[11]

그 다음에는 앞서 작성한 pickle1.pickle 파일을 다시 열고 pickle.load( ) 함수로 데이터를 읽어들인다. 이 프로그램을 실행하면 mydata와 dat가 같은 내용임을 확인할 수 있을 것이다.

pickle을 사용해서 저장할 수 있는 데이터는 다음과 같다.

- 파이썬이 지원하는 모든 내장 데이터 타입(4.2절 참조)
- 내장 데이터 타입 객체를 요소로 갖는 리스트/튜플/딕셔너리/집합 타입
- 앞서 언급된 유형의 객체를 요소로 갖는 리스트/튜플/딕셔너리/집합 타입(중첩 가능)
- 함수, 클래스, 클래스의 인스턴스

■ 여러 변수를 pickle로 만들기

그러나 조금 전에 본 방법만으로는 그리 도움이 되지 않는다. 이 방법으로는 딱 하나의 객체밖에 저장할 수 없기 때문이다.

그래서 이번에는 객체 여러 개를 저장하는 방법을 살펴보자.

```python
import pickle
import numpy as np

# 저장할 객체를 만든다.
a = np.float(2.3)
b = np.array([[1.1, 2.2, 3.3], [4.4, 5.5, 6.6]])
c = {'yokohama': 1, 'tokyo': 2, 'nagoya': 3}

# 여러 개의 객체를 하나의 pickle 파일로 만들기
with open('pickle1.pickle', 'wb') as f:
    pickle.dump(a, f)
    pickle.dump(b, f)
    pickle.dump(c, f)
```

---

11 pickle에는 5개의 서로 다른 버전이 존재한다. 서로 다른 플랫폼에서 데이터를 공유하려는 경우 등에는 이들 버전의 차이에 따라 호환성 문제가 생길 수 있으므로 다음 문서를 참고하여 버전 간 차이에 주의하기 바란다.
[URL] http://docs.python.org/3/library/pickle.html#data-stream-format

```
# 저장한 pickle 파일에서 여러 개의 객체를 읽어들이기
with open('pickle1.pickle', 'rb') as f:
    a2 = pickle.load(f)
    b2 = pickle.load(f)
    c2 = pickle.load(f)
```

이 예를 보면 NumPy의 ndarray나 딕셔너리 등 하나 이상의 객체를 pickle로 만들고, 이를 다시 파일에서 읽어들이고 있다. dump를 여러 번 하면 여러 개의 객체를 파일 하나에 저장할 수 있다. 다만, 데이터를 읽어들일 때도 여러 번 load하지 않으면 안 된다. 읽으려는 파일에 객체가 몇 개나 dump되어 있는지 알 수 없다면 try문에서 예외가 발생할 때까지 객체를 찾는 방법을 사용한다.

이때, 중첩 구조를 갖는 객체를 저장할 것을 고려하여 약간의 요령을 통해 프로그램을 깔끔하게 할 수 있다. 위의 프로그램 예에서 pickle 파일의 저장과 읽기를 다음과 같이 작성할 수 있다.

```
# 여러 개의 객체를 pickle 파일 하나에 저장
with open('pickle1.pickle', 'wb') as f:
    pickle.dump([a, b, c], f)

# pickle 파일에서 객체 여러 개를 읽어들임
with open('pickle1.pickle', 'rb') as f:
    [a2, b2, c2] = pickle.load(f)
```

이런 방법으로 간단하게 객체 여러 개를 pickle 파일에 저장했다 불러올 수 있지만 아직 만족스럽지 못한 점이 하나 더 있다. 바로 변수의 원래 이름을 잃어버리기 때문에 load할 때 다시 새로운 변수를 지정해야 한다는 점이다. 다음과 같이 딕셔너리 타입 변수를 활용해서 이 문제를 해결할 수 있다.

```
import pickle
import numpy as np

def pickle_vars(fname, mode='wb', **vars):
    """
    사용법
        pickle_vars('저장할 파일명', a=a, b=b, c=c)
        인자로 작성할 파일의 이름과 객체의 이름을 차례로 열거한다.
    """
```

```
    dic = {}
    for key in vars.keys():
        exec('dic[key]=vars.get(key)')
    with open(fname, mode) as f:
        pickle.dump(dic, f)
    return dic

if __name__ == "__main__":
    # 여러 가지 객체를 생성
    a = np.float(2.3)
    b = np.array([[1.1, 2.2, 3.3], [4.4, 5.5, 6.6]])
    c = {'yokohama': 1, 'tokyo': 2, 'nagoya': 3}

    # 여러 개의 변수와 그에 포함된 데이터를 저장
    saved_dat = pickle_vars('pickle1.pickle', a=a, b=b, c=c)

    # 저장된 pickle 파일에서 데이터를 읽어들임
    with open('pickle1.pickle', 'rb') as f:
        dat = pickle.load(f)
        for key in dat.keys():
            exec(key+'=dat.get(key)')  # 데이터의 원래 변수명으로 복원
```

이 예를 보면 딕셔너리 타입으로 데이터와 그 변수명을 저장했다가 데이터를 읽어들일 때 다시 이 변수명대로 데이터를 복원하고 있다. 이를 통해 저장하는 시점의 변수명을 기억하지 못해도 원래대로 복원이 가능해진다.

그리고 이 책에서는 다루지 않지만 표준 라이브러리 **shelve**를 통해서도 이런 처리가 가능하며, 3장에서 설명한 통합 개발 환경인 Spyder를 사용하면 GUI를 통해 더 쉽게 같은 일을 할 수 있다.

6.3.5 그 외 바이너리 파일 입출력

pickle 외의 자주 사용되는 바이너리 데이터 포맷에는 앞서 표 6.2에도 나온 NumPy 바이너리 데이터 파일 포맷(.npy, .npz)이나, HDF5, MAT-file 등이 있다. 이제부터 이들 파일에 대한 파일 입출력 방법을 간단히 소개한다.

■ NumPy의 npy/npz 포맷

NumPy에서 사용되는 npy 및 npz 포맷에 대한 파일 입출력 예를 살펴보자.

```
import numpy as np
# npy 파일에 ndarray를 하나 저장

a = np.array([1, 2, 3])
np.save('foo', a)

# npy 파일에서 ndarray를 복원
a2 = np.load('foo.npy')

# npz(ndarray 여러 개를 저장할 수 있는 파일) 파일에 ndarray를 저장
b = np.array([[1, 2], [3, 4]])
np.savez('foo.npz', a=a, b2=b)  # b, b2라는 이름을 붙여서 저장

# npz 파일 읽기
with np.load('foo.npz') as data:
    a3 = data['a']  # a라는 이름을 가진 변수만 읽어들임
    b3 = data['b2']
```

npy는 ndarray 하나를 압축하지 않고 저장하기 위한 바이너리 포맷이다. npy를 만들고 다시 이로부터 데이터를 읽어들이는 방법을 위에서 살펴봤다. 이대로 실행한 경우 a와 a2 가 같은 내용을 갖는 ndarray가 된다.

이와 달리, npz는 ndarray 여러 개를 압축해서 저장하기 위한 바이너리 포맷이다. savez 함수를 이용하면 npz 파일에 데이터를 저장할 수 있다. 데이터의 이름은 저장할 때 변경 할 수 있다. 위에서는 b와 b3가 같은 내용을 갖는 ndarray가 된다.

■ HDF5 포맷

이번에는 HDF5의 사용 예를 살펴보자.

```
import h5py
import numpy as np

# 저장할 데이터를 생성
t = np.arange(0, 5, 0.1)
y = np.sin(2*np.pi*0.3*t)
dist = [2, 5,1,3, 8, 9, 12]

# 데이터의 일부를 계층 구조로 저장
with h5py.File('data1.h5', 'w') as f:
    f.create_group('wave')
    f.create_dataset('wave/t', data=t)
    f.create_dataset('wave/y', data=y)
```

```
    f.create_dataset('dist', data=dist)

# with 블록을 벗어나면 f가 일단 닫힌다.

# 데이터 읽기
with h5py.File('data1.h5', 'r') as f:
    t = np.array(f['wave/t'])  # ndarray 형태로 읽어들인다.
    y = np.array(f['wave/y'])
    dist = np.array(f['dist'])
```

HDF5를 사용하면 데이터를 계층적 구조로 저장할 수 있다. 이 예에서는 가장 위층에 dist를 놓고, wave라는 층 아래에 t와 y라는 이름으로 데이터를 두고 이 구조 전체를 저장하고 있다. with 블록을 벗어나면 일단 f가 닫히므로 'data1.h5' 파일에 데이터가 저장된다. 그 다음 이 파일을 다시 읽어들여 계층 구조의 특정 부분을 지정하여 데이터를 읽어들인다. 이와 함께 다음 페이지의 칼럼 'HDF 5'도 함께 참조하기 바란다.

■ MAT-file 포맷

마지막으로 MATLAB에서 사용되는 MAT-file 포맷을 알아보자. MAT-file은 버전 7.2 이전과 7.3을 기준으로 서로 다른 사용법을 갖는다. 버전 7.3 이후에는 내부 포맷이 HDF5를 채용하고 있어 HDF5 파일로 취급한다(이전 절의 설명 참조). 여기서는 버전 7.2 이전의 MAT-file에 대한 입출력을 알아보기로 한다.

```
import scipy as sp

# 저장할 데이터를 생성
t = np.arange(0, 5, 0.1)
y = np.sin(2*np.pi*0.3*t)

# MAT-file에 쓰기
out_dat = {}
out_dat['time'] = t  # ndarray t를 time이라는 이름으로 out_dat 내부에 추가
out_dat['y'] = y
sp.io.savemat('data2.mat', out_dat, format='5')

# MAT-file을 읽기
matdat = sp.io.loadmat('data1.mat', squeeze_me=True)
tt = matdat['time']  # ndarray로 읽어들임
```

이 예를 보면 SciPy(8장)의 io.savemat으로 MAT-file에 데이터를 쓰고, io.loadmat으로 MAT-file을 읽어들이고 있다. io.savemat을 사용해서 데이터를 저장하려면 우선 딕셔너리 타입 변수로 데이터를 합쳐야 한다. format은 5나 4 중 하나를 고를 수 있지만 기본값이 5이므로 따로 저장하지 않아도 결과가 같다. io.loadmat으로 MAT-file을 읽을 때는 squeeze_me=True를 사용해서 불필요한 차원 표현을 제외하는 편이 좋다.[12]

지금까지 보았듯이 자주 사용되는 데이터 포맷에 대한 파일 입출력 기능은 대체로 잘 갖추어져 있다. 여기서는 기능의 일부만을 소개했으나 필요에 따라 이 책의 예를 참고로 상세한 사용 방법을 알아보면 될 것이다.

column
HDF5

과학 기술 컴퓨팅 분야에서 대규모 계층 구조 데이터를 다뤄야 할 경우가 있다. 그리고 이 데이터를 효율적으로 파일에 저장하고, 또 다시 빠르게 읽어들일 필요가 있다. 이때 사용하는 대표적인 데이터 포맷(그리고 이를 위한 라이브러리)이 HDF5다.

NCSA(National Center for Supercomputing Applications, 미 국립슈퍼컴퓨터응용센터)에서 개발한 데이터 포맷으로 현재 비영리단체인 HDF Group에서 개발을 수행하고 있으며, 버전 5에 해당하는 HDF5가 주로 사용된다.

HDF5는 하드웨어에 의존하지 않는 표준 데이터 포맷으로 과학적 데이터를 공유하기 위해 설계되었다. 크기 제한이 없고 복잡한 데이터 구조를 지원할 수 있어 널리 활용되고 있다. HDF5는 C로 구현되었으며 데이터 압축도 지원하고 대규모 데이터의 특정 부분에 효율적으로 접근할 수 있다. 파이썬, MATLAB, Scilab, Octave[a], R[b]과 같은 스크립트 언어뿐 아니라, C/C++, Fortran과 같은 컴파일러 언어에서도 API를 통해 사용할 수 있다. 많은 언어에서 쉽게 사용할 수 있는 포맷이라는 점이 인기의 한 요인일 것이다.

HDF에 대한 자세한 내용은 공식 사이트인 http://www.hdfgroup.org를 참조하기 바란다. 파이썬을 비롯하여 다양한 프로그래밍 언어에서 HDF5 파일을 다루는 예제를 볼 수 있어 많은 도움이 될 것이다.

a　Scilab과 Octave는 일반적으로 MATLAB의 클론으로 많이 사용되는 언어다.

b　R은 통계 분석용 프로그래밍 언어로 데이터를 시각화하는 플로팅 기능이 뛰어나다.

12　이를테면 5×1 크기의 2차원 행렬은 5개의 1차원 벡터로 다룰 수 있다.

6.4 | pandas의 데이터 입출력 기능

pandas(10장)는 데이터를 다루기 위한 라이브러리로 텍스트 파일이나 데이터베이스에 대한 데이터 입출력 기능이 충실히 갖춰져 있다. 이번 절에서는 pandas에서 사용할 수 있는 데이터 파일 포맷과 이에 대한 입출력 방법을 설명한다.

6.4.1 pandas의 데이터 입출력 함수

pandas가 가진 데이터 분석 기능 중에서도 가장 중요한 부분이 데이터를 파일에서 읽어들이는 기능 및 처리한 데이터를 파일로 출력하는 기능이다. 데이터 분석을 위해 파이썬을 사용하는 이점 중 하나는 pandas나 그 외 라이브러리에 갖춰진 풍부한 데이터 입출력 기능을 사용하는 것이다. 이를 통해 모든 처리를 파이썬만으로 처리할 수 있다.

파이썬이 지금처럼 발전하기 전에 예를 들어 Perl로 데이터를 스크랩(scraping 정제 혹은 추출)한 다음, C로 된 프로그램으로 이를 읽어들여 분석한 뒤 그 결과를 다시 MATLAB으로 시각화하는 방법으로 여러 언어에 걸친 복잡한 과정을 거쳐야 하는 경우가 많았다. 지금은 파이썬만 사용해서 이들 작업을 모두 끝내는 것이 일반적이다.

pandas를 사용한 데이터 입출력은 크게 아래의 네 가지로 나뉜다.

- 텍스트 포맷으로 된 데이터 파일로부터 데이터 읽기
- 바이너리 포맷으로 된 데이터 파일로부터 데이터 읽기
- 데이터베이스로부터 데이터 import
- 웹 등 네트워크상의 리소스로부터 데이터 읽기

이 책에서는 이들 중 과학 기술 컴퓨팅이라는 목적에 부합하는 처음 두 가지에 초점을 맞춰 설명할 것이다. 먼저 pandas의 함수 중 데이터 입력에 사용되는 것을 소개한다. 표 6.3은 pandas에 갖춰진 주요 데이터 입출력 함수를 정리한 것이다. '함수'라고는 하지만 정확히 말하면 데이터를 읽을 때 사용하는 **read_csv** 등은 pandas에 정의된 함수이고, 데이터를 출력하는 데 사용하는 **to_csv** 같은 것은 pandas에 정의된 객체(시리즈, 데이터 프레임 등)의 메서드다. 따라서 'df'가 데이터 프레임 객체라고 할 때 df.to_csv( )와 같은 방법으로 데이터 출력 메서드를 호출한다.

표 6.3 pandas의 데이터 입출력 함수

데이터 포맷	함수	출력 메서드
텍스트 파일	read_csv	to_csv
텍스트 파일	read_table	−
텍스트 파일	read_fwf	−
JSON	read_json	to_json
HTML	read_html	to_html
Excel	read_excel	to_excel
HDF5	read_hdf	to_hdf
SQL	read_sql	to_sql
Stata	read_stata	to_stata
클립보드	read_clipboard	to_clipboard
pickle	read_pickle	to_pickle

표 6.3에서 보았듯이 CSV 포맷과 같은 텍스트 파일의 입출력을 위해 **read_csv**와 **to_csv**를 사용한다. **read_csv**와 **read_table**도 거의 비슷한 것으로 구분자의 기본값이 ,(콤마)냐 \t(탭)이냐의 차이만 있을 뿐이다. 또, **read_fwf**는 컬럼 폭이 고정된 포맷으로 된 데이터(구분자가 없어도 됨)를 읽기 위해 사용하는 함수다.

텍스트 파일로 된 포맷 중에는 위에 나온 것 외에도 JSON[13] 포맷이나 HTML(HyperText Markup Language) 포맷으로 된 파일로부터도 입출력이 가능하다.

바이너리 데이터에 대한 입출력은 Excel, HDF5 외에도 SQL, Stata[14] 등도 지원하며 클립보드와 pickle 포맷도 지원한다.

과학 기술 컴퓨팅 분야에만 한정하면 CSV 같은 텍스트 파일과 Excel 및 HDF5 등에 대한 읽기 함수를 사용하는 경우가 많을 것이다. 이 때문에 이 책에서는 텍스트 파일에 대한 입출력에 대해 더 자세히 설명하고 이외의 함수에 대해서는 처리 속도를 비교해 소개하는 정도만 다룰 것이다.

---

13 JavaScript Object Notation. 경량 데이터 교환 포맷. JavaScript뿐만 아니라 서로 다른 프로그래밍 언어나 웹 애플리케이션에서도 사용된다.

14 계량경제학, 사회통계학, 의료통계학 등의 분야에서 사용되는 통합형 통계 소프트웨어.

6.4.2 데이터 포맷에 따른 입출력 속도

먼저, pandas에서 다룰 수 있는 데이터 포맷의 처리 속도를 각각 비교하도록 하겠다. 과학 기술 컴퓨팅에서는 적게는 수백 메가바이트에서 많게는 수 기가바이트에 이르는 데이터를 다루게 된다. 따라서 데이터 파일의 입출력 속도는 프로그램에서 중요한 요소가 된다.

그래서 아래의 코드로 생성된 약 16메가바이트(1,000,000×2×8bytes) 크기의 데이터를 저장한 데이터 프레임(아래에서 보듯 데이터 프레임이 사용하고 있는 메모리는 약 22.9메가바이트)를 사용하여 데이터 입출력 속도를 비교해보자.

```
In [32]: df = pd.DataFrame(np.random.randn(1000000, 2), columns=list('AB'))

In [33]: df.info()
<class 'pandas.core.frame.DataFrame'>
Int64Index: 1000000 entries, 0 to 999999
Data columns (total 2 columns):
A    1000000 non-null float64
B    1000000 non-null float64
dtypes: float64(2)
memory usage: 22.9 MB
```

벤치마크 테스트 대상은 CSV, Excel(확장자 .xlsx), SQL(SQLite), HDF5(fixed 포맷, 무압축) 네 가지다. 벤치마크 테스트에 쓰인 프로그램은 pandas 공식 문서의 'Performance Considerations'[15]를 참고하여 작성했다. 이렇게 수행한 벤치마크 테스트 결과를 표 6.4에 정리했다. 이 결과를 보면 실행 환경이나 횟수에 차이가 있다. 따라서 대략적인 속도 비교로 참고하기 바란다. 실행 환경은 Windows 8.1(64bit), Anaconda 4.1.1(Python 3.5.2, pandas 0.18.1)이다.

표 6.4 데이터 파일 포맷에 따른 입출력 시간(벤치마크 테스트 결과, 단위 [초])

	CSV	Excel	SQL	HDF5
쓰기 속도	11	99.5	8.4	0.9
읽기 속도	1.0	61.5	2.0	0.08

---

15 URL http://pandas.pydata.org/pandas-docs/stable/io.html#performance-considerations

그 결과 Excel 파일의 입출력 속도가 유난히 느리다는 것을 알 수 있다. 그 다음으로 느린 것이 CSV와 SQL이지만 Excel과의 차이가 거의 10배이며, 데이터 크기에 따라서는 허용 가능한 입출력 속도를 보이고 있다. 입출력 속도가 가장 빠른 것은 HDF5이다. 다른 포맷을 압도하는 속도로 데이터 입출력이 가능함을 알 수 있다. HDF5는 MATLAB에서도 사용(MAT-file 버전 7.3 이상은 HDF5 사용)되는 등 널리 쓰이고 있으며 계층적 데이터를 저장하기에 적합하다. 대규모 데이터 파일의 입출력을 수행할 때는 HDF5의 사용을 검토해보기 바란다.

6.4.3 텍스트 데이터 입출력

텍스트 포맷으로 된 파일은 표 6.3에서 보았듯이 read_csv, read_table, read_fwf 등의 함수를 통해 입출력을 할 수 있다. read_table 함수는 앞에서도 설명했듯이 기본적으로 read_csv 함수와 동일하다. 이 책에서는 이 중 가장 빈번하게 쓰이는 read_csv에 대해서 자세히 설명하겠다.

read_csv 함수에서 지정할 수 있는 인자가 40가지나 되기 때문에 다양한 경우에 맞춰 세심한 설정을 할 수 있다. 이 인자 중에서 주된 것을 표 6.5에 정리했다. 표 6.5 외에도 여러 가지 인자가 있으므로 C처럼 저수준 명령을 사용하여 CSV를 읽기를 직접 구현할 필요가 거의 없다. 또, read_csv 함수는 C로 구현되어 있기 때문에[16] 속도 역시 C로 작성된 프로그램과 비교하여 손색이 없다.

표 6.5 read_csv 함수의 주요 인자

인자	설명
sep 또는 delimiter	데이터의 구분자로 사용되는 문자열(정규표현식도 사용 가능하나 C로 구현된 라이브러리에는 사용할 수 없으므로 추천하지 않음)
dialect	문자열 혹은 csv.Dialect 인스턴스로 파일 포맷의 세부사항을 지정한다.
dtype	특정 컬럼의 데이터 타입을 지정한다.

---

16 read_csv는 파이썬으로 구현된 것도 있으며 engine='python' 인자를 사용해서 이를 사용할 수 있다.

표 6.5 read_csv 함수의 주요 인자 (계속)

인자	설명
names	컬럼 레이블의 리스트를 지정한다. 데이터를 읽어들일 때 임의로 컬럼 레이블을 지정하려는 경우에 사용한다. header가 지정되어 있어도 컬럼 레이블은 여기서 지정한 값이 우선한다.
header	컬럼 레이블로 사용할 줄의 번호를 지정한다(첫 번째 줄이 0). names를 지정하면 None이 기본값이 된다. 그 외의 경우는 0이 기본값
skiprows	첫 줄부터 지정한 수만큼의 줄을 무시한다. 혹은 행 번호의 리스트를 지정하면 해당 행만을 무시한다.
index_col	라인 레이블로 사용할 컬럼의 번호 혹은 컬럼 레이블을 지정한다. 여러 개 지정하면 계층형 인덱스를 갖게 된다.
na_values	값이 빠진 경우를 나타낼 문자열을 지정한다. 기본값 외의 값을 사용하려는 경우에 사용하면 된다.
parse_dates	기본값은 False. True로 설정하면 모든 컬럼에서 데이터를 날짜로 해석을 시도한다. 번호 혹은 컬럼 레이블을 지정해서 특정 컬럼에만 적용하거나, 여러 컬럼의 값을 결합하여 날짜로 해석하는 설정도 가능하다.
date_parser	datetime 객체로 변환할 때 사용할 함수를 지정한다.
thousands	(숫자의) 3자리마다 들어갈 기호를 지정한다. 대부분의 경우 ,(콤마)를 사용한다.
skipinitialspace	기본값은 False. True로 설정한 경우 구분자 바로 뒤에 오는 공백 문자를 무시한다.
nrows	파일에서 최초 몇 줄까지를 읽을지 설정한다. 파일의 크기가 큰 경우 파일의 일부만을 읽어들일 때 사용한다.
converters	컬럼 레이블과 해당 컬럼의 모든 데이터에 적용할 함수를 지정한다.
encoding	인코딩을 지정한다.
usecols	리스트로 지정한 컬럼(열 번호 혹은 컬럼 레이블로 지정)의 데이터만을 읽어들인다.

CSV 포맷과 같은 텍스트 파일을 읽을 때 실무에 가까운 처리 내용을 상정하여 아래의 흐름에 따라 read_csv 함수의 동작 제어를 설정하는 경우를 예와 함께 설명하겠다.

- 인코딩 지정
- 무시하는 줄 및 헤더 줄(컬럼의 레이블) 지정
- 구분자 지정
- 빠진 값으로 취급할 문자열 지정
- 컬럼 레이블의 리스트를 인자로 지정
- 라인 레이블로 사용할 데이터 컬럼을 지정

읽어들일 파일이 'veldat.csv'이고 아래와 같다고 하자.

```
# 테스트 데이터 2016/1/10, encode=cp949
time;status; 고도; 속도
0;search;;125
0.1;search;1012.5; 128.3
0.2;lock;1035.3; 130.5987
0.3;lock;1068.365; 135.45
0.4;lock;1090.2; NaN
```

첫 번째 줄은 주석이며, 두 번째 줄은 각 컬럼의 레이블이다. 데이터의 구분자는 ;(세미콜론)이며, 구분자 이외에도 무의미한 공백 문자가 곳곳에 들어가 있다. 또, 데이터가 빠진 곳 중에는 아무것도 기재되어 있지 않거나, 'NaN'이라는 문자가 들어가 있는 곳도 있다. 데이터가 빠진 곳에 해당하는 값을 read_csv가 어떻게 처리하는지에 대해서는 뒤에 설명하도록 하겠다. 문자열 인코딩은 CP949로 한다.

이렇게 작성된 파일을 읽어들일 때 가장 먼저 해야 할 일은 인코딩을 지정하는 것이다. 인코딩의 기본값은 UTF-8이므로 현재 파일의 인코딩이 UTF-8이라면 따로 지정하지 않아도 된다. 이번 예에서는 CP949 인코딩을 사용하고 있으므로 해당 인코딩을 지정하지 않으면 파일을 읽을 때 오류가 발생한다. 따라서 read_csv 함수를 다음과 같이 호출하도록 한다.

```
In [34]: dat = pd.read_csv('veldat.csv', encoding='cp949')
```

데이터를 잘 읽어들였는지 Spyder의 Variable explorer(3.2절 참조)를 사용해서 확인해보자. 그림 6.2는 데이터를 읽어들인 데이터 프레임의 내용을 화면에 표시한 것이다. 이를 보면 한글을 잘 읽어들였지만 구분자의 해석이 잘못되어 바르게 처리되지 못했다는 것을 알 수 있다.

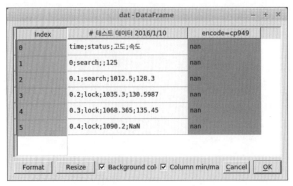

그림 6.2 CSV 파일을 읽어들인 결과(인코딩 지정 후)

그 다음으로 주석 행과 헤더 행은 어느 줄인지, 구분자는 어떤 기호를 사용할 것인지 지정한다. 각각 'skiprows', 'header', 'sep'이라는 인자를 사용한다. 'sep' 대신에 'delimiter'를 사용할 수도 있다. 헤더 행이 없는 경우에는 header=None으로 지정하면 되지만 이 예에는 헤더 행이 존재하므로 아래와 같이 지정하도록 한다.

```
In [35]: dat = pd.read_csv('veldat.csv',
    ...:                    encoding='cp949',   # CP949 인코딩을 사용한다.
    ...:                    skiprows=1,         # 처음 1줄을 무시한다.
    ...:                    header=0,           # 헤더 행은 첫 번째 줄이다.
    ...:                    sep=';')            # 구분자는 ;(세미콜론)을 사용
```

이 예를 보면 skiprows=1, header=0 두 인자를 지정하고 있는데 header=0은 기본값이므로 생략할 수 있다. header=1로 지정하면 첫 번째 줄은 무시하고 두 번째 줄을 헤더(컬럼 레이블)로 해석하라는 의미가 되므로 다음과 같이 지정해도 같은 결과를 얻을 수 있다.

```
In [36]: dat = pd.read_csv('veldat.csv',
    ...:                    encoding='cp949',
    ...:                    header=1,           # 두 번째 줄이 헤더 행
    ...:                    sep=';')
```

위와 같은 설정으로 데이터를 읽어들인 결과를 Spyder의 Variable explorer에서 확인하면 그림 6.3과 같은 내용을 볼 수 있다. 구분자는 ;(세미콜론)으로 설정하고 헤더 행도 바르게 설정되어 있으므로 의도대로 데이터를 읽어들인 것을 볼 수 있다.

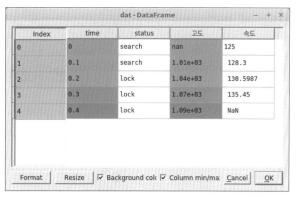

그림 6.3 CSV 파일을 읽어들인 결과(구분자와 헤더 행 지정 후)

이 예를 보면 데이터가 빠진 곳을 의도한 대로 'NaN'으로 읽었지만, 이를 잘 보면 그림 안의 '속도' 컬럼의 두 번째 줄 이후 값이 모두 앞에 공백 문자가 들어 있어 원래는 숫자 인 '속도' 컬럼의 데이터가 공백 문자가 붙은 문자열로 해석되어 object 타입으로 되어 있 다. pandas는 읽어들인 데이터의 타입을 자동으로 추정하여 결정해준다. 데이터 타입을 직접 결정하려는 경우에는 **dtype** 인자를 사용한다. 여기서는 dtype 인자에 대해 자세한 설명을 생략하지만 딕셔너리 타입 데이터를 사용하여 컬럼마다 데이터 타입을 지정할 수 있다. pandas가 데이터를 읽어들일 때 추정한 데이터 타입을 표시하도록 하면 '속도' 컬럼 의 데이터는 다음과 같이 float64가 아니라 object 타입임을 확인할 수 있다.

```
In [37]: dat.dtypes
Out[37]:
time       float64
status      object
고도        float64
속도         object
dtype: object
```

이런 상황을 피하기 위해 필요한 인자가 skipinitialspace=True다. 이 인자를 사용하 면 숫자나 문자열 앞에 붙은 공백 문자를 무시할 수 있다.[17] 이 인자의 값을 다음과 같이 지정하고 데이터를 읽어들이면 그림 6.4와 같이 데이터가 바르게 읽히게 된다.

---

17 숫자나 문자열 뒤에 붙은 공백 문자는 원래 무시된다.

```
In [38]: dat = pd.read_csv('veldat.csv',
   ...:                  encoding='cp949',
   ...:                  header=1,
   ...:                  sep=';',
   ...:                  skipinitialspace=True)  # 숫자나 문자열 앞의 공백 문자를 무시한다.
```

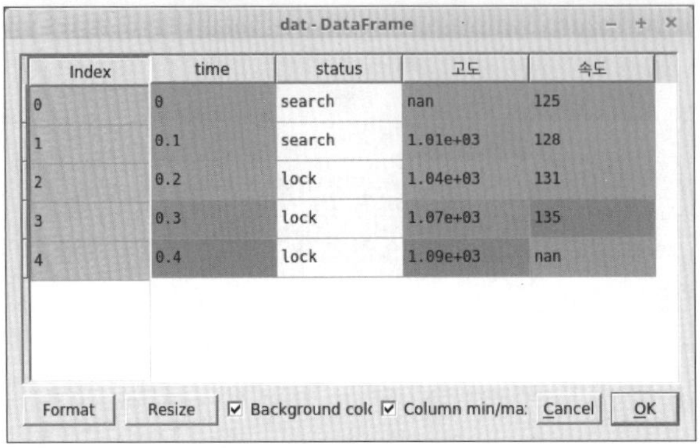

Index	time	status	고도	속도
0	0	search	nan	125
1	0.1	search	1.01e+03	128
2	0.2	lock	1.04e+03	131
3	0.3	lock	1.07e+03	135
4	0.4	lock	1.09e+03	nan

그림 6.4 CSV 파일을 읽어들인 결과(공백 문자 무시 지정 후)

그리고 그림 6.4를 보면 알겠지만, '속도' 컬럼의 마지막 데이터는 숫자가 아니라는 뜻인 'NaN'으로 나타나 있다. 텍스트 파일에서는 'NaN'이라는 문자열이었지만, 어떤 문자열 을 누락값으로 취급하느냐는 na_value나 keep_default_na 2개의 인자로 지정할 수 있 다. 단, 기본값으로 설정된 누락값은 리스트 ['-1.\#IND', '1.\#QNAN', '1.\#IND', '-1.\#QNAN', '\#N/A' ,'N/A', 'NA', '\#NA', 'NULL', 'NaN', '-NaN', 'nan', '-nan'] 에 포함된 문자열로 설정되어 있으며, 대개의 경우 누락값을 직접 설정할 필요는 없다. 그 리고 이 누락값 문자열에 길이가 0인 문자열 ' '은 포함되어 있지 않지만 이 역시 누락값 으로 취급하도록 설정되어 있다.

■ 데이터 읽기 자세히 보기

지금까지의 과정을 통해 데이터를 바르게 읽어들일 수 있었지만 여기에서 한발 더 나아가 데이터를 읽어들이는 처리를 자세히 살펴보기로 하자.

먼저, 컬럼 레이블의 지정부터 알아보자. 지금까지 본 예에서 컬럼 레이블은 텍스트 파일 의 인덱스 행에서 자동적으로 설정되었다. 그러나 이 레이블에는 한글이 포함되어 있기 때문에 나중의 작업을 고려해 레이블 전체를 알파벳 문자로 바꾸고 싶다고 하자. 이럴 때는 인자 **names**를 사용한다. 또, 이와 함께 't'(본래 이름은 'time') 컬럼을 라인 레이블로 사용하고 싶다고 하자. 이를 위해서는 **index_col** 인자를 사용한다. 이들 인자를 지정한 아래의 예를 보자.

```
In [39]: dat = pd.read_csv('veldat.csv',
    ...:                     encoding='cp949',
    ...:                     header=1,
    ...:                     sep=';',
    ...:                     skipinitialspace=True,
    ...:                     names=['t', 'stat', 'h', 'vel'], # 각각의 컬럼에 레이블을 붙인다.
    ...:                     index_col='t') # 컬럼 레이블이 't'인 컬럼의 값을 라인 레이블로 사용한다.
```

이 설정으로 읽어들인 데이터를 Spyder의 Variable explorer로 확인한 결과는 그림 6.5와 같다. 그림 6.5를 보면 우리가 의도한 대로 라인 레이블과 컬럼 레이블이 지정되었음을 알 수 있다.

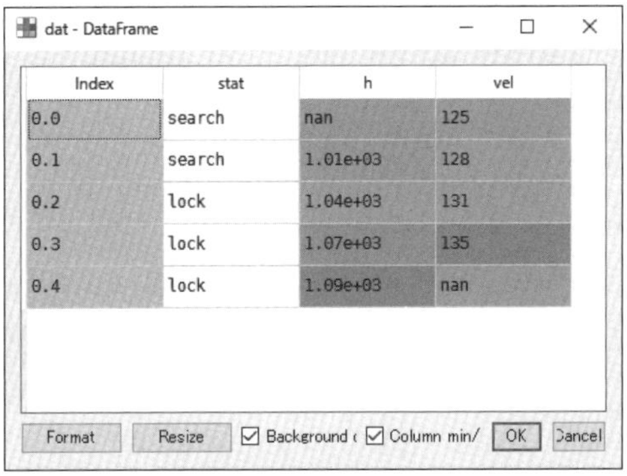

그림 6.5 CSV 파일을 읽어들인 결과(라인/컬럼 레이블 지정 후)

지금까지 보았듯이 pandas를 사용하면 파일 포맷에 맞는 유연한 설정을 통해 여러 가지 데이터를 읽을 수 있다.

6.5 웹상의 정보를 입력받기

urllib 패키지를 사용하면 인터넷상의 리소스를 프로그램에 입력할 수 있다. 이번 절에서는 웹에서
부터 데이터를 얻는 기본적인 방법을 다룬다.[18]

6.5.1 urllib 패키지를 사용한 HTML 데이터 읽기

다음의 예는 http://python.org 페이지의 HTML 데이터를 읽는 예다.

```python
import urllib.request

response = urllib.request.urlopen('http://python.org/')
html = response.read()
print(html)
```

여기서는 이렇게 아주 기본적인 예만 소개하지만 파이썬의 표준 라이브러리로 인터넷 프
로토콜을 다루는 기능이 갖춰져 있으며 이 중 하나가 **urllib**이라는 것을 기억해두자.

■ 파이썬 2.x와 파이썬 3.x의 urllib과 관련된 정보

파이썬 2.x에서는 urllib과 관련된 모듈이 이리저리 나뉘어 있어 기능이 중복되는 면이 있
었다. 그러나 파이썬 3.x에서는 이들 모듈이 urllib이라는 하나의 패키지로 알기 쉽게 통
일되어 있다. 웹에서 urllib에 대해 검색하면 파이썬 2.x 때의 정보가 많이 검색되어 혼란
을 일으킬 수 있다.

아래의 표 6.6과 같은 기능을 지원하므로 파이썬 2.x 프로그램에서 파이썬 3.x 프로그램
으로 변환하는 경우에 이를 참고하기 바란다.

표 6.6 파이썬 2.x와 파이썬 3.x에서서로 대응하는 urllib 관련 패키지

파이썬 2.x	파이썬 3.x	기능
urllib	urllib.request, urllib.parse, urllib.error	URL 접근, 인코딩, 오류 처리

---

18 이 책에서는 생략하지만 데이터 수집뿐만 아니라 데이터를 보내는 것노 가능하다.

표 6.6 파이썬 2.x와 파이썬 3.x에서서로 대응하는 urllib 관련 패키지 (계속)

파이썬 2.x	파이썬 3.x	기능
urllib2	urllib.request, urllib.error	URL 접근, 오류 처리
urlparse	urllib.parse	인코딩
robotparser	urllib.robotparser	robots.txt 파서
urllib.FancyURLopener	urllib.request.FancyURLopener	HTTP 응답 코드: 301, 302, 303, 307, 401을 처리하는 기능을 제공
urllib.urlencode	urllib.parse.urlencode	URL 인코딩
urllib2.Request	urllib.request.Request	URL 접근
urllib2.HTTPError	urllib.error.HTTPError	HTTPError 예외 전달 등

column
시행착오를 통한 입력 설정

CSV 파일 같은 텍스트 파일에서 큰 규모의 데이터를 읽어들일 경우 이 데이터에 대해 최적의 입력 설정을 찾기까지 어느 정도의 시행착오가 필요하기 마련이다. 이때, 실제 파일로 시행착오를 겪게 되면 효율이 매우 떨어지게 된다.

이를 위해 추천하는 방법이 텍스트 파일의 읽어들일 줄 수를 제한하는 **nrows 인자**를 사용하는 방법과 텍스트 I/O 스트림을 생성할 수 있는 **StreamIO 클래스**를 사용하는 것이다.

nrows 인자를 사용하면 read_csv 함수에서 읽어들일 파일의 줄 수를 지정할 수 있다. 예를 들어 read_csv('my.le.csv', nrows=5)라고 하면 파일의 첫 5줄만 읽어온다. 의도한 대로 데이터가 읽혔는지는 대개 처음 몇 줄만 확인하면 알 수 있으므로 효율적으로 동작을 확인할 수 있다.

또, StringIO를 사용하면 텍스트 파일을 실제로 읽어들이지 않고도 특정 문자열에 대한 읽기 결과를 확인할 수 있어서 편리하다. 아래의 예를 보자.

```
# StringIO를 import
In [40]: from io import StringIO

# 파일 대신 문자열을 지정
In [41]: mystr = 'x, y, z\n1, 2, 3\n4, 5, 6'

# 파일 대신 사용할 문자열을 확인(이 텍스트를 읽기 대상으로 함)
In [42]: print(mystr)
x, y, z
1, 2, 3
4, 5, 6

# mystr을 StringIO에 넘기고 이를 파일 이름 대신 지정한다.
In [43]: data = pd.read_csv(StringIO(mystr))
```

이렇듯 StringIO를 사용하면 파일 대신 임의의 문자열을 csv_read 함수의 입력으로 넘길 수 있으므로 읽기 설정에 대한 동작 확인을 효율적으로 할 수 있다.

6.6 정리

이번 장에서는 파이썬의 표준 기능에 포함된 데이터 입출력과 서드파티 라이브러리가 제공하는 데이터 입출력 기능을 간단히 소개했다. 프로그램을 실행할 때는 데이터 입출력이 필요한 경우가 많기 때문에 이들 기능을 효율적으로 구현하는 방법을 알아두는 것이 중요하다. 이 책에서는 여기서 다뤘던 함수의 일부 기능밖에 소개하지 못했으므로 각각의 함수의 닥스트링이나 공식 문서 등을 참조하며 사용법을 익히기 바란다.

7

NumPy

이번 장에서는 NumPy의 배열과 이를 조작하는 방법에 대해 알아볼 것이다.

과학 기술 컴퓨팅 분야에서 사용되는 프로그래밍 언어에는 '대규모 데이터를 효율적으로 다룰 수 있을 것', '배열 연산을 고속으로 수행할 수 있을 것'이라는 두 가지 조건이 필수적이다.

파이썬 본체 및 표준 라이브러리만으로는 이 두 가지 조건을 만족시키지 못하지만 NumPy는 딱 이 부분을 강화해주는 과학 기술 컴퓨팅의 기초 라이브러리다. 그리고 SciPy, matplotlib, pandas 등의 라이브러리도 NumPy에 의존하고 있어 다양한 과학 기술 계통의 라이브러리의 기반이 되기도 한다. NumPy는 기본적인 기능을 제공하는 데 중점을 두고 있기 때문에 고도의 과학 알고리즘이나 데이터 분석 기법을 제공하지는 않는다. 이런 고도의 알고리즘은 SciPy에서 제공하며, 수준 높은 데이터 분석 기법은 pandas, 그리고 분석 결과를 시각화하는 기능은 matplotlib이 보완해준다. NumPy의 기본을 탄탄히 다져서 SciPy, pandas, matplotlib 등도 잘 이해할 수 있도록 하자.

7.1 NumPy란?

이번 절에서는 **NumPy**가 제공하는 기능을 전체적으로 조망하고, NumPy가 어떻게 데이터를 빨리 처리할 수 있는지를 알아본다.

7.1.1 NumPy가 제공하는 기능

NumPy는 **배열**에 대한 처리에 특화된 라이브러리다. 배열은 여러 개의 데이터를 가지며 파이썬에서는 리스트나 튜플의 형태로 표현된다. 리스트와 튜플은 중첩이 가능하여 다차원 배열을 표현할 수도 있다.

그러나 대규모 데이터 처리에 리스트나 튜플을 사용할 때 발생하는 문제가 있다. 처리 속도가 C 등의 언어와 비교하여 현저히 늦다. NumPy는 이런 결점을 극복하기 위한 라이브러리이기 때문에 배열 연산을 빠르게 수행할 수 있다.

이렇게 빠른 **배열 연산**의 기초가 되는 것이 다차원 배열 객체인 **ndarray**다(나중에 설명). ndarray는 파이썬이 갖는 고속 데이터 처리 기능의 기초를 이룬다. 이외에도 NumPy가 제공하는 주요 기능은 아래와 같다.

- 유니버설 함수(universal function)
- 다양한 함수(수학 함수/선형대수 함수 및 통계 처리 함수 등)
- 다른 언어에 대한 인터페이스

유니버설 함수(7.4절 참조)는 ndarray에 대해 요소별 처리를 거친 결과를 리턴하는 함수다. 유니버설 함수를 사용하여 선형대수 계산 식을 간결하고 가독성이 높은 형식으로 작성할 수 있게 된다.

또 NumPy는 다음 항과 부록 C에서 설명하고 있는 많은 함수를 갖추고 있다. 이들 함수를 사용하여 과학 기술 컴퓨팅에 쓰이는 많은 처리를 쉽게 구현할 수 있다.

여기에 다른 언어에 대한 인터페이스로 C/C++은 물론이고 Fortran에 대한 인터페이스를 제공한다.

그림 7.1에 NumPy의 전체적인 모습을 모식적으로 나타냈다. 여기에서 보듯, NumPy에는 ndarray의 기능을 토대로 과학 기술 컴퓨팅을 더욱 쉽게 구현하기 위한 기능을 갖추고 있다.

그림 7.1 NumPy 기능의 개요

7.1.2 NumPy의 각종 함수 그룹

NumPy가 제공하는 여러 함수 그룹(routines)은 다양한 기능을 제공한다. 여기서는 그 전체적인 모습을 파악하기 위해 세부사항보다는 대략적인 기능의 목록을 보기로 한다.[1] 우선 중요도가 높은 함수 그룹을 열거하겠다. 아래의 함수 그룹에 속하는 함수 및 메서드는 부록 C에 정리되어 있다.

- 배열(array) 생성 및 조작
- 수학 함수(mathematical function)
- 선형대수(linear algebra)
- 무작위 표집(random sampling)

---

1 NumPy 1.11 기준으로 하는 정보다. 최신 버전에서는 일부 변경이 있을 수 있다.

- 통계 함수(statistics)
- 인덱스 관련
- 정렬/탐색/계수(sorting/searching/counting)
- 다항식 계산(polynomials)
- 데이터 입출력(I/O)
- 이산 푸리에 변환(FFT)과 창 함수

NumPy는 위의 열거한 기능 외에도 아래와 같은 기능과 관련된 함수 그룹도 갖추고 있다.

- 행렬(matrix) 생성 및 조작
- 데이터 타입 관련 조작
- 부동 소수 타입 오류 대응
- 문자열 조작
- 논리 연산
- 집합 계산
- 바이너리 조작
- Masked Array 조작
- C-Types 외부 함수 인터페이스
- 날짜 지원
- 함수형 프로그래밍
- 재무 관련 함수(financial)
- 도우미 함수(help function, ⓒ lookfor, info, source 등)
- 테스트 지원

아무리 다양한 함수가 준비되어 있어도 자신에게 필요한 기능부터 학습하면 된다. 중요한 것은 어떤 기능을 갖추고 있는지 그 개요를 파악하는 것이다. 이를 위해 부록 C를 활용하기 바란다.

7.1.3 NumPy가 빠른 이유는?

NumPy가 대규모 데이터를 빠른 속도로 처리할 수 있는 이유는 다차원 배열 객체인 ndarray를 기본 데이터 저장 포맷으로 사용하고 있기 때문이다. ndarray는 저장하고 있는

'데이터'와 '메타데이터'(차원, 데이터 타입 등)라 불리는 부가 정보로 이뤄져 있다. ndarray는 이 데이터를 시스템상의 메모리(RAM)에 빈틈없이 빽빽히 배치한다. 파이썬의 '리스트' 같은 객체는 리스트의 각 요소가 메모리 이곳저곳에 흩어져 저장되는데, 이를 id 함수를 사용해서 확인할 수 있다.[2]

데이터가 분산되어 배치되면 이들 데이터에 접근할 때 오버헤드가 발생한다. ndarray처럼 데이터가 메모리의 같은 영역에 모여 있으면 다음과 같은 장점이 있다.

- 배열 연산을 C 같은 속도가 빠른 저수준 언어로 구현할 수 있다.
- 데이터를 CPU 레지스터(register)에 모아 효율적으로 읽어올 수 있기 때문에 빠르다.
- CPU의 벡터화 연산[3]의 장점을 누릴 수 있다.

맨 마지막 벡터화 연산에 대해서는 보통 NumPy가 컴파일될 때 BLAS나 LAPACK 같은 극도로 최적화된 선형대수 라이브러리에 링크된다. 그러므로 일부러 의식하지 않아도 이들 라이브러리가 제공하는 병렬화 고속 계산 기능을 사용할 수 있는 경우도 있다.

column
선형대수 수치 연산 라이브러리

NumPy는 CPU의 능력을 최대한 활용하여 선형대수 연산을 빠르게 수행하기 위해 BLAS라는 선형대수 수치 연산 라이브러리를 링크하고 있다. BLAS는 행렬이나 벡터의 연산을 수행하기 위한 기본적인 함수를 모아 놓은 것으로 더 빠른 처리가 가능한 구현이 여럿 존재한다. BLAS 구현체의 예를 들면 앞서 언급한 OpenBLAS, ATLAS, LAPACK, Intel MKL, GotoBLAS 등이 있다. LAPACK이나 Intel MKL은 BLAS의 기본 기능 외에도 편리한 기능이 다수 추가되어 있다.

NumPy에 링크된 BLAS 구현체는 보통 이들을 고속화시킨 라이브러리다. 다음과 같은 방법으로 어떤 라이브러리를 링크하고 있는지 확인할 수 있다.

```
In [1]: np.__config__.show() # 'np'를 'numpy'의 별명으로 삼는다.
openblas_lapack_info:
  NOT AVAILABLE
lapack_opt_info:
    define_macros = [('SCIPY_MKL_H', None), ('HAVE_CBLAS', None)]
    include_dirs = ['C:\\aroot\\stage\\Library\\include']
```

---

2   정확히 말하면 id 함수가 객체가 위치한 메모리 주소를 리턴하는 형태로 구현된 경우에만 해당된다. CPython 등의 구현이 이런 방식을 취한다.

3   Intel의 SSE(Streaming SIMD Extensions)나 AVX(Advanced Vector Extensions)와 같은 SIMD 연산.

```
libraries = ['mkl_lapack95', 'mkl_core_dll', 'mkl_intel_c_dll',
                                              'mkl_intel_thread_dll']
library_dirs = ['C:\\aroot\\stage\\Library\\lib']
<이하 생략>
```

위의 예를 보면 표시 내용이 도중에 생략됐지만 libraries=라고 된 줄을 보면 Intel MKL이 쓰인 것을 알 수 있다. 사실 이 라이브러리가 NumPy의 속도를 크게 향상시킨다. 예를 들면 ATLAS를 링크한 NumPy와 Intel MKL을 링크한 NumPy를 비교하면 계산 내용이나 CPU에 따라 조금씩 차이는 있지만 Intel MKL 쪽이 몇 배 이상 빠른 경우도 있다. 따라서 CPU 부하가 중심이 되는 과학 기술 컴퓨팅에서는 자신이 사용하는 NumPy가 어떤 BLAS 구현체를 링크하고 있는지를 의식할 필요가 있다.

7.2 NumPy의 데이터 타입

NumPy에는 파이썬의 내장 데이터 타입과는 별도로 NumPy 독자적인 데이터 타입이 갖춰져 있다. NumPy만의 독자적인 데이터 타입을 사용하여 불필요한 메모리 사용을 피하고 효율적인 처리가 가능해진다. 이번 절에서는 NumPy에서 사용할 수 있는 데이터 타입에 대한 기본을 익힌다.

7.2.1 세분화된 데이터 타입

파이썬의 내장 데이터 타입을 사용할 때는 세부적인 타입을 지정할 수 없다(이를테면, 정수 타입에서 비트 수를 선택할 수 없음). 이 점은 데이터가 어떤 포맷으로 저장되었는지를 신경 쓸 필요 없는 프로그램에서는 오히려 장점이 된다. 번잡한 내용을 작성할 필요가 없으며 코딩이 편해지기 때문이다.

그러나 코드 작성은 간단하지만 메모리를 낭비할 가능성이 있다. 과학 기술 컴퓨팅처럼 대량의 데이터를 다룰 때는 특히 이 메모리 소비를 신경 쓰지 않으면 안 된다.

예를 들어 각각의 데이터는 16비트면 충분히 나타낼 수 있을 때는 메모리 사용 절감을 위해 굳이 32비트나 64비트 데이터 타입을 사용하려고 하지 않을 것이다. 이런 때 NumPy를 사용하면 '16비트 부호 있는 정수를 사용하자'거나 '64비트 부동 소수 타입을 사용하자'와 같은 선택이 가능하다.

7.2.2 NumPy의 내장 데이터 타입

NumPy의 내장 데이터 타입을 표 7.1에 정리했다.

표 7.1 NumPy의 내장 데이터 타입

데이터 타입명	설명
bool_, bool8	파이썬의 부울 타입과 호환되는 부울 타입(True 혹은 False)
byte/short/intc/longlong	C의 char/short/int/long long과 각각 호환되는 타입
int_, uint	파이썬 정수 타입(C의 long과 같음, 보통 int32나 int64)
intp/uintp	부호 있는/없는 정수에 대한 포인터 타입
int8/int16/int32/int64	8/16/32/64비트 부호 있는 정수 타입
ubyte/ushort/uintc/ulonglong	byte/short/intc/long long의 부호 없는 버전
uint8/uint16/uint32/uint64	8/16/32/64비트 부호 없는 정수 타입
half/single/double	반정도/단정도/배정도 부동 소수 타입
longdouble	C의 double과 호환되는 타입
float_ 파이썬의 float와 호환되는 타입	파이썬의 float와 호환되는 타입
float16/float32/float64	16/32/64비트 부동 소수 타입
float96/float128	플랫폼에 따라 다름(96/128비트 부동 소수 타입)
csingle	단정도 부동 소수로 구성된 복소수 타입
complex_	배정도 부동 소수로 구성된 복소수 타입
clongfloat	C의 long float 타입 부동 소수로 구성된 복소수 타입
complex64/complex128	32/64비트 부동 소수로 구성된 복소수 타입
complex192/complex256	플랫폼에 따라 다름(96/128비트 부동 소수로 구성된 복소수 타입)
object_	파이썬 객체
str_	고정길이 문자열 타입
unicode_	고정길이 유니코드 문자열 타입
void	Void 타입

이들 데이터 타입의 이름은 함수명으로 사용하면 스칼라나 배열(ndarray, 뒤에 설명함)을 만들 수 있다. 예를 들어 다음과 같은 사용이 가능하다.

```
In [2]: a = np.uint16(34)  # 16비트 부호 없는 정수 타입
In [3]: b = np.complex128([3.2, 4.2+1.09j])  # 각각 64비트 실수부와 복소수부를 갖는
                                                복소수 타입의 ndarray
In [4]: a = np.array([2334.432, 2.23], dtype=np.single)  # 단정도 부동 소수 타입에
                                                           대한 ndarray
```

7.2.3 NumPy의 스칼라

NumPy의 스칼라는 파이썬의 스칼라와는 조금 다르며 '배열 스칼라(array scalar)'라고 부른다. 배열 스칼라는 NumPy에서 쓰이는 용어로 스칼라이면서 배열과 같은 성질을 갖는다. NumPy가 스칼라를 배열 스칼라로 다루는 데는 파이썬에 같은 데이터 타입이 없기 때문만이 아니라 스칼라와 배열을 같은 메커니즘으로 다루기 위해서다.

이런 이름 때문에 'Array'인지 'Scalar'인지 초심자에게는 혼란을 일으킬 수도 있어서 이 책에서는 **NumPy의 스칼라** 혹은 그냥 '스칼라'라고 부르겠다. NumPy의 스칼라에는 ndarray와 같은 속성[4]이 갖춰져 있다. 따라서 아래의 예에서 보듯 NumPy의 스칼라에 대해서도 ndarray의 속성 중 하나인 **flags**를 참조할 수 있다.

```
In [5]: a = np.int64(33)  # a는 NumPy의 스칼라다.
In [6]: a.flags  # ndarray의 속성인 flags의 값을 표시한다.
Out[6]:
  C_CONTIGUOUS : True
  F_CONTIGUOUS : True
  OWNDATA : True
  WRITEABLE : False
  ALIGNED : True
  UPDATEIFCOPY : False
```

또한 NumPy의 스칼라는 **불변형**이다. 이 점은 파이썬의 숫자 데이터 타입(본문 p.128)과 같다.

---

[4] '속성'이란 앞서 말한 바와 같이 파이썬에서 .(점)으로 연결하여 참조할 수 있는 모든 것을 말한다. 다시 말해, 그림 4.5의 객체에 대한 그림에서 본 것처럼 변수와 메서드가 모두 '속성'에 해당한다. 그러나 NumPy에서는 '속성'이란 용어를 조금 다른 의미로 사용한다. 객체가 갖는 함수를 '메서드'라고 부르며, 이외의 특성이나 상태를 나타내는 데이터를 '속성'이라고 부른다. 이 책에서도 NumPy에 대한 설명에는 이 정의를 따르고 있다.

7.3 다차원 배열 객체 ndarray

NumPy가 가진 기능의 근간은 다차원 객체 **ndarray**다. 파이썬에서 배열을 표현하는 데 쓰이는 리스트와 튜플과 어떤 점이 다른지 확실히 알고 가자.

7.3.1 배열과 행렬

먼저, **배열(array)**과 **행렬(matrix)** 두 용어의 정의를 정리하도록 하자. NumPy에서 다차원 배열 객체를 다루기 위한 메커니즘은 '배열'과 '행렬' 두 가지가 있다. 이들 용어가 NumPy 안의 문맥에서 쓰이는 경우에는 NumPy만의 고유명사로 이해할 필요가 있다. 즉, 일반적으로 통용되는 배열이나 행렬과는 의미가 조금 다르다.

NumPy의 '배열'과 '행렬'은 모두 일반적인 의미의 '배열'이다. 차이점은 행렬곱 연산에 사용되는 연산자가 다르다는 것뿐이다. 예를 보며 이 부분을 좀 더 자세히 설명하겠다.

먼저 NumPy의 배열과 행렬을 생성하는 예를 보겠다.

```
A = np.array([[1, 2], [3, 4]]) # 배열(ndarray) 생성
B = np.matrix([[1, 2], [3, 4]]) # 행렬 생성
```

NumPy에서 **배열**은 **ndarray**라는 객체로 표현된다(ndarray에 대해서는 다음 절에서 좀 더 자세히 설명함). 이와 달리 행렬은 계산 식의 가독성 향상을 위해 사용되는 경우가 있다. 이 가독성 향상이란 무엇인지 다음 예를 보자.

$$S = (HVH^T)^{-1}$$

이 식을 NumPy 배열인 ndarray를 사용하면 다음과 같이 나타낼 수 있다.

```
# 'inv'는 'np.linalg.inv'(역행렬을 계산하는 함수)를 가리킨다
S = inv(H.dot(V.dot(H.T))) # H와 V는 배열(ndarray)
```

위의 예를 보면 약간 읽기 까다로운 프로그램임을 알 수 있다. 행렬을 계산하는 식이 길고 복잡해지면 훨씬 읽기 어려워지는 경우도 있다. 이런 문제를 해결하기 위해 행렬이라

는 객체가 고안됐다. 행렬을 사용하면 아래 예에서 보듯 행렬곱 계산을 ∗ 연산자로 나타낼 수 있다.

```
S = inv(H * V * H.T)  # H와 V는 배열(ndarray)이 아니라 행렬
```

여기서 H.T는 H의 전치행렬(transpose matrix)을 말한다. 이렇게 코드의 가독성은 향상되었지만 계산상의 이득은 표기의 간소화뿐이다. 반대로 배열과 행렬이 함께 존재함으로써 혼란을 부르는 경우도 있으니 주의가 필요하다. 또, NumPy의 함수 중 많은 수가 배열을 리턴하므로 행렬을 사용하면 일일이 이를 변환해야 할 필요도 생긴다.

게다가 파이썬 3.5부터는 @ 연산자가 추가되었다. @ 연산자는 행렬곱을 더 간소하게 표현하기 위해 도입된 것으로, 이를 사용하면 배열 H와 V에 대한 조금 전의 예를 아래와 같이 나타낼 수 있다.

```
S = inv(H @ V @ H.T)  # H와 V는 배열(ndarray)
```

행렬을 사용한 경우와 마찬가지로 읽기 쉬운 코드를 작성할 수 있었다. NumPy는 버전 1.10부터 @ 연산자를 지원하는데 pandas, Blaze, Theano[5] 등도 지원을 예고하고 있다 (PEP 465 참조).

지금까지 설명한 내용을 볼 때 NumPy의 '행렬'을 이용해야 할 이유는 점점 줄어들고 있으며 앞으로는 사용하지 않게 될 가능성도 있다. 따라서 이 책으로 배우고 있는 독자들도 배열(ndarray)과 @ 연산자를 사용하기 바란다. 이 책에서도 앞으로 모두 배열(ndarray)의 사용을 전제로 할 것이다.

그리고 2차원 배열을 '행렬'이라고 부르는 경우가 일반적이다. 이 책에서도 역시 '2차원 배열'이라는 의미로 '행렬'이라는 용어를 사용하겠다.

---

5 11장 칼럼 '주목의 대상 GPU'에서도 언급하고 있다.

7.3.2 ndarray 생성하기

파이썬 고유의 기능만으로 행렬을 나타내려는 경우 **중첩 리스트**[6]를 사용하게 된다. 예를 들면 아래와 같은 방법으로 3×3 행렬을 나타낼 수 있다.

```
In [7]: matA = [[3, 1, 9], [2, 5, 8], [4, 7, 6]]

In [8]: matA
Out[8]: [[3, 1, 9], [2, 5, 8], [4, 7, 6]]

In [9]: matA[0][2]
Out[9]: 9
```

위의 예를 보면 정수 3개를 요소로 갖는 리스트가 3개 있으며, 이들 3개의 리스트를 요소로 갖는 (중첩) 리스트 matA를 정의하고 있다. 이런 방법으로 행렬을 정의하면 matA[0][2]와 같이 이 행렬의 1행 3열에 해당하는 요소에 접근할 수 있다.

이에 비해 NumPy는 대규모 데이터를 효율적으로 처리할 수 있도록 위와 같은 2차원 행렬을 포함, 다차원 행렬을 나타내기 위해 **ndarray**라는 객체를 갖추고 있다. 그럼 이 ndarray를 생성하는 방법부터 알아보도록 하자. 앞에 나온 matA와 같은 데이터를 가진 ndarray를 생성해보겠다.

```
In [10]: matB = np.array([[3, 1, 9], [2, 5, 8], [4, 7, 6]])  # 리스트로 ndarray를 생성
In [11]: matC = np.array(((3, 1, 9), (2, 5, 8), (4, 7, 6)))  # 튜플로 ndarray를 생성
```

위의 예를 보면 matB와 matC는 완전히 같다는 것을 알 수 있다. np.array( )에는 리스트나 튜플 형태로 된 데이터를 넘긴다. 중첩 리스트와 비교하여 ndarray는 다음과 같은 특징을 갖는다.

- C나 Fortran의 배열과 마찬가지로 메모리상의 연속적 공간에 데이터가 저장된다.
- 기본적으로 모든 요소가 같은 데이터 타입이다.[7]

---

6 '다중 리스트'라고도 한다.

7 자주 사용되는 기능은 아니지만 구조화 배열(structured array) 혹은 레코드 타입 배열(record array)이라고 불리는 복잡한 데이터 구조를 갖는 ndarray도 존재한다. 필요하다면 다음 URL의 'Structured Arrays' 항목을 참조. URL http://docs.scipy.org/doc/numpy/user/basics.rec.html

- 각 차원마다 요소 수가 같아야 한다.
- 배열 안의 모든 요소, 또는 일부의 요소에 대해 특정 연산을 고속으로 수행할 수 있다.

이 중 특히 앞의 두 가지 특징이 ndarray의 고속 처리를 가능케 한다. 즉, 같은 타입의 데이터가 메모리상에 연속적으로 배치되어 있으므로 그렇지 않은 경우보다 연산할 때의 오버헤드(메모리 접근이나 함수 호출 시 소비되는 시간)가 적어지는 것이다.

파이썬의 중첩 리스트를 사용하는 경우에는 링크가 각 셀을 결합하고 있는 형태로 메모리상에 저장되기 때문에 이 객체의 구성을 동적으로 변경할 수 있지만, ndarray는 형상(shape) 변경(이를테면, 3×4 배열을 2×6 배열로 바꾸는 것)을 하려면 전체 요소에 대한 삭제 및 재생성이 필요하게 된다.

ndarray를 생성하는 함수로는 array, arange, asarray, ones, zeros 등이 있다. 이들 함수에 대해서는 부록 C의 표 AC.1을 참조하기 바란다. 여기서는 zeros와 arange의 사용 예를 보기로 하겠다.

```
In [12]: np.zeros((2,3))
Out[12]:
array([[ 0., 0., 0.],
       [ 0., 0., 0.]])

In [13]: np.arange(10, 20, 2)
Out[13]: array([10, 12, 14, 16, 18])
```

zeros 함수는 모든 요소가 0이고 튜플로 지정한 크기를 갖는 ndarray를 만든다. 위의 예에서는 데이터 타입에 대한 지정(옵션 인자 dtype)과 데이터의 메모리 배치 순서(7.3절 참조) 지정(옵션 인자 order)이 생략되었다.

또 아래의 예에서 보듯 arange는 내장 함수인 range 함수와 비슷하다.

```
arange([start,] stop[, step,][, dtype])
```

start로 지정한 값부터 stop 값 사이의 값 중 step 간격을 갖는 수열을 생성한다. start는 생략이 가능하며 생략 시 기본값은 0이 된다. start를 생략하면 step도 생략해야 하며 생략 시 기본값은 1이다. start는 생략하지 않되 step만 생략하는 것도 가능하다. 이 경우에도

step의 기본값은 1이다. 또 dtype은 요소의 데이터 타입을 지정(자세한 내용은 뒤에 설명함), 생략했을 때의 기본값은 start나 stop으로 지정한 값의 데이터 타입으로부터 추정하여 설정된다. 그리고 stop의 값은 생성되는 수열에 포함되지 않는 것이 기본적이지만, stop이 부동 소수 타입인 경우에는 stop 값이 포함되는 경우[8]도 있으므로 주의가 필요하다. 예를 들면 아래와 같은 경우가 해당된다.

```
In [14]: np.arange(0.1, 0.4, 0.1)
Out[14]: array([ 0.1, 0.2, 0.3, 0.4]) # 0.4가 포함되어 있다.

In [15]: np.arange(1, 4, 1)
Out[15]: array([1, 2, 3]) # 4는 포함되지 않는다.
```

7.3.3 데이터 타입 지정하기

ndarray의 **데이터 타입(dtype)**을 지정하는 방법은 아래에서 보듯 여러 가지 방법이 있다.

- Genertic Type으로 지정(표 7.2)
- 파이썬의 내장 데이터 타입에 대응하는 타입을 지정(표 7.3)
- NumPy의 내장 데이터 타입으로 지정(표 7.1)
- 문자열 코드(character code)로 지정(표 7.4)

데이터 타입을 지정하는 예를 살펴보자. 먼저 Generic Type으로 지정하는 예는 표 7.2에서 보듯 float이나 uint 같은 문자열로 타입을 지정할 수 있다.

```
# dtype 객체(dtype 옵션으로 지정할 수 있는 객체, 다음 예제 참조)로 지정한 예
In [16]: dt = np.dtype('float')
# ndarray를 생성할 때 dtype으로 지정한 예(dtype 객체를 사용한 경우)
In [17]: x = np.array([1.1, 2.1, 3.1], dtype=dt)
# ndarray를 생성할 때 dtype으로 지정한 예(직접 문자열로 지정한 예)
In [18]: x = np.array([1.1, 2.1, 3.1], dtype='float')
```

---

8   보충하자면 부동 소수 타입은 2진수로 나타낼 수 있는 값만 저장할 수 있으므로, 이로 인해 작은 값이지만 오차가 발생하여 stop 값이 포함되는 경우가 발생하는 것으로 추측된다.

표 7.2 Generic Type과 dtype의 타입을 지정하는 문자열

Generic Type	타입 지정 문자열	Generic Type	타입 지정 문자열
number, inexact, floating	float	unsigned integer	uint
complex floating	cfloat	character	string
integer, signed integer	int_	generic, .exible	void

파이썬 내장 데이터 타입과 같은 타입을 지정하려면 표 7.3에 나온 타입 지정 문자열을 사용해서 다음과 같은 방법으로 dtype을 지정한다. 이 예에서는 파이썬의 complex 타입과 같은 타입을 지정하고 있다.

```
In [19]: x = np.array([1.1+2.2j, 2.1-3.4j], dtype='cfloat')
```

표 7.3 내장 데이터 타입으로 타입 지정

파이썬 내장 데이터 타입	타입 지정 문자열	파이썬 내장 데이터 타입	타입 지정 문자열
int	int_	str	string
bool	bool_	unicode	unicode_
float	float_	buffer	void
complex	cfloat	기타	object_

NumPy의 내장 데이터 타입을 사용하거나 이들 타입 이름의 약칭인 '문자열 코드'를 사용하는 방법은 다음과 같다.

```
# dtype 객체로 지정하는 예
In [20]: dt = np.dtype(np.int64)
In [21]: dt = np.dtype('i8')
# ndarray 생성 시에 dtype으로 지정하는 예
In [22]: x = np.array([1.1+2.2j, 2.1-3.4j], dtype='complex64')
In [23]: x = np.array([1.1+2.2j, 2.1-3.4j], dtype='c8')
```

표 7.4 문자열 코드로 타입 지정

데이터 타입 이름	문자열 코드	데이터 타입 이름	문자열 코드
bool_, bool8	?	float96/float128	(f12/f16)
byte/short/intc/longlong	b/h/i/q	csingle	F
int_/uint	l/L	complex_	D
intp/uintp	p/P	clongfloat	G
int8/int16/int32/int64	(i1/i2/i4/i8)	complex64/complex128	c8/c16
ubyte/ushort/uintc/ulonglong	B/H/I/Q	complex128/complex256	c24/c32
uint8/uint16/uint32/uint64	(u1/u2/u4/u8)	object_	O
half/single/double	e/f/d	str_	S#(#은 숫자)
long double	G	unicode_	U#(#은 숫자)
float_	f	void	V#(#은 숫자)
float16/float32/float64	(f2/f4/f8)		

단, 표 7.4의 'complex256'과 같은 플랫폼 의존적인 타입의 이름은 사용할 수 없는 경우도 있으므로 주의해야 한다.

지금까지 dtype 인자의 타입을 지정하는 데 가장 많이 사용되는 방법을 살펴봤다. 그러나 이외에도 데이터 타입을 지정하는 방법이 몇 가지 더 있으므로 처음 보는 방법으로 타입을 지정한 코드를 본 경우에는 scipy.org에 있는 NumPy의 참조 문서[9]를 확인하기 바란다.

7.3.4 ndarray의 속성

앞에서도 설명했다시피 NumPy에서 객체가 갖는 함수를 '메서드'라고 하며, 이외의 특성이나 상태를 나타내는 데이터를 '속성'이라고 부른다. 이 책에서도 NumPy에 대한 설명에서는 이 정의를 따르고 있다.

ndarray에는 다양한 속성이 있다. ndarray가 갖는 주요 속성을 표 7.5에 정리했다. 이들 모두 자주 쓰이는 것은 아니지만 속성의 큰 그림을 머리에 넣어두면 유용할 때가 있을 것이다. 그리고 속성에는 **flags**나 **size**처럼 ndarray의 특성을 알려주는 것도 있으며, T나

---

9 URL http://docs.scipy.org/doc/numpy/reference/arrays.dtypes.html#arrays-dtypesconstructing shape처럼 함수로 기능하는 것들도 있다.

표 7.5 ndarray의 주요 속성 목록

속성	설명
T	전치행렬을 리턴한다(self.transpose()와 같음).
data	객체를 참조하는 새로운 메모리 뷰 객체를 생성한다.
dtype	배열의 데이터 타입
flags	배열의 메모리 레이아웃과 관련된 정보
flat	1차원 배열처럼 동작하는 반복자 객체를 리턴
imag	배열 데이터의 허수부
real	배열 데이터의 실수부
size	모든 요소의 수
itemsize	각 요소의 크기(바이트 단위)
nbytes	전체 데이터의 크기(바이트 단위)
ndim	배열의 차원
shape	배열의 형상을 나타내는 튜플. 이 튜플을 다시 설정하면 형상을 바꿀 수 있다.
strides	배열 내에 인접한 데이터 간의 간격(바이트 단위)
ctypes	ctype 모듈을 사용할 때 사용하는 객체를 리턴한다.
base	데이터 버퍼로 사용하는 객체(또는 None)

예와 함께 이들 속성에 대해 살펴보자. 예를 들어 shape 속성은 다음과 같이 배열의 크기를 알려준다.

```
In [24]: matB = np.array([[3, 1, 9], [2, 5, 8], [4, 7, 6]])

In [25]: matB.shape
Out[25]: (3, 3) # 배열의 크기가 3×3임을 알 수 있다.
```

ndarray의 속성은 3장에서 설명했던 IPython의 탭 보조 기능을 사용하면 쉽게 확인할 수 있다. IPython에서 'matB.'처럼 <ndarray의 변수명>.까지 작성한 상태에서 Tab 키를 누르면 속성 및 메서드 목록이 화면에 표시된다.

```
In [26]: matB.        # Tab 키를 누르면 입력 후보(속성 및 메서드)가 표시된다.
matB.T              matB.cumsum         matB.min            matB.shape
matB.all            matB.data           matB.nbytes         matB.size
matB.any            matB.diagonal       matB.ndim           matB.sort
matB.argmax         matB.dot            matB.newbyteorder   matB.squeeze
matB.argmin         matB.dtype          matB.nonzero        matB.std
matB.argpartition   matB.dump           matB.partition      matB.strides
matB.argsort        matB.dumps          matB.prod           matB.sum
matB.astype         matB.fill           matB.ptp            matB.swapaxes
matB.base           matB.flags          matB.put            matB.take
matB.byteswap       matB.flat           matB.ravel          matB.tobytes
matB.choose         matB.flatten        matB.real           matB.tofile
matB.clip           matB.getfield       matB.repeat         matB.tolist
matB.compress       matB.imag           matB.reshape        matB.tostring
matB.conj           matB.item           matB.resize         matB.trace
matB.conjugate      matB.itemset        matB.round          matB.transpose
matB.copy           matB.itemsize       matB.searchsorted   matB.var
matB.ctypes         matB.max            matB.setfield       matB.view
matB.cumprod        matB.mean           matB.setflags
```

이렇게 화면에 표시된 후보 중에서, 예를 들어 dtype 속성에 대해 자세히 알고 싶을 때
는 뒤에 ?를 붙여서 matB.dtype?이라고 입력하면 이 속성에 대한 자세한 정보를 볼 수
있다.

```
In [27]: matB.dtype?   # 정보를 알고 싶은 속성이나 메서드 뒤에 ?를 붙여준다.
Type:            dtype
String form:     int32
Length:          0
File:            c:\python\anaconda3\lib\site-packages\numpy__init__.py
Docstring:       <no docstring>
Class docstring:
dtype(obj, align=False, copy=False)

Create a data type object.

A numpy array is homogeneous, and contains elements described by a
dtype object. A dtype object can be constructed from different
combinations of fundamental numeric types.
<이하 생략>

In [28]: matB.dtype    # matB의 dtype 속성을 화면에 표시한다.
Out[28]: dtype('int32') # 32비트/64비트 운영체제에 따라 다른 값이 나올 수 있다.
```

어떤 속성/메서드가 있을 때 이들이 어떤 의미를 갖는지 프로그램을 작성하는 중에도 즉시 확인할 수 있기 때문에 IPython 탭 보조 기능으로 이를 확인하는 습관을 기르는 것이 좋다.

7.3.5 ndarray의 메서드

NumPy에는 ndarray의 메서드가 다양하게 준비되어 있다. 이들 '메서드'의 대부분은 ndarray를 위한 함수라고 해도 틀리지 않다. 실제로 많은 메서드는 NumPy의 함수 형태로도 정의되어 있다. 예를 들어 x와 y라는 ndarray가 있다고 할 때 메서드 dot을 사용하여 x.dot(y)를 계산하는 것과 NumPy의 dot 함수를 사용하여 np.dot(x, y)를 계산하는 것은 완전히 동일하다.

아래에서 열거한 NumPy의 함수는 ndarray의 메서드로도 존재한다. 이들은 ndarray의 메서드나 NumPy의 함수로 사용해도 같은 결과를 얻게 된다.

```
all/any/argmax/argmin/argsort/conj/cumprod/cumsum/diagonal/dot/imag/real/
mean/std/var/prod/ravel/repeat/squeeze/reshape/std/var/trace/ndim/squeeze
```

7.3.6 ndarray로 행렬 계산하기

NumPy 같은 배열을 중심으로 한 라이브러리에 있어서 선형대수 계산에서 매우 자주 쓰이는 **행렬 계산**은 가장 중요한 기능 중 하나다. 행렬의 곱, 행렬의 합, 역행렬, 행렬식(determinant) 계산, 고윳값 계산 등 다양한 계산을 필요로 한다. NumPy는 ndarray로 표현한 행렬로 이들 계산을 수행할 수 있는 메서드와 함수를 갖추고 있다(부록C 참조).

행렬 계산에서 주의해야 할 점은 ndarray의 *(곱셈), /(나눗셈), +(덧셈), -(뺄셈), **(거듭제곱), //(정수 나눗셈), %(나머지 연산)은 요소 단위(elementwise) 계산이라는 점이다. 행렬곱을 계산하려면 **dot** 메서드(또는 np.dot 함수)를 사용하거나, 파이썬 3.5 이상(그리고 NumPy도 1.10 이상)부터는 @ 연산자를 사용해야 한다.

지금부터는 행렬에 대한 계산에서 자주 사용되는 역행렬 계산, 행렬식 계산, 랭크 계산 등의 예를 살펴볼 것이다.

```
# 행렬 A의 역행렬을 계산
# A = [[-2, 1], [1.5, -0.5]]
In [29]: np.linalg.inv(A) # 'linalg'는 선형대수를 위한 모듈이다.
Out[29]:
array([[-2. , 1. ],
       [ 1.5, -0.5]])

# 행렬 A의 행렬식 계산
In [30]: np.linalg.det(A)
Out[30]: -2.0000000000000004

# 행렬 A의 랭크를 계산
In [31]: np.linalg.matrix_rank(A)
Out[31]: 2
```

그리고 벡터의 내적(scalar product)과 외적(cross product)의 예도 함께 보도록 하자.

```
# 벡터 a와 b를 정의
In [32]: a, b = np.array([2, -4, 1]), np.array([3, 1, -2])
# 벡터 a와 b의 내적(scalar product)
In [33]: np.inner(a,b)
Out[33]: 0
# 벡터 a와 b의 외적(cross product)
In [34]: np.cross(a, b)
Out[34]: array([ 7, 7, 14])
```

ndarray를 능숙하게 사용하기 위해서는 ndarray에 적용할 수 있는 '수학 함수'와 '선형대수 함수'로 어떤 것들이 갖춰져 있는지를 파악해두는 것이 좋다. 이들에 대한 자세한 사항은 부록C의 표 AC.3, 표 AC.4에 정리되어 있으므로 참고하기 바란다.

7.3.7 ndarray의 인덱싱

ndarray의 일부 요소를 꺼내는 기능인 인덱싱에는 몇 가지 패턴이 있다. 여기서는 이들 패턴을 **기본 인덱싱**(basic indexing)과 **응용 인덱싱**(fancy indexing) 두 가지로 나눠 설명하겠다. 여기서 말하는 인덱싱은 슬라이싱을 포함하여 일부 요소에 접근하는 연산에 대한 총칭이다.

이렇게 크게 두 가지로 나누는 데는 다음과 같은 뜻이 있다. 전자는 인덱싱으로 **뷰**(view)를 생성하는 방법이며, 후자는 4.5절에서 설명한 **참조**와 같다. NumPy나 pandas(10장)에서 '뷰'라는 용어를 사용하는데 앞으로 이들에 대한 참조 방법 역시 자세히 살펴볼 것이다.

■ 기본 인덱싱을 통한 참조

기본 인덱싱으로는 **뷰**를 만들 수 있다. 뷰란 뷰를 만든 ndarray의 일부분에 접근하기 위해 만든 '참조'를 말한다. 메모리상에 원래 ndarray의 사본을 만들지 않기 때문에 대규모 데이터를 저장하고 있는 ndarray의 뷰를 아무리 많이 만들어도 메모리 사용량은 만들었던 뷰를 저장하는 용량 이상은 늘어나지 않는다. 다만, 이 뷰의 요소를 변경하게 되면 원래 ndarray의 요소도 변경되므로 이 변수가 다른 ndarray의 뷰라는 것을 명확히 인식하고 사용해야 한다.

NumPy에 대한 기본 인덱싱 방법은 아래와 같은 것이 있다.

- 인덱싱(4.3절)
- 슬라이싱(4.3절)
- ndarray 고유의 인덱싱 및 슬라이싱

이제 이들 각각의 방법을 살펴볼 것이다. 먼저 인덱싱과 슬라이싱에 대한 예다.

```
In [35]: x2d = np.arange(12).reshape(3,4)

In [36]: x2d # x2d의 내용을 확인한다.
Out[36]:
array([[ 0, 1, 2, 3],
       [ 4, 5, 6, 7],
       [ 8, 9, 10, 11]])

In [37]: a = x2d[1][1:]; a # 두 번째 줄의 두 번째 요소부터를 전부 꺼낸다.
Out[37]: array([5, 6, 7]) # a의 내용을 확인한다.

In [38]: a[0] = -1 # a의 일부 요소를 변경한다.

In [39]: x2d # a는 뷰였으므로 x2d에도 변경의 영향이 미친다.

Out[39]:
array([[ 0, 1, 2, 3],
       [ 4, -1, 6, 7],
       [ 8, 9, 10, 11]])
```

위의 예를 보면 먼저 2차원 ndarray로 된 행렬을 만들고, 인덱싱과 슬라이싱을 사용하여 두 번째 줄(0이 첫 번째 줄)의 두 번째 이후 요소를 모두 꺼내고 있다. 이 결과로 얻은 a는 x2d의 뷰가 된다. 따라서 a의 일부 요소를 변경하면 이 변경이 x2d에도 반영되는 것을 확인할 수 있다.

이번에는 ndarray 고유의 인덱싱과 슬라이싱 방법에 대해서 살펴보자. 'ndarray 고유'라는 말은 앞서 정의한 x2d를 예로 들면, x2d[1, :]과 같은 방법으로 인덱싱과 슬라이싱하는 것을 말한다. 파이썬에서 중첩 리스트 등에 x2d[1, :] 같은 표기를 사용하면 오류가 발생하지만 NumPy는 이런 방법으로 참조가 가능하다.

x2d[2, :]의 의미는 x2d[2][:]와 같다. 그러나 지정된 요소에 접근하는 방법이 달라지므로 데이터를 읽어들이는 데 걸리는 시간도 달라진다. 일반적으로는 x2d[2, :] 쪽이 좀 더 빠르므로[10] 특별한 사유가 없다면 x2d[2, :]를 사용하도록 한다. 몇 가지 예를 실제로 보며 동작을 확인해보자.

```
In [40]: x2d[0, 2]
Out[40]: 2

In [41]: b = x2d[1:, 2:]; b   # ndarray 고유의 방법을 사용
Out[41]:
array([[ 6, 7],
       [10, 11]])

In [42]: b[:, :] = 20   # b는 뷰이므로 x2d도 변경되었을 것이다.

In [43]: x2d   # x2d의 값을 확인한다.
Out[43]:
array([[ 0, 1, 2, 3],
       [ 4, 5, 20, 20],
       [ 8, 9, 20, 20]])
```

위의 예를 보면, x2d[0, 2]로 x2d[0][2]와 같은 결과를 얻었음을 확인할 수 있다. 마찬가지로 인덱스를 ,(콤마)로 이어쓰는 방식으로 b=x2d[1:, 2:]처럼 x2d의 일부를 가리키는 뷰인 b를 만들고, 이 b의 값을 변경하면 x2d에도 영향이 미치고 있음을 확인할 수 있다.

■ 응용 인덱싱을 통한 참조

이번에는 **응용 인덱싱**을 살펴볼 차례다. 앞서 설명했다시피 응용 인덱싱은 원래 ndarray의 뷰를 생성하는 것이 아니라 사본을 만들게 된다. 대규모 데이터를 저장한 ndarray에 사용하면 사본을 만들 때 메모리 사용량을 의식하고 있어야 한다.

---

10 구현에 따라 다를 수도 있으며 앞으로도 그러리라는 보장은 없다. 다만, NumPy 1.11 시점에서는 x2d[2,:] 쪽이 더 빨랐다.

응용 인덱싱은 다음과 같은 유형이 있다.

- 부울 값 인덱싱
- 정수 배열 인덱싱
- np.ix_ 함수를 사용한 인덱싱

응용 인덱싱의 한 종류인 **부울 값 인덱싱**의 예를 보자.

```
# 데이터를 준비
# 난수 값을 생성하므로 예제의 결과와 다른 값이 나올 수 있습니다.
In [44]: dat = np.random.rand(2,3); dat
Out[44]:
array([[ 0.58598592, 0.01336708, 0.64210896],
       [ 0.82760051, 0.78408559, 0.34765915]])

# 부울 값 배열을 만든다.
In [45]: bmask = dat > 0.5; bmask
Out[45]:
array([[ True, False, True],
       [ True, True, False]], dtype=bool)

# ndarray dat에 대해 부울 값 배열로 인덱싱
In [46]: highd = dat[bmask]; highd
Out[46]: array([ 0.58598592, 0.64210896, 0.82760051, 0.78408559])

# highd의 일부를 변경한 다음 dat에 영향이 미쳤는지 확인
In [47]: highd[0] = 10; highd
Out[47]: array([ 10. , 0.64210896, 0.82760051, 0.78408559])

# dat에 highd에 대한 변경이 반영되지 않았음을 알 수 있다. → highd는 dat의 사본
In [48]: dat
Out[48]:
array([[ 0.58598592, 0.01336708, 0.64210896],
       [ 0.82760051, 0.78408559, 0.34765915]])
```

위의 예를 보면, 먼저 무작위로 생성한 0~1 구간의 난수로 2×3 ndarray를 만든다. 이 데이터에 대해 특정 조건을 만족하는 요소만 꺼내고 싶은 경우에 부울 값 인덱싱을 사용하면 편리하다. **부울 값 인덱싱**이란 부울 값으로 된 ndarray를 사용하는 인덱싱을 말한다.

위의 예에서 bmask = dat > 0.5로 부울 값으로 된 ndarray를 만든다. 그 다음 이 부울 값 배열을 사용해서 처음에 준비한 dat에 대해 인덱싱을 수행하면 bmask가 True인 자리의 요소만 꺼낼 수 있게 된다. 이때 highd는 dat의 일부에 대한 '사본'으로 생성되기 때문에 이 예의 뒷부분에서 볼 수 있듯이 highd의 일부를 변경해도 그 변경이 dat에 영향을 끼치지 않는다.

이번에는 정수 배열 인덱싱의 예를 보도록 하자. 정수 배열을 사용한 ndarray의 인덱싱과 슬라이싱을 통한 인덱싱은 별개라는 것에 주의하며 다음 예를 살펴보자.

```
# 1차원 ndarray를 만든다.
In [49]: nda = np.arange(10)  # 0~10의 정수로 된 벡터(ndarray)

# 기본 인덱싱에서 설명했던 방법(ndb는 뷰)
In [50]: ndb  = nda[1:4]  # 슬라이싱을 통한 방법

# 정수 배열 인덱싱(ndc는 뷰)
In [51]: ndc  = nda[[1,2,3]]  # 리스트 형태로 인덱스를 넘긴다.

# ndb와 ndc의 내용이 같다.
In [52]: ndb  == ndc
Out[52]: array([ True, True, True], dtype=bool)
```

위의 예에서 ndb는 기본 인덱싱을 사용했으며 원래의 데이터 a에 대한 뷰가 만들어진다. 이에 비해 ndc는 정수 배열을 통한 인덱싱을 사용했으며 원래 데이터 a에 대한 사본으로 만들어진다. ndb와 ndc는 같은 값을 갖고 있지만 ndc는 사본이므로 일부 요소의 값을 변경해도 배열 a에 영향을 미치지 못한다.

정수 배열 인덱싱에서 여러 개의 배열을 사용할 수도 있다.

```
# 2차원 ndarray(3x4)를 만든다.
In [53]: nda = np.arange(12).reshape((3,4))

In [54]: nda
Out[54]:
array([[ 0, 1, 2, 3],
       [ 4, 5, 6, 7],
       [ 8, 9, 10, 11]])

# 여러 개의 배열을 사용한 인덱싱의 예
In [55]: ndb = nda[[0, 2, 1], [2, 0, 3]]

# 위치 (0,2), (2,0), (1,3)의 값을 꺼냈다.
In [56]: ndb
Out[56]: array([2, 8, 7])
```

위의 예에서 보듯 2차원 ndarray nda에 대해 여러 개의 정수 배열로 인덱싱을 하면 이 배열의 요소를 조합하여 생성되는 인덱스 위치에 해당하는 요소를 꺼낼 수 있다.

그리고 특정 열과 행이 교차하는 자리에 위치한 요소를 꺼낼 때는 다음 예에서 보듯이 **np.ix_** 함수를 사용하면 편리하다.

```
# 0번째 줄 첫 번째 열의 요소와, 첫 번째 줄 세 번째 열에 해당하는 요소를 꺼낸다.
In [57]: nda[np.ix_([0, 2], [1, 3])]
Out[57]:
array([[ 1,  3],
       [ 9, 11]])
```

7.3.8 뷰와 사본

4.6절에서 **얕은 복사**와 **깊은 복사**에 대해서 배웠다. 그리고 4.5절에서는 '참조를 할당'하는 것이 무엇인지도 배웠다.

NumPy의 ndarray에도 얕은 복사와 깊은 복사가 존재한다. 그러나 ndarray의 복사가 '얕은지' '깊은지'를 생각할 필요가 있는 경우는 ndarray가 객체 타입 배열일 때뿐이다. 여기서 말하는 객체 타입이란, 이를테면 정수 타입과 딕셔너리 타입을 하나로 합친 특수한 객체 등을 가리킨다.

앞에서 설명한 **NumPy의 스칼라** 타입을 요소로 갖는 ndarray에는 배열의 차원과 상관없이 얕은 복사와 깊은 복사의 차이가 없다. 다시 말해 복사의 원본과 사본이 완전히 독립되어 값을 변경할 수 있는 상태가 된다. ndarray는 대부분의 경우 NumPy의 스칼라를 사용해서 작성될 것이므로 얕은 복사인지 깊은 복사인지를 의식할 필요가 거의 없을 것이다.

그럼 지금까지 설명한 인덱싱 및 ndarray의 메서드를 통한 조작으로 참조가 생성되는지, 얕은 복사 혹은 깊은 복사가 이뤄지는지를 정리해보자.

NumPy에서 '뷰'라고 하는 '참조'가 생성되는 경우는 다음과 같다.

- b = a (a는 ndarray일 때)
- b = a[:] (b = a와 같다)
- b = a[1:] (a 의 부분 배열)
- b = a.reshape((3, 2)) (reshape 메서드)
- b = np.reshape(a, (3, 2)) (reshape 함수)
- b = np.array(a, copy=false) (copy=false이므로 뷰가 생성)

그리고 얕은 복사가 만들어지는 경우는 다음과 같다. 앞서 말한 바와 같이 NumPy의 스칼라 타입을 요소로 갖는 ndarray에서는 깊은 복사와 마찬가지다.

- b = a[a > 10] (부울 값에 의한 응용 인덱싱)
- b = a[[1, 2, 4]] (정수 배열에 의한 응용 인덱싱)
- b = a[np.ix_([0, 2], [3, 4])] (ix_ 함수에 의한 응용 인덱싱)
- b = a.copy() (복사 메서드)
- b = np.copy(a) (복사 함수)
- b = np.clip(a, -0.1, 0.1) (클립 함수)
- b = a.flatten() (flatten 메서드)

마지막으로 많이 사용되는 않지만 깊은 복사에 대해서도 간단히 예를 살펴보겠다. 이 책에서는 자세히 설명하지 않지만 ndarray는 임의의 객체에 대해서도 배열을 생성할 수 있도록 확장성을 갖추고 있다. 이 때문에 객체 타입을 사용하는 다음과 같은 케이스에서는 얕은 복사로는 데이터가 완전히 복사되지 않는다.

```
In [58]: a = np.array([-0.1, np.ones((3,))], 'O') # 객체 타입에 대한 ndarray

In [59]: b = a.copy() # copy 메서드로 b에 얕은 복사를 수행

In [60]: b[1][0] = 100 # b의 일부를 변경하면

In [61]: a # a의 내용을 화면에 출력하면 b에 변경한 내용이 반영된 것을 알 수 있다.
Out[61]: array([-0.1, array([ 100., 1., 1.])], dtype=object)
```

위의 예를 보면 a의 사본인 b의 일부를 변경했을 때 이 변경이 a에도 영향을 미쳤음을 알수 있다. 즉, ndarray의 copy 메서드는 깊은 복사를 수행하지 않는다. 이 때문에 리스트 등의 경우도 마찬가지로 깊은 복사를 해야 할 때는 다음과 같이 copy 모듈의 deepcopy

함수를 사용해야 한다.

```
In [62]: import copy; c = copy.deepcopy(a) # 조금 전의 a를 c로 깊은 복사

In [63]: c[1][0] = -1 # c의 일부를 변경하고

In [64]: a # a의 내용을 화면에 출력하면 조금 전의 변경이 영향을 미치지 않았다.
Out[64]: array([-0.1, array([ 100., 1., 1.])], dtype=object)
```

7.3.9 데이터와 메모리의 관계

앞서 설명했다시피 NumPy는 같은 타입의 데이터를 메모리상에 모여있도록 배치함으로써 빠른 처리가 가능하다. 이런 데이터 배치 방법에는 C와 같은 **행 방향을 우선(row major)**하는 배치 방법과 Fortran 등에서 볼 수 있는 **열방향 우선(column major)** 방식이 있다. 이들 두 가지 방법의 개념을 그림 7.2에 나타냈다.

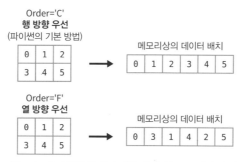

그림 7.2 메모리상에 데이터를 배치하는 두 가지 방법

그림 7.2의 두 가지 데이터 배치 방식 중 기본 방식, 그러니까 별도로 방식을 지정하지 않았을 때 사용되는 방식은 행 방향 우선 방식이다. 어느 것을 사용할지는 ndarray를 생성하는 함수의 옵션 인자(order)로 다음과 같이 지정할 수 있다.

```
# Fortran과 같은 메모리 배치(열 방향 우선)을 지정
In [65]: nda = np.arange(12).reshape(4, 3, order='F')
# C와 같은 메모리 배치(행 방향 우선)을 지정
In [66]: ndb = np.zeros((3, 3), order='C')
```

NumPy는 배열 처리에 대한 기능을 다양하게 갖추고 있는 라이브러리다. 그 기능 중 배열의 모든 요소에 대해 요소마다 특정한 함수를 적용하여 리턴하는 기능이 있다. 이를 유니버설 함수라고 한다. 이번 절에서는 유니버설 함수의 기능과 **유니버설 함수**를 작성하는 법을 다룬다.

7.4.1 유니버설 함수 ufunc의 기능

유니버설 함수(universal function)란 ndarray에 요소 단위 처리를 한 뒤 그 결과를 리턴하는 함수를 말한다. 일반적으로 'universal function'을 줄여 **ufunc**라고 부른다. ufunc는 대부분 C로 구현되어 있어서 속도가 빠르다. NumPy에서는 주로 아래와 같은 분야의 함수가 ufunc로 만들어져 있다.

- 수학 함수(부록 C의 표 AC.3의 일부)
- 비트 연산 함수
- 비교용 함수
- 부동 소수용 함수

이 책의 부록 C에 실린 NumPy 함수에서 유니버설 함수에 해당하는 항목에는 함수명 뒤에 ufunc 라는 표식을 달아 구분하고 있다. 그 외의 자세한 사항은 NumPy 공식 문서[11]를 참조하기 바란다.

ufunc의 예를 보도록 하자.

```
# 2x6 ndarray를 만든다.
In [67]: nda = np.arange(12).reshape(2,6)

In [68]: nda
Out[68]:
array([[ 0, 1, 2, 3, 4, 5],
       [ 6, 7, 8, 9, 10, 11]])

# nda에 ufunc를 적용하여 각 요소를 제곱
In [69]: np.square(nda)
```

---

11   URL http://docs.scipy.org/doc/numpy/reference/ufuncs.html#available-ufuncs

```
Out[69]:
array([[  0,  1,  4,  9, 16,  25],
       [ 36, 49, 64, 81, 100, 121]], dtype=int32)
```

위의 예를 보면 2×6 크기의 ndarray nda를 만들고 ufunc의 square로 이 nda의 각 요소를 제곱하고 있다. 파이썬 자체의 기능만 사용해서는 for문이나 리스트 컴프리헨션을 사용해야 하는 계산을 이 예에서는 np.square(nda) 한 줄로 수행하고 있다.

특정 함수가 ufunc인지 아닌지 알려면 IPython 등에서 함수의 도움말을 보면 된다. 예를 들어 sin 함수의 도움말을 보고 싶다면 np.sin?이라고 입력한다. 유니버설 함수는 도움말 첫 째줄에 객체 타입이 ufunc라고 표시('Type: ufunc')된다.[12]

7.4.2 파이썬 함수를 ufunc로 만들기

NumPy는 파이썬 함수를 ufunc로 만드는 기능도 갖고 있다. 이를 위해 frompyfunc라는 함수를 사용한다. 다음은 **frompyfunc** 함수를 사용해서 기존 함수를 ufunc로 만드는 예다.

```
# hex 함수를 ufunc로 만든다.
In [70]: hex_array = np.frompyfunc(hex, 1, 1)

# ufunc로 만든 함수를 사용하여 ndarray의 각 요소를 16진수로 변환한다.
In [71]: hex_array(np.array((10, 30, 100)))
Out[71]: array(['0xa', '0x1e', '0x64'], dtype=object) # 결과 ❶

# 결과를 비교하기 위해 본래 hex 함수를 사용해서 똑같은 ndarray를 만든다.
In [72]: np.array((hex(10), hex(30), hex(100)))
Out[72]:
array(['0xa', '0x1e', '0x64'], dtype='<U4') # 결과 ❶과 같다.
```

위의 예를 보면 10, 30, 100 3개의 요소를 가진 ndarray의 각 요소를 16진수로 변환하고 있다. 이때 hex 함수를 ufunc로 만든 hex_array 함수를 사용하는 방법과, 원래의 hex 함수를 사용해서 요소를 하나하나 변환한 결과를 비교하면 같은 결과를 얻은 것을 확인할 수 있다.

---

12 유니버설 함수 중에는 객체 타입이 ufunc로 표시되지 않는 것도 있다.

frompyfunc 함수의 첫 번째 인자는 ufunc로 만들려는 파이썬 함수이며, 두 번째 인자는 이 파이썬 함수의 인자 수, 세 번째 인자는 ufunc가 리턴하는 객체의 수를 지정한다. frompyfunc 함수를 사용하면 사용자가 작성한 함수도 ufunc로 만들 수 있다.

7.5 브로드캐스팅

브로드캐스팅은 NumPy가 효율적인 처리를 목적으로 갖추고 있는 배열 연산 확장 규칙이다. 이 규칙 덕분에 서로 다른 형상을 갖는 배열끼리의 연산이 가능한 경우가 있다. 조금 이해하기 어려운 부분도 있지만 기본적인 사항은 잘 이해하고 넘어가자.

7.5.1 브로드캐스팅의 메커니즘

+ - * / 등의 사칙 연산에 쓰이는 기호나 앞 절에서 설명한 ufunc를 사용하여 ndarray끼리의 연산을 수행할 때, 서로 다른 크기를 갖는 2개의 ndarray에 대해 연산을 수행해야 하는 경우가 있다. 가장 단순한 예를 들자면 아래와 같은 상황이다.

```
In [73]: nda = np.array([1, 2, 3])

In [74]: nda + 1
Out[74]: array([2, 3, 4])
```

위의 예를 보면 1×3 ndarray에 스칼라 1을 더하고 있다. 요소 단위 계산을 하려고 해도 요소 수가 서로 다르므로 이대로는 실행할 수 없다. NumPy에서 이 계산을 가능하게 해주는 처리가 **브로드캐스팅(broadcasting)**이다. 브로드캐스팅은 내부에서 자동적으로 수행된다. 위의 nda + 1에 해당하는 계산은 내부적으로 브로드캐스팅에 의해 nda + np.array([1, 1, 1])로 치환되어 실행된다.

브로드캐스팅의 메커니즘은 다음과 같은 세 가지로 설명할 수 있다. 여기서 **ndim**은 ndarray의 차원이며, ndarray의 크기를 (k,m,n)이라는 튜플로 나타낸다.

❶ 계산에 쓰일 ndarray 중 ndim의 크기가 가장 큰 것과 맞도록 1을 필요한 크기만큼 ndim의 튜플 표현 앞에 더한다. 예를 들어 최대 ndim이 3일 때 크기가 (2,3)인 ndarray가 있는 경우, 1을 앞에 채워 (1, 2, 3) 크기의 ndarray라고 간주한다.

❷ 계산에 쓰일 ndarray의 각 축에 대한 크기의 최댓값으로 ndarray의 출력 크기가 정해진다.

❸ 브로드캐스팅으로 계산이 가능할지 여부는 다음과 같이 결정된다. 차수가 높은 축부터 순서대로(ndim = 3이라면 2, 1, 0 순으로) 위의 출력 크기와 각 ndarray의 크기를 비교하면서 크기가 일치하는 축이 발견됐을 때 그 외의 축의 크기가 '1' 혹은 '출력 크기'와 일치한다면 브로드캐스팅이 가능하며, 그렇지 않다면 불가능하므로 오류가 발생한다.

그리고 브로드캐스팅이 발생한 경우 배열의 요소 수가 1이었던 축 방향의 **스트라이드 (stride)**는 0이 된다. 스트라이드는 해당 축 방향에 있는 다음 요소까지의 바이트 수를 말한다. 스트라이드가 0이라는 것은 브로드캐스팅이 일어나더라도 내부에서 데이터의 복사가 일어나지 않는다는 의미가 된다.

브로드캐스팅을 말로 설명하려면 상당히 난해하다. 특히 조금 복잡한 예를 들면 이해하기 어려우므로 다음 절에서는 구체적인 예와 함께 이 메커니즘을 살펴보려고 한다.

7.5.2 브로드캐스팅의 구체적인 예

여기서는 ndarray 3개에 대한 계산을 예로 들어 브로드캐스팅의 동작을 확인해볼 것이다.

```
In [75]: nda = np.arange(24).reshape(4,3,2)

In [76]: ndb = np.arange(6).reshape(3,2)

In [77]: ndc = np.arange(3).reshape(3,1)

In [78]: nda + ndb -ndc # 이 계산은 수행 가능하다.
```

위의 예를 보면 ndim = 3인 nda(크기는 (4,3,2)), ndim = 2인 ndb(크기는 (3, 2)), 그리고 ndim = 2인 ndc(크기는 (3,1))가 3개의 ndarray에 대한 덧셈과 뺄셈을 수행하고 있다. 이 계산에 대한 브로드캐스팅이 가능한지 여부는 그림 7.3과 같은 과정으로 생각하면 알 수 있다. 앞 절에서 설명한 ❶부터 ❸까지의 과정에 대응시켜 그림 7.3에도 번호를 표시했다. 이 예의 경우 그림 7.4와 같이 브로드캐스팅된 배열로 계산이 수행된다.

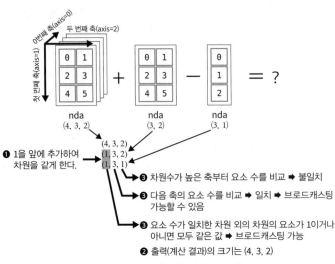

그림 7.3 브로드캐스팅의 동작 원리

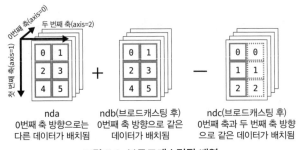

그림 7.4 브로드캐스팅된 배열

주의해야 할 점은 만약 ndc가 ndc=np.arange(3)과 같이 주어진 경우 크기가 (3,)이 되기 때문에 크기가 (3,1)인 경우와 달라진다는 점이다. 차원에 대해 주의할 점은 다음 절에서 더 자세히 살펴볼 것이다.

7.5.3 차원 관련 주의사항

브로드캐스팅이 불가능할 때 차원 설정을 조금 주의하면 문제를 간단히 해결할 수 있는 경우가 있다. 앞에서 설명한 브로드캐스팅 과정의 ❸번에 유의하면 도움이 된다. 먼저 아래의 예를 보자.

```
In [79]: nda = np.arange(12).reshape(3, 4)

In [80]: ndb = np.arange(4)  # 크기 (4,)인 배열(크기가 (4,1)이 아님)

In [81]: nda + ndb  # 브로드캐스팅으로 계산 가능
Out[81]:
array([[ 0,  2,  4,  6],
[ 4,  6,  8, 10],
[ 8, 10, 12, 14]])

In [82]: ndb = np.arange(4).reshape(4, 1)

In [83]: nda + ndb  # 여기는 오류 발생
```

위의 예를 보면 그림 7.5와 같이 브로드캐스팅을 통해 계산이 실행된다. ndb를 크기 (4,1)인 ndarray로 만들면 어느 축 방향으로 데이터를 브로드캐스팅하더라도 nda와 같은 크기가 될 수 없기 때문에 브로드캐스팅이 불가능하여 오류가 발생한다. ndb의 크기를 (1,4)로 한 경우에는 크기를 (4,)로 한 경우와 마찬가지로 브로드캐스팅이 가능하다. 즉, 브로드캐스팅에서 크기가 (N,)인 1차원 ndarray는 크기 (1,N)인 2차원 ndarray와 같이 취급된다.

그림 7.5 브로드캐스팅에 의한 계산의 예(1차원 배열을 사용한 경우)

이를 아래 예에서도 확인할 수 있다. 이 예를 보면 크기 (4, 3)인 2차원 배열과 크기 (4, 1)인 2차원 배열을 계산하고 있는데, 그림 7.6처럼 크기 (4, 1)인 배열이 브로드캐스팅되어 계산된다. 또, 이 예에서는 아까와 달리 ndb를 크기 (4,)인 ndarray로 정의한 경우 브로드캐스팅이 안 되고 오류가 발생한다. 크기 (4,)인 ndarray는 크기가 (1, 4)인 ndarray로 취급되어 어느 축 방향으로 브로드캐스팅을 해도 크기 (4, 3)이 되지 않기 때문이다.

```
In [84]: nda = np.arange(12).reshape(4, 3)

In [85]: ndb = np.arange(4).reshape(4, 1)  # 크기 (4,1)인 배열
```

```
In [86]: nda + ndb # 브로드캐스팅에 의해 계산 가능
Out[86]:
array([[ 0, 1, 2],
[ 4, 5, 6],
[ 8, 9, 10],
[12, 13, 14]])

In [87]: ndb = np.arange(4)

In [88]: nda + ndb # 여기는 오류 발생
```

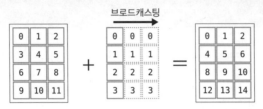

그림 7.6 브로드캐스팅에 의한 계산의 예(실질적으로 1차원인 2차원 배열을 사용한 예)

7.6 정리

과학 기술 컴퓨팅 분야에서 NumPy는 다른 많은 라이브러리의 기초를 이루고 있으므로 NumPy를 이해하고 이를 기본적인 수준에서 능숙하게 사용하는 것은 이제 필수라고 할 수 있다. NumPy에서는 고속 처리와 다른 언어와의 인터페이싱을 고려한 메모리 사용 전략을 취하고 있기 때문에 불필요한 메모리 복사가 일어나지 않도록 뷰라는 개념을 도입했다. 여기에 더해 유니버설 함수나 브로드캐스팅 등의 개념도 도입하여 파이썬의 기능을 대폭 확장했다. 이들 개념에 익숙해지면 프로그래밍 효율이 크게 향상될 것이므로 이번 장에서 소개한 내용을 확실히 이해해두기를 권하고 싶다.

그리고 NumPy에는 파이썬의 기본적인 사상과 어긋나는 부분이 있다. 타입을 지정하는 방법이 여러 가지거나, 같은 연산이 NumPy의 함수 및 ndarray의 메서드로도 만들어져 있는 등 약간의 혼란을 일으킬 수 있는 부분이 그렇다. 그러나 이 책을 잘 활용해서 전체적인 개요를 파악한다면 세부적인 내용은 필요할 때마다 도움말이나 참조 문서를 보며 대처할 수 있을 것이다.

CHAPTER

8

SciPy

이번 장에서는 SciPy의 전체적인 윤곽을 소개한 다음, 이 중
몇 가지 함수에 대해 사용 예를 볼 것이다. 사용 예를 참고하여
SciPy의 사용법을 숙지할 수 있도록 한다.

1장에서도 설명했듯이 'SciPy'는 SciPy Stack을 가리키는 경우와 SciPy Library
를 가리키는 두 가지 의미로 사용된다. 이번 장에서 설명할 SciPy 패키지는 이 중
후자를 의미한다.

NumPy가 파이썬에 많은 확장 기능을 제공하고 있는데 비해 SciPy는 이런 확장
기능(ndarray나 ufunc 등)을 갖고 있지는 않다. SciPy는 NumPy가 제공하는 확
장 기능으로 구현된 핵심적인 과학 기술 컴퓨팅 루틴으로 이뤄진 라이브러리 그
룹이다. 널리 쓰이고 있는 함수는 SciPy에 이미 구현되어 있을 가능성이 높다. 이
점을 염두에 두고 SciPy를 이용하여 효율적인 개발을 진행하도록 하자.

8.1 SciPy란?

이번 절에서는 **SciPy**의 개요를 설명한다. SciPy와 NumPy의 관계 및 SciPy를 구성하고 있는 패키지에 대해서도 정리할 것이다.

8.1.1 SciPy의 개요

7장에서 설명한 바와 같이 NumPy는 다차원 배열을 효율적으로 처리하기 위한 ndarray, 유니버설 함수 등의 메커니즘과 함께 다양하고 유용한 수학 함수를 제공하는 패키지다.

이와 달리 **SciPy(SciPy Library)**는 NumPy의 기능을 사용하여 구축된 다양한 과학 기술 컴퓨팅 알고리즘(scientific algorithms)을 제공하는 패키지다. SciPy는 Fortran으로 작성된 코드를 파이썬에서 사용할 수 있도록 한 것으로 현재 SciPy에 포함된 대부분의 함수는 사실 Fortran으로 작성된 것이다.

SciPy는 일련의 고수준[1] 함수를 사용자에게 제공하여 스크립트 언어로서 파이썬의 기능을 대폭 강화했다. 파이썬은 이를 통해 데이터 처리 및 시스템 프로토타입 설계에서 MATLAB, IDL(InteractiveDataLanguage), Octave, Scilab 등에 필적할 만한 시스템으로 발돋움하게 되었다.

SciPy는 많은 서브 패키지(표 8.1)로 구성되어 있다. 이 책에서 이들 모두에 대해 지면을 할애할 수 없으므로 다음 절에서 일부 기능에 대해서만 소개할 것이다. 이들 기능에 대한 자세한 사항은 SciPy.org[2]에서 공식 문서를 참조하거나 파이썬 대화형 셸에서 서브 패키지 및 함수의 도움말을 찾아보기 바란다.

1 　프로그래밍에서 고수준(high level)/저수준(low level)이라는 단어는 함수 등에 대한 상대적 추상도를 일컫는 말이다. 고수준은 추상도가 높은 것을 가리키며, 저수준은 좀 더 세세한 처리 내용을 갖는다.

2 　URL http://scipy.org

표 8.1 SciPy의 서브 패키지

서브 패키지	설명
cluster	클러스터링 알고리즘
constants	물리/수학 상수
fftpack	FFT(Fast Fourier Transform) 함수
integrate	적분 및 상미분 방정식 풀이 함수
interpolate	내삽 및 평활화 스플라인
io	입출력
linalg	선형대수
ndimage	N차원 이미지 처리
odr	직교 거리 회귀(Orthogonal Distance Regression)
optimize	최적화 및 해 탐색 루틴
signal	신호 처리
sparse	희소 행렬 관련 함수
spatial	공간 데이터 구조와 알고리즘
special	특수 함수
stats	통계 분포, 통계 함수
weave	C/C++ 통합

8.1.2 NumPy와의 관계

SciPy와 NumPy의 관계에 대해서 그렇게 자세히 얘기할 거리가 많지는 않지만 SciPy의 닥스트링에서 알 수 있는 사실이 몇 가지 있다. 여기에는 'SciPy는 NumPy의 네임스페이스에서 모든 함수를 import하고 여기에 더해 다음과 같은 서브 패키지를 제공한다'라는 언급이 있다.[3] 즉, SciPy를 import하면 '기본적으로' NumPy의 모든 함수를 사용할 수 있게 된다. 이를 다음과 같이 확인할 수 있다.

---

[3] SciPy의 닥스트링은 sp.__doc__에 저장되어 있으므로 IPython 등을 사용하여 읽어볼 수 있다. IPython의 %pdoc sp 매직 커맨드를 사용하면 된다. 또는 SciPy의 설치 디렉터리에 있는 __init__.py 파일을 열면 직접 읽어볼 수 있다.

```
In [1]: import scipy as sp
In [2]: import numpy as np
# NumPy와 SciPy의 polyfit 함수가 같은 대상을 가리키는지 살펴본다.
In [3]: np.polyfit is sp.polyfit
Out[3]: True # 같은 대상을 가리키고 있음을 확인
```

위의 예를 보면 A is B 구문으로 양자가 같은 대상을 가리키고 있는지를 확인하고 있다.[4] 이를 통해 다항식 함수 polyfit이(부록 C의 표 AC.9 참조)가 SciPy와 NumPy 양쪽에 다 있고 이들이 같은 대상임을 확인할 수 있다. NumPy의 다른 함수도 SciPy의 함수로 접근할 수 있는 것들이 많다. 다시 말해, SciPy만 import하면 NumPy는 따로 import하지 않아도 양쪽의 기능을 모두 사용할 수 있는 것이다. 또한 이렇게 양쪽에서 모두 사용 가능한 함수는 어느 쪽에서 사용해도 기능 및 성능이 동일하다.

8.1.3 최적화 면에서 더 뛰어난 SciPy

NumPy와 SciPy 양쪽에서 모두 사용할 수 있는 함수도 다양하지만, SciPy의 함수는 NumPy에 있는 같은 함수보다 더 최적화되어 있거나 기능이 확장된 경우도 있다. 예를 들어 이산 푸리에 변환을 수행하는 함수는 NumPy에서는 fft 서브 패키지의 함수 numpy.fft.fft와 SciPy에는 fftpack 패키지에 포함된 scipy.fftpack.fft가 있는데, 이들의 기본적인 사용법은 동일하지만 이 둘은 별개의 함수다. 이를 다음과 같이 확인할 수 있다.

```
In [4] : import scipy.fftpack
In [5] : np.fft.fft is sp.fftpack.fft
Out[5]: False # 이 두 가지는 서로 다른 별개의 함수다.
```

위의 예 중 첫 번째를 보면 numpy.fft.fft와 scipy.fftpack.fft가 서로 별개의 함수라는 것을 알 수 있다. 이들 함수의 닥스트링을 확인해보면 인자의 수도 다르 거니와 완전히 별개로 구현된 함수다.

이렇듯 (같은 기능을 갖는) 여러 개의 함수가 있을 경우에는 보통 SciPy에만 존재하는 함수(여기서는 'scipy.fftpack.fft')를 우선 사용하는 쪽이 계산 속도 면에서 유리할 때가 많다. 이 예에서는 다음과 같이 매직 커맨드 %timeit를 사용해서 scipy.fftpack.fft가 numpy.fft.fft가

---

4   이와 달리 객체가 같은 '값'을 갖는지 확인하려면 앞서 설명한 대로 ==를 사용한다.

2배 가까운 속도로 실행된다는 것을 확인할 수 있었다.[5]

```
In [5]: y = sp.randn(2**16)

In [6]: %timeit Y = np.fft.fft(y)
100 loops, best of 3: 2.65 ms per loop

In [7]: from scipy import fftpack

In [8]: %timeit Y = fftpack.fft(y)
1000 loops, best of 3: 1.41 ms per loop
```

8.1.4 SciPy와 NumPy의 차이를 알아보기

NumPy와 SciPy에 각각 어떤 함수가 서로 다른 구현을 갖추고 있는지, 아니면 두 함수가 같은 구현인지에 대해서 알려면 SciPy를 import할 때 같이 로드되는 __init__.py 파일 (SciPy의 설치 폴더에서 찾을 수 있음)을 참조하면 정확히 확인할 수 있다. 예를 들어 SciPy 버전 0.17.1의 __init__.py 파일을 보면 아래와 같은 내용을 볼 수 있다(주석은 저자가 추가한 것이다).

```
<중략>
# Import numpy symbols to scipy name space
import numpy as _num
linalg = None
from numpy import *
from numpy.random import rand, randn # numpy.random.rand은 scipy.rand가 된다.
from numpy.fft import fft, ifft
from numpy.lib.scimath import *

__all__ += _num.__all__
__all__ += ['randn', 'rand', 'fft', 'ifft']

del _num
# Remove the linalg imported from numpy so that the
# scipy.linalg package can be imported.
del linalg # NumPy의 linalg를 SciPy의 네임스페이스에서 삭제
__all__.remove('linalg')
<이하 생략>
```

---

5 실행 환경에 따라 차이가 있을 수 있지만 scipy.fftpack.fft가 더 빠르다는 것에는 변함이 없을 것이다. 이 예에서의 실행 환경은 Windows 8.1, Intel Core i5-4200M, Anaconda(Python 3.4.1, IPython 3.2.1)다.

위의 예를 보면 numpy.random.randn은 scipy.randn으로도 사용할 수 있다는 것을 알수 있으며, SciPy의 서브 패키지인 linalg(선형대수 패키지)는 NumPy의 서브 패키지 linalg와는 별개의 것임을 알 수 있다.

8.2 SciPy 활용하기

SciPy로 여러 방면의 처리를 구현할 수 있다. 이번 절에서는 SciPy를 이해하는 데 도움이 되고, 사용해보는 계기가 될 수 있도록 SciPy의 일부 대표적인 기능을 예제와 함께 소개한다.

8.2.1 통계 분포 함수

scipy.stats에는 다양한 확률밀도 함수 및 통계와 관련된 함수가 준비되어 있다. scipy.stats를 사용하려면 다음과 같이 한다.

```
In [9]: from scipy import stats
```

위의 예를 보면 'stats' 앞에 붙여서 stats 서브 패키지의 함수를 호출할 수 있도록 하고 있다. stats 서브 패키지에 포함된 통계 분포 함수는 클래스로 정의되어 있어서 이들에 대한 확률밀도 함수나 누적밀도 함수 등을 메서드로 호출할 수 있다. 그럼, 레일리 분포(Rayleigh distribution)를 예로 들어 설명 하기로 하겠다.

레일리 분포의 확률밀도 함수 pdf(r)은 다음 식과 같이 나타낼 수 있다.

$$\text{pdf}(r) = \frac{r}{\sigma^2} \exp \frac{-r^2}{2\sigma^2}$$

이 함수의 σ는 레일리 분포의 최빈값이며, stats에서의 기본 설정값은 $\sigma = 1$이다. 그럼, 레일리 분포 함수 **sp.stats.rayleigh**를 사용하여 이 분포를 따르는 확률 변수로부터 샘플링한 다음 이 결과를 히스토그램으로 플로팅해보자. 리스트 8.1에 해당 코드를 실었다.

리스트 8.1 레일리 분포 함수의 사용 예

```
import matplotlib.pyplot as plt
# ❶ 통계 분포 함수 설정(이후 고정)
rv = sp.stats.rayleigh(loc=1)

# ❷ 위의 통계 분포 함수로 확률 변수 생성
r = rv.rvs(size=3000)

# ❸ 확률밀도 함수를 그리기 위한 100개의 데이터 점
x = np.linspace(rv.ppf(0.01), rv.ppf(0.99), 100)

# 원래의 확률밀도 함수와 함께 샘플링한 데이터의 분포를 그리기
plt.figure(1)
plt.clf()
plt.plot(x, rv.pdf(x), 'k-', lw=2, label='확률밀도 함수')
plt.hist(r, normed=True, histtype='barstacked', alpha=0.5)
plt.xlabel('값')
plt.ylabel('분포도')
plt.show()
```

리스트 8.1의 ❶에서 통계 분포 함수를 설정한다. 통계 분포 함수는 **일반형(general form)** 과 **동결형(frozen form)**이라는 두 가지 형태로 사용할 수 있다. 일반형이란 분포를 결정하는 파라미터 등을 매번 지정하여 사용하는 방법이다. 이와 달리 동결형은 분포를 결정하는 파라미터를 한 번 지정해두고 그 다음에도 지정된 파라미터를 계속 사용할 수 있도록 '동결'해두는 방법을 말한다.

리스트 8.1을 보면 레일리 분포 함수 **sp.stats.rayleigh**에 필요한 파라미터를 인자로 지정하여 호출한 뒤 변수 rv에 이 분포를 동결시켜 둔다. 이렇게 하면 만들어둔 분포에 대한 여러 가지 처리를 분포의 메서드를 호출하여 수행할 수 있다. 지정한 통계 분포에 따르는 확률 변수는 **rvs** 메서드로 생성할 수 있다(❷).

또, **ppf** 메서드는 특정한 누적 확률에 도달하는 지점의 값을 알려준다. 리스트 8.1의 ❸에서 1퍼센트부터 99퍼센트까지의 100개의 점을 골라 변수 x에 대입한다.

리스트 8.1을 실행한 결과[6]로 얻은 그래프가 그림 8.1이다. 표본을 샘플링한 레일리 분포의 확률 변수는 그림에서 히스토그램으로 나타냈다(도수는 정규화함). 그림을 보면 레일리 확률

---

6   리스트 8.1에서 import문, matplotlib에 대한 설정 부분(9.2절 참조, 뒤에서 설명함)은 생략되어 있다.

분포의 실제 확률밀도 함수가 실선으로 그려져 있어 이 두 가지가 거의 일치함을 알 수 있다.

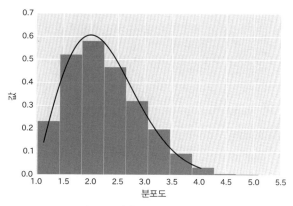

그림 8.1 레일리 분포의 샘플링 예

여기서는 레일리 분포를 예로 들어 설명했지만 정규 분포(**stats.norm**)나 감마 분포(**stats. gamma**) 등 다른 확률 분포로도 같은 작업을 할 수 있다. SciPy의 통계 함수 서브 패키지는 80가지 이상의 연속 분포 함수를 갖추고 있으므로 어떤 확률 분포에 대한 함수가 필요할 때는 scipy.org의 공식 참조 문서를 확인하기 바란다.

column
파이썬에서 통계 처리하기

파이썬을 사용해서 통계 처리를 하는 방법에는 다음과 같은 것이 있다.

- 파이썬 표준 라이브러리 Statistics를 사용
- NumPy의 통계 처리 함수를 사용
- pandas의 통계 처리 함수를 사용
- SciPy의 stats 패키지를 사용
- Statsmodels(서드파티 패키지)를 사용

이들 중 앞의 세 가지는 평균, 분산, 중앙값 등 극히 기초적인 기능만 갖추고 있으므로 본격적인 통계 처리를 하기에는 조금 부족하다. 이와 달리 뒤의 두 가지는 본격적인 통계 처리에도 손색이 없는 기능을 갖추고 있다. Statsmodels는 원래 scipy.stats의 models 모듈이었는데 분리되어 별도의 패키지로 공개되고 있다. 따라서 SciPy의 stats 서브 패키지와 상호보완적인 관계를 갖는다.

분포 함수나 검정, 회귀분석 등의 본격적인 통계 처리를 하고 싶다면 SciPy의 stats 서브 패키지나 Statsmodels를 추천하며, 데이터 집계 기능이 뛰어난 pandas와 함께 활용하는 것도 검토해볼 만하다.

8.2.2 이산 푸리에 분석

이산 푸리에 변환은 SciPy 중에서도 상당히 자주 사용되는 기능 중 하나다. 여기서는 SciPy 의 **fftpack** 서브 패키지에 포함된 FFT 함수를 사용한 주파수 분석의 예를 볼 것이다.

FFT 함수에도 하나 이상의 구현이 있다는 것을 8.1절에서 이미 설명한 바 있다. 리스트 8.2의 예는 NumPy의 함수보다 빠른 fft 함수를 사용하기 위해 ❶ 부분에서 SciPy의 fftpack 서브 패키지를 import하고 있다. 그 다음 ❷에서 신호 생성에 필요한 파라미터를 설정한 뒤 변수 y에 30Hz의 사인파에 가우시안 노이즈를 더한 신호를 설정한다. 이 신호에 FFT를 적용하여(❸) 대응하는 주파수와 파워의 관계를 나타낸 것(❹)이 그림 8.2다. 그림 8.2의 윗부분은 본래의 시계열 데이터로 이것만으로는 어떤 주파수 성분을 포함하고 있는지 알 수 없다. 이와 달리 아래쪽은 FFT를 통해 주파수 분석을 거친 결과로 신호에 30Hz의 성분이 포함되어 있는 것을 확실히 알 수 있다.

리스트 8.2 FFT를 이용한 주파수 분석 예

```python
# ❶ scipy와는 별도로 import해야 함
from scipy.fftpack import fft

# ❷ 30 Hz 신호와 잡음을 합성한 신호 y를 생성
Fs = 500 # 샘플링 주파수
T = 1/Fs # 샘플링 간격
L = 2**14 # 신호의 길이(샘플링 수)
t = sp.arange(L)*T # 시간 벡터
y = np.sin(2*np.pi*30*t) + 5*sp.randn(t.size) # 신호 생성

# ❸ FFT 수행
Y = sp.fftpack.fft(y, L)/L
f = (Fs/L)*sp.arange(L/2 + 1) # 주파수 벡터를 구함

# ❹ '원래의 시계열 데이터'와 'FFT로 주파수 분석을 거친 결과'를 그래프로 그리기
plt.figure(1)
plt.subplot(2, 1, 1)
plt.plot(t, y)
plt.xlabel('시간 [s]')
plt.ylabel('값')
plt.subplot(2, 1, 2)
plt.plot(f, 2*abs(Y[:L//2 + 1]))
plt.xlabel('주파수 [Hz]')
plt.ylabel('|Y(f)|')
plt.show()
```

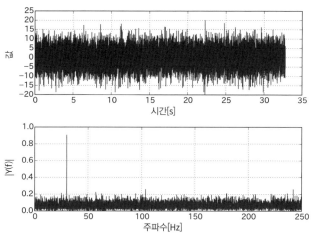

그림 8.2 FFT를 사용한 주파수 분석 결과

8.2.3 보드 플롯

SciPy의 **signal** 서브 패키지에는 합성곱, 스플라인 함수, 필터링, 필터 설계, 창 함수, 스펙트럴 분석 등 외에도 선형 시스템에 대한 간단한 해석 함수가 갖춰져 있다. 선형 시스템을 전달 함수 모형, 상태 공간 모형, 또는 영점-극점-이득 모형(zero-pole-gain model)으로 나타내고, 이에 대한 스텝 응답(step response), 임펄스 응답(impulse response)을 확인하거나, 보드 플롯(Bode plot)을 그릴 수 있다. 피드백 제어 시스템을 본격적으로 설계하려면 Control Systems Library[7]을 별도로 설치할 것을 권장하지만 간단한 시스템 분석 정도는 signal 서브 패키지로도 가능하다.

리스트 8.3에 간단한 선형 시스템을 정의한 뒤 이에 대한 보드 플롯을 그리는 예를 실었다. 리스트 8.3의 ❶에서 SciPy의 signal 모듈을 import한 다음('sp.signal'로 접근하는 것은 불가능하다), ❷에서 보드 플롯을 그릴 선형 시스템을 정의한다. signal.lti 함수는 인자의 수에 따라 선형 시스템을 표현하는 형식이 달라진다. 리스트 8.3에서 보듯 인자가 2개인 경우는 전달 함수 표현으로 시스템이 정의된다. 그리고 ❸에서 bode 함수로 위상 특성과 주파수 특성을 분석한 다음 ❹에서 그 결과를 그림 8.3과 같은 보드 플롯으로 나타냈다.

---

7   Control Systems Library 페이지 참조. URL https://sourceforge.net/projects/python-control/

리스트 8.3 보드 플롯을 그리는 예

```python
# ❶ scipy와 별도로 import해야 한다.
from scipy import signal

# ❷ 선형 시스템을 정의
s1 = sp.signal.lti([1], [1, 1])

# ❸ bode 함수를 이용한 분석
w, mag, phase = sp.signal.bode(s1)

# ❹ 보드 플롯 그리기
plt.figure(1)
plt.subplot(2, 1, 1)
plt.semilogx(w, mag) # Bode magnitude plot
plt.box('on')
plt.xlabel('주파수 [rad/s]')
plt.ylabel('게인 [dB]')
plt.title('보드 플롯')
plt.subplot(2, 1, 2)
plt.semilogx(w, phase) # Bode phase plot
plt.xlabel('주파수 [rad/s]')
plt.ylabel('위상 [deg]')
plt.box('on')
plt.show()
```

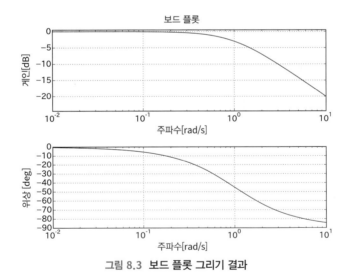

그림 8.3 보드 플롯 그리기 결과

이렇게 간단한 분석 정도는 SciPy의 signal 서브 패키지로도 가능하다. MATLAB의 Control System Toolbox와 맞먹는 처리를 원한다면 위에서 언급한 Contol Systems Library를 사용하는 것이 좋을 것이다.

8.2.4 데이터에 내삽하기

SciPy의 **interpolate** 서브 패키지는 각종 내삽법과 관련된 함수를 포함하고 있다. 특정 점을 지나는 함수를 생성하거나, 스플라인 보간 함수를 생성한다든지, 1차원 혹은 다차원 보간 계산을 위한 함수가 있다. 여기서는 1차원 데이터에 대한 보간 계산을 위한 함수인 **interpolate.interp1d**의 사용법을 소개하겠다. interpolate.interp1d의 사용법은 다음과 같다.

```
interp1d(x, y, kind='linear', axis=-1, copy=True,
        bounds_error=True, fill_value=nan, assume_sorted=False)
```

x와 y는 필수 인자고, 그 외에는 모두 옵션 인자다. 그리고 각 인자의 의미 및 정의는 표 8.2와 같다. 내삽 보간을 계산하는 방식에는 선형 보간(기본 설정) 외에도 최근방 값을 사용하는 보간(nearest-neighbor interpolation), 0차 홀드 보간(zero order hold interpolation), 1/2/3차 스플라인 보간 등을 선택할 수 있다.

표 8.2 interp1d 함수의 인자

인자	설명
x	크기가 (N,)인 실수의 1차원 배열
y	크기가 (...,N,...)인 실수의 N차원 배열(내삽 축의 요소 수가 N)
kind	<숫자> : 스플라인 보간의 차수, 'linear': 선형 보간, 'nearest': 최근방 값, 'zero': 0차 홀드, 'slinear'/'quadratic'/'cubic': 1/2/3차 스플라인 보간
axis	보간할 데이터의 축을 지정(기본값: y의 마지막 축)
copy	True/False: x와 y의 내부 복사를 만들지 여부
bounds_error	True/False: True일 경우 x의 범위 밖에서 값을 가져오려고 하면 ValueError가 전달된다. False일 경우에는 범위 밖의 값을 가져오려고 하면 fill_value 값이 적용된다.
fill_value	bound_error=False인 경우 범위 밖의 값에 이 값을 사용한다(기본값: NaN). 'extrapolate'로 설정하면 외삽 계산
assume_sorted	False로 설정하면 x를 정렬한 뒤에 사용한다. True인 경우 x의 값은 단조증가 혹은 단조감소여야 한다(1차원 배열에서 i > j이면 x[i] >= x[k]가 성립한다는 의미. 단조감소의 경우는 x[i] <= x[j]가 성립).

이제 예제를 보도록 하자. 리스트 8.4는 내삽 함수 interp1d를 사용한 예이다. ❶에서는 'scipy.interplate'를 축약명인 'ipl'로 접근할 수 있게 한다. ❷에서는 정답으로 사용할 데이터와 보간 이전의 데이터를 생성하기 위한 함수를 정의한다. 그리고 ❸에서 구간 [0, 8]에 대해 1틱이 0.1인 벡터 x를 만들고 이 x에 대한 f(x)를 변수 y에 넣는다. 이 y 값을 정답 데이터로 간주한다. 그리고 ❹에서 1틱이 1인 벡터 x0을 만들고 다시 이에 대한 f(x0)을 y0에 넣어 보간 대상 데이터로 삼는다.

이 예에서 사용할 보간 방식은 선형 보간과 3차 스플라인 보간이다. interp1d 함수는 보간 방식을 지정하지 않으면 선형 보간을 적용한다. ❺에서 설정한 보간 함수에 대해 데이터 (x0, y0)을 기반으로 x의 점에 대해 보간 처리를 한 뒤, 원래의 데이터(❸에서 만든 y)와 비교하여 보간 계산의 정밀도를 검증한다. 원래의 함수 값과 보간 전후의 데이터를 겹쳐 그래프로 나타낸 것이 그림 8.4다(❻). 이 결과를 보면 선형 보간 결과는 예상대로 보간 전의 데이터를 직선으로 이은 것과 같은 결과를 보이고 있으며, 3차 스플라인 보간은 원래 함수의 모양과 거의 일치하는 결과를 얻었다. 원래의 함수 모양 및 보간 대상 데이터에 따라 다르긴 하나 3차 스플라인 보간으로 원래 함수 모양을 높은 정밀도로 근사할 수 있는 경우가 있다.

리스트 8.4 내삽 함수의 사용 예

```
## ❶ 이름이 너무 길어서 별명을 사용한다.
import scipy.interpolate as ipl

## ❷ 보간으로 근사할 함수를 정의
def f(x):
    return (x-7)*(x-2)*(x+0.2)*(x-4)

## ❸ 정답 데이터 생성(틱 크기 0.1)
x = np.linspace(0, 8, 81)
y = np.array(list(map(f, x)))

## ❹ 보간 대상 데이터(틱 크기 1)
x0 = np.arange(9)
y0 = np.array(list(map(f, x0)))

## ❺ 보간 함수를 설정(선형 보간)
# 보간 함수를 설정(선형 보간/3차 스플라인)
f_linear = ipl.interp1d(x0, y0, bounds_error=False)
f_cubic = ipl.interp1d(x0, y0, kind='cubic', bounds_error=False)
```

```
# 보간 처리 실행
y1 = f_linear(x)  # 선형 보간
y2 = f_cubic(x)  # 3차 스플라인 보간

# ❻ 보간 처리한 데이터와 정답 데이터의 비교를 위해 그래프 그리기
plt.figure(1)
plt.clf()
plt.plot(x, y, 'k-', label='근사할 함수')
plt.plot(x0, y0, 'ko', label='보간 전 데이터', markersize=10)
plt.plot(x, y1, 'k:', label='선형 보간', linewidth=4)
plt.plot(x, y2, 'k--', label='3차 스플라인 보간', linewidth=4,
alpha=0.7) plt.legend(loc='best') plt.xlabel('x')
plt.ylabel('y')
plt.grid('on')
```

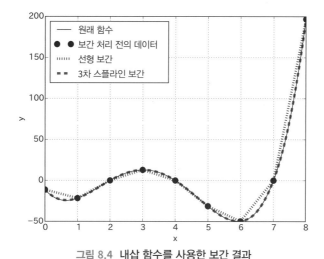

그림 8.4 내삽 함수를 사용한 보간 결과

8.2.5 디지털 신호 필터 설계

디지털 신호 처리에서 **필터(filter)**는 신호의 노이즈를 제거하거나, 특정주 파수 성분만을 걸러내는 처리를 수행한다. 디지털 신호 필터는 크게 **finite impulseresponse**(FIR, 유한 임펄스 응답) **filters**와 **infinite impulse response**(IIR, 무한 임펄스 응답) **filter** 두 가지로 분류된다. SciPy는 이 두 가지 모두를 설계 할 수 있다.

IIR 필터를 설계하는 데는 **iirdesign** 또는 **iirfilter**라는 2개의 함수를 사용할 수 있다.

여기서는 함수 **iirfilter**를 사용한 예를 볼 것이다. 리스트 8.5는 일정한 조건을 만족하는 4차 IIR 필터를 설계한 예다.

리스트 8.5 IIR 필터의 설계 예

```python
# ❶ scipy와 별도로 import해야 함
import scipy.signal as signal

# ❷ Chebyshev 1형 필터 설계
b1, a1 = signal.iirfilter(4, Wn=0.2, rp=5, rs=40,
                          btype='lowpass', ftype='cheby1')
w1, h1 = signal.freqz(b1, a1)

# ❸ Cauer/elliptic 필터 설계
b2, a2 = signal.iirfilter(4, Wn=0.2, rp=5, rs=40,
                          btype='lowpass', ftype='ellip')
w2, h2 = signal.freqz(b2, a2)

# ❹ 필터의 주파수 특성을 그리기
plt.title('주파수 특성')
plt.plot(w1, 20*np.log10(np.abs(h1)), 'k-', label='Chebyshev I')
plt.plot(w2, 20*np.log10(np.abs(h2)), 'k--', label='Cauer/elliptic')
plt.legend(loc='best')
plt.ylabel('진폭 [dB]')
plt.xlabel('주파수 [rad/sample]')
plt.show()
```

먼저 ❶에서 SciPy의 signal 모듈을 import한다. 그 다음 ❷와 ❸에서는 스톱 밴드의 감쇠를 40dB, 크리티컬 주파수(critical frequency)을 0.2, 통과대역의 최대 리플(ripple)을 5dB로 하고, 체비셰프 1형(Chebyshev type I)[8]과 카우어/타원 필터(Cauer/elliptic filter)[9]의 IIR 필터를 자동적으로 설계하게 했다.

이들 각각의 설계 결과를 ❹에서 출력한 결과가 그림 8.5다. 이렇게 얻어진 결과로부터 원하는 성능에 가까운 설계 결과를 골라 사용하면 된다. 여기에서 소개한 필터 설계 외에도 SciPy는 신호 처리와 관련된 기능을 충실히 갖추고 있다. 자신이 사용하려는 것이 이미 만들어져 있는지 확인하기 바란다.

---

[8]　로우 패스 필터에서 많이 사용되며 통과대역에 리플(ripple, 게인의 맥동 성분)을 두어 감쇠 특성을 급준(경사가 급격히 심해지는 양상)해지는 특징이 있다.

[9]　타원 함수를 사용해서 만들어졌으며 통과대역과 제거대역 모두에 리플을 가지나 감쇠 특성을 매우 급격하게 할 수 있는 특징이 있다.

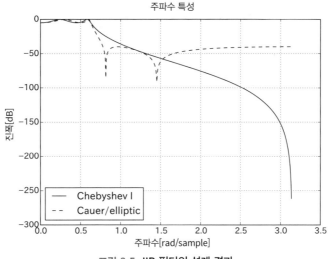

그림 8.5 IIR 필터의 설계 결과

8.2.6 행렬 분해

SciPy의 **linalg** 서브 패키지는 선형대수 분야의 여러 함수를 제공한다. 앞서 설명한 바와 같이 NumPy의 linalg 서브 패키지와는 별개의 것이다. SciPy의 linalg는 NumPy의 linalg가 제공하는 기능을 거의 포함하고 있으며 그 외에도 많은 기능이 추가되어 있다. NumPy와 SciPy에서 이름이 같은 함수가 있을 때 이 두 함수의 기능이 미묘하게 다른 경우가 있으므로 두 라이브러리의 문서를 확인한 후에 사용하는 것이 중요하다.

SciPy의 linalg에는 역행렬 계산이나 선형 방정식의 풀이를 구하는 함수 외에도 고윳값 계산, 행렬의 분해, 행렬에 대한 각종 계산 함수(행렬의 로그 계산 등), 특수 행렬 함수 등을 갖춰져 있다. 여기서는 이 중 행렬의 분해에 사용되는 함수에 대해서 소개하겠다.

먼저 **QR 분해(QR decomposition)**다. QR 분해는 분해 대상이 되는 행렬 A를 직교행렬 Q와 상삼각행렬 R로 분해하는 계산(A = QR)이다. 직교행렬이란 각 성분이 실수인 정방행렬(행과 열의 요소 수가 같은 행렬) 중 역행렬과 전치행렬이 같은 것을 말한다. 또, 상삼각행렬은 행렬의 대각성분 아래의 성분이 모두 0인 행렬이다. 그럼 예를 보도록 하자.

```
In [10]: from scipy import random, linalg, allclose
    ...: A = random.randn(4, 4) # 무작위 값으로 4x4 행렬 A를 생성
    ...: Q, R = linalg.qr(A) # 행렬 A를 QR 분해
    ...: allclose(A, np.dot(Q, R)) # A == QR인지 확인
Out[10]: True # A = QR이 맞음

In [11]: R # R이 상삼각행렬인지 확인
Out[11]:
array([[ 2.07964084, -0.60418299, -1.32746188,  2.01655759],
       [ 0.        , -1.27510109, -0.00667444,  0.74098897],
       [ 0.        ,  0.        ,  2.07402884, -0.07894243],
       [ 0.        ,  0.        ,  0.        , -1.99028465]])
```

위의 예는 무작위 값으로 채워진 4×4 행렬 A를 QR 분해하는 예다. 원래의 행렬 A가 QR 분해 결과인 Q와 R의 곱과 거의 일치한다는 것을 allclose 함수로 확인할 수 있다. 이 allclose 함수는 약간의 오차를 배제하고 행렬이 일치하는지를 검사하는 함수다. 또, R이 실제로 상삼각행렬임도 확인할 수 있었다.

이번에는 **LU 분해**를 하는 방법을 소개한다. 앞서 설명한 바와 같이 LU 분해는 정칙행렬 (regular matrix) A를 치환행렬(permutation matrix) P와 하삼각행렬 L, 상삼각행렬 U의 곱으로 분해하는($A = PLU$) 방법이다. 아래의 예를 보자.

```
In [12]: from scipy import random, linalg, allclose
    ...: A = random.randn(4, 4) # 무작위 값으로 4x4 행렬 A를 생성
    ...: P, L, U = linalg.lu(A) # 행렬 A를 LU 분해한다.
    ...: allclose(A, P.dot(L.dot(U))) # A == PLU인지 확인
Out[12]: True

In [13]: L # L이 하삼각행렬인지 확인
Out[13]:
array([[ 1.        ,  0.        ,  0.        ,  0. ],
       [-0.28042042,  1.        ,  0.        ,  0. ],
       [-0.61169277,  0.00396112,  1.        ,  0. ],
       [ 0.31337762,  0.38550331,  0.10532301,  1. ]])

In [14]: P # 치환행렬 P의 내용을 확인
Out[14]:
array([[ 0.,  0.,  0.,  1.],
       [ 0.,  1.,  0.,  0.],
       [ 0.,  0.,  1.,  0.],
       [ 1.,  0.,  0.,  0.]])
```

이 예도 무작위 값으로 채워진 4×4 행렬 A를 LU 분해하는 예다. 원래의 행렬 A와 이를 LU 분해한 결과인 행렬 P, L, U의 곱이 거의 일치한다는 것을 역시 allclose 함수로 확인할 수 있다. 또, L이 하삼각행렬인 것도 확인할 수 있다.

이번에는 **촐레스키 분해(Cholesky decomposition)**의 예를 보겠다. 촐레스키 분해는 대상 행렬 A가 정부호(definite matrix) 에르미트 행렬(Hermitian matrix)[10]임을 전제로 하여 하삼각행렬 L과 L의 켤레 전치(L^*로 나타낸다)의 곱으로 분해하는 것이다. 다시 말해, A = LL* 이 된다. 실제 예를 보도록 하자.

```
In [15]: from scipy import array, linalg, dot
    ...: A = array([[3,-1.2j],[1.2j,1]]) # 정부호 에르미트 행렬 A를 만듦
    ...: L = linalg.cholesky(A, lower=True) # 촐레스키 분해
    ...: allclose(A, dot(L, L.T.conj())) # A == LL* 인지 확인
Out[15]: True

In [16]: L # L 이 하삼각행렬인지 확인
Out[16]:
array([[ 1.73205081+0.j        ,  0.00000000+0.j ],
       [ 0.00000000+0.69282032j,  0.72111026+0.j ]])
```

위의 예를 보면 정부호 에르미트 행렬 A를 만든뒤 이를 촐레스키 분해하여 하삼각행렬 L을 얻었다. 여기서 linalg.cholesky 함수를 호출할 때 lower=True 옵션으로 하삼각행렬로 분해를 선택한다. 이 옵션이 필요한 이유는 linalg.cholesky 함수가 상삼각행렬로 분해($A=UU^*$)하는 것이 기본값으로 설정되어 있기 때문이다. 그리고 이렇게 얻은 결과로부터 $A=LL^*$가 성립한다는 것을 확인할 수 있다.

여기서 소개한 것들 외에도 특이값 분석에 쓰이는 linalg.svd 함수, RQ 분석을 위한 linalg.rq 함수, QZ 분석을 제공하는 linalg.qz 함수 등이 있다. 효율적인 계산 및 안정적인 수치 계산을 위해 행렬을 분해해야 할 때는 SciPy에 이미 대략적인 함수가 구현되어 있으므로 이들을 사용해도 좋을 것이다.

---

10 켤레 전치행렬이 원래의 행렬과 같은 복소 요소를 갖는 정방행렬 중 고윳값이 모두 양수인 행렬을 가리킨다.

8.3 정리

SciPy는 NumPy의 기능을 기반으로 구축된 여러 가지 과학 기술 컴퓨팅 알고리즘을 제공하는 패키지다. 다양한 서브 패키지를 아우르는 거대한 패키지이므로 모든 것을 속속들이 알기는 어렵다. 따라서 SciPy에 이미 구현되어 있음에도 이를 모르고 직접 구현하게 되는 경우도 생긴다. 과학 기술 컴퓨팅과 관련된 구현을 시작하기 전에 SciPy에 이미 구현되어 있지는 않은지 꼭 확인하기 바란다.

이 책에서는 SciPy가 가진 기능의 극히 일부만을 소개할 수 있었지만, BLAS나 LAPACK의 함수를 사용하기 위한 저수준 함수도 갖춰져 있는 등 완전히 활용하려면 나름 공부가 필요한 패키지다. SciPy를 능숙하게 사용하려면 scipy.org에서 열람 가능한 튜토리얼 및 참조 문서를 보는 것이 좋다.

matplotlib

이번 장에서는 matplotlib을 사용하여 기초적인 플로팅 기술을
확실히 익혀보자.

수치 시뮬레이션 등의 결과를 시각화하는 기술은 그 결과 데이터에 숨어 있는 사
실을 발견하거나 오류를 잡아내기 위해서도 매우 중요하다. 숫자만 봐서는 그 전
체적인 양상을 파악하기 어렵지만 수치(데이터)를 시각화하면 주목할 만한 사실을
발견하기 쉽고, 데이터의 관계성이 명확하게 드러난다.

matplotlib은 데이터의 특성 및 관계성을 파악하기 위한 플롯 작성 기능을 충실
하게 갖추고 있으며 인쇄물 수준의 품질을 제공한다. 플롯 기능을 제공하는 라이
브러리는 여러 가지가 있지만 이 중 가장 널리 사용되는 matplotlib은 필수적인
라이브러리 중 하나다.

9.1 matplotlib이란?

matplotlib은 파이썬에서 가장 널리 사용되는 데이터 플로팅 도구다. 이번 절에서는 matplotlib에 대한 기본적인 내용을 살펴볼 것이다.

9.1.1 matplotlib의 개요

matplotlib은 2003년경 개발이 시작되어 파이썬에서 가장 널리 사용되는 데이터 플로팅 도구 중 하나가 되었다. matplotlib이 널리 사용되는 이유 중 하나로 MATLAB과 비슷하다는 점을 들 수 있다. matplotlib에는 MATLAB과 비슷한 인터페이스인 pylab이 있어서 MATLAB으로부터의 이주가 한층 쉬웠다.

matplotlib은 파이썬 3.x에서도 사용할 수 있다. 2016년 8월 시점에서 최신 버전은 1.5이고 현재 버전 2가 개발 중이다. 버전 2에서는 하위 호환성을 일부 포기하고 새로운 스타일의 플롯을 제공할 예정이다.[1]

matplotlib은 세세한 설정을 통해 고품질의 플롯을 작성할 수 있게 해준다. 안 되는 게 거의 없다고 해도 과언이 아닐 정도지만 모든 기능을 전부 사용하기는 어려울 수도 있다. 기본 설정으로도 충분히 품질이 좋은 결과를 얻을 수 있으므로 세세한 설정은 필요에 따라 배워가면 된다.

그리고 matplotlib은 BSD 스타일의 matplotlib license를 채택하고 있기 때문에 독점 소프트웨어에 포함시키거나 프로그램의 수정도 허용된다. 파이썬 서드파티 라이브러리는 대부분 이런 BSD 스타일의 라이선스[2]를 많이 채택하고 있어 기업에서도 자유롭게 사용할 수 있다.

9.1.2 matplotlib의 모듈

matplotlib은 많은 모듈을 포함하고 있다. 이 책에서 다 다루기에는 수가 너무 많기 때문에 필요할 경우 matplotlib의 모듈 인덱스[3]를 참조하기 바란다.

---

1   **옮긴이** 현재(2017년 10월) 안정 버전은 2.1.0이다.
2   MIT License를 채택하는 경우도 있다.
3   **URL** http://matplotlib.org/py-modindex.html

그러나 대부분의 일반적인 이용 범위 안에서는 matplotlib 패키지의 최상위 레벨과 pyplot 모듈만 import해도 충분하다. matplotlib 패키지의 최상위 레벨을 import하면 matplotlib을 설정하는 각종 명령에 접근할 수 있게 된다. 글꼴을 일부 변경하고 싶다거나, 그리기 스타일을 변경하고 싶을 때 이 패키지 최상위 레벨을 import한다.

pyplot 모듈은 플롯을 그리는 데 필요한 여러 명령을 사용하기 위해 필요하다. pyplot 모듈을 import하면 이로부터 다른 많은 모듈이 함께 import되기 때문에 이들을 각각 따로 import할 필요가 없게 된다.

이 책에서는 이들 모듈을 다음과 같이 import했다고 가정한다. 이렇게 별명을 붙이는 방법은 matplotlib의 참조 문서에서도 추천하고 있다.

```
import matplotlib as mpl # 보드 플롯을 그리는 예
import matplotlib.pyplot as plt # pyplot 모듈
```

9.1.3 matplotlib 툴킷

matplotlib은 **툴킷(toolkit)**이라는 애드온을 추가하여 기능을 확장할 수 있다. 이 툴킷 중 대표적인 것으로 아래와 같은 것을 들 수 있다. 이들 중 많은 수가 matplotlib과 따로 배포되므로 사용하려면 별도로 설치해야 한다.

- 지도 관련 툴(모두 별도 설치 필요): Basemap, Cartopy
- 일반 툴킷: mplot3d, AxesGrid, MplDataCursor(별도 설치 필요), GTK(Gimp Toolkit) Tools, Excel Tools, Natgrid(별도 설치 필요)
- 고품질 그리기(모두 별도 설치 필요): Seaborn, ggplot, prettyplotlib

지도 관련 툴은 matplotlib에 지도 그리기 및 지도 투영 기능을 추가해준다. Basemap과 Cartopy 두 종류가 있으며 데이터를 지도와 함께 보여줄 때 사용한다. 두 종류 모두 풍부한 지도 그리기 기능을 갖추고 있다.[4]

일반 툴킷으로 분류한 여섯 가지 중 네 가지는 Matplot을 설치할 때 자동으로 함께 설치

---

4 이 책을 집필하던 시점에서 Cartopy는 참조 문서가 재정비 중이었다.

된다. mplot3d는 간단한 3차원 플롯을 작성할 수 있으며, AxesGrid는 여러 개의 이미지를 배치할 때 유용한 보조 함수다. 이들 두 가지 도구는 비교적 사용 빈도가 높다. 그 외에 MplDataCursor는 수치를 팝업 레이어로 표시해주는 기능을 제공하며, GTK Tools는 PyGTK(별도 설치 필요)를 통해 GTK+를 사용할 수 있도록 해주고, Natgrid는 자연 근접 보간(natural neighbor interpolation) 기능을 제공한다. 이들 기능은 해당 기능이 필요할 때 배우도록 하는 것이 좋다.

그 다음으로 고품질 그리기 기능을 제공하는 툴킷을 소개하겠다. matplotlib은 고품질 그리기 기능을 갖추고 있으나 MATLAB의 영향을 받은 때문인지 기본 설정이 아쉽다는 평이 많다. 여기서 언급된 Seaborn 등의 툴킷으로 이 문제를 해결할 수 있다. 즉, 이들 툴킷이 가진 인터페이스를 사용하여 플롯을 그리면 한눈에 보기에도 품질이 높은 플롯을 쉽게 만들 수 있도록 해준다. 각 툴킷의 웹 사이트에서 사용 예의 목록만 살펴도 도움이 될 것이다.

9.1.4 pylab과 pyplot, NumPy의 관계

matplotlib은 MATLAB과 호환되는 함수로 인해 MATLAB과 매우 비슷한 환경을 제공하는 'pylab'이라는 인터페이스를 제공한다. 그러나 pylab은 별 import(4.10절 참조)를 사용하기 때문에 현재는 사용을 추천하지 않는다.[5] 실제로 pylab 환경에서 최상위 네임스페이스에 수많은 함수가 import된다거나 파이썬 일부 네이티브 함수(sum이나 all)가 NumPy 함수로 바뀌어 있다. 여기서 때로 큰 실수가 발생하기 쉬우므로 이 책에서는 pylab을 다루지 않는다.

이를 대체하기 위해 matplotlib과 NumPy를 import해서 사용하는 것이 일반적이다. 구체적으로는 아래와 같은 import문으로 대신하게 된다.

```
import matplotlib as mpl
import matplotlib.pyplot as plt
import numpy as np
```

---

5 [URL] http://matplotlib.org/faq/usage_faq.html?highlight=pylab#matplotlib-pyplot-andpylab-how-are-they-related

이 방법으로는 MATLAB 의 'pi'(원주율 π)는 'np.pi'가 되고, MATLAB의 'plot'에 해당하는 명령은 'plt.plot' 따위가 되지만, 조금 작성이 번거로울 뿐 MATLAB과 비슷한 환경을 만들 수 있다는 점에서는 차이가 없다.

그리고 프로그램의 가독성을 향상시키기 위해 'np.pi'를 'pi'로 참조하고 싶다면 다음과 같은 줄을 추가한다.

```
from numpy import pi
```

이렇게 사용하려는 상수 및 함수 클래스만을 명시적으로 최상위 네임스페이스에 import 하면 실수를 줄일 수 있고, 프로그램의 가독성을 저해하지도 않는다.

9.2 matplotlib 설정하기

matplotlib으로 플롯을 그릴 때 한글 같은 CJK 언어를 출력거나 세세한 스타일을 조정하고 싶을 때가 있다. 이번 절에서는 한글을 출력하기 위한 설정 방법 및 플롯의 스타일을 조정하는 기본적인 방법을 살펴본다.

9.2.1 두 가지 설정 방법

matplotlib의 설정을 바꾸는 방법은 다음 두 가지다.

- 플롯을 그리는 스크립트마다 설정 명령을 작성하는 방법
- 실행 환경 공통 설정으로 미리 환경 설정 파일(matplotlibrc)에 작성해두는 방법

IPython 등 대화형 셸에서 동적으로 설정을 변경하는 경우에도 마찬가지다.

■ 설정 확인하기, 설정 명령으로 변경하기

첫 번째 방법인 그리기 스크립트 파일에 설정 명령을 작성하는 법부터 먼저 알아보자. matplotlib에서 플롯상의 축이나 선 등을 세세한 부분까지 제어하려면 rc 설정을 변경해야 한다. rc(run command) 설정이란 보통 어떤 프로그램을 동작시킬 때 먼저 실행되는 설정

명령을 의미하는데, matplotlib에서는 **mpl.rcParams**라는 딕셔너리와 비슷한 객체에 이들 설정을 저장한다. matplotlib의 설정을 변경하기 전에 현재 설정된 값을 확인할 필요가 있으므로 아래와 같이 설정값 목록을 화면에 표시한다.

```
In [1]: import matplotlib as mpl
   ...: print(mpl.rcParams)
agg.path.chunksize: 0
animation.avconv_args: []
animation.avconv_path: avconv
animation.bitrate: -1
<중략>
ytick.minor.pad: 4.0
ytick.minor.size: 2.0
ytick.minor.width: 0.5
```

이렇게 설정의 각 항목명을 화면에 표시해보면 어떤 것을 설정할 수 있는지 대략 추정할 수 있다. 반대로 항목명을 보고 그 의미를 확인하면 원하는 설정을 어떻게 만들어야 하는지도 알게 된다. 그리고 지금 본 것처럼 mpl.rcParams의 내용을 직접 확인하는 방법 외에도 mpl.rc_params( )라는 함수를 실행하면 마찬가지로 설정값 목록을 볼 수 있다.

설정 항목명을 알았으니 리스트 9.1처럼 플롯의 세부 설정을 조정한다. 리스트 9.1의 ❶ 은 플롯을 이루는 선의 굵기에 대한 설정으로 여기서는 10point로 설정하고 있다. 또, ❷ 에서 선의 종류를 점선으로 설정한다. ❸은 ❶, ❷의 설정을 한 줄로 작성하는 방법을 보여주고 있다(여기서는 ❶, ❷에서 이미 설정했으므로 불필요하다).

리스트 9.1 matplotlib의 설정 예

```
import numpy as np
import matplotlib as mpl
import matplotlib.pyplot as plt

mpl.rcParams['lines.linewidth'] = 10          # ❶ 선 굵기를 10point로
mpl.rcParams['lines.linestyle'] = '--'        # ❷ 선 종류를 점선으로
mpl.rc('lines', linewidth=10, linestyle='--') # ❸ (❶, ❷와 같음)

t = np.arange(0, 2*np.pi, 0.1)
plt.figure(1)
plt.plot(t, np.sin(t))
plt.show()
```

리스트 9.1의 스크립트를 실행하여 그린 플롯을 그림 9.1에 실었다. 앞서 설정한 대로 선 굵기가 10point고, 선 종류는 점선임을 알 수 있다.

또한 mpl.rcdefaults( ) 함수를 호출하면 matplotlib의 모든 설정을 기본값으로 되돌릴 수 있다.

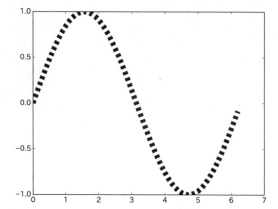

그림 9.1 matplotlib의 rcParam으로 변경한 설정이 반영된 플롯

9.2.2 설정 파일에 설정 작성하기

이어서 설정 파일에 설정을 작성하는 방법을 알아보자. matplotlib은 여러 설정을 미리 내 환경 설정 파일에 작성해서 매번 설정을 다시 하는 수고를 덜 수 있다. matplotlib의 환경 설정 파일은 'matplotlibrc'라는 이름을 갖는다. 이 파일은 여러 곳에 있을 수 있는데 아래와 같은 순서대로 파일의 존재를 확인하고 먼저 발견된 파일의 내용을 설정으로 사용한다.

❶ 현재 작업 디렉터리. 현재 프로젝트에만 설정하려는 경우에는 해당 프로젝트 디렉터리에 둔다.

❷ 홈 디렉터리 아래에 있는 matplotlib 설정 저장용 디렉터리. 리눅스에서는 '.config/matplotlib'이며, 그 이외에는 '.matplitlib/' 디렉터리에 둔다.

❸ matplotlib 설치 디렉터리 바로 아래의 mpl-data 디렉터리. matplotlib을 업데이트할 때마다 덮어쓰게 되므로 설정을 남기려면 개인 설정용 디렉터리에 복사해둬야 한다

matplotlibrc의 위치를 알 수 없을 때는 다음과 같은 방법으로 확인할 수 있다.[6]

```
In [2]: mpl.get_configdir()        # 설정 저장용 디렉터리를 표시
Out[2]: 'C:\\HOME\\.matplotlib'    # 환경 변수 HOME이 'C:\HOME'일 경우
In [3]: mpl.matplotlib_fname()     # 설정 파일 이름을 표시
Out[3]: 'C:\\HOME\\.matplotlib\\matplotlibrc'
```

그리고 matplotlib의 설치 디렉터리 아래에 위치한 matplotlibrc 파일에는 설정 항목과 그 의미가 주석으로 작성되어 있으므로 필요한 항목만 주석을 해제하여 사용하기 바란다. 예를 들면 그래프의 선이나 마커에 대한 설정 항목은 다음과 같이 되어 있다.

```
### LINES
# See http://matplotlib.org/api/artist_api.html#module-matplotlib.lines for more
# information on line properties.
#lines.linewidth : 1.0              # line width in points
#lines.linestyle : -                # solid line
#lines.color : blue                 # has no affect on plot(); see axes.color_cycle
#lines.marker : None                # the default marker
#lines.markeredgewidth : 0.5        # the line width around the marker symbol
#lines.markersize : 6               # markersize, in points
#lines.dash_joinstyle : miter       # miter|round|bevel
#lines.dash_capstyle : butt         # butt|round|projecting
#lines.solid_joinstyle : miter      # miter|round|bevel
#lines.solid_capstyle : projecting  # butt|round|projecting
#lines.antialiased : True           # render lines in antialised (no jaggies)
```

이 예에서 선 굵기와 선 색의 기본값을 설정하려면 다음과 같이 하면 된다.

```
lines.linewidth  : 1.5    # line width in points
lines.color      : black  # has no affect on plot(); see axes.color_cycle
```

9.2.3 스타일시트

앞 절에서 설명한 바와 같이 플롯에 사용되는 선이나 마커를 비롯, 배경색 등을 세세하게 제어하여 자기 취향의 고품질 플롯을 작성할 수 있지만, 이런 세세한 설정에 시간을

---

6   실행 결과에 나오는 디렉터리 경로 표시(구분자는 '\\')는 윈도우에서 동작하는 Spyder(버전 2.3.9)의 IPython(버전 4.2.0)에서 확인한 예다.

9.2 matplotlib 설정하기   307

쓰고 싶지 않은 사람이 대부분일 것이다. 그래서 matplotlib 1.4 이후[7]부터는 플롯에 대한 설정을 '스타일시트'로 저장해서 이를 불러와 사용할 수 있도록 했다.

또한 matplotlib에 미리 작성되어 있는 스타일시트도 있으므로 다음과 같이 현재 사용 가능한 스타일시트가 어떤 것이 있는지 확인할 수도 있다.

```
In [4]: print(plt.style.available)
['ggplot', 'fivethirtyeight', 'dark_background', 'grayscale', 'bmh']
```

위의 예를 보면 사용할 수 있는 스타일시트가 5개 있음을 알 수 있다. 사용자가 작성한 스타일 파일도 여기서 확인 가능하다. Seaborn을 설치한 경우에는 더 많은 스타일시트가 추가된다. 다음과 같이 이 중에서 사용할 파일을 지정할 수 있다. 기본 설정으로 플롯을 그린 경우와 ggplot 스타일을 적용하여 그린 경우의 차이를 그림 9.2에서 볼 수 있다.[8]

```
In [5]: plt.style.use('ggplot')
```

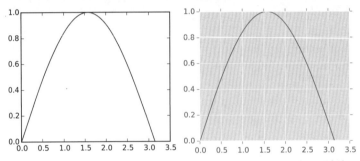

그림 9.2 기본 설정으로 그린 플롯(좌)과 ggplot 스타일을 적용한 플롯(우)

이번에는 직접 작성한 스타일을 저장했다가 다시 사용하는 방법을 설명한다. 직접 작성한 스타일 파일은 matplotlibrc에 기재한 명령을 모은 것으로 다음과 같은 형태를 갖는다.

---

7   자신이 사용하고 있는 matplotlib의 버전을 확인하려면 mpl.__version__을 입력하면 된다.
8   지면 관계상 그림을 흑백으로 실었지만 원래는 컬러 그림이다.

```
figure.autolayout : True
lines.linewidth : 1.5
axes.grid : True
axes.titlesize : 16
axes.labelsize : 20
xtick.labelsize : 16
ytick.labelsize : 16
font.family : IPAexGothic
```

이런 내용을 갖는 파일을 앞서 언급한 matplotlib 설정 저장용 디렉터리(자신만의 matplotlibrc 가 저장된 디렉터리) 바로 아래에 'stylelib'이라는 디렉터리를 만들고, 이 안에 '.mplstyle'이라 는 확장자를 갖는 스타일 파일로 저장한다. 예를 들어 위의 설정을 'mysty.mplstyle'이라고 저장했다면 다음과 같이 이 스타일을 불러오면 그 안의 설정을 사용할 수 있다.

```
In [6]: plt.style.use('mysty')
```

또, 다음과 같이 스타일 파일 여러 개를 지정해서 사용할 수도 있다. 설정이 충돌하는 경 우는 먼저 지정한 파일의 설정이 우선 적용된다.

```
In [7]: plt.style.use(['bmh', 'mysty'])
```

스타일 파일을 일시적으로 특정 코드 블록 안에서만 적용하고 싶다면 아래와 같이 작성 하면 된다. 이 방법으로는 전체 스타일에 영향을 미치지 않는다.

```
import numpy as np
import matplotlib.pyplot as plt

x = np.arange(0, np.pi, 0.01)
# with 블록 안에서만 스타일이 적용된다.
with plt.style.context('dark_background'):
    plt.plot(x, np.sin(x))
```

9.2.4 그래프에서 한글 사용하기

matplotlib으로 작성한 플롯에 한글을 사용하려면 글꼴 설정이 필요하다. 먼저 matplotlib 이 사용할 글꼴을 준비해야 한다. 방법은 아래와 같다.

- TrueType 글꼴 준비하기(다운로드 등)
- TrueType 글꼴 설치 또는 글꼴 디렉터리에 복사
- matplotlib 폰트 캐시 삭제

matplotlib은 기본적으로 TrueType 글꼴(확장자 .ttf)을 사용하므로[9] matplotlib에서 접근할 수 있는 경로에 사용할 TrueType 글꼴을 준비해둔다. 운영체제의 시스템 폰트를 사용해도 되지만 어느 운영체제에서나 같은 글꼴을 사용하려면 오픈소스 라이선스를 따르는 글꼴을 설치해두는 것이 좋다. 이런 글꼴 중 대표적인 것으로 네이버에서 공개한 나눔글꼴을 들 수 있다. 자신의 필요에 맞는 글꼴을 준비하도록 한다.

그리고 윈도우에도 맑은고딕, 굴림, 바탕체 같은 글꼴이 탑재되어 있으나 이들 글꼴은 컬렉션 폰트 파일(확장자 .ttc) 형태로 설치되어 있어 matplotlib에서 사용할 수 없다.

글꼴 파일 준비가 끝났으면 준비한 TrueType 글꼴을 운영체제에 설치하거나 'INSTALL/mpl-data/fonts/ttf' 디렉터리에 복사한다. 여기서 NSTALL은 matplotlib을 설치한 디렉터리를 말한다. 이 방법의 장점은 administrator 권한(root 권한 혹은 관리자 권한)이 없어도 사용 가능하며 환경을 언제든지 옮길 수 있다는 점이다. 이렇게 해두면 파이썬 설치 디렉터리만 통째로 다른 PC로 옮기면 설정 역시 그대로 옮겨올 수 있다.

글꼴 설정이 끝났다면 이번에는 matplotlib의 폰트 캐시를 삭제한다. 폰트 캐시를 삭제한 다음에 matplotlib을 사용하면 앞서 준비해둔 글꼴이 새로 만들어지는 폰트 캐시에 추가되어 이들 글꼴을 사용할 수 있게 된다. 폰트 캐시는 matplotlib의 설정 저장 디렉터리(리눅스나 맥OS에서는 '~/.config/matplotlib'이나 '~/.cachematplotlib', 그 외 운영체제에서는 '~/.matplotlib') 안의 'fontList.cache'(파이썬 2.x)나 'fontList.py3k.cache'(파이썬 3.x)라는 이름으로 저장된다. 이들 파일을 한 번 삭제하면 된다.

이제 플롯에 한글을 출력하기 위한 준비가 끝났다. 이번에는 플롯을 그리는 데 이 한글 글꼴을 사용하도록 설정할 차례다. 한글 글꼴을 지정하는 방법은 크게 세 가지가 있다.

---

9 필자가 파악하고 있는 한에서는 matplotlib은 OpenType 글꼴을 사용할 수 없으며 구식 확장자 ttf 글꼴만을 사용할 수 있다.

❶ matplotlibrc 설정에서 한글 글꼴을 지정

❷ 파이썬 스크립트 안에서 rc 설정용 명령을 작성

❸ 폰트 프로퍼티로 매번 지정하여 필요한 곳에서만 한글 글꼴을 지정

❶은 matplotlibc 파일에 설정을 작성하는 방법이다. 앞서 설명한 바와 같이 설정 중에서 font.familiy를 변경하면 한글을 출력할 수 있다. 설정에 아래의 내용을 추가한다.

```
font.family : NanumGothic   # 네이버에서 배포한 나눔고딕 글꼴을 지정
```

❷는 파이썬 스크립트에서 rc 설정 명령을 사용하는 방법이다.

```
import matplotlib as mpl

mpl.rcParams[font.family] = 'NanumGothic'
mpl.rcParams[font.size] = 16
```

위와 같이 mpl.rcParams( ) 함수를 사용하면 앞서 설명한 설정을 그대로 적용할 수 있다.

마지막으로 ❸은 폰트 프로퍼티를 매번 지정해주는 방법이다. 이 방법은 특징한 부분에서만 글꼴을 바꾸고 싶을 때 사용하는 방법이다.

리스트 9.2는 'font_prop'이라는 변수에 글꼴 설정을 저장하고, 이 설정을 한글을 사용할 곳에서 fontproperties 인자로 넘긴다. font_path에는 글꼴 파일의 전체 경로를 지정한다. 코드에 포함된 주석에서 알 수 있듯이 X축과 Y축의 레이블에 각각 다른 글꼴을 적용했다.

리스트 9.2 특정한 곳만 폰트를 바꾸는 설정

```
import matplotlib as mpl
import matplotlib.pyplot as plt
import matplotlib.font_manager as fm

# (1) 한글 기본 설정(이 스크립트 전체가 영향을 받음)
mpl.rcParams['font.family'] = NanumBarunGothicOTF'

# (2) 지정한 곳에서만 한글 설정을 유효하게
font_path = 'C:\Windows\Fonts\NanumBarunGothic.otf'
font_prop = fm.FontProperties(fname=font_path)
font_prop.set_style('normal')
font_prop.set_size('16')
```

```
plt.figure(1)
plt.plot([1,2,3], [2,5,9])
# X 축 레이블은 설정 (1)을 적용
plt.xlabel('한글 X축 레이블')
# Y 축 레이블은 설정 (2)를 적용
plt.ylabel('한글 Y축 레이블', fontproperties=font_prop)
```

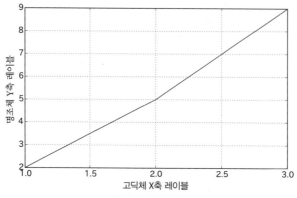

그림 9.3 한글 글꼴을 일부 변경한 예

matplotlib 활용하기

이제부터는 matplotlib을 실제로 사용하면서 그래프 그리기 과정을 배울 것이다. matplotlib은 정말 다양한 종류의 그래프를 지원한다. 이 책에서는 그중 극히 일부만을 소개할 뿐이지만 도구로 서의 유연성 및 뛰어난 성능을 느껴보기를 바란다.

9.3.1 기본적인 그리기 방법

먼저, 변수 2개의 대응 관계를 보여주는 간단한 2차원 플롯의 작성 예를 설명하겠다. 리 스트 9.3의 예를 보면 변수 x와 y1의 관계, 변수 x와 y2의 관계를 그리고 있다.

먼저 ❶에서 변수 x에 0.1을 1틱으로 하여 −π부터 +π 배열을 만든다. 여기에 이 x에 대 한 사인과 코사인을 계산한다. 이 값들을 플롯으로 그리기 위해 plt.plot() 명령을 사용한다. plt.plot( )에서 플롯에 사용할 선의 종류, 색, 마커를 지정하지 않는 경우 기본 설정을 적용하여 플롯을 작성한다. 이 책에서는 그림을 흑백으로 실었지만 기본 설정은 '파란 실선'에서 '녹색 실선'으로 바뀌어가며 이 변화의 순서가 표 9.1에 나온 순서와 일치함을 알 수 있다(단, 흰색은 사용되지 않는다).

표 9.1 Built-in 컬러 코드

코드	색	코드	색	코드	색		
b	blue(파랑)	r	red(빨강)	m	magenta(마젠타)	k	black(검정)
g	green(녹색)	c	cyan(사이언)	y	yellow(노랑)	w	white(흰색)

그리기에 사용할 선이나 마커, 그리고 색을 따로 지정했다면 이들 설정을 따라 플롯을 그릴 수 있다. 선과 마커를 지정하는 방법은 표 9.2에 정리되어 있다. 다양한 종류를 갖추고 있으므로 여러 가지 선이나 마커가 필요할 때는 표 9.2를 참조하기 바란다.

표 9.2 그림에 사용할 선 및 마커 종류에 따른 코드

코드	선/마커 종류	코드	선/마커 종류
'-'	실선	'p'	오각형
'.'	파선	'*'	별
'-.'	1점 쇄선	'h'	육각형-1
':'	점선	'H'	육각형-2
'.'	점 마커	'+'	플러스
','	픽셀 마커	'x'	엑스
'o'	원	'D'	다이아
'v' '.' '<' '>'	삼각 아래/위/좌/우 방향 마커	'd'	작은 다이아
'1' '2' '3' '4'	Y자 아래/위/좌/우 방향 마커	'|'	수직선 마커
's'	사각	'_'	수평선 마커

리스트 9.3을 보면 그래프가 하나 이상 겹쳐 있는데 이런 경우에는 plt.plot( ) 명령을 여러 번 사용하면 된다. plt.plot( ) 명령에 여러 상세 설정을 위한 옵션 명령을 지정할 수 있는데 ❷를 보면 markersize=10으로 마커 크기를 바꾸고 있다. 이외에도 선 굵기는

linewidth, 투명도는 **alpha** 같은 옵션을 자주 사용한다. 더 자세한 내용은 pyplot의 API 매뉴얼[10]을 참조하기 바란다.

여러 데이터를 플로팅할 때는 각 플로팅과 데이터의 대응 관계를 볼 수 있도록 범례를 추가하는 경우가 많다. 범례를 나타내기 위해서는 plt.legend( ) 함수를 사용한다. 범례에 표시될 레이블은 각각의 플로팅을 작성할 때 다음과 같이 레이블 인자를 지정해도 되고,

```
plt.plot(x, y1, label='코사인 함수')
```

다음과 같이 문자열의 튜플로 레이블을 지정하는 방법도 가능하다.

```
plt.legend(('코사인 함수', '사인 함수'), loc='best')
```

마지막으로 ❸에서 plt.show( ) 명령을 이용하여 플로팅 결과를 표시한다. 일반적으로 matplotlib의 대화형 모드가 꺼져 있을(False) 경우, 그래프의 플로팅 결과를 마지막으로 정리해서 보여준다. 플로팅과 관련된 명령을 하나 실행할 때마다 플로팅 결과에 바로바로 반영하고 싶다면 대화형 모드를 켜둔다(**plt.ion**).

리스트 9.3 간단한 2차원 플롯

```
import numpy as np
from numpy import sin, cos
import matplotlib.pyplot as plt

# ❶ pi부터 pi까지 0.1을 1틱으로 배열을 만든다.
x = np.arange(-np.pi, np.pi, 0.1)
# 배열 x에 대해 sin(x)를 계산(sin(x)는 유니버설 함수)
y1 = sin(x)
# 배열 x에 대해 cos(x)를 계산
y2 = cos(x)


plt.figure(1)
plt.clf()
# x, y를 그리기
plt.plot(x, y1, label='코사인 함수')
plt.plot(x, y2, 'r*', markersize=10, label='사인 함수')  # ❷
```

---

10 URL http://matplotlib.org/api/pyplot_api.html

```
# 각 축의 레이블을 그림
plt.xlabel('X축'); plt.ylabel('Y축')
# 범례를 그림
plt.legend(loc='best')
# ❸ 그리기 실행
plt.show()
```

9.3.2 서브 플롯

하나 이상의 데이터(이를테면 위치 좌표의 X, Y, Z 등)을 플로팅할 때, 이들 각각의 그림을 나란히 배치하고 싶을 때가 있다. 이럴 때 사용하는 것이 서브 플롯이다. 리스트 9.4를 보자.

리스트 9.4 2×3 서브 플롯의 속틀을 배치한 예

```
import matplotlib.pyplot as plt

plt.figure(1), plt.clf()

plt.subplot(2, 3, 1), plt.xticks([]), plt.yticks([])
plt.text(0.5, 0.5, 'subplot(2,3,1)', ha='center', va='center', size=25)
plt.subplot(2, 3, 2), plt.xticks([]), plt.yticks([])
plt.text(0.5, 0.5, 'subplot(2,3,2)', ha='center', va='center', size=25)
plt.subplot(2, 3, 3), plt.xticks([]), plt.yticks([])
plt.text(0.5, 0.5, 'subplot(2,3,3)', ha='center', va='center', size=25)
plt.subplot(2, 3, 4), plt.xticks([]), plt.yticks([])
plt.text(0.5, 0.5, 'subplot(2,3,4)', ha='center', va='center', size=25)
plt.subplot(2, 3, 5), plt.xticks([]), plt.yticks([])
plt.text(0.5, 0.5, 'subplot(2,3,5)', ha='center', va='center', size=25)
plt.subplot(2, 3, 6), plt.xticks([]), plt.yticks([])
plt.text(0.5, 0.5, 'subplot(2,3,6)', ha='center', va='center', size=25)

# 전체 플롯을 화면에 표시
plt.show()
```

위의 예를 보면 2×3 형태로 서브 플롯을 배치하고 있다.[11] 서브 플롯을 작성하려면 pyplot의 subplot( ) 함수를 사용한다. 예를 들어 plt.subplot(2, 3, 3)은 전체를 2×3으로 나눈 패널 모양의 틀 안에서 세 번째 속틀을 사용하겠다고 지정하는 것이다. 다시

---

11 이렇게 콤마(,)로 명령을 구분하여 한 줄에 작성하는 경우는 드물지만, 여기서는 프로그램 코드 분량을 줄이기 위해 이렇게 작성했다.

말해, subplot(L, M, N)과 같이 지정[12]하면, L×M으로 나눠진 패널 모양의 틀 안에서, N번째 속틀을 사용하겠다는 뜻이 된다. 이때, N번째 위치는 그림 9.4 **❶**의 원문자의 순서를 따른다. 즉 윗줄부터 순서대로 센다.

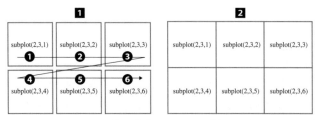

그림 9.4 서브 플롯의 배치 예(**❶** 2×3인 경우, **❷** 2×3 속틀 간격 없음)

기본적으로 이 방법을 응용하면 2×1이나 4×4 등으로 틀을 분할 배치할 수 있지만, 때로는 조금 복잡한 배치가 필요한 경우도 있다. 이럴 때 편리하게 사용할 수 있는 것이 gridspec 모듈에 있는 GridSpec() 함수다. 리스트 9.5를 보자.

리스트 9.5 GridSpec으로 프레임을 복잡하게 배치하는 예

```
import matplotlib.pyplot as plt
import matplotlib.gridspec as gs
import numpy as np

G = gs.GridSpec(3, 3)          ← ❶
axes_1 = plt.subplot(G[0, :]) ← ❷
plt.xticks([]), plt.yticks([])
plt.text(0.5, 0.5, '속틀1', ha='center', va='center', size=22)

axes_2 = plt.subplot(G[1, :-1])
x = np.arange(-np.pi, np.pi, 0.1)
y = np.sin(x)
plt.plot(x, y)
plt.text(-0.5, 0, '속틀2', ha='center', va='center', size=22)

axes_3 = plt.subplot(G[1:, -1])
plt.xticks([]), plt.yticks([])
plt.text(0.5, 0.5, '속틀3', ha='center', va='center', size=22)
```

---

12 subplot(233)처럼 콤마(,)를 생략하는 표기법도 가능하다. 이는 MATLAB의 표기법을 차용하려던 흔적으로 보이는데, 의미를 명확하게 나타내기 위해 콤마를 생략하지 않는 쪽을 추천한다.

```
axes_4 = plt.subplot(G[-1, 0])
plt.xticks([]), plt.yticks([])
plt.text(0.5, 0.5, '속틀4', ha='center', va='center', size=22)

axes_5 = plt.subplot(G[-1, -2])
plt.xticks([]), plt.yticks([])
plt.text(0.5, 0.5, '속틀5', ha='center', va='center', size=22)

plt.show()
```

이 예를 실행하면 그림 9.5와 같은 배치를 볼 수 있다. 리스트 9.5 ❶GridSpec(3, 3)에서 일단 3×3 그리드가 만들어지고, 그 다음 subplot( ) 함수로 이 그리드의 어떤 영역에 속틀을 배치할 것인지 결정한다. 예를 들어 ❷axes_1 = plt.subplot(G[0, :])는 앞서 만든 3×3 그리드에서 첫째 줄 전체 열을 영역으로 하는 서브 플롯을 배치한다는 의미다.

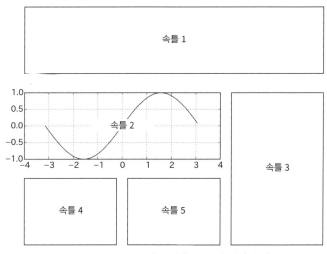

그림 9.5 GridSpec을 사용한 프레임 배치의 예

그리고 각 서브 플롯 간 간격 등은 pyplot의 subplots_adjust( ) 함수로 조정할 수 있다. 예를 들어, 앞서 나온 리스트 9.4에서 plt.show( ) 앞에 plt.subplots_adjust(wspace=0, hspace=0)을 추가하면 그림 9.4의 ❷처럼 서브 플롯 간의 간격이 0이 된다. 단, matplotlib 설정에서 figure.autolayout을 True로 설정한 경우에는 이런 간격 조정 명령이 무시된다.

마지막으로 서브 플롯과 관련된 팁을 하나 더 소개한다. 리스트 9.6에서 서브 플롯을 2×1로 배치한 다음, 이들 서브 플롯의 틀과는 관계없이 또 하나의 속틀을 'plt.axes()' 함수로 배치하고 있다. 이 방법으로 그림 안에 관련 그림을 배치하거나, 그림의 일부를 확대한 그림을 배치할 수 있다. 리스트 9.6을 실행한 결과는 그림 9.6에서 볼 수 있다.

리스트 9.6 틀 안에 틀을 배치하는 예

```python
import matplotlib.pyplot as plt

# 서브 플롯을 2개 나란히 배치
plt.figure(1)
plt.subplot(2,1,1)
x = np.arange(-np.pi, np.pi, 0.1)
plt.plot(x, np.sin(x))
plt.subplot(2,1,2)
plt.plot(x, np.cos(x))

# 틀 안의 틀을 배치
plt.axes([0.55, 0.3, 0.3, 0.4])
plt.text(0.5,0.5, 'axes([0.55, 0.3, 0.3, 0.4])',ha='center',va='center')
plt.show()
```

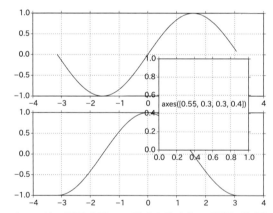

그림 9.6 서브 플롯과 별도로 임의의 위치에 프레임을 배치한 예

이번 절에서 소개한 방법이면 서브 플롯을 사용하는 대부분의 경우에 적용할 수 있을 것이다.[13]

---

13 그 외의 세세한 설정 옵션 등은 다음 URL 참조. `URL` http://matplotlib.org/contents.html

9.3.3 등고선 차트

지형의 높고 낮음 같은 3차원적 데이터를 2차원 평면에 나타내는 방법으로 등고선 차트 (contour map)가 있다. 기본적인 등고선 차트의 예를 리스트 9.7에 실었다. 리스트 9.7을 실행한 결과는 그림 9.7에서 볼 수 있다.

리스트 9.7 **등고선 차트의 예**

```python
import numpy as np
import matplotlib.pyplot as plt
from matplotlib import cm
from matplotlib.mlab import bivariate_normal

# 2차원 메시를 작성
N = 200
x = np.linspace(-3.0, 3.0, N)
y = np.linspace(-2.0, 2.0, N)
X, Y = np.meshgrid(x, y)
# 2변량 정규 분포로 2차원 분포 데이터를 생성
z = 15 * (bivariate_normal(X, Y, 1.0, 1.0, 0.0, 0.0) -
    bivariate_normal(X, Y, 1.5, 0.5, 1, 1))

# ---플롯 그리기
plt.figure(1)
# ❶ z의 값을 농담값으로 삼아 이미지로 나타냄
im = plt.imshow(z, interpolation='bilinear', origin='lower',
                cmap=cm.gray, extent=(-3, 3, -2, 2))
# ❷ 등고선 표시
levels = np.arange(-3, 2.5, 0.5)
ctr = plt.contour(z, levels, colors='k', origin='lower',
                  linewidths=2, extent=(-3, 3, -2, 2))
# ❸ 등고선에 레이블을 인라인 표시
plt.clabel(ctr, levels, inline=1, colors='black',
           fmt='%1.1f', fontsize=14)

plt.show()
```

리스트 9.7을 보면 먼저 2차원 메시(X와 Y)를 만들고, 이 메시에 대해 2변량 정규 분포 함수 bivariate_normal( ) 함수로 z 값을 생성한다. 이 z 값은 그냥 예를 들기 위한 것으로 특별한 의미를 가진 데이터는 아니다.

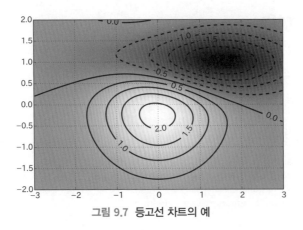

그림 9.7 등고선 차트의 예

그 다음 z 값을 농담값으로 이미지화하여 나타낸다(리스트 9.7 ❶). 컬러 맵을 지면 사정상 흑백으로 설정했다(cmap=cm.gray). 이것만으로는 값의 변화를 정량적으로 파악하기 어려우므로 여기에 등고선을 추가한다(리스트 9.7 ❷). 등고선을 추가하면 값이 변화하는 정도를 좀 더 정확하게 알 수 있다. 그러나 등고선을 추가해도 값 자체를 알 수는 없으므로 여기에 다시 값을 레이블로 추가한다(리스트 9.7 ❸). 여기까지의 과정을 거치면 시각적으로 매우 파악하기 쉬운 등고선 차트가 완성된다.

컬러를 사용할 수 있는 경우에는 차트를 컬러 맵으로 바꾸면 더욱 이해하기 쉬운 차트가 된다.[14]

9.3.4 3차원 플롯

앞에서 설명한 등고선 차트는 3차원 데이터를 평면에 나타내기 위한 것이었다. 당연한 말이지만, 3차원 데이터는 3차원 플롯으로 나타내야 데이터 특성을 직관적으로 이해하기 쉬울 때가 있다. 이를 위해 앞에서 본 데이터를 그대로 3차원 플롯으로 나타내보겠다. 3차원 플롯을 그리려면 mplot3d라는 툴킷이 필요하다. **mplot3d**는 앞서 설명한 대로 matplotlib과 함께 배포되기 때문에 따로 설치할 필요가 없다.

---

[14] 컬러 맵에 대한 자세한 정보는 다음 URL 참조. [URL] http://matplotlib.org/users/colormaps.html

리스트 9.8의 보면 코드로부터 그림 9.8의 3차원 플롯을 얻었다. 먼저 필요한 패키지와 모듈을 import한 뒤 리스트 9.7에서와 같은 데이터를 준비한다. 그 다음 ❶에서 그릴 캔버스를 만들고, ❷에서 add_subplot( )으로 3차원 플롯을 그려 넣을 틀을 설정한다. 이때, add_subplot( )에 projection='3d' 옵션을 주어 **mplot3d**로 3차원 플롯을 그리겠다고 선언한다. 여기까지로 3차원 플롯을 그릴 준비가 끝났다. 이제 플롯을 그리기 위한 여러 메서드를 사용해서 실제로 3차원 데이터를 플로팅한다. 리스트 9.8에서는 plot_surface( ) 함수로 서피스 플롯을 그리고 있다. 이때 cmap 옵션을 적용하여 컬러 맵을 그레이 스케일로 설정한다. 또, z 값의 분포와 색을 좀 더 명확히 볼 수 있도록 plt.colorbar( ) 함수로 컬러 바도 추가해준다.

이렇게 생성된 차트(그림 9.8)를 보면 데이터의 형태를 파악하는 데 3차원 플롯이 더욱 편리함을 체감할 수 있다. 그림 9.7처럼 이런 데이터를 등고선 차트로 시각화했다면 데이터가 조금만 복잡해져도 파악이 어려웠을 것이다. 물론 어떤 판단을 내려야 하느냐에 따라서는 오히려 등고선 차트가 편리한 경우도 있고, 3차원 플롯으로는 잘 드러나지 않는 정보도 있으므로 상황에 따라 적절히 선택하는 것이 좋다.

리스트 9.8 3차원 플롯의 예

```
from mpl_toolkits.mplot3d.axes3d import Axes3D
import matplotlib.pyplot as plt
import numpy as np
from matplotlib import cm
from matplotlib.mlab import bivariate_normal

# 2차원 메시를 생성
N = 200
x = np.linspace(-3.0, 3.0, N)
y = np.linspace(-2.0, 2.0, N)
X, Y = np.meshgrid(x, y)
#2 변량 정규 분포로 2차원 분포 데이터 생성
z = 15 * (bivariate_normal(X, Y, 1.0, 1.0, 0.0, 0.0)
    bivariate_normal(X, Y, 1.5, 0.5, 1, 1))

# 데이터를 3차원 플롯으로 플로팅
fig = plt.figure(1) # ❶
ax = fig.add_subplot(111, projection='3d') # ❷
surf = ax.plot_surface(X, Y, z, cmap=cm.gray)
ax.set_zlim3d(-3.01, 3.01)
plt.colorbar(surf, shrink=0.5, aspect=10)
```

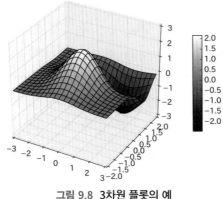

그림 9.8 **3차원 플롯의 예**

컬러 맵이라는 말을 들었을 때 어떤 배색을 떠올렸는가. 대부분의 사람은 파랑에서 빨강까지 변화해가는 무지개 색을 떠올렸을 것이다. 현재도 널리 사용되는 컬러 맵은 태양광을 프리즘에 통과시켜 분해한 일곱 가지 색의 분포를 모방한 것으로 matplotlib이나 MATLAB에서는 **jet**이라고 불린다. 무지개 색을 본떴다는 점에서 '레인보우 컬러 맵'이라고 부르기도 한다. 이 레인보우 컬러 맵에는 문제가 있어서 matplotlib 2.0부터는 기본 컬러 맵을 jet에서 **viridis**로 변경했다. 레인보우 컬러 맵은 일반적으로 아래와 같은 문제를 안고 있다.

- 빨강이 최대고 파랑이 최소라는 것은 알 수 있지만 그 외의 색에 대한 순서는 알기 어렵다.
- 그레이 스케일로 인쇄하면 알아볼 수 없다.
- 녹색에서 사이언(cyan) 사이의 영역을 알아보기 어렵고 미세한 변화도 잘 보이지 않는다.
- 사실은 존재하지 않는 특징이 있는 것처럼 보여 오해의 우려가 있다.

이러한 문제가 널리 인식되어 MATLAB에서는 matplotlib보다 앞선 버전 R2014b부터 기본 컬러 맵을 레인보우 컬러 맵 jet에서 **parula**로 변경했다.[a] matplotlib과 MATLAB 양쪽 모두 다양한 컬러 맵을 갖추고 있으며, 기본 컬러 맵을 바꿨다고는 해도 아직 jet을 사용할 수 없는 것은 아니다. 컬러 맵의 적합도는 용도에 따라 달라지므로 자신의 필요에 따라 적합한 컬러 맵을 선택하여 사용하면 될 것이다.

a   앞서 언급된 viridis와 배색이 매우 비슷하다. 이들은 각각 만들어진 것이지만 기본적으로 같은 설계 철학을 공유하고 있기 때문이다.

9.4 그 외의 그리기 툴

matplotlib은 파이썬의 대표적인 그리기 툴이지만 그 외에도 뛰어난 도구들이 있다. 이번 절에서는 이들을 간단히 소개한다.

9.4.1 matplotlib 외의 주요 그리기 툴

matplotlib 외에 파이썬에서 사용되는 그리기 툴에는 다음과 같은 것이 있다. 이것 말고도 여러 가지가 있지만 여기서는 대표적인 것만을 소개했다.

- Chaco: Enthought에서 만든 2D 플로팅 툴(파이썬 3.x에서는 사용 불가, BSD License)
- MayaVi: Enthought에서 만든 3D 플로팅 툴(파이썬 3.x에서는 사용 불가, BSD License)
- Bokeh: 웹 기반 대화형 플로팅 툴(3-clause BSD License)
- plotly: 웹 기반 대화형 플로팅 툴(부분 유료)

이 책의 내용은 파이썬 3.x의 사용을 전제로 하고 있으며 독자에게도 이를 추천하고 있지만, 여기서 소개한 Chaco와 MayaVi는 현 시점(2016년 8월)에서 아직 파이썬 3.x를 지원하지 않으며 향후 지원하게 될 가능성도 높지 않다.[15] 그러나 이들 도구 자체의 완성도는 매우 높으므로 파이썬 2.x를 쓰는 사용자에게는 추천할 만하다. chaco와 MayaVi 모두 Enthought가 개발한 그리기 툴로 BSD License를 채택하고 있어 사용상의 제약이 거의 없다. chaco는 2차원 그리기 툴이고, MayaVi는 3차원 그리기 툴이다. matplotlib의 완성도는 매우 높으므로 이를 능숙하게 사용할 수 있다면 굳이 chaco나 MayaVi를 사용할 필요는 없을 수도 있다.

matplotlib을 어느 정도 능숙하게 사용할 수 있게 된 독자라면 Bokeh나 plotly라는 웹 기반 대화형 플로팅 툴로 눈을 돌려도 좋을 것이다. Jupyter Notebook과 상성이 좋으며 프리젠테이션이나 데이터 리뷰 등에 활용하기 좋다. 또한 빅데이터를 전제로 만들어졌다는 점도 많은 엔지니어에게 어필할 만한 점이다.

---

15 옮긴이 현재(2017년 10월) 4.7.0이 출시되어 있으며 이 버전은 파이썬 3.4 이상을 지원합니다.

Bokeh는 파이썬용으로 개발된 데이터 시각화 도구이지만, plotly는 사실 클라우드에 데이터를 스트리밍하기 위한 목적으로 개발된 무료 플랫폼이다. 여기에 데이터를 시각화하기 위한 API가 함께 갖추어져 있어 파이썬을 비롯한 다양한 언어에서 사용할 수 있다.

무료에 로컬 환경에서 사용할 수 있다는 점에서 Bokeh가 plotly보다 뛰어나지만, IoT(Internet of Things)가 발전하며 다양한 데이터가 클라우드에 쌓이고 있는 시대에는 plotly 같은 시각화 도구가 한층 유용하게 사용될지도 모른다.

9.5 정리

지금까지 matplotlib의 개요와 여러 가지 설정 방법, 그리고 기본적인 플롯 작성 방법을 소개했다. 특히, pylab과 pyplot의 관계 및 그래프에 한글을 출력하기 위한 방법 등 초심자가 어려움을 겪기 쉬운 부분 위주로 설명했다.

matplotlib 버전 1.4부터는 스타일시트를 사용할 수 있게 되었으므로 미리 준비해둔 설정을 읽어들여 간편하게 고품질 플롯을 만들 수 있게 되었다. 앞으로는 더욱 다양한 스타일시트를 갖추게 될 것이고, 직접 작성한 스타일시트를 사용할 수도 있으므로 사용하기가 더욱 편리해질 것이다.

matplotlib은 플롯 작성을 많이 해보지 못한 초심자부터 숙련자에 이르기까지 거의 모든 사람의 니즈를 만족시킬 수 있다. 알면 알수록 더 많은 기능을 발견하게 될 것이므로 여력이 된다면 꼭 matplotlib의 기능을 속속들이 알아두자.

CHAPTER

10

pandas

—

이번 장에서는 pandas를 사용한 데이터 분석을 시작하려는 독자를
위해 필요한 요점을 중심으로 pandas의 큰 그림을 파악할 수 있도록
소개하겠다.

pandas는 세련된 데이터 구조와 여러 도구를 갖추고 있으며 파이썬의 다른 라
이브러리와의 기능 연동으로 유용성을 크게 높인 데이터 분석 툴이다. pandas
는 시계열 데이터 및 계층 인덱스 구조를 다루는 데 뛰어나기 때문에 NumPy와
연동성이 높고, matplotlib을 백엔드로 활용한 시각화 툴이 있으며, 설계부터 고
속 처리를 고려해 만들어졌다. 통계 처리에도 기본적인 기능은 물론 응용 처리도
Statsmodels를 연동하여 제공한다. 이렇게 풍부한 기능을 갖추고 있기 때문에
pandas만을 주제로 책 한 권이 나올 수 있을 정도다.

10.1 pandas란?

pandas는 단독으로 사용되는 도구가 아니라 다른 도구와 함께 활용되는 경우가 많다. 그래서 파이썬 생태계 안에서도 큰 존재감을 갖게 되었다. 이번 절에서는 pandas의 큰 그림을 살펴보자.

10.1.1 pandas의 개요

pandas는 데이터 분석을 쉽게 할 수 있도록 해주는 파이썬 서드파티 라이브러리다. **데이터 프레임(DataFrame)**과 같은 pandas 독자적인 데이터 구조를 제공하며, 이 데이터 구조에 대해 여러 가지 처리를 할 수 있는 기능을 제공한다. 다른 라이브러리를 백엔드로 삼아 연동하거나, 풍부한 데이터 처리 기능을 갖추고 있어 본격적인 데이터 분석을 위해서는 빼놓을 수 없는 도구로 자리매김하고 있다. NumPy처럼 C로 구현되어 빠른 배열 연산이 가능하다는 점 역시 대규모 데이터를 다룰 때 pandas를 고려할 만한 이유 중 하나다.

10.1.2 PyData

PyData[1]란 파이썬을 이용한 데이터 관리 및 분석 도구의 개발자와 사용자가 모인 커뮤니티다. PyData에서 화제에 오르는 파이썬 도구는 매우 다양하지만 이들 도구를 통틀어 PyData Stack이라고 부르기도 한다. PyData Stack의 예를 그림 10.1에 실었다. pandas가 데이터 관리/분석에서 중심적인 역할을 담당하고 있다는 점에서 이 그림에서 PyDataStack의 중심으로 pandas를 배치했다.

---

1   URL http://pydata.org/

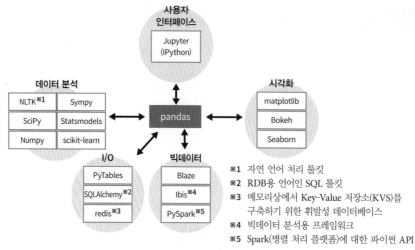

그림 10.1 PyData Stack(대표적인 도구만 표시)

10.1.3 pandas로 할 수 있는 일은?

지금까지 pandas에 대해 대략적으로 설명했다. 그래서 결국 pandas로 할 수 있는 일이 무엇이라는 걸까? pandas가 제공하는 메커니즘 및 기능을 아래에 정리했다.

- 데이터 입출력 기능(CSV, Excel, RDB/Relational Database, HDF5 등)
- 데이터를 처리에 효율적인 포맷으로 저장
- 데이터의 NaN(누락값) 처리
- 데이터를 일부 분리 혹은 결합
- 데이터의 유연한 변경을 위한 피봇(pivot) 처리
- 데이터에 대한 통계 처리 및 회귀 처리 등
- 데이터 요약 및 그룹 연산

이렇듯 pandas는 다양한 포맷으로 저장된 데이터에 접근하고, 이를 효율적으로 분석/처리하여 그 결과를 시각화하거나 다시 저장하기 위한 도구다.

10.2 pandas의 데이터 타입

pandas에는 프로그램에서 작성되거나 외부로부터 읽어들인 데이터를 저장하기 위한 데이터 구조로 **시리즈, 데이터 프레임, 패널** 세 가지가 있다. 이들 데이터 구조에 대하여 알아보자.

10.2.1 기본 데이터 타입

pandas는 NumPy를 기반으로 만들어져 있으며, NumPy의 ndarray와 함께 쓰기 적합한 세 가지 데이터 타입으로 데이터를 저장한다. 이들 데이터 타입은 각각 1차원, 2차원, 3차원 데이터에 적합한 구조를 취하고 있는데 이들을 **시리즈, 데이터 프레임, 패널**이라고 부른다. 데이터 프레임은 다차원 데이터를 2차원 데이터로 잘 저장할 수 있는 수단을 갖추고 있어서 특별한 이유가 없다면 패널을 사용할 일은 상대적으로 적다. 여기서는 패널에 대해서 기본적인 설명은 하겠지만 예제는 시리즈와 데이터 프레임을 주로 다룰 것이다.

먼저, 간단한 그림을 통해 이들 데이터 타입의 차이점을 설명하겠다. 그림 10.2는 이들 세 가지 데이터 타입의 구조를 나타낸 것이다. 데이터 자체 외에도 이 데이터의 위치나 속성을 표현하기 위해 사용되는 라인 레이블과 컬럼 레이블, 아이템명과 같은 레이블을 설정할 수 있게 되어 있다.

그리고 4차원 데이터를 위한 Panel4D, N차원 데이터를 위한 PanelND도 실험적 기능으로 포함되어 있다.[2] 앞으로 이들 데이터 타입이 더 많이 쓰일지도 모르지만 아직은 대부분의 태스크를 시리즈와 데이터 프레임만으로도 해결할 수 있으므로 이들 두 가지 데이터 타입을 확실히 익혀둘 것을 추천한다.

이 절의 남은 부분에서는 이들 세 가지 데이터 타입에 대해 설명하겠다.

---

2 집필 시점(2016년 8월)에서 최신 버전은 0.18.1로 이 기능들은 아직 Experimental로 분류되고 있다.

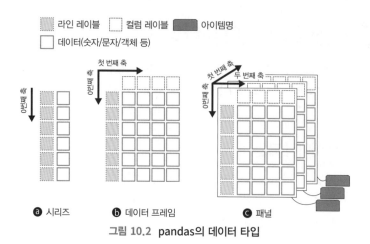

라인 레이블 ▢ 컬럼 레이블 ▨ 아이템명
▢ 데이터(숫자/문자/객체 등)

첫 번째 축

ⓐ 시리즈   ⓑ 데이터 프레임   ⓒ 패널

그림 10.2 pandas의 데이터 타입

10.2.2 시리즈

시리즈(series)는 1차원 데이터를 저장하기 위한 데이터 구조다. 요소로 저장할 수 있는 데이터는 정수, 문자열, 부동 소수, 파이썬 객체 등으로 임의의 타입에 대한 1차원 배열이라고 봐도 좋다. 간단한 사용 예를 보자.

```
In [1]: dat = pd.Series([1, 3, 6, 12])

In [2]: dat
Out[2]:
0      1 # 출력 내용 왼쪽 열은 자동으로 부여된 라인 레이블
1      3 # 출력 내용 오른쪽 열은 시리즈에 저장된 데이터
2      6
3     12
dtype: int64 # 데이터 타입도 표시된다.
```

위의 예를 보면 정수의 리스트를 시리즈로 변환하고 있다. 위에서 dat의 내용을 화면에 표시한 결과를 보면 라인 레이블을 별도로 지정하지 않았을 때 자동으로 0부터 시작하는 정수가 라인 레이블로 할당된다는 것을 알 수 있다. 또, 시리즈 포맷으로 저장된 데이터의 내용은 다음과 같이 values 속성으로 확인할 수 있다.

```
In [3]: dat.values
Out[3]: array([ 1, 3, 6, 12], dtype=int64)
```

앞서 설명했듯, 문자열이나 부동 소수 등 다양한 객체를 데이터로 저장할 수 있다. 또한 모든 요소가 같은 데이터 타입일 필요도 없으며 아래에서 보듯 임의의 타입을 저장할 수 있다.

```
In [4]: dat2 = pd.Series(np.array([1, 3, np.nan, 12]))

In [5]: dat3 = pd.Series(['aa', 'bb', 'c', 'd'])

In [6]: dat4 = pd.Series([1, 'aa', 2.34, 'd'])
```

위의 첫 번째 예를 보면 ndarray를 인자로 시리즈를 만들고 있다. 이렇게 pandas에서는 NumPy의 ndarray로 된 데이터를 쉽게 가져올 수 있다. 데이터로 NaN[3]을 지정할 수도 있다. 또한 dat3처럼 데이터로 문자열을 저장하거나, dat4처럼 다양한 데이터 타입을 요소로 갖는 리스트로부터 시리즈 객체를 만드는 것도 가능하다.

지금까지는 라인 레이블을 지정하지 않고 시리즈를 생성하는 예를 보았다. 라인 레이블을 별도로 지정하여 시리즈 객체를 만들려면 시리즈 객체를 만들 때 index 인자를 지정하거나, 딕셔너리 변수 혹은 리터럴로부터 시리즈 객체를 만든다. 아래의 예를 보자.

```
In [7]: dat5 = pd.Series([1, 3, 6, 12], index=[1, 10, 20, 33])

In [8]: dat6 = pd.Series([1, 3, 6, 12], index=['a', 'b', 'c', 'a'])

In [9]: dat7 = pd.Series({'a': 1, 'b': 3, 'c': 6, 'd': 12})
```

위의 예에서 dat5를 생성할 때 정수 라인 레이블을 매기고 있는데 이 정수 라인 레이블은 1씩 증가할 필요가 없다. 심지어 단조증가하는 형태가 아니어도 상관없다. 또한 dat6에서 알 수 있듯이 라인 레이블을 문자열로 지정할 수도 있으며 중복이 있어도 상관없다. dat7을 보면 시리즈 객체를 만들 때 딕셔너리 타입 리터럴을 인자로 넘기고 있는데 라인 레이블은 a, b, c, d이고 데이터는 이에 대응하는 4개의 정수다.

그리고 위의 예에서 라인 레이블을 'index'라는 인자로 넘기는 것에서 알 수 있듯이 라인 레이블은 'index'라는 속성에 할당되므로 dat7.index와 같은 방법으로 각 라인 레이블 값을

---

3 pandas에서 NaN은 데이터 타입에 상관없이 부동 소수 NaN으로 나타낸다.

참조할 수 있다. 또한 다음과 같이 이 값을 변경하는 것도 가능하다.

```
In [10]: dat2.index = ['un', 'due', 'trois', 'quatre']
Out[10]: dat2
un          1
due         3
trois     NaN
quatre     12
dtype: float64
```

지금까지 본 것처럼 시리즈 포맷은 데이터(values)와 이에 대응하는 라인 레이블(index)의 1차원 구조이며 딕셔너리 타입과 달리 요소 간의 순서가 존재한다. 이렇게 순서가 있기 때문에 dat6과 같이 라인 레이블에 중복이 있는 경우에도 0부터 시작하는 **순서 인덱스**를 찾아가면 해당 데이터에 접근할 수 있다.

다음의 예는 dat6의 네 번째 데이터(=12)에 접근하기 위해 iloc 프로퍼티(뒤에서 설명함)를 사용해 순서 인덱스 3에 해당하는 데이터에 접근하는 예다.

```
In [11]: dat6.iloc[3]  # iloc 프로퍼티로 순서 인덱스를 지정
Out[11]: 12
```

10.2.3 데이터 프레임

데이터 프레임(dataframe)은 레이블을 갖는 2차원 데이터 구조로 pandas에서 가장 많이 사용되는 데이터 타입이다. 스프레드시트나 SQL 테이블을 생각하면 이해가 쉬울 것이다. 시리즈와 마찬가지로 다양한 데이터 타입을 저장할 수 있다. NumPy로부터 2차원 ndarray를 그대로 입력하는 것도 가능하다. 시리즈에서 라인 레이블(index)을 지정할 수 있었듯이 데이터 프레임은 2차원 구조이므로 라인 레이블(index)과 컬럼 레이블(columns)을 지정할 수 있다. 또 시리즈에서는 라인 레이블을 index 속성으로 참조했었다. 데이터 프레임에서도 마찬가지이며 컬럼 레이블은 columns 속성으로 참조할 수 있다. 아래의 예는 복숭아, 딸기, 사과 세 작물의 수확량이 가장 많은 순서대로 3위까지의 지방자치단체에 대한 데이터를 저장한 것이다.

```
# 딕셔너리 타입으로 데이터를 저장(키: 컬럼 레이블, 값: 각 열의 데이터를 리스트 형태로)
In [12]: fruit_dat = {'c_지자체': ['예산', '영주', '청송', '횡성', '나주', '보성',
    ...:                          '함안', '영월', '상주'],
    ...:              'a_ 과일 ': ['복숭아', '복숭아', '복숭아', '딸기', '딸기', '딸기',
    ...:                          '사과', '사과', '사과'],
    ...:              'b_ 수확량순위': [1, 2, 3, 1, 2, 3, 1, 2, 3]}

In [13]: d = pd.DataFrame(fruit_dat) # 딕셔너리 타입을 데이터 프레임으로 변환

In [14]: d.columns # 컬럼 레이블 확인: 딕셔너리 타입의 키가 컬럼 레이블이 되었다.
Out[14]: Index(['a_ 과일', 'b_ 수확량 순위', 'c_ 지자체'], dtype='object')
```

이렇게 pd.DataFrame 함수로 리스트 타입을 데이터로 갖는 딕셔너리 타입으로부터 데이터 프레임을 만들 수 있다.

데이터 컬럼의 순서는 컬럼 레이블에 따라 자동적으로 정렬된다. 자동 정렬로 인해 순서가 바뀌기 때문에 처음 생성 시 인자에서의 순서와 달라질 수 있으니 주의가 필요하다. 위의 예에서도 인자로 넘긴 데이터와 데이터 프레임에 저장된 순서가 서로 다르다. 다만, 아래와 같이 columns 인자로 컬럼의 순서를 따로 지정해주면 그 순서를 유지한다.

```
In [15]: d2 = pd.DataFrame(fruit_dat,
              columns = ['a_과일', 'c_지자체', 'b_수확량 순위'])

In [11]: d2
Out[11]:
  a_과일   c_광역 지자체   b_수확량 순위
0  복숭아      예산          1
1  복숭아      영주          2
2  복숭아      청송          3
3  딸기       횡성          1
4  딸기       나주          2
5  딸기       보성          3
6  사과       함안          1
7  사과       영월          2
8  사과       상주          3
```

데이터 프레임을 만들 때 대응하는 데이터가 없는 경우 해당 컬럼에는 NaN이 할당된다.

```
In [17]: d3 = pd.DataFrame(fruit_dat, ...:
              columns = ['a_과일', 'c_지자체', 'b_수확량 순위', 'd_수확량 점유율'])
In [18]: d3
Out[18]:
```

```
    a_과일   c_광역 지자체   b_수확량 순위   d_수확량 점유율
0   복숭아        예산          1           NaN
1   복숭아        영주          2           NaN
2   복숭아        청송          3           NaN
3   딸기         횡성          1           NaN
4   딸기         나주          2           NaN
5   딸기         보성          3           NaN
6   사과         함안          1           NaN
7   사과         영월          2           NaN
8   사과         상주          3           NaN
```

다음과 같이 데이터 프레임의 컬럼 중 하나를 골라 이를 다시 시리즈로 변환할 수도 있다.

```
In [19]: s1 = d['c_지자체']  # 컬럼 레이블이 'c_지자체'인 컬럼을 꺼낸다.

In [20]: s1?
Type:           Series  # s1은 시리즈가 된다.
String form:
0    예산
1    영주
2    청송
<이하 생략>
```

이와 반대로 시리즈를 요소로 갖는 딕셔너리나 리스트로부터 데이터 프레임을 만들 수도 있다.

여러 가지 형태의 데이터로부터 데이터 프레임을 만들 수 있으며, 이 책에서는 모든 예를 실을 수 없으므로 표 10.1에 데이터 프레임을 생성할 때 지정할 수 있는(데이터 프레임의 생성자에 인자로 넘길 수 있는) 데이터 타입을 정리했다. 이를 참고로 필요에 따라 적절한 방법을 알아보기 바란다.

표 10.1 데이터 프레임을 만들 때 지정할 수 있는 데이터 타입

데이터 타입	설명
딕셔너리 타입	리스트/튜플/시퀀스 타입/시리즈/딕셔너리를 값으로 갖는 것
리스트	딕셔너리, 시리즈, 리스트, 튜플을 요소로 갖는 리스트
데이터 프레임	데이터 프레임에 얕은 복사로 사본이 생성.
NumPy의 2차원 ndarray 혹은 MaskedArray	데이터 프레임은 2차원이므로 2차원 배열을 데이터 프레임으로 변환 가능

마지막으로 **계층형 인덱스(hierarchical indexing)**에 대해 알아보자. 지금까지 라인 레이블과 컬럼 레이블 모두 1차원 데이터를 각 레이블에 설정하는 예만 보았는데 이런 기본적인 레이블 설정만으로는 부족한 경우가 많다. 그러나 원래는 3차원인 데이터를 2차원 데이터 포맷인 데이터 프레임으로 다루기 위해 라인 레이블과 컬럼 레이블을 하나 이상의 계층을 가진 데이터로 해야 할 경우가 있다. 반대로 말하면, 3차원 이상의 데이터를 2차원 데이터 프레임 포맷으로 변환하기 위해 지금 소개할 계층형 인덱스를 사용할 수 있다. 앞서 설명한 바와 같이 이 계층형 인덱스 덕분에 패널이 그다지 많이 쓰이지 않게 되었다.

먼저, 계층형 인덱스를 설정하는 방법을 살펴보자. 아래 예는 라인 레이블에 여러 계층을 가진 값을 설정하는 예다.

```
In [21]: df = pd.DataFrame(np.random.rand(4,4),
    ...:                  index = [['x', 'x', 'y', 'y'],
    ...:                          [0, 1, 0, 1]], # 중첩 리스트로 2계층 라인 레이블을 설정
    ...:                  columns = ['Time_a', 'Time_b', 'Vel_a', 'Vel_b'])
                                                            #1 계층 컬럼 레이블을 설정
    ...: df # df의 내용을 화면에 표시한다.
Out[21]:
        Time_a    Time_b    Vel_a    Vel_b
x 0   0.656211  0.036310  0.118645  0.068947
  1   0.356922  0.193960  0.498810  0.312961
y 0   0.401531  0.815408  0.920784  0.665418
  1   0.700066  0.743626  0.373428  0.900125
```

위의 예를 보면 2계층을 가진 라인 레이블과 1계층으로 된 컬럼 레이블을 설정하고 있다. 이렇게 하나 이상의 계층을 갖는 인덱스를 설정해두면 이를 사용해서 데이터의 부분집합을 추출할 수 있다. 여기서는 무작위로 생성한 4×4 행렬 데이터에 대해 2차원 리스트로 라인 레이블(index)을 지정하여 각각 x와 y, 0과 1로 구분되는 2개의 계층을 갖는 라인 레이블을 매기고 있다.

이 데이터 프레임을 사용해서 라인 레이블(axis=0)의 두 번째 층(level=1)이 0인 데이터를 추출하는 예를 살펴보자.

```
# 데이터 프레임의 xs 메서드로 특정 레이블 값에 해당하는 데이터를 꺼낸다.
In [22]: a = df.xs(0, level=1, axis=0); a
    ...:
Out[22]:
      Time_a    Time_b    Vel_a    Vel_b
x   0.656211  0.036310  0.118645  0.068947
y   0.401531  0.815408  0.920784  0.665418
```

또, 특별한 규칙에 따라 레이블을 작성하면 기존의 데이터 프레임에 대해서도 계층형 인덱스를 적용할 수 있다. 다음의 예는 컬럼 레이블을 _(언더스코어)로 분할하여 여러 층으로 만드는 예다.

```
In [23]: df.columns = pd.MultiIndex.from_tuples(
    ...:     [tuple(c.split('_')) for c in df.columns])
    ...: df    # 변환 후의 df의 내용을 표시한다.
    ...:
Out[23]:
        Time                Vel
          a         b         a         b
x 0   0.656211  0.036310  0.118645  0.068947
  1   0.356922  0.193960  0.498810  0.312961
y 0   0.401531  0.815408  0.920784  0.665418
  1   0.700066  0.743626  0.373428  0.900125
```

위의 예와 같은 응용 방법을 더 자세히 알고 싶다면 pandas의 공식 참조 문서[4]를 보기 바란다.

10.2.4 패널

3차원 데이터를 저장하기 위한 데이터 구조로 **패널(panel)**이 있다. 패널의 데이터 구조는 대략적으로 말하자면 같은 크기의 데이터 프레임을 여러 개 겹쳐 놓은 것이라고 볼 수 있다. 그림 10.2에서 이를 그림으로 나타낸 바 있다. 데이터 프레임보다 한 차원 높으므로 items(아이템명)라는 속성이 하나 더 생긴다.

그럼 패널을 만드는 예부터 살펴보자.

---

4   URL http://pandas.pydata.org/pandas-docs/stable/cookbook.html#cookbook-multiindex

```
# 딕셔너리 생성 (키: 아이템명, 값: 데이터 프레임)
In [24]: data = {'Item1': pd.DataFrame(np.random.randn(3, 2)),
    ...:          'Item2': pd.DataFrame(np.random.randn(3, 2))}
# 위에서 만든 딕셔너리로 패널을 생성한 다음, 이 패널의 내용을 화면에 표시
In [25]: pp1 = pd.Panel(data); pp1
Out[25]:
<class 'pandas.core.panel.Panel'>
Dimensions: 2 (items) x 3 (major_axis) x 2 (minor_axis)
Items axis: Item1 to Item2
Major_axis axis: 0 to 2
Minor_axis axis: 0 to 1

In [26]: pp1.Item1 # 아이템명 ='item1'(데이터 프레임 하나에 해당)을 표시
Out[26]:
          0          1
0  0.360775   0.884339
1 -1.153374  -1.142643
2  0.175682   0.138071
```

위의 예를 보면 먼저 데이터 프레임을 요소로 갖는 딕셔너리 타입 변수 data를 만든 다음, 이를 pd.Panel( ) 함수에 인자로 넘겨 패널 pp1을 생성한다. 딕셔너리 타입 변수 data의 item1과 item2가 패널의 아이템명이 된다. 그러므로 pp1.item1처럼 이 아이템명으로 여기 해당하는 데이터 프레임에 접근할 수 있다.

패널을 사용할 때 주의할 점은 시리즈나 데이터 프레임에서는 라인 레이블과 컬럼 레이블의 속성명이 이전과 다르다는 것이다. 패널에서 index 속성에 해당하는 속성은 **major_axis**이고, column에 해당하는 속성은 **minor_axis**이다. 다시 말해, 패널을 구성하는 데이터 프레임 안에 설정된 라인 레이블과 컬럼 레이블이 각각 major_index, minor_index에 해당하게 된다. 이 때문에 라인 레이블과 컬럼 레이블을 지정하여 패널을 만들려면 아래 예와 같이 해야 한다.

```
In [27]: pp2 = pd.Panel(np.random.randn(2, 4, 3), items=['Item1', 'Item2'],
    ...:                 major_axis=pd.date_range('2/1/2016', periods=4),
    ...:                 minor_axis=['one', 'two', 'three'])
In [28]: pp2
Out[28]:
<class 'pandas.core.panel.Panel'>
Dimensions: 2 (items) x 4 (major_axis) x 3 (minor_axis)
Items axis: Item1 to Item2
Major_axis axis: 2016-02-01 00:00:00 to 2016-02-04 00:00:00
Minor_axis axis: one to three
```

'패널 pp2의 major_axis'는 '패널 pp2 안의 데이터 프레임의 index'이므로 pp2.major_axis
와 pp2.Item1.index는 같은 것이며, 이를 다음과 같이 확인할 수 있다.

```
In [29]: pp2.major_axis
Out[29]: DatetimeIndex(['2016-02-01', '2016-02-02', '2016-02-03', '2016-02-04'],
                                        dtype='datetime64[ns]', freq='D')

In [30]: pp2.Item1.index
Out[30]: DatetimeIndex(['2016-02-01', '2016-02-02', '2016-02-03', '2016-02-04'],
                                        dtype='datetime64[ns]', freq='D')

In [31]: pp2.major_axis is pp2.Item1.index
Out[31]: True
```

또한, 데이터 프레임으로 패널을 생성하거나 그 반대의 경우도 가능하다. 이 책에서 다룰
패널에 대한 내용은 여기까지다. 더 자세히 학습하고자 한다면 pandas의 공식 참조 문서[5]
를 보기 바란다.

10.3 데이터 처리하기

지금까지 pandas가 데이터를 저장하는 포맷인 데이터 타입과 데이터를 입출력하기 위한 함수를
설명했으니 이제 데이터 처리를 위한 준비가 모두 끝났다. 이번 절에서는 가장 사용 빈도가 높은
데이터 프레임에 대한 기본적인 처리 방법 위주로 설명할 것이다. 데이터 프레임에 적용되는 규칙
의 대부분은 시리즈 등에도 마찬가지로 적용되는 경우가 많으므로 필요에 따라 이를 확인해보기
바란다.

10.3.1 pandas의 API

pandas에는 데이터 처리/분석을 위한 다양하고 편리한 기능이 구현되어 있다. 이들 기능
에 접근하기 위한 창구가 되는 함수/메서드를 **API(Application Programming Interface)**라고
부른다.

---

[5] URL http://pandas.pydata.org/pandas-docs/stable/dsintro.html#panel

pandas의 API는 공식 참조 문서의 API Reference[6]에 정리되어 있으므로 사용하려는 함수 및 메서드의 자세한 스펙을 알고 싶다면 참조 문서를 보기 바란다. 먼저 pandas의 대략적인 기능 구성을 그림 10.3에 정리했다. 그림 10.3에서도 볼 수 있듯이 우선 pandas 고유의 데이터 타입(시리즈, 데이터 프레임, 패널)에 대한 정의가 중심이 된다.

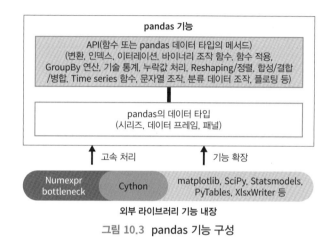

그림 10.3 pandas 기능 구성

그 외에도 pandas의 함수와 데이터 타입에 정의된 메서드도 API에 포함된다. 이러한 API에는 아래와 같은 내용이 포함된다.

- 데이터 입출력 함수(표6.3에 나온 pandas의 데이터 읽기 함수)
- 데이터 조작과 관련된 함수(melt, pivot, crosstab, merge 등)
- 이동 창 함수(Standard moving window functions, Standard expanding window functions, Exponentially-weighted moving window functions)

Numexpr(12.2절)이나 bottleneck(ndarray를 위한 고속 함수 구현체), Cython은 pandas가 빠른 처리를 위해 사용하는 것들이다. matplotlib, Excel 파일 저장 기능을 제공하는 XlsxWriter 등의 라이브러리는 pandas의 기능을 확장하기 위해 사용된다.

pandas의 데이터 타입에 정의된 메서드의 유형과 이 유형에 속하는 대표적인 메서드를 표 10.2에 정리했다. 표 10.2 중 일부 메서드는 이 절의 나머지 부분에서 사용 예를 보게

---

6 URL http://pandas.pydata.org/pandas-docs/stable/api.html

될 것이다. 이외에도 pandas는 외부 라이브러리를 이용해서 기능을 확장하거나 빠른 처리를 가능하게 한다.

표 10.2 pandas에 정의된 메서드의 분류와 그 예

메서드 종류	대표적 예
인덱스, 이터레이션	get, at, iat, ix, loc, iloc 등
바이너리 조작 함수	add, sub, mul, div, round, lt, gt 등
함수 적용, GroupBy	apply, map, groupby
계산, 기술 통계	abs, any, cummax, max, std 등
인덱스 변경/선택/레이블 조작	drop, first, head, tail, reindex 등
누락 데이터 처리	dropna, fillna, interpolate
Reshaping/정렬	argsort, sort_values, swaplevel 등
합성/결합/병합	append, replace, update
Time series 관련	asfreq, asof, shift, tz_convert 등
Datetimelike 프로퍼티	date, time, year 등
문자열 조작	capitalize, cat, join, lower 등
분류 데이터 조작	cat.catrgories, cat.rename_categories 등
플롯 그리기	plot, plot.bat, plot.hist 등
희소 행렬	to_coo, from_coo

표 10.2를 보면 메서드 외에 **프로퍼티(property)**도 일부 포함되어 있다. ix나 loc 등이 이런 프로퍼티의 예인데, 인스턴스 속성값에 접근하거나 값을 바꾸는 데 사용된다. 프로퍼티는 속성에 직접 접근하는 대신 다른 처리를 거쳐 속성에 접근하기 위한 수단이다. 딕셔너리 타입에서 키를 이용해서 값에 접근하는 것과 비슷하다고 할 수 있다.

10.3.2 NumPy와의 연동 기능 — 유니버설 함수, 데이터 타입 변환

pandas는 앞서 설명한 대로 NumPy를 기반으로 하기 때문에 NumPy와의 상성을 고려한 설계를 갖고 있다. 그중 하나의 예로 NumPy의 **유니버설 함수**[7]를 그대로 사용할 수

---

7 7장에서 설명한 ufunc. exp, log, sqrt 함수 등을 예로 들 수 있다.

있다는 점을 들 수 있다. 아래의 예는 데이터 프레임에 대해 NumPy의 함수 중 하나인
절댓값 함수 fabs를 적용한 예다.

```
In [32]: df = pd.DataFrame(np.random.randn(3,4))

In [33]: df
Out[33]:
          0         1         2         3
0  0.858590 -0.435052  0.059384  0.560302
1 -1.067781 -0.354851  0.880719 -0.782097
2  0.621438 -0.467053  0.691153  0.248725

In [34]: np.fabs(df)
Out[34]:
          0         1         2         3
0  0.858590  0.435052  0.059384  0.560302
1  1.067781  0.354851  0.880719  0.782097
2  0.621438  0.467053  0.691153  0.248725
```

위의 예에서 볼 수 있듯 데이터 프레임 객체에 fabs 함수를 바로 적용할 수 있다.

또한, NumPy와 pandas 간의 데이터 타입 변환도 간단하다. 위의 예에서는 NumPy의
ndarray(np.random.randn(3,4))로 데이터 프레임을 만들고 있으며, 반대로 데이터 프
레임을 ndarray로 변환하는 것도 다음과 같이 간단하다.

```
In [35]: na = np.array(df)
```

이 예는 데이터 프레임을 ndarray로 변환하는 예였지만 시리즈와 패널도 마찬가지로
ndarray로 변환할 수 있다.

10.3.3 부분 데이터 꺼내기

pandas로 데이터를 처리할 때는 **부분 데이터를 꺼내는 과정**이 거의 필수적이다. 그래서 이
번 절에서는 인덱스 참조(4장)를 통해 부분 데이터를 선택하는 방법을 알아보기로 하자.
먼저, 인덱스 참조에 사용되는 프로퍼티[8]를 표 10.3에 정리했다. 프로퍼티 설명에 대한

---

8 흔히 말하는 '함수'나 '메서드'와는 조금 다르기 때문에 호출할 때 ( ) 대신 [ ] 안에 인자를 지정한다.

부분은 데이터 프레임에 대한 내용이지만 시리즈나 패널에 대해서도 거의 동일하게 적용된다.

표 10.3 인덱스 참조에 쓰이는 프로퍼티

프로퍼티	설명
at	라인 레이블과 컬럼 레이블로 스칼라 값(하나의 값)에 대한 참조를 얻는다. loc보다 빠름
iat	줄 번호와 열 번호로 스칼라 값(하나의 값)에 대한 참조를 얻는다. loc보다 빠름
loc	라인 레이블과 컬럼 레이블로 벡터(데이터 여러 개) 또는 스칼라 값(하나의 값)에 대한 참조를 얻는다.
iloc	줄 번호와 열 번호로 벡터(데이터 여러 개) 또는 스칼라 값(하나의 값)에 대한 참조를 얻는다.
ix	보통 loc처럼 동작하지만, 레이블을 지정하지 않은 경우에는 iloc처럼 동작한다.

표 10.3에 나온 프로퍼티를 사용하는 방법에 대해 실제 예와 함께 살펴보자. 우선, 예제에서 다룰 데이터를 아래와 같이 정의한다. 행과 열에 구분이 쉽도록 짤막한 레이블을 달았다.

```
In [36]: df = pd.DataFrame(np.arange(12).reshape((3,4)),
   ...:                    index=list('xyz'),
   ...:                    columns=list('abcd'))
In [37]: df
Out[37]:
    a  b  c   d
x   0  1  2   3
y   4  5  6   7
z   8  9  10  11
```

이렇게 만든 데이터 프레임에 표 10.3에 나온 프로퍼티를 사용해서 인덱스 참조를 한 예를 표 10.4에 정리했다. 레이블로 슬라이싱을 한 경우에는 슬라이싱의 끝지점(이를테면, df.loc['x':'y', 'b']에서 'y'행)이 포함된다는 것에 주의하도록 한다. 파이썬 슬라이싱과 혼동을 일으키기 쉽다.

또한 인덱스 참조로 값을 **참조(get)**할 수도, 그 참조 대상의 값을 **바꿀(set)** 수도 있다. 값을 바꾸려는 경우 다음과 같이 하면 된다.

```
In [38]: df.at['y', 'b'] = 10
```

표 10.4 데이터 프레임의 인덱스 참조 방법

참조 방법	참조되는 값	설명
df.at['y', 'b']	5	'y'행의 'b'열에 해당하는 값
df.loc['y', 'b']	5	'y'행의 'b'열에 해당하는 값
df.loc['x':'y', 'b']	x 1 y 5 Name:b, dtype:int32	"'x'행부터 'y'행('y'행 포함)"이고 "'b'열"에 해당하는 값
df.loc[:'y', :]	a b c d x 0 1 2 3 y 4 5 6 7	"첫 번째 행부터 'y'행('y'행 포함)"이고 "'b'열"에 해당하는 값
df.iat[0,1]	1	0행, 1열에 해당하는 값(첫 번째 행, 두 번째 열)
df.iloc[1,1]	5	0행, 1열에 해당하는 값(두 번째 행, 두 번째 열)
df.iloc[0:2,-2:]	c d x 2 3 y 6 7	0~1행, 마지막 2개 열에 해당하는 값
df.iloc[:1,:]	a b c d x 0 1 2 3	0행 전체
df.ix['x',['a','d']]	a 0 d 3 Name:x, dtype:int32	"'x'행"이고 "'a'열 또는 'd'열"에 해당하는 값(결과가 시리즈)
df.ix['x']	a 0 b 1 c 2 d 3 Name:x, dtype:int32	'x'행을 꺼냄(결과가 시리즈)
df.ix['x']['a']	0	'x'행이고 'a'열
df.ix[:,'a']	x 0 y 4 z 8 Name:a, dtype:int32	'a'열을 꺼냄(결과가 시리즈)
df.ix[df.d>6, :2]	a b y 4 5 z 8 9	"'d'열이 6보다 큰 행"에서 "처음 2개 열"

그리고 같은 데이터를 참조하는 방법이 여러 가지가 있지만 이 중에도 속도에 차이가 있다. 사용하는 운영체제나, pandas 구현이 개선됨에 따라 바뀔 수 있으므로 자신의 환경에서 테스트한 뒤 사용할 프로퍼티를 선택하면 된다. IPython의 매직 커맨드 timeit을 사용하면 수행 시간을 간단히 잴 수 있다. 아래 예는 %timeit을 사용해서 at와 ix의 속도를 비교한 것이다.[9]

```
In [39]: %timeit df.at['x', 'a']
The slowest run took 5.78 times longer than the fastest.
This could mean that an intermediate result is being cached
100000 loops, best of 3: 11.5 us per loop

In [40]: %timeit df.ix['x', 'a']
The slowest run took 7.50 times longer than the fastest.
This could mean that an intermediate result is being cached
100000 loops, best of 3: 8.02 us per loop
```

지금까지 프로퍼티를 사용하는 법을 살펴봤다. 마지막으로 프로퍼티를 사용하지 않고 직접 인덱스를 참조하는 예를 살펴보자. 표 10.5에 이러한 예를 정리했다. 표 10.5처럼 열이나 행을 지정할 수도 있고, 어떤 열의 데이터 중 특정 조건을 만족하는 행만 골라낼 수도 있다.

표 10.5 데이터 프레임에 대한 직접 인덱스 참조 방법

참조 방법	참조되는 값	설명
df['a']	x 0 y 4 z 8 Name:a, dtype:int32	컬럼 레이블 'a'에 해당하는 열
df[['a','c']]	a c x 0 2 y 4 6 z 8 10	컬럼 레이블 'a', 'c'에 해당하는 열
df[:2]	a b c d x 0 1 2 3 y 4 5 6 7	0행과 1행

---

9 기준 실행 환경은 Windows 8.1(64bit), Python 3.5.1, pandas 0.18.1이다.

표 10.5 데이터 프레임에 대한 직접 인덱스 참조 방법 (계속)

참조 방법	참조되는 값	설명
df[df['d']>6]	a b c d	컬럼 레이블 'd'인 열의 값이 6보다 큰 모든 행
	y 4 5 6 7	
	z 8 9 10 11	

10.3.4 기본적인 연산 법칙

시리즈나 데이터 프레임 등에 대한 사칙 연산에는 연산자 + - * /를 사용하는 방법과 메서드를 사용하는 방법이 있다. 아래 예를 보자.

```
In [41]: ser1 = pd.Series(np.arange(4), index=list('abcd'))
    ...: ser2 = pd.Series(np.arange(10, 14), index=list('abcd'))

In [42]: ser_a1 = ser1 + ser2 # 덧셈
    ...: ser_s1 = ser1 - ser2 # 뺄셈
    ...: ser_m1 = ser1 * ser2 # 곱셈
    ...: ser_d1 = ser1 / ser2 # 나눗셈

In [43]: ser_a2 = ser1.add(ser2)
    ...: ser_s2 = ser1.sub(ser2)
    ...: ser_m2 = ser1.mul(ser2)
    ...: ser_d2 = ser1.div(ser2)
```

위의 예는 같은 라인 레이블을 갖는 시리즈끼리의 사칙 연산에 대한 예다. 이 연산을 통해 요소 단위 연산이 이뤄진다. 메서드를 사용하는 방법(ser1.add(ser2) 등)에서는 이 인스턴스(ser1)의 데이터가 변경되는 것이 아니기 때문에 ser1과 ser2를 더한 결과를 ser1에 담고 싶다면 ser1 = ser1.add(ser2)와 같이 해야 한다.

수학적으로 NaN을 포함하는 식의 계산 결과는 모두 NaN이 되지만 이들 메서드를 사용하면 NaN을 특정한 값으로 치환할 수 있다는 이점이 있다.

```
In [44]: ser1 = pd.Series([1, 2, np.nan, 4])
    ...: ser2 = pd.Series([10, np.nan, 30, 40])

In [45]: ser1 + ser2
Out[45]:
```

```
0     11
1    NaN  # 2 + NaN = NaN
2    NaN  # NaN + 30 = 30
3     44
dtype: float64

In [46]: ser1.add(ser2, fill_value=0)
Out[46]: # fill_value=0에 의해 NaN이 0으로 치환된다.
0     11  # 1 + 10 = 10
1      2  # 2 + 0 = 2
2     30  # 0 + 30 = 30
3     44  # 4 + 40 = 44
dtype: float64
```

셈 연산자 +를 사용해서 계산한 결과는 2개의 시리즈 중 한쪽이 NaN인 요소는 NaN이 되지만, 메서드를 사용해서 계산한 결과에는 인자 fill_value=0 때문에 NaN을 0으로 치환하게 된다. 그래서 계산 결과에도 NaN이 포함되지 않는다. NaN을 처리하기 위한 자세한 내용은 뒤에 다루도록 하겠다.

그리고 지금까지 본 예는 모두 인덱스가 공통된 경우였지만 인덱스가 서로 다른 2개의 시리즈의 연산은 아래와 같다.

```
In [47]: ser1 = pd.Series([1, 2, np.nan, 4])
    ...: ser2 = pd.Series([10, np.nan, 30, 40], index=list('abcd'))

In [48]: ser1 + ser2
Out[48]: # 덧셈의 대상이 없는 경우의 결과는 NaN
0    NaN  # 1 + NaN = NaN
1    NaN  # 2 + NaN = NaN(나머지도 마찬가지)
2    NaN
3    NaN
a    NaN  # NaN + 10 = NaN(나머지도 마찬가지)
b    NaN
c    NaN
d    NaN
dtype: float64

In [49]: ser1.add(ser2, fill_value=0)
Out[49]: # fill_value=0으로 지정하여 덧셈 대상이 없어서 NaN이 된 경우만 0으로 치환된다.
0      1  # 1 + 0 =1
1      2  # 2 + 0 =2
2    NaN  # NaN + 0 = NaN(ser1의 NaN이 0으로 치환되지 않음)
3      4  # 4 + 0 =4
a     10  # 0 + 10 = 10
```

```
b    NaN  # 0 + NaN = NaN(ser2의 NaN이 0으로 치환되지 않음)
c     30  # 0 + 30 = 30
d     40  # 0 + 40 = 40
dtype: float64
```

이렇게 인덱스가 서로 다른 데이터끼리는 연산이 이뤄지지 않는다. 그리고 위의 예에서 덧셈으로 인해 인덱스 수가 2배로 늘어난 것을 볼 수 있다. 더 번거로운 것은 더할 값이 없는 요소의 계산 결과는 모두 NaN이 된다는 것이다. 이를 피하기 위해 위의 예에서는 fill_value=0 인자를 주어 더할 값이 없는 요소의 계산 결과도 NaN이 아닌 미리 정한 값을 갖도록 했다.

다만 원래 값이 NaN인 경우는 지정한 값으로 치환하지 않는다는 것은 매우 이해하기 어렵다. 인덱스가 서로 다른 데이터끼리도 그냥 계산하고 싶다면 다음과 같이 안에 든 데이터를 values 프로퍼티로 꺼내 더하는 방법을 사용할 수 있다.

```
In [50]: ser1.add(ser2.values, fill_value=0)
Out[50]:
w    11
x     2
y    30
z    44
dtype: float64
```

지금까지 데이터로 시리즈를 사용한 예를 살펴봤다. 그러나 지금까지 살펴본 규칙은 데이터 프레임에도 마찬가지로 적용된다. 아래의 결과를 보면 데이터 프레임도 같은 방식으로 동작한다는 것을 알 수 있다.

```
In [51]: df1 = pd.DataFrame(np.arange(6).reshape(2, 3), columns=list('xyz'))
    ...: df2 = pd.DataFrame(np.arange(12).reshape(3, 4), columns=list('wxyz'))
    ...:
# 위에서 만든 df1과 df2의 내용은 아래와 같다.
#df1             df2
#   x  y  z         w  x   y   z
#0  0  1  2      0  0  1   2   3
#1  3  4  5      1  4  5   6   7
#                2  8  9  10  11

In [52]: df1 + df2
Out[52]:
```

```
     w   x   y   z  # 대응하는 요소가 없으면 NaN이 된다.
0  NaN   1   3   5
1  NaN   8  10  12
2  NaN NaN NaN NaN

In [53]: df1.add(df2, fill_value=0)
Out[53]:
     w   x   y   z  # NaN을 0으로 치환한 뒤 계산
0    0   1   3   5
1    4   8  10  12
2    8   9  10  11
```

그리고 데이터 프레임과 시리즈 간의 사칙 연산은 브로드캐스팅을 통해 이뤄진다. 브로드
캐스팅을 컬럼 방향으로 하는 경우에는 메서드를 사용해야 하는 등의 주의가 필요하다.
그만큼 쓸 일이 적은 방법이므로 필요할 때 pandas의 공식 참조 문서를 확인하기 바란다.

10.3.5 비교 연산

시리즈, 데이터 프레임 및 패널에는 비교 연산자가 메서드 형태로 갖춰져 있다. 비교 연산
자를 표 10.6에 정리했다. 비교 연산의 결과는 요소 단위 부울 값(True/False)으로 나오며,
NaN이 포함된 비교 결과는 False가 된다. 또, 인덱스(라인 레이블 및 컬럼 레이블)가 달라 비
교할 요소가 없는 경우에도 결과는 False다. 실제 예를 살펴보도록 하자.

```
In [54]: df1.lt(df2)  # ❶
Out[54]:
       w      x      y      z
0  False   True   True   True
1  False   True   True   True
2  False  False  False  False

In [55]: df1.lt([1,2,3], axis='columns')  # ❷
Out[55]:
       x      y      z
0   True   True   True
1  False  False  False

In [56]: df1.lt(4)  # ❸
Out[56]:
       x      y      z
0   True   True   True
1   True  False  False
```

```
In [57]: df1[df1.lt(4)] # ❹
Out[57]:
   x    y    z
0  0    1    2
1  3  NaN  NaN
```

표 10.6 비교 연산자

메서드	설명(d1.lt(d2)처럼 사용한 경우)
lt	d1 < d2에 대한 비교 결과(요소 단위)
gt	d1 > d2에 대한 비교 결과(요소 단위)
le	d1 ≤ d2에 대한 비교 결과(요소 단위)
ge	d1 ≥ d2에 대한 비교 결과(요소 단위)
eq	d1 = d2에 대한 비교 결과(요소 단위)
ne	d1 ≠ d2에 대한 비교 결과(요소 단위)

위의 예 중 ❶을 보면 df의 크기가 서로 다르며 인덱스도 일부만 일치한다. 이 때문에 이 일치하는 일부 인덱스에 대해서만 비교 연산이 일어나며 나머지 부분에서는 False가 결과로 나온다. ❶에서 결과로 나온 데이터 프레임은 df1과 df2의 인덱스(라인 레이블 및 컬럼 레이블)의 합집합의 크기를 갖게 된다.

❷는 리스트 [1, 2, 3]을 df1의 각 행과 비교하는 예다. 인자 axis로 df1과 비교하는 방법을 결정한다. 이 예에서는 axis='column'이 아니면 오류가 발생하지만, df1의 크기가 3×3인(정방행렬) 경우라면 이 인자 값에 주의할 필요가 있다. 기본값은 axis='column'이므로 지정된 리스트를 컬럼이 늘어선 방향(가로 방향)으로 늘어놓고, 이를 브로드캐스팅하여 비교 대상인 df1과 같은 크기로 만든 뒤에 비교를 수행한다.

❸은 스칼라 값과 df1의 각 요소를 비교하는 예다. 지정한 스칼라 값이 df1의 크기에 맞게 브로드캐스팅된 후, 요소 단위로 비교가 된다.

❹는 df1.lt(4)로 생성된 부울 값 데이터 프레임을 사용하여 df1 중에서 일부 데이터를 꺼낸다. df1.lt(4)가 True인 요소만을 꺼내게 되며 그 밖의 요소는 NaN이 된다.

10.3.6 기본적인 통계 함수

pandas에는 기본적인 통계 함수와 함께 데이터의 부울 값을 판단하는 함수가 갖춰져 있다. 표 10.7에 이들을 정리했다.

표 10.7 기본적인 통계 함수의 예

메서드	설명
any	특정 축 방향으로 True가 있는지 확인
all	특정 축 방향으로 모든 값이 True인지 확인
count	NaN이 아닌 데이터의 값을 센다.
cov	공분산
cummax/cummin	누적 최댓값/누적 최솟값
cumprod	누적곱
cumsum	누적합
describe	몇 가지 간단한 통곗값을 출력
di.	인접 요소와의 차
kurt	첨도(kurtosis, 4차 모멘트, 불편추정치)
mad	평균값으로부터의 평균 절대편차
max/min	최댓값/최솟값
mean	평균값
median	중앙값
pct_change	퍼센트 변화
prod	특정 축 방향으로의 곱
quantile	$0 \le q \le$에 대한 q분위수(분포를 $q : 1{-}q$로 분할하는 값)을 리턴
round	지정한 소수 자릿수에서 반올림
sem	평균값의 표준오차(불편추정치)
skew	왜도(skewness, 3차 모멘트, 불편추정치)
sum	합계
std	표준편차(불편추정치)
var	분산(불편추정치)

표 10.7에 나온 메서드 중 대부분은 데이터 프레임이나 패널에 적용할 경우 계산을 적용할 축 방향을 인자로 지정(axis=0 등)할 수 있다. 또, 기본 설정으로는 NaN을 제외하

고 계산하지만 NaN이 포함되는 경우에 이에 대한 결과가 NaN이 되도록 인자를 지정 (skipna=False)하는 것도 가능하다.

그리고 여기에 실은 통계 관련 함수 중 '불편추정치'라고 쓰인 것은 정규화 계산에서 데이터 수가 N일 때(N-1)로 정규화(나눗셈)하게 된다. 불편추정치란 모집단에서 추출한 표본으로부터 계산하는 통계추정치가 모집단에서 계산한 값과 일치하도록 계산된 값을 말한다. 데이터 수가 N일 때 N으로 나눈 값을 구하고 싶다면 **ddof**라는 인자로 이 설정을 변경할 수 있다.

```
In [58]: ser = pd.Series(np.random.rand(5)*10, dtype=int)

In [59]: ser  # 샘플 데이터 확인
Out[59]:
0    3
1    1
2    9
3    8
4    2
dtype: int32

In [60]: m = ser.mean()  # 평균값 계산

In [61]: m  # 평균값 확인
Out[61]: 4.6

In [62]: ((3-m)**2+(1-m)**2+(9-m)**2+(8-m)**2+(2-m)**2)/4
Out[62]: 13.299999999999999  # 분산(불편추정치)

In [63]: ((3-m)**2+(1-m)**2+(9-m)**2+(8-m)**2+(2-m)**2)/5
Out[63]: 10.639999999999999  # 분산(자유도=0)

In [64]: ser.var()  # 분산 계산
Out[64]: 13.299999999999999  # 분산의 불편추정치와 일치

In [65]: ser.var(ddof=0)  # 분산 계산(자유도 지정)
Out[65]: 10.639999999999999  # 자유도 0일 때의 분산과 일치
```

위의 예는 5개 정수 값을 가진 시리즈를 만들고, 이 데이터에 대해 직접 계산한 분산 값과 var 메서드를 사용해 구한 값을 비교하는 예다. 데이터 수가 5이므로 기본 설정으로는 분산을 계산할 때 4로 나누어 정규화하게 되지만, 자유도를 지정하는 인자(ddof)를 0으로 설정하여 분산을 계산할 때에도 5로 나눈 결과를 얻을 수 있다.

10.3.7 함수 적용하기

특정 함수에 pandas의 객체를 적용하는 방법은 앞서 설명한 바와 같이 NumPy의 함수를 사용하는 방법, pandas에 있는 함수를 사용하는 방법, 외부 함수(NumPy 및 pandas 외의 함수)를 적용하는 메서드를 사용하는 방법이 있다. 이번 절에서는 외부 함수, 즉 사용자가 정의한 함수를 포함한 일반 함수(lambda 식 포함)나 파이썬 함수를 pandas 객체에 적용하는 방법을 살펴볼 것이다.

pandas 객체에 외부 함수를 적용하기 위해서는 표 10.8에 정리된 메서드를 사용한다.

표 10.8 함수를 적용하기 위한 메서드

메서드	설명
apply	시리즈나 데이터 프레임의 각 행, 혹은 각 열에 함수를 적용한다.
map	시리즈의 각 요소에 대해 딕셔너리 타입 변수/시리즈/함수를 사용하여 대응하는 출력을 계산한다.
applymap	데이터 프레임의 각 요소에 이에 대한 함수를 적용한다.

이들 메서드는 크게 나눠 벡터 데이터(시리즈, 데이터 프레임의 컬럼 전체 등)를 위한 메서드와 낱낱의 요소를 위한 메서드로 나뉘는데 벡터 데이터에 적용하려면 **apply** 메서드를 사용하고, 낱낱의 요소에 적용하려면 **map**(시리즈) 또는 **applymap**(데이터 프레임)을 사용한다.[10]

그럼 실제 사용 예를 보자. 아래는 시리즈에 대한 딕셔너리 타입 변수를 적용하여 값을 치환하는 예다.

```
In [66]: s = pd.Series(np.arange(4), index=['zero', 'one', 'two', 'three'])
    ...: dic = {1: 10, 2: 20, 3: 30}
    ...: print(s)
zero     0
one      1
two      2
three    3
dtype: int32

In [67]: s.map(dic)
Out[67]:
```

---

10 패널에는 map이나 applymap에 해당하는 함수가 없다.

```
zero     NaN
one       10
two       20
three     30
dtype: float64
```

위의 예에서 1을 10으로, 2를 20으로, 3을 30으로 치환하기 위한 대응 관계가 들어 있는 딕셔너리 타입 변수 dic을 정의한 다음, 이 규칙을 map 메서드를 통해 시리즈 s에 적용하고 있다. 그 결과로 시리즈 s의 값 0은 해당하는 규칙이 없으므로 NaN이 된다. 그 외에는 딕셔너리에 정의한 규칙 그대로 변환되어 있는 것을 알 수 있다. 그리고 s.map(dic)으로 시리즈 s의 요소 값이 바뀌지는 않는다. 변환한 값으로 s의 요소 값을 바꾸고 싶은 경우에는 s=s.map(dic)처럼 재정의해야 한다.

이번에는 시리즈에 규정된 변환 규칙을 map 메서드를 이용하여 또 다른 시리즈 변수에 적용하는 예다.

```
In [68]: s = pd.Series(np.arange(4), index=['zero', 'one', 'two', 'three'])
    ...: map_rule = pd.Series(['even', 'odd', 'even', 'odd'])
    ...: s.map(map_rule)
    ...:
Out[68]: # ↓ s.map(map_rule)의 결과
zero     even
one       odd
two      even
three     odd
dtype: object

In [69]: s # 원래 s를 화면에 표시
Out[69]:
zero      0 # 아래의 map_rule에 의해 0 -> even 위의 결과 참조)
one       1
two       2
three     3
dtype: int32

In [70]: map_rule # 시리즈로 나타낸 변환 규칙
Out[70]:
0     even # 0을 even으로 치환
1      odd # 1을 odd로 치환(나머지도 마찬가지)
2     even
3      odd
dtype: object
```

위의 예를 보면 map_rule에서 0과 2를 문자열 even으로 변환시키고, 1과 3은 odd로 변환하도록 하는 규칙을 정의하고 있다. 이 규칙에 따라 시리즈 s의 값(s.values)을 치환한다. 이때, 라인 레이블도 변환 규칙에 관여하므로 주의가 필요하다. 실제로도 다음과 같이 변환 규칙을 규정하는 시리즈(map_rule)를 변경하면 변환이 잘 되지 않는다.

```
In [71]: map_rule = pd.Series(['even', 'odd', 'even', 'odd'], index=list('abcd'))
    ...: s.map(map_rule)
    ...:
Out[71]: # 0, 1, 2, 3을 치환할 규칙이 없어 NaN이 된다.
zero     NaN
one      NaN
two      NaN
three    NaN
dtype: object
```

이번에는 map 메서드를 사용해서 시리즈에 함수를 적용하는 예를 보자.

```
In [72]: def f(x):
    ...:     return np.exp(x+1) + 2*x
    ...:
    ...:

In [73]: s.map(f)
Out[73]:
zero      2.718282
one       9.389056
two      24.085537
three    60.598150
dtype: float64

In [74]: s.map(lambda x: np.exp(x+1) + 2*x)
Out[74]:
zero      2.718282
one       9.389056
two      24.085537
three    60.598150
dtype: float64
```

위의 예는 앞서 만든 시리즈 s에 함수 f와 lambda 식을 적용하는 예다. 간단한 함수는 lambda 식으로 작성하여 이를 map 메서드에 인자로 넘기는 방법을 사용하면 코드가 간단해진다.

그 다음, 데이터 프레임에 **apply**와 **applymap** 메서드를 적용하는 예를 보자. 메서드 적용 전과 후를 비교하여 어떤 함수가 적용되었는지 보기 바란다.

```
In [75]: def fn(x):
   ...:        return np.fabs(x.min())
   ...:
   ...: df = pd.DataFrame(np.random.randn(3, 4),
   ...:                   index=['zero', 'one', 'two'],
   ...:                   columns=list('abcd'))

In [76]: df  # 실행 전의 데이터 프레임 내용을 확인
Out[76]:
            a         b         c         d
zero  1.944639 -0.284457 -1.462794  0.478029
one   1.687483  1.668009  0.113207  1.428134
two   0.022353  1.489002  0.669892  0.215205

In [77]: df.apply(fn, axis=1)  # 각각의 행에 함수 fn을 적용한다.
Out[77]:
zero    1.462794
one     0.113207
two     0.022353
dtype: float64

In [78]: df.applymap(lambda x: np.exp(x+1) + 2*x)
Out[78]:  # 데이터 프레임의 각 요소에 lambda 식을 적용한다.
            a         b         c         d
zero  22.893074  1.476383 -2.296066  5.340355
one   18.069602 17.747263  3.270520 14.193973
two    2.824436 15.027251  6.651375  3.801393
```

10.3.8 NaN을 적절하게 처리하기

pandas 같은 데이터 처리 라이브러리에서 NaN(누락값)를 어떻게 처리하느냐는 매우 중요한 문제다. pandas는 이런 문제를 주의 깊게 처리할 수 있도록 만들어져 있으며, 최대한 간단한 API를 유지하도록 설계되었다. pandas에서 NaN을 처리하기 위한 메서드를 표 10.9에 정리했다.

표 10.9 NaN을 처리하기 위한 메서드

메서드	설명
dropna	지정한 축 방향으로 데이터 컬럼을 확인하여 NaN의 존재 여부에 대해 지정된 조건을 만족하면 해당 데이터 컬럼을 삭제한다.
fillna	NaN을 지정된 값 혹은 지정된 방법(NaN에 인접한 값 등)으로 누락된 자리를 채운다.
isnull	각 요소마다 NaN은 True, 그 이외의 값은 False로 변환하여 원래 데이터와 같은 크기의 객체를 만들어 리턴한다.
notnull	isnull와 비슷하지만 부울 값이 반전되어 있다.

그럼 이들 메서드에 대한 구체적인 사용 예를 보도록 하자. 먼저 **dropna** 메서드의 사용 예다.

```
In [79]: df = pd.DataFrame({'int': [2, 4, 9, np.nan],
    ...:                     'flt': [1.25, -3.51, np.nan, 0.269],
    ...:                     'str': [np.nan, 'apple', 'peach', 'melon']})
    ...:

# df의 내용을 확인
In [80]: df
Out[80]:
     flt  int    str
0  1.250    2    NaN
1 -3.510    4  apple
2    NaN    9  peach
3  0.269  NaN  melon

# 'flt' 컬럼에 NaN이 포함된 행을 삭제
In [81]: df.dropna(subset=['flt'])
Out[81]:
     flt  int    str
0  1.250    2    NaN
1 -3.510    4  apple
3  0.269  NaN  melon

# NaN이 있는 행은 모두 삭제
In [82]: df.dropna()
Out[82]:
     flt  int    str
1 -3.51    4  apple

# 2행 또는 3행에 NaN이 있는 컬럼을 삭제
In [83]: df.dropna(axis=1, subset=[2, 3])
Out[83]:
```

```
      str
0     NaN
1   apple
2   peach
3   melon
```

위의 예와 같이 지정한 컬럼만을 대상으로 처리하는 등 동작을 세세하게 제어할 수 있는 것을 볼 수 있다. 이 예는 데이터 프레임에서 NaN을 제거한 결과를 보여주긴 하지만 처리 전의 변수인 df 자체의 값이 변경된 것은 아니다. dropna 메서드에 인자 inplace=True를 추가하면 df 자체의 값도 변경되게 된다.

그 다음 예는 **fillna**를 사용해서 NaN을 다른 값으로 메워주는 예다. 이 예제의 자세한 내용은 옆에 적힌 주석을 참조하기 바란다. 역시 데이터를 다른 값으로 메우기 위한 방법을 세세하게 정해줄 수 있다.

```
In [84]: df = pd.DataFrame(np.random.rand(5, 3))
    ...: df.iloc[1:, 0] = np.nan
    ...: df.iloc[1:4, 2] = np.nan
    ...:

In [85]: df  # 준비한 데이터의 내용 확인
Out[85]:
          0         1         2
0  0.983085  0.410955  0.553515
1       NaN  0.186531       NaN
2       NaN  0.222294       NaN
3       NaN  0.915242       NaN
4       NaN  0.707848  0.074234

In [86]: df.fillna(0)  # NaN을 모두 0으로 치환한다.
Out[86]:
          0         1         2
0  0.983085  0.410955  0.553515
1  0.000000  0.186531  0.000000
2  0.000000  0.222294  0.000000
3  0.000000  0.915242  0.000000
4  0.000000  0.707848  0.074234

# 각각의 열에서 연속 2개까지는 바로 이전 값을 사용하여 NaN을 대체한다.
In [87]: df.fillna(method='ffill', limit=2)
Out[87]:
          0         1         2
```

```
0   0.983085   0.410955   0.553515
1   0.983085   0.186531   0.553515
2   0.983085   0.222294   0.553515
3        NaN   0.915242        NaN
4        NaN   0.707848   0.074234

# 각각의 열에서 바로 다음 값으로 NaN을 대체한다.
In [88]: df.fillna(method='bfill')
Out[88]:
            0          1          2
0   0.983085   0.410955   0.553515
1        NaN   0.186531   0.074234
2        NaN   0.222294   0.074234
3        NaN   0.915242   0.074234
4        NaN   0.707848   0.074234
```

마지막으로 **isnull**과 **notnull** 메서드의 사용 예다. 앞서 정의한 데이터 프레임 df를 대상으로 동작 내용을 확인해보면 아래와 같다.

```
# df에서 NaN이 있는 위치에 True 값을 갖는 부울 값 데이터 프레임을 리턴한다.
In [89]: df.isnull()
Out[89]:
       0      1      2
0  False  False  False
1   True  False   True
2   True  False   True
3   True  False   True
4   True  False  False

In [90]: df.notnull() # isnull 메서드는 isnull의 결과에서 True/False가 반전된 결과를 리턴한다.
Out[90]:
       0     1      2
0   True  True   True
1  False  True  False
2  False  True  False
3  False  True  False
4  False  True   True
```

이들 메서드는 다른 메서드와 함께 조합하여 사용하는 경우가 많다. 예를 들면, 아래와 같은 방법으로 NaN이 포함된 컬럼이 무엇인지 확인해볼 수 있다.

```
In [91]: df.isnull().any(axis=0)
Out[91]:
0     True
1     False
2     True
dtype: bool
```

10.3.9 플로팅 기능

pandas에는 matplotlib을 백엔드로 플로팅을 작성하는 기능이 있다. 물론, matplotlib을 그대로 사용해도 되지만 matplotlib의 설정이 지나치게 복잡한 탓에 세세한 것까지 일일이 작성해야 할 경우가 많다. 이와 달리, pandas는 플로팅에 필요한 레이블 정보 등이 이미 데이터 구조 안에 포함돼 있기 때문에 matplotlib을 직접 다루는 것보다 간결하게 그래프를 작성할 수 있다. 여기에 착안하여 pandas는 간결한 코드로 플롯을 그릴 수 있는 고수준 플로팅 메서드를 갖추고 있다.

먼저, pandas 메서드를 사용해서 플롯을 작성하는 예를 리스트 10.1에 실었다. 이 예는 line 플롯과 bar 플롯을 하나씩 만드는 예제다. 이 두 플롯은 각각 데이터 프레임 df1과 df2의 데이터에 대해 **plot** 메서드로 그린 것으로 이 메서드에 kind 인자를 지정하면 line 플롯 외의 플롯 형식을 고를 수 있다(kind에 아무것도 지정하지 않은 경우는 line 플롯이 기본값).

리스트 10.1 pandas 메서드를 사용한 플로팅 예제

```
plt.style.use('ggplot')

# %% line plot
df = pd.DataFrame(np.random.randn(500, 3), columns=list('XYZ'),
                  index=pd.date_range('1/1/2016', periods=500))

df = df.cumsum()
ax = df.plot(colormap='gray', fontsize=14)
ax.set_ylabel('Value', fontsize=14)

# %% bar plot
df2 = pd.DataFrame(np.random.rand(5, 3),
                   columns=['a', 'b', 'c'])

df2.plot(kind='bar', stacked=True, colormap='gray', fontsize=14)
```

kind 인자로 지정 가능한 값을 표 10.10에 정리했다.

표 10.10 plot 메서드에서 플롯의 종류를 지정하는 kind 인자 값

kind 인자 값	플롯 종류
line 또는 미지정	line 플롯(선 그래프, 그림 10.4 참조)
bar/barh	bar 플롯(막대 그래프, 그림 10.5 참조)
hist	히스토그램
box	box 플롯
kde	밀도 함수 플롯
area	에리어 플롯
scatter	스캐터 플롯
hexbin	육각형 에리어 분포 밀도 플롯
pie	파이 챠트

또, 리스트 10.1로 작성한 그림을 각각 그림 10.4와 10.5에 실었다. 이들 그림을 보면 라인 레이블이 X축에 자동으로 배치되고, 컬럼 레이블이 범례에 실려 있는 것을 볼 수 있다. pandas의 plot 메서드를 사용하면 어느 정도는 자동적으로 차트를 구성해준다는 장점이 있다.

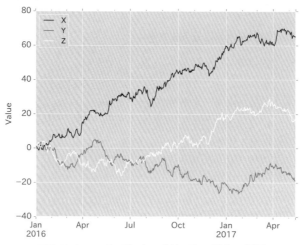

그림 10.4 pandas의 plot 메서드로 그린 line 플롯

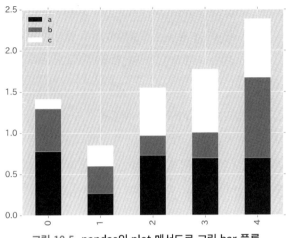

그림 10.5 pandas의 plot 메서드로 그린 bar 플롯

pandas의 플로팅 기능은 계속 발전 중이므로 최신 버전의 정보는 공식 참조 문서[11]를 확인해야 한다. 자주 쓰이는 차트는 pandas 메서드로 간단히 만들 수 있다.

10.3.10 뷰와 사본

pandas에서 어떤 경우에 **뷰**와 **사본**이 생성되는지 살펴보자. 7.3절에서 설명했듯, 뷰란 그 원본 데이터 구조 전체나 일부에 접근하기 위해 만든 참조다.

사본은 원본 데이터의 내용을 메모리의 다른 영역에 한 벌 더 복사하여 원본 데이터와는 별개의 변수로 다룰 수 있게 하는 것을 말한다.

명확하게 사본이 만들어지는 경우는 pandas 객체의 **copy** 메서드를 사용했을 때다. df가 데이터 프레임일 때 다음과 같이 df의 사본을 만들 수 있다.

```
In [92]: df2 = df.copy()
```

이 copy 메서드의 인자 중 **deep**이 있는데 이 인자의 기본값은 deep=True다. 이 인자는 이 메서드의 동작 방식을 깊은 복사와 얕은 복사(4.6절 참조) 중 어느 쪽으로 할지를 결정

---

11 URL http://pandas.pydata.org/pandas-docs/stable/visualization.html

하는 역할을 한다. df2 = df1.copy(deep=False)처럼 호출하면 얕은 복사를 만들게 되지만, 꼭 얕은 복사를 해야만 하는 경우는 드물며 오히려 예기치 못한 버그를 만들기 쉽다. 그러므로 내부 동작에 대한 이해가 있을 때 의도적으로 사용하는 것을 제외하면 쓰지 않는 편이 낫다.

위의 예와는 달리, pandas 고유 데이터 타입 객체에 대해 인덱싱이나 슬라이싱을 했을 때[12] 생성되는 것이 뷰일지 사본일지, 그리고 인스턴스 메서드를 사용한 경우에는 또 어떻게 되는지를 의식하는 것이 의도한 대로 동작하는 구현을 만들기 위해 중요하다. 어떤 경우에 뷰 혹은 사본이 만들어지는가는 기본적으로 아래와 같은 규칙을 따른다.

- 기본적으로 모든 메서드는 사본을 생성한다.
- 위의 경우에서 inplace=True 인자를 지정했을 경우 원래 변수의 값이 변경된다. 다만, 이 인자를 사용할 수 있는 메서드는 많지 않다.
- .loc/.ix/.iloc/.iat/.at(프로퍼티) 등을 사용하여 데이터를 일부 변경하면 원래 데이터에 영향을 미친다(다시 말해 참조 시점에서 뷰가 만들어졌다고 볼 수 있다).
- 프로퍼티 등을 사용하여 한 가지 데이터 타입으로 된 요소를 갖는 데이터 배열의 일부를 참조할 경우에는 기본적으로 뷰가 생성된다. 단, 메모리 레이아웃에 따라서 다른 결과가 나올 수 있다.
- 프로퍼티 등을 사용하여 한 가지 이상의 데이터 타입으로 된 요소를 갖는 데이터 배열의 일부를 참조할 경우에는 항상 사본이 생성된다.

위의 규칙은 조금 애매하다고도 볼 수 있지만 복잡한 데이터 구조 및 이에 대한 참조/사본을 사용하는 프로그램을 설계할 때는 신중하게 실행 결과를 확인해야 하므로, 이때 위의 규칙을 참고하여 확인하기 바란다.

10.4 정리

이번 장에서는 pandas의 데이터 타입과 이 데이터 타입에 대한 연산을 구체적인 예와 함께 설명했다. 이번 장에서 배운 내용을 통해 pandas의 대략적인 내용을 파악하고 이를

---

12 인덱싱 및 슬라이싱의 의미는 4.3절을 참조.

사용한 데이터 분석 준비가 됐을 것이다.

여기서 다루지 못한 기능이 여럿 있다. 특히 데이터 집약 및 그룹 연산(GroupBy 메커니즘 등) 기능이나, 시계열 데이터를 다룰 때 편리한 기능 등을 미처 다루지 못했다. 이들 기능을 포함하여 pandas를 더 자세히 알고 싶은 독자는 pandas의 공식 참조 문서[13] 및 pandas 개발자가 쓴 해설서《Python for Data Analysis》를 참고하기 바란다.

---

13 [URL] http://pandas.pydata.org/pandas-docs/stable/

11

프로그램 최적화

이번 장에서는 프로그램 최적화를 위해 생각해야 할 것을 대략적으로
설명한 다음 각각의 최적화 기법에 대해 자세히 소개한다.

빠른 프로그램 작성을 위해서는 그 나름의 비용(수고)이 필요하다. 사용하는 하드
웨어를 잘 이해하고, 여기에 맞는 기술을 사용하여 프로그램을 구성해야 하기 때
문이다. 파이썬은 NumPy를 사용해서 빠른 수치 계산을 수행할 수 있다. 그러나
이것만으로 충분하지 못할 때는 그 외의 다양한 최적화 기법 중에서 자신의 프로
그램에 맞는 기법을 선택해야 한다.

11.1 프로그램 최적화의 기본

파이썬으로 작성된 수치 계산(과학 기술 컴퓨팅) 프로그램을 최적화하기 위해 가져야 할 관점은 사용하고 있는 하드웨어에 크게 좌우된다. 여기서는 흔히 구하기 쉬운 정도의 PC를 기준으로 CPU 사용을 최적화하는 방법을 보여줄 것이다.

11.1.1 최적화를 위한 네 가지 접근법

CPU 중에 일반적으로 구하기 쉬운(예 Intel Core i7) 것을 기준으로 작성한 프로그램 최적화를 위한 접근법을 설명한다. 아래는 프로그램 최적화를 위한 접근법이다.

❶ 병목 해소
- 코딩 방법에 따른 최적화
- 메모리의 효율적인 사용
- 프로파일러의 활용

❷ 병렬 처리
- SIMD 사용
- 멀티스레드 적용
- 멀티프로세스 적용

❸ 고속 라이브러리(타 언어 구현) 활용하기
- Cython 사용
- C/C++ 라이브러리 활용(ctypes)

❹ JIT 컴파일러 활용
- Numba
- Numexpr

이번 장에서는 ❶, ❷에 대해 설명하며 ❸, ❹는 12장에서 설명할 것이다.

11.2 병목 해소

앞 절에서는 프로그램을 최적화하기 위한 네 가지 관점을 제시했다. 그중 프로그래밍의 기초인 병목을 해소하는 기법을 설명하겠다. 병목을 해소하려면 효율적인 코드 작성에 대한 기초 지식과 프로파일링을 통해 프로그램의 병목(실행 시간을 많이 차지하는 부분)을 찾아내는 기술이 필요하다. 이번 절에서는 이들 지식에 대해 배우게 될 것이다.

11.2.1 병목 해소

먼저 병목이 무엇인지부터 알아보자. 프로그램의 전체 실행 속도는 가장 처리가 오래 걸리는 부분에 의해 제한받는다. 가장 처리가 오래 걸리는 이 부분을 프로그램의 병목이라고 한다.

병목을 찾을 때는 단순히 계산이 오래 걸리는 부분을 찾아 개선하는 것뿐만 아니라 CPU와 주기억 장치(메모리), 보조 기억 장치(하드디스크 등) 간에 데이터를 주고받을 때 발생하는 지연 시간(latency)을 고려하는 것이 중요하다. 그림 11.1에 이들 장치 간의 데이터 흐름을 나타냈다.

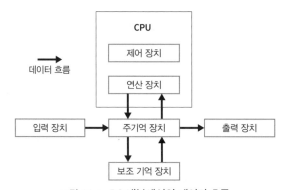

그림 11.1 PC 내부에서의 데이터 흐름

그림 11.1의 굵은 화살표(데이터 흐름) 중에서 병목이 되는 곳은 없는가를 생각하는 것이 중요하다. 이어서 병목을 찾아 해소하는 과정을 예와 함께 보자.

11.2.2 코딩 방법에 따른 최적화

원하는 처리를 구현하는 방법이 반드시 하나만 있는 것은 아니다. 코드를 어떻게 작성하느냐에 따라 처리 속도가 바뀔 수 있다. 빠른 파이썬 프로그램을 작성하기 위해 고려해야 할 점을 대강 열거하자면 다음과 같다.

   ❶ (선입견 없이) 시도해본다.
   ❷ 파이썬의 내장 함수 및 표준 라이브러리를 최대한 활용한다.
   ❸ 반복문(for, while) 사용을 최대한 피한다.

■ 선입견을 갖지 말고 시도하기

아래의 예는 x의 값에 2를 곱하는 세 가지 방법에 대해 실행 시간을 계산한 것이다.

```
In [1]: %timeit x = 1213; x = x * 2
10000000 loops, best of 3: 111 ns per loop

In [2]: %timeit x = 1213; x = x << 1
10000000 loops, best of 3: 125 ns per loop

In [3]: %timeit x = 1213; x = x + x
10000000 loops, best of 3: 97.7 ns per loop
```

이 예에서 보듯 파이썬에서는 비트 연산보다 x에 다시 x를 더하는 쪽이 더 빠르다. C에서는 컴파일러가 이 세 가지 방법을 모두 같은 기계어로 컴파일하여 처리 시간이 서로 다르지 않을 수도 있지만, 파이썬에서는 이 같은 것을 기대할 수 없다. 한 가지 이상의 방법이 있을 때 어느 방법이 더 빠를지 의문이 생겼다면 선입견을 갖지 말고 일단 시도해보는 것이 중요하다.

■ 파이썬의 내장 함수 및 표준 라이브러리를 최대한 활용

직접 작성한 함수를 실행할 때의 오버헤드(함수 호출에 걸리는 시간)는 내장 함수(abs, any, sum 등)보다 크다. 내장 함수로 해결할 수 있는 일이라면 내장 함수를 사용하는 것이 좋다.

파이썬의 내장 함수와 표준 라이브러리를 활용한다는 것은 바퀴를 다시 발명하지 않는다는 점에서도 중요하다. 이들은 이미 효율적인 코드로 작성되어 있으며 C로 구현되어 속도가 빠른 것도 여럿 있다. 이 때문에 어떤 처리를 위해 함수가 필요하다면 우선 내장 함수나 표준 라이브러리에 이미 구현된 것이 있는가를 확인하는 것이 좋다.

■ 반복문 사용을 최대한 피함

같은 함수를 for문에서 여러 번 호출하는 것보다 데이터를 한꺼번에 함수에 넘기고 함수 안에서 반복 처리를 하는 쪽이 속도가 더 빠르다. NumPy에는 이런 메커니즘을 **ufunc**에서 제공한다. 직접 작성한 함수를 for문에서 반복 호출하기 전에 ndarray와 ufunc의 조합으로 for문 사용을 피할 수 있는지를 고려하자.

또, 리스트 컴프리헨션(4.3절 참조)이나 제너레이터(4.9절 참조)로 반복 처리가 가능한 경우도 있다. for문과 리스트 컴프리헨션의 속도 차이를 구체적인 예로 확인해보자.

리스트 11.1 for문과 리스트 컴프리헨션의 속도 비교

```python
def list_by_for(x, y):
    z = []
    append = z.append
    for k in range(len(x)):
        append(x[k]*y[k] + 0.1*y[k])
    return z

def list_by_lc(x, y):
    return [a*b + 0.1*b for a, b in zip(x, y)]

if __name__ == '__main__':
    N1 = 1000000
    x  = list(range(N1, 0, -1))
    y  = list(range(N1))
    z1 = list_by_for(x, y)  # 이 부분의 실행 시간을 측정한다.
    z2 = list_by_lc(x, y)   # 이 부분의 실행 시간을 측정한다.
```

리스트 11.1의 코드를 실행하여 list_by_for 함수와 list_by_lc 함수의 실행 시간을 측정해보면 각각 0.745초, 0.541초가 걸렸다. 이렇게 for나 while 등의 반복문을 사용하면 계산속도 면에서는 최적의 상태라고 말하기 어려운 프로그램이 될 가능성이 있기 때문에 주의가 필요하다. for문 및 while문을 사용할 때 계산 속도에 있어 일반적으로 유의해야 할점을 아래에 정리했다.

❶ 이미 속도상으로 확인된 병목에 대해서만 최적화할 것. 가장 안쪽 반복문만 최적화할 것

❷ 내장 연산자나 내장 함수를 이용한 묵시적 반복이 for문보다 빠르다. 루프 카운터와 while문은 속도가 느리므로 주의한다.

❸ for문 안에서 직접 작성한 파이썬 함수(lambda 식 포함)를 호출하지 않는다. 인라인 전개를 직접 하는 편이 훨씬 빠르다.

❹ 지역 변수는 전역 변수보다 빠르다. 전역상수를 반복문 안에서 사용해야 한다면 이 값을 지역 변수에 복사하여 사용하는 것이 좋다.

❺ for문을 사용한 처리를 map( ), filter( ), functools.reduce( )로 바꿀 수 있다. 단, 내장 함수와 함께 사용할 수 없는 경우는 주의가 필요하다(속도 개선이 보장되지 않는다).

❻ 반복문의 반복 횟수가 적은 경우에는 알고리즘 개선에 시간을 들이지 않아도 된다.

❼ 처리 속도를 정확히 측정한다. 파이썬 구현이나 버전에 따라 자기도 모르게 최적화되어 빠르게 동작하고 있을 가능성도 있고, 예상과 다른 결과를 얻을 수도 있다.

11.2.3 메모리의 효율적인 사용

프로그램을 최적화하는 데 유의할 점 중 **메모리를 효율적으로 사용하는 방법**에 대해 설명하겠다. 프로그램을 실행하면 프로그램 자체와 이 프로그램이 사용할 데이터가 메모리로 옮겨진다. 프로그램과 데이터가 메모리에 옮겨지고 나면 CPU가 데이터에 빠른 속도로 접근할 수 있지만, 이렇게 메모리에 데이터를 읽고 쓰는 속도도 CPU의 연산 속도에 비하면 턱없이 느린 속도다. 이런 속도 차이를 완화하기 위해 CPU 코어와 메모리 사이에 캐시를 두어 속도가 느린 메모리를 CPU가 기다리는 일이 없도록 한다.

그러나 캐시가 있다고는 해도 크기가 큰 데이터를 처리할 때는 메모리 읽기 쓰기가 병목이 될 가능성이 있으므로 프로그램을 작성할 때 '메모리는 속도가 느리다'는 점을 염두에 두도록 한다.

■ 메모리 관리

파이썬은 C 등의 언어와 달리 프로그래머가 메모리 관리를 직접 하지 않는다. 그래서 특정한 크기의 메모리를 배정받거나, 이를 다시 해제하는 과정을 명시적으로 코딩할 필요가 없다.

파이썬에는 **가비지 컬렉션(garbage collection**, GC)이라는 메커니즘이 있어서 더 이상 참조되지 않는다고 판단된 메모리 영역을 자동으로 해제해준다. 이 메커니즘에 의해 대부분의 경우 빠른 시간 내에 메모리가 해제되지만, 사용이 끝난 변수가 원시 객체(primitive object)일 때는 값을 저장하고 있는 메모리 영역을 캐시로 잠시 유지하는 경우가 있다. 나중에 같은 값을 갖는 변수가 생성되면 이렇게 캐싱해둔 메모리 영역을 할당하여 변수를 빠르게 만들기 위해서다. 이 때문에 메모리가 생각만큼 해제되어 있지 않을 수 있다. 이에 대한 대책은 딱히 없으나 메모리 크기가 문제가 될 수 있는 프로그램에서는 다음 두 가지 사항을 염두에 두는 것이 좋다.

- 크기가 큰 데이터를 저장한 변수를 del 명령문으로 삭제한다.
- 메모리를 많이 사용하는 처리를 함수 안에서 수행하여 함수를 벗어난 뒤 자동적으로 해제되도록 한다.

■ ndarray에서 메모리 절약하기

과학 기술 컴퓨팅에서 크기가 큰 ndarray를 사용할 때 ndarray의 불필요한 복제가 일어나지 않도록 하는 방법을 살펴보자. 결론부터 말하자면, 뷰(참조)를 만드는 것은 괜찮지만 최대한 사본을 만들지 않도록 해야 한다. 이를 위한 지켜야 할 것으로 다음의 내용을 들 수 있다.

❶ 원래 변수의 값이 바뀌는 연산자(in-place operator)를 사용한다.
❷ 되도록 배열의 변형(reshaping)이나 전치로 인한 묵시적 복사가 일어나지 않도록 한다.
❸ flatten과 ravel 중 ravel을 우선 사용한다.
❹ 사본을 생성할 때 가능하면 응용 인덱싱을 사용하지 않는다.

❶은 일반적인 연산자와 변수의 값을 바꾸는 연산자의 동작 차이를 이용한 것이다. a가 ndarray라고 할 때 이 변수의 각 요소를 2배로 하려는 경우, 일반적인 연산자를 사용하면 a = a * 2가 되지만, 원래 변수 값을 바꾸는 연산자로 이를 나타내면 a *= 2가 된다. 앞의 표현식을 사용하면 a * 2에 해당하는 사본이 만들어진 다음 이 사본이 a에 대입되는 과정이 일어나지만, 뒤의 표현식을 사용하면 복사가 일어나지 않는다. 아래의 예를 통해 확인해보자.

```
In [4]: import time

In [5]: a = np.random.randn(100000)
   ...: print('originanl identity : %s' % id(a))
   ...:
originanl identity : 191522080

In [6]: ts = time.clock()  # 원래 변수의 값을 바꾸는 연산자를 사용한 경우
   ...: a *= 2
```

```
    ...: te = time.clock()
    ...: print('inplalce: identity = %s, 실행 시간 = %.5f [s]' % (id(a), (te -ts)))
    ...:
 inplalce: identity = 191522080, 처리 시간 = 0.00024 [s]

 In [7]: ts = time.clock()  # 일반적인 연산자를 사용한 경우
    ...: a = a * 2
    ...: te = time.clock()
    ...: print('normal: identity = %s, 실행 시간 = %.5f [s]' % (id(a), (te -ts)))
    ...:
 normal: identity = 192057280, 실행 시간 = 0.00061 [s]
```

위의 예에서 알 수 있듯이 원래 변수의 값을 바꾸는 연산자에서는 데이터 복사가 일어나지 않기 때문에 처리 시간이 절반밖에 되지 않는다.

이번에는 ❷의 배열(ndarray)을 변형하거나 전치하는 경우다. 여기에는 7장 그림 7.2에서 봤던 메모리상의 데이터 배치 순서가 관련되어 있는데, ndarray를 변형하거나 전치함에 따라 메모리상의 데이터 순서가 바뀌지 않는다면 복사가 일어나지 않는다. 이런 경우에는 메모리도 절약할 수 있으며 실행 시간도 아낄 수 있다. 아래의 예를 통해 확인해보자.

```
In [8]: a = np.arange(100).reshape(10, 10)
   ...: b = a.reshape((1, -1))  # 메모리상의 데이터 순서가 바뀌지 않는다.
   ...: c = a.T.reshape((1, -1))  # 메모리상의 데이터 순서가 바뀐다.
   ...: print('a 와 b가 같은 데이터를 저장 : %s' % arrays_share_data(a, b))
   ...: print('a 와 c가 같은 데이터를 저장 : %s' % arrays_share_data(a, c))
   ...:
a와 b가 같은 데이터를 저장 : True
a와 c가 같은 데이터를 저장 : False

In [9]: %timeit a.reshape((1, -1))
The slowest run took 18.52 times longer than the fastest.
This could mean that an intermediate result is being cached
1000000 loops, best of 3: 771 ns per loop

In [10]: %timeit a.T.reshape((1, -1))
The slowest run took 9.59 times longer than the fastest.
This could mean that an intermediate result is being cached
100000 loops, best of 3: 2.05 us per loop
```

이때, 형상을 바꾼 상태에서도 같은 데이터를 참조하고 있는지 여부를 판정하기 위해 아래와 같이 arrays_share_data 함수를 정의했다. 위에 결과에서 메모리상의 데이터 순서

가 바뀌게 될 처리를 실행하게 되면 새로운 메모리 영역에 데이터가 복사된다는 것을 알 수 있다.

```
In [11]: def get_data_base(arr):
    ...:     """ ndarray의 실제 데이터를 저장하는 base array를 리턴 """
    ...:     base = arr
    ...:     while isinstance(base.base, np.ndarray):
    ...:         base = base.base
    ...:     return base

In [12]: def arrays_share_data(x, y):
    ...:     return get_data_base(x) is get_data_base(y)
```

❸ 'flatten과 ravel 중 **ravel**을 우선적으로 사용한다'에 대해서도 간단한 예를 보며 알아보도록 하자. 이 두 함수 모두 행렬을 1차원으로 만드는 기능을 한다. 그러나 flatten은 사본을 만드는 데 비해 ravel은 불필요한 사본을 만들지 않는다.

```
In [13]: d = a.flatten()
    ...: e = a.ravel()
    ...: print('a와 d가 같은 데이터를 저장 : %s' % arrays_share_data(a, d))
    ...: print('a와 e가 같은 데이터를 저장 : %s' % arrays_share_data(a, e))
a와 d가 같은 데이터를 저장 : False
a와 e가 같은 데이터를 저장 : True

In [14]: %timeit a.flatten()

The slowest run took 14.44 times longer than the fastest.
This could mean that an intermediate result is being cached
1000000 loops, best of 3: 1.36 us per loop

In [15]: %timeit a.ravel()

The slowest run took 10.70 times longer than the fastest.
This could mean that an intermediate result is being cached
1000000 loops, best of 3: 476 ns per loop
```

❹ '응용 인덱싱을 되도록 사용하지 않는다'에 대해서는 다음 예를 보자. 응용 인덱싱을 사용하면 배열의 사본이 만들어진다.

```
In [16]: n, d = 1000, 100
    ...: a = np.random.random_sample((n, d))
    ...: b1 = a[::10] # 슬라이싱
    ...: b2 = a[np.arange(0, n, 10)] # 응용 인덱싱
    ...: print("b1 is b2 ? : %s" % np.array_equal(b1, b2))
    ...: print("a와 b1는 같은 데이터를 공유 ? : %s" % arrays_share_data(a, b1))
    ...: print("a와 b2는 같은 데이터를 공유 ? : %s" % arrays_share_data(a, b2))
    ...:
b1 is b2 ? : True
a와 b1는 같은 데이터를 공유 ? : True
a와 b2는 같은 데이터를 공유 ? : False

In [17]: %timeit a[::10]
The slowest run took 18.42 times longer than the fastest.
This could mean that an intermediate result is being cached
1000000 loops, best of 3: 461 ns per loop

In [18]: %timeit a[np.arange(0, n, 10)]
The slowest run took 4.91 times longer than the fastest.
This could mean that an intermediate result is being cached
100000 loops, best of 3: 17.2 us per loop
```

위의 예를 보면 b1은 a의 일부를 참조하는 뷰이고, b2는 a의 일부를 복사한 사본이다. 이 때문에 데이터를 참조하는 데 걸리는 시간이 10배 이상 차이 난다.

배열의 크기가 커질수록 프로그램의 메모리 사용량과 실행 속도에 크게 영향을 미치게 되므로 위의 네 가지 사항을 잘 알아두도록 한다.

11.2.4 프로파일러 활용하기

앞서 설명한 바와 같이 **프로파일러**는 프로그램의 각 부분이 호출된 횟수나 실행에 걸린 시간 등을 측정하여 통계 정보로 보여주는 도구다. 이번 장 앞부분에서 다뤘던 병목 해소에도 프로파일러를 활용하는 것이 특히 중요하다. 프로그램의 어느 부분이 문제가 될 수 있는지를 미리 판단하지 못하는 한 프로그램을 최적화하기 위해 어떤 대책을 검토해야 하는지조차 알 수 없게 된다.

IPython에서 프로파일러를 사용하는 방법은 이미 3.1절에서 언급했으므로 여기서는 이보다 더 발전적인 내용으로 아래와 같은 내용을 다룬다.

- IPython을 사용하지 않고 함수 프로파일링하기
- 프로파일링 결과를 시각화하여 보기
- IPython을 사용하지 않고 라인 프로파일링하기

■ IPython을 사용하지 않고 함수 프로파일링하기

IPython 없이 프로파일링을 수행하고 그 결과를 확인하는 예를 살펴보자. 리스트 11.2의 예를 보면, main( ) 함수 안에 계산 부하가 큰 task1( )과 상대적으로 계산 부하가 가벼운 task2( )를 실행한다. 그리고 이 main( ) 함수를 프로파일러가 호출하여 실행하면 프로파일링 결과를 얻을 수 있다. 이 프로그램을 보면 제일 앞에 import cProfile로 cProfile 모듈을 로드한 뒤, cProfile.run("main()", filename='main.prof')이라는 명령문으로 cProfile에서 main( ) 함수를 호출하여 실행한다. 또 그 결과를 'main.prof'라는 텍스트 파일에 출력하도록 하고 있다.

그 다음 텍스트 파일에 저장된 프로파일링 결과를 pstats라는 표준 라이브러리를 사용하여 화면에 표시한다. import pstats로 pstats 라이브러리를 로드한 다음, 프로파일링 결과 파일을 명령문 sts = pstats.Stats('main.prof')로 읽어들인다. 그 다음에 sts.strip_dirs().sort_stats('cumulatice').print_stats()를 실행하여 출력 정보에서 경로명을 제거한(내용을 더 알아보기 쉽도록 하기 위함), 누적 실행 시간이 긴 순서대로 정렬하여 콘솔에 표시한다.

리스트 11.2 프로파일링을 수행하는 프로그램의 예(spd_Profile.py)

```
import cProfile
import numpy as np
import pstats

def is_prime(a):
    ''' 소수를 판정하는 프로그램(페르마의 소정리) '''
    a = abs(a)
    if a == 2:
        return True
    if a < 2 or a & 1 == 0:
        return False
    return pow(2, a-1, a) == 1

def mysum(N):
    ''' 1부터 N까지의 정수의 합을 계산 '''
    return np.arange(1, N+1).sum()
```

```
def task1(N):
    """ 다음 두 가지 처리를 수행한다.
        ❶ 1부터 N까지의 정수 중에서 소수를 찾는다.
        ❷ 1부터 N까지의 정수의 합을 계산한다.
    """
    # ❶
    out  =  []
    append  =  out.append
    for k in range(1, N+1):
        if is_prime(k):
            append(k)
    # ❷
    a = mysum(N)
    return [out, a]

def task2(N):
    ''' 1부터 N까지의 sqrt()를 계산한다 '''
    return np.sqrt(np.arange(1, N+1))

def main():
    task1(10000)  # 부하가 큰 계산
    task2(10000)  # 부하가 작은 계산

if __name__ == '__main__':  # ❸
    cProfile.run('main()', filename='main.prof')
    sts = pstats.Stats('main.prof')
    sts.strip_dirs().sort_stats('cumulative').print_stats()
```

콘솔에 표시된 결과는 다음과 같다. 이 내용의 각 항목에 대한 설명은 표 11.1을 보기 바란다.

```
C:\code>python spd_profile.py  # 파이썬으로 spd_profile.py를 실행
Sat Feb 20 23:36:23 2016    main.prof

        259681 function calls in 0.349 seconds

   Ordered by: cumulative time

   ncalls  tottime  percall  cumtime  percall filename:lineno(function)
        1    0.000    0.000    0.349    0.349 {built-in method builtins.exec}
        1    0.000    0.000    0.349    0.349 <string>:1(<module>)
        1    0.000    0.000    0.349    0.349 spd_profile.py:47(main)
        1    0.031    0.031    0.348    0.348 spd_profile.py:26(task1)
   100000    0.077    0.000    0.313    0.000 spd_profile.py:11(is_prime)
    49999    0.228    0.000    0.228    0.000 {built-in method builtins.pow}
   100000    0.008    0.000    0.008    0.000 {built-in method builtins.abs}
     9670    0.003    0.000    0.003    0.000 {method 'append' of
                                                 'list' objects}
```

```
        1    0.001    0.001    0.001    0.001 spd_profile.py:42(task2)
        1    0.000    0.000    0.001    0.001 spd_profile.py:21(mysum)
        1    0.000    0.000    0.000    0.000 {method 'sum' of 'numpy.
                                                          ndarray'objects}
        2    0.000    0.000    0.000    0.000 {built-in method numpy.core.
                                                         multiarray.arange}
        1    0.000    0.000    0.000    0.000 _methods.py:31(_sum)
        1    0.000    0.000    0.000    0.000 {method 'reduce' of
                                                      'numpy.ufunc'objects}
        1    0.000    0.000    0.000    0.000 {method 'disable' of
                                                  '_lsprof.Profiler' objects}
```

표 11.1 프로파일링 결과의 콘솔 출력 각 항목과 의미

항목	설명
ncalls	호출 횟수
tottime	해당 함수에서 소비된 합계 시간(서브 함수에서 소비된 시간은 제외)
percall	tottime을 ncalls로 나눈 값
cumtime	해당 함수와 모든 서브 함수에서 소비된 누적 시간
percall	cumtime을 (primitive)한 호출 횟수로 나눈 값
filename:lineno(function)	해당 함수의 파일명/줄 번호/함수명

이 결과를 보면 task1이 0.348초, task2가 0.001초가 걸렸으며, task1의 실행 시간 중 대부분은 is_prime 함수에서 소비되었다는 것을 알 수 있다. 또, ncalls 컬럼을 보면 각각의 함수가 호출된 횟수도 알 수 있다. 이 횟수를 보고 의도대로 동작하고 있는지도 확인할 수 있으므로 이들 각 항목을 주의 깊게 보도록 한다.

■ 프로파일링 결과를 시각화하여 보기

프로파일링 결과를 그래피컬하게 보여주는 **snakevis**[1]라는 도구를 소개한다. snakevis는 일종의 웹 애플리케이션으로 프로파일링 결과를 웹 브라우저로 보여준다.

이 도구는 Anaconda를 사용한다면 conda install snakevis 명령으로 설치할 수 있으며, Anaconda를 사용하고 있지 않더라도 pip install snakevis와 같이 설치할 수 있다.[2]

---

[1] URL https://jiffyclub.github.io/snakeviz/
[2] 의존성을 완전히 해결해야 설치가 가능하지만 Anaconda에서는 대체로 문제가 없을 것이다.

사용법은 위와 같은 방법으로 만든 프로파일링 결과 파일(위에 예에 나온 main.prof)를 사용해서 다음과 같은 셸 명령으로 snakevis를 실행한다.

```
C:\python-book\code> snakevis main.prof
```

위의 명령을 입력하면 브라우저에 그림 11.2와 같은 결과가 표시된다.

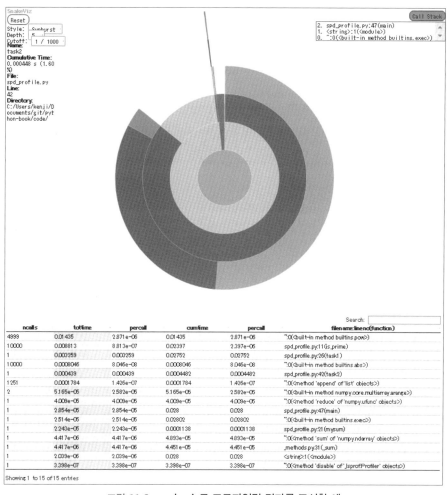

그림 11.2 snakevis로 프로파일링 결과를 표시한 예

표시된 결과는 안쪽 원부터 호출하는 함수를 나타내며 호(arc)의 크기는 실행 시간의 비율을 나타낸다. 커서를 호 위에 갖다 놓으면 그 호에 해당하는 함수의 정보가 화면 좌상단에 나타나므로, 커서를 이리저리 옮기며 **호출 스택**(함수 간의 호출 관계)과 그 실행 시간의 비율을 시각적으로 확인할 수 있다.

■ IPython 없이 라인 프로파일링하기

지금까지 본 프로파일링은 함수 레벨로 실행 시간 비율을 파악하는 것이었다. 이번에는 함수 안에 어떤 줄이 계산 부하가 큰지를 알아보는 라인 프로파일링을 해볼 것이다. 3장에서는 IPython을 사용하여 라인 프로파일링을 하는 명령으로 매직 커맨드 %lprun을 소개했었다. 이번에는 IPython 없이 프로파일링하는 방법을 알아보자.

앞서 나온 리스트 11.2를 보면 is_prime 함수의 계산 부하가 크다는 것을 알 수 있다. 그러므로 이 함수를 분석해보자. 이를 위해 line_profiler 모듈을 설치(3.1절 참조)한 후, 리스트 11.2의 ❸ if__name__ = '__main__': 아랫부분을 다음과 같이 수정하여 실행한다.

```
if __name__ == '__main__':
    from line_profiler import LineProfiler
    prf = LineProfiler()
    prf.add_function(is_prime)
    prf.runcall(is_prime, 999)
    prf.print_stats()
```

이를 실행한 결과는 다음과 같다. 이 결과를 보고 어떤 줄이 몇 번 실행되며 실행 시간은 얼마나 걸렸는지를 파악할 수 있다. 위의 예에서는 pow( ) 함수를 실행하는 데 단위 시간인 3.39783e-07초의 20배만큼 시간이 걸렸으며 이 부분이 가장 계산 부하가 크다는 것을 알 수 있다.

```
C:\code>python spd_profile2.py  # python으로 spd_profile2.py을 실행
Timer unit: 3.39783e-07 s

Total time: 1.22322e-05 s
File: spd_profile2.py
Function: is_prime at line 11

Line #      Hits         Time  Per Hit   % Time  Line Contents
==============================================================
    11                                           def is_prime(a):
```

```
 12                                                         ''' 소수를 판정하는 프로그램
                                                               (페르마의 소정리) '''
 13            1           7        7.0        19.4     a = abs(a)
 14            1           4        4.0        11.1     if a == 2:
 15                                                         return True
 16            1           5        5.0        13.9     if a < 2 or a & 1 == 0:
 17                                                         return False
 18            1          20       20.0        55.6     return pow(2, a-1, a) == 1
```

11.3 병렬 처리하기

프로그램을 최적화하기 위해 **병렬 처리를 적용**하는 것이 효과적일 경우가 있다. 이번 절에서는 병렬 처리 기법의 구체적인 활용 방법을 살펴볼 것이다.

11.3.1 CPU의 성능 향상

CPU의 처리 능력은 매년 지수적으로 향상되어 왔다. CPU의 성능 향상에 대해 무어의 법칙과 암달의 법칙을 언급하는 경우가 많다.

무어의 법칙이란 요점만 말하자면 '집적회로의 트랜지스터 수는 18개월마다 2배가 된다'는 것이다. 그리고 이를 다시 'PC의 CPU는 1.5년마다 성능이 2배로 향상된다'라고 해석하기도 한다. 최근에는 집적도 향상이나 클럭 주파수 상승이 한계에 봉착해 있지만, 그 대신 CPU의 코어 수 증가(multi-core),[3] 병렬 연산 기술[4]이 구현되어 지금도 무어의 법칙이 대체로 들어맞는다고 할 수 있다.

그러나 CPU의 코어 수 증가와 병렬 연산 기술 구현이 프로그램의 속도 향상과 직결되지는 않는다. 이 점을 지적한 것이 암달의 법칙이다. 프로그램에는 병렬 처리가 가능한 부분과 그렇지 않은 부분이 있다. 이 때문에 병렬 연산을 할 코어를 아무리 늘려도 프로그램의 속도가 더 이상 빨라지지 않는 한계가 다가온다.

---

3 Intel Xeon Processor E7-4850 v3을 예로 들면 코어 수가 14개다. 일반적으로 코어 수가 매우 많은 것을 매니코어(many-core)라고 부르기도 한다.

4 Intel의 SIMD(다음 절 참조) 등이 있다.

과학 기술 컴퓨팅을 빠르게 수행하도록 도와주는 매니코어 프로세서에는 GPU만 있는 것이 아니다. Intel은 PCIExpress 인터페이스를 통해 사용하는 수퍼 병렬 연산기인 Intel Xeon Phi 코프로세서를 판매하고 있다. x86 호환성을 갖춘 멀티프로세서 아키텍처를 채용하고 있으며 기존의 x86용 프로그램을 대부분 수정 없이 사용할 수 있다는 장점이 있다.

Intel의 자료에 따르면 피크 성능이 배정도 부동 소수점 연산으로 1~2TFLOPS(테라플롭스) 정도(Xeon Phi Coprocessor 7120P 기준)[a]로, GPU에 필적할 만한 성능을 갖고 있다. Xeon Phi 프로세서도 슈퍼컴퓨터에 쓰이고 있으며 앞으로 과학 기술 컴퓨팅 분야에서 더욱 많이 쓰이게 될 것이다.

파이썬에서는 pyMIC라는 파이썬 모듈을 통해 사용할 수 있다.[b] pyMIC은 NumPy의 ndarray와 함께 사용할 수 있도록 설계되어 ndarray에 데이터를 할당한다. 이를 다시 pyMIC의 인터페이스를 거쳐 Xeon Phi 코프로세서에 전송하여 파이썬에서 호출하는 C/C++ 코드 영역에서 이들 데이터를 처리하는 복잡한 과정을 처리하도록 만들어져 있다.

a URL http://www.mullet.se/dokument/xeon-phi-product-family-performance-brief.pdf
b URL https://software.intel.com/en-us/articles/pymic-a-python-offload-module-for-the-intelr-xeon-phitm-coprocessor

11.3.2 GIL

C로 구현되었으며 파이썬의 기준 구현체로 취급받는 CPython에는 **GIL(Global Interpreter Lock)**이라는 메커니즘이 있다. 이 메커니즘은 동시에 여러 개의 스레드(뒤에서 설명함)를 실행하지 못하도록 하는 역할을 한다.

CPython의 GIL은 메모리 관리 등에 대한 저수준 처리 구현을 간단하게 하기 위한 것이다. 스레드 자체는 여러 개가 함께 존재할 수 있지만 스레드 안에서 일어나는 처리는 병렬, 즉 '동시에 실행'할 수 없게 되어 있다.

스레드 레벨의 병렬 처리는 GIL로 인해 어렵지만 다른 수단이 없는 것은 아니다. 앞서 말한 바와 같이 NumPy로 병렬 처리를 할 수 있으며, 다음 항에서 설명할 SIMD를 사용하면 싱글스레드 안에서 병렬 처리를 할 수도 있다. 또 12장에서 설명할 방법으로 GIL을 회피할 수 있는 경우도 있다.

11.3.3 SIMD

SIMD(Single Instruction Multiple Data)란 연산자 하나를 여러 데이터에 병렬로 적용하는 방법을 말한다. 대부분의 CPU는 SIMD 연산을 할 수 있는 장치를 갖추고 있다.

그림 11.3을 보면 일반적인 연산은 A0과 B0을 더한 뒤 C0에 대입하고, 다시 A1과 B1을 더한 뒤 C1에 대입하는 식으로 순차적으로 계산이 이루어진다. SIMD 연산에서는 이 같은 계산을 레지스터 A0~A3에 데이터 4개, 레지스터 B0~B3에 데이터 4개를 대입한 뒤 이를 단일 인스트럭션으로 한 번에 벡터처럼 계산한다. 그 결과는 다시 C0~C3에 저장된다. 이때, 원래 메모리 영역에서 SIMD 연산용 레지스터 영역으로 데이터를 전송했다가 결과를 다시 가져오는 처리가 필요하지만 여기에 따르는 오버헤드는 파이프라이닝에 의해 처리 속도에는 크게 영향을 미치지 않는다. 그림 11.3을 보면 데이터 4개를 병렬로 처리함에 따라 처리 속도의 향상을 기대할 수 있다.

그림 11.3 SIMD의 개념

■ Intel SIMD 확장 명령어 세트

Intel의 CPU 종류와 SIMD 확장 명령어 지원 여부를 표 11.2에 정리했다. 최근에는 AVX2(Advanced Vector Extension 2)나 FMA(Fused Multiply-Add) 같은 SIMD 확장 명령어 셋을 지원하는 CPU가 널리 보급되어 있다. AVX2는 256비트 데이터의 연산을 한 번에 수행할 수 있다. 다시 말해, AVX2를 사용하면 64비트 부동 소수를 4개 동시에 계산할 수 있다는 이야기가 된다. 따라서 SIMD를 큰 데이터를 처리할 때 사용하면 큰 이점을 누릴 수 있다.

표 11.2 SIMD의 확장 명령어

CPU 종류	확장 명령어 셋	단정도 FLOPs/사이클
Nehalem	SSE(128bit)	8
Sandy Bridge	AVX(256bit)	16
Haswell	AVX2/FMA(256bit)	32

■ 파이썬에서 SIMD 활용하기

파이썬에서 SIMD를 활용하려면 구체적으로 어떻게 해야 할까. C/C++에서는 어셈블러나 컴파일러 고유의 내장 함수(intrinsic) 등을 사용해서 SIMD 명령어를 사용하는 프로그램을 작성하지만, 파이썬에서는 이런 저수준 명령을 직접적으로 지원하지 않는다.

그러나 기본적으로 NumPy나 SciPy가 SIMD를 지원하는 경우가 많아 의식하지 못하는 사이에 SIMD 연산을 사용하고 있을 가능성이 있다. SIMD 연산의 사용 여부는 NumPy와 SciPy가 링크하고 있는 라이브러리가 무엇이냐에 따라 결정되므로 확인이 필요하다. 대개의 경우 Intel MKL이나 ATLAS 등이 링크되어 있을 것이다.

과학 기술 컴퓨팅 프로그램은 대규모 데이터를 다루거나 행렬 계산이 필요한 경우가 많으므로 대부분 NumPy나 SciPy를 사용하게 될 것이다. 따라서 SIMD와 멀티스레드 활용은 이들 라이브러리에 맡기는 것이 낫다.

column
Intel MKL

2015년 9월부터 Intel MKL이 상업적인 목적을 포함하여 로열티 프리(royalty free)로 사용할 수 있게 된 것을 계기로,[a] 파이썬 배포 패키지인 Anaconda에서 Intel MKL을 링크한 NumPy 및 SciPy를 무료로 배포하게 되었다.[b] 이들을 사용하면 다양한 계산에서 SIMD를 사용한 고속 처리가 가능해진다. Intel의 CPU를 사용하는 독자들에게는 좋은 소식일 것이다.

C/C++에서는 어려운 저수준 함수를 정확하게 사용하지 않으면 SIMD의 최대 성능을 끌어낼 수 없었지만, 파이썬에서는 이를 크게 의식하지 않고도 SIMD의 이점을 누릴 수 있게 된 것이다. Anaconda에는 NumPy나 SciPy 외에 Numexpr과 scikit-learn도 Intel MKL을 링크한 패키지로 사용할 수 있다.

a   URL https://software.intel.com/en-us/articles/free_mkl
b   URL https://www.continuum.io/blog/developer-blog/anaconda-25-release-now-mkloptimizations

11.3.4 스레드와 멀티스레드 적용

스레드(thread)란 프로그램의 실행 단위 중 하나다. 애플리케이션이 실행되면 프로세스 1개가 생성되고, 이 프로세스가(대개의 경우) 여러 개의 스레드를 만든 뒤 이들 스레드에 처리를 나눠주게 된다. 같은 프로세스에 속하는 스레드는 메모리상에 로드된 데이터나 힙, 라이브러리와 같은 정보를 공유할 수 있으며 하나 이상의 스레드가 협조적으로 동작한다(그림 11.4).

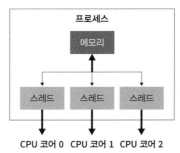

그림 11.4 스레드와 메모리, CPU 코어의 관계

파이썬에서는 외부 프로그램을 읽어들여 실행하거나 스레드를 명시적으로 생성하지 않는 한 스레드는 1개밖에 생성되지 않는다. 그러나 파이썬에서도 하나 이상의 스레드를 생성할 수 있는 경우가 있다. 이제 어떤 경우에 멀티스레드를 적용할 수 있는지 알아보도록 하자.

■ **멀티스레드 프로그램**

먼저 파이썬 멀티스레드 프로그램의 동작 구조를 설명하겠다.

멀티코어 CPU에서 실행 준비를 마친 스레드는 코어를 할당받아 실행된다. CPU의 코어 수보다 실행을 기다리는 스레드 수가 더 많은 경우에는 운영체제가 태스크 스케줄링을 통해 촘촘히 시간을 나누어 스레드가 돌아가면서 실행되도록 한다. 싱글스레드와 멀티스레드 프로그램의 실행 구조를 그림 11.5에 나타냈다.

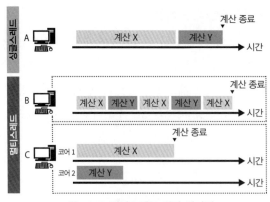

그림 11.5 멀티스레드 처리 이미지

그림 11.5를 보면 A, B, C 3개의 실행 패턴이 나와 있다. A는 단일 코어 CPU로 싱글스레드 프로그램을 실행한 것이고, B는 단일 코어 CPU로 멀티스레드 프로그램을 실행한 경우에 해당한다. 그림에서 알 수 있듯이 '계산 X'와 '계산 Y'가 멀티스레드로 동작해도 사용 가능한 CPU 코어가 늘어나지 않는다면 실행 시간은 줄어들기는커녕 오히려 늘어날 것이다. C에서 보듯 멀티코어 CPU로 멀티스레드 프로그램을 실행해야 프로그램이 빨라진다. 이때 계산 X와 계산 Y는 각각 독립적으로 실행할 수 있는 내용이어야 한다.

■ 병렬인 듯 병렬 아닌

C로 구현된 파이썬 인터프리터인 CPython에서는 GIL 때문에 멀티스레드의 이점을 누리지 못하게 되는 경우가 있음을 앞서 설명한 바 있다. 멀티코어 CPU에서 CPU 자원을 많이 사용하는 2개 스레드를 생성하는 프로그램을 실행한 상황을 그림 11.6에 나타냈다. 이를 잘 보면, 스레드는 병렬로 존재하지만 스레드가 병렬로 실행되지는 않는 상태이다. 이렇게 되면 멀티스레드의 이점이 사라져 버린다.

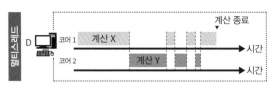

그림 11.6 GIL로 인한 멀티스레드의 실질적 무효화

■ 멀티스레드로 처리 속도를 올리려면

멀티스레드를 적용한다고 언제나 속도 향상 효과가 있는 것은 아니다. 외부 기억 장치로부터 데이터를 읽어 온다거나, 네트워크 소켓(네트워크 통신에 사용되는 파일 디스크립터)에 대한 읽고 쓰기 등 비교적 대기 시간이 긴 I/O 처리에 멀티스레드를 적용하면 그림 11.7 아랫부분에서 볼 수 있듯 대기 시간 감소로 전체 실행 시간이 단축된다.

그림 11.7 순차 실행과 병렬 실행의 비교

I/O 비중이 큰 프로그램에서는 이를 이용하여 비동기 프로그래밍 기법을 활용해도 좋을 것이다.

이 책에서는 CPU 자원 위주인 과학 기술 컴퓨팅을 목표로 하는 독자를 상정하고 있기 때문에 이 주제에 대해서는 자세히 다루지 않는다. 관심이 있다면 파이썬 표준 라이브러리 중 asyncio와 threading, 서드파티 라이브러리 중 gevent, Tornado 등에 대해 알아보기 바란다. SIMD를 다뤘던 절에서도 설명했지만 과학 기술 컴퓨팅에서는 SciPy나 NumPy를 사용하면서 나도 모르게 멀티스레드가 적용되어 있는 경우가 있다. 이보다 더 멀티코어 CPU의 성능을 살리고자 하는 독자는 다음 절에서 설명할 C 라이브러리와의 링크, JIT 컴파일러 사용을 검토해보기 바란다.

11.3.5 멀티프로세스 사용하기

프로세스(process)란 프로그램의 실행 단위를 말한다. 윈도우에서는 확장자 .exe 파일을 실행하면 이 파일 하나에 1개의 프로세스가 생성된다. 프로세스는 작업을 실행하는 데 필요한 모든 자원을 확보한다. 프로세스 간의 메모리 공유는 MPI(Message Passing Interface) 등의 수단을 사용해야 한다. 프로세스, 메모리, CPU 코어의 관계를 그림 11.8에 나타냈다.

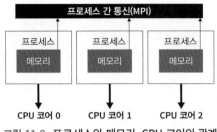

그림 11.8 프로세스와 메모리, CPU 코어의 관계

■ 멀티프로세스의 장점

가장 먼저 만들어진 프로세스에서 다른 프로세스를 띄우고, 여기서 실행된 계산 결과를 다시 원래 프로세스로 돌려줄 수 있다면 병렬 처리의 이점을 누릴 수 있을 것이다. 다만 프로세스를 만드는 데 따르는 오버헤드를 고려하면 처리 내용의 규모가 일정 이상되지 않으면 효과가 낮거나 역효과가 날 수 있다는 점에 유의해야 한다.

파이썬 표준 라이브러리의 **multiprocessing**은 프로세스 여러 개를 만들 수 있도록 해주는 패키지다. 프로세스를 여러 개 만든다는 것은 파이썬 인터프리디 여러 개를 실행한다는 것과 같은 의미다.

multiprocessing 외에도 비동기 실행 고수준 인터페이스를 제공하는 concurrent.futures 모듈이 표준 라이브러리로 제공된다. concurrent.futures 모듈은 멀티스레드 및 멀티프로세스 처리를 거의 비슷한 API로 제공한다.

column
주목의 대상 GPU

CPU가 병렬 처리를 위해 진화를 거듭하던 중 과학 기술 컴퓨팅 분야에서 주목을 받은 것은 GPU다. GPU는 3DCG(Three-Dimensions Computer Graphics) 등에서 데이터의 고속 병렬 처리를 목적으로 진화해왔다. 기능이 제한된 단순한 구조의 프로세서를 많이 집적하여, 코어 수만 보면 CPU를 압도할 정도다. CPU는 코어 수가 많아 봐야 열 몇 개 정도인데 비해, GPU의 코어 수는 수천에 이른다.

GPU를 사용하면 단순히 스루풋(throughput, 단위 시간당 연산 처리량)으로만 보면 수 TFLOPS에 이르는 경이적인 연산 능력을 이용할 수 있다. 이 수치가 어느 정도의 연산 능력인지 비교할 수 있도록 1993년 이후의 슈퍼컴퓨터 성능 데이터를 그림 C11.1에 실었다. 이 그림을 보면 수 TFLOPS라는 성능은 2000대의 슈퍼컴퓨터 성능에 해당한다는 것을 알 수 있다. PC에 GPU 카드를 한 장 장착하는 것만으로도 그 정도의 고성능 계산 능력을 사용할 수 있다니 깜짝 놀랄 일이다.

최근에는 연구가 활발히 진행 중인 기계학습이나 딥러닝 분야에서도 GPU가 주목을 받고 있다. GPU를 사용하면 신경망을 학습하는 데 걸리는 시간이 대폭 줄어들기 때문이다. 이들 분야에서도 파이썬이 많이 사용되며 TensorFlow[a], Theano[b], scikit-learn[c], Caffe[d], chainer[e]와 같은 개발용 프레임워크를 통해 GPU를 이용할 수 있다.

a   머신러닝 및 딥러닝에 사용되는 Google의 오픈소스 라이브러리   URL https://www.tensor.ow.org/

b   딥러닝 알고리즘을 구현한 수치 계산 라이브러리   URL https://github.com/Theano/Theano

c   머신러닝용 오픈소스 라이브러리   URL http://scikit-learn.org/stable/

d   딥러닝을 위한 프레임워크   URL http://caffe.berkeleyvision.org/

e   Preferred Networks에서 만든 딥러닝 오픈소스 라이브러리   URL http://chainer.org/

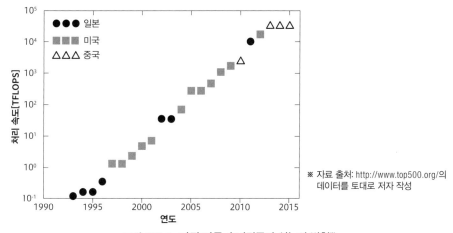

※ 자료 출처: http://www.top500.org/의 데이터를 토대로 저자 작성

그림 C11.1 가장 빠른 슈퍼컴퓨터 성능의 변천※

■ ProcessPoolExecutor

ProcessPoolExecutor를 사용한 멀티프로세스 적용 실제 사례를 보도록하자. **ProcessPool Executor**는 프로세스 풀을 사용하여 비동기 호출을 하도록 해주는 Executor 객체의 하위 클래스다. 내부적으로 multiprocessing을 사용하여 GIL을 회피할 수 있도록 해준다.

그럼, 리스트 11.3에서 ProcessPoolExecutor를 사용하여 멀티프로세스 처리를 적용한 예를 보자. 이 예제는 'PRIMES'라는 리스트에 포함된 큰 수가 소수인지 여부를 판정하는 내용이다.

리스트 11.3 ProcessPoolExecutor의 실제 예

```python
import concurrent.futures
import math
import time

PRIMES = [
    112272535095293,
    112582705942171,
    112272535095293,
    115280095190773,
    115797848077099,
    1099726899285419]

def is_prime(n):
    if n % 2 == 0:
        return False

    sqrt_n = int(math.floor(math.sqrt(n)))
    for i in range(3, sqrt_n + 1, 2):
        if n % i == 0:
            return False
    return True

def main1():
    """ 멀티프로세스로 소수 판정 """
    ts = time.clock()
    with concurrent.futures.ProcessPoolExecutor() as executor:
        ans = list(executor.map(is_prime, PRIMES))
    print('멀티프로세스로 걸린 시간: {0:.3f}[s])'.format(time.clock() -ts))
    print(ans)

def main2():
    """ 싱글프로세스로 소수 판정 """
    ts = time.clock()
    ans = list(map(is_prime, PRIMES)) # 파이썬 3에서는 리스트로 변환하여 계산이 수행된다
    print('싱글프로세스로 걸린 시간: {0:.3f}[s])'.format(time.clock() -ts))
    print(ans)

if __name__ == '__main__':
    main1()
    main2()
```

※ 리스트 11.3은 파이썬 공식 참조 문서에 포함된 예(URL http://docs.python.org/3/library/concurrent.futures.html)를
  기초로 싱글프로세스로 처리한 경우와 비교할 수 있도록 수정한 것이다.

함수 main1()을 보면 ProcessPoolExecutor() 클래스를 사용하여 리스트 'PRIMES'에 포
함된 6개의 큰 정수가 소수인지 여부를 판단하는 함수다. 함수 main2()는 같은 계산을

싱글프로세스로 수행한다. 프로그램 코드를 보면 알 수 있듯이 일반적인 map 함수 대신에 ProcessPoolExecutor( )의 함수 map( )을 사용하는 것만으로도 간단하게 멀티프로세스를 적용할 수 있다. 이 프로그램을 듀얼코어 CPU를 갖춘 윈도우 PC에서 실행하면 다음과 같이 속도가 향상되었음을 알 수 있다.

```
In [19]: %run spd_multip2.py
멀티프로세스로 걸린 시간: 6.238[s])
[True, True, True, True, True, False]
싱글프로세스로 걸린 시간: 9.476[s])
[True, True, True, True, True, False]
```

column
Blaze 에코 시스템

대규모 데이터의 조작 혹은 처리를 위한 라이브러리 그룹으로 **Blaze 에코 시스템**이 개발되어 주목을 받고 있다. 이들은 오픈소스 프로젝트로 주로 아래의 다섯 가지 라이브러리로 구성된다.

- Blaze: 다양한 데이터 축적 시스템으로부터 데이터를 가져오는 인터페이스
- Dask: 태스크 스케줄링 및 Block Algorithm을 적용한 병렬 계산
- Datashape: 데이터 디스크립팅 언어
- DyND: 동적/다차원 배열용 C++ 라이브러리
- Odo: 다양한 데이터 스토리지 간에 데이터를 이동

ePreferred Networks에서 만든 딥러닝 오픈소스 라이브러리 에코 시스템 라이브러리에는 앞으로 점점 늘어나게 될 각종 빅데이터, 날씨/천문 등 대량의 관측 데이터를 쉽게 다룰 수 있도록 해준다. 또한 NumPy나 pandas와 비슷한 인터페이스를 사용하면서 메모리 크기 이상의 데이터를 다룰 수 있다는 점이 주목을 받고 있다. NumPy나 pandas에서는 데이터 크기가 메모리 크기를 초과할 수 없다는 한계가 있었기 때문이다.

NumPy 및 pandas와의 데이터 포맷 변환도 쉽게 할 수 있어서 이들을 사용한 처리 도중에 대규모 데이터의 병렬 처리가 필요한 부분만 Dask를 사용하는 방법도 가능하다. 또, Dask는 태스크 스케줄러를 갖추고 있어 단일 PC상의 싱글프로세스부터 100노드 이상의 클러스터를 사용하는 분산 컴퓨팅까지 유연한 스케일링 능력을 갖고 있다.[a] 프로그램이 이 정도의 스케일러빌리티(scalability) 갖출 수 있다는 점은 매우 매력적이기 때문에 앞으로의 발전이 기대되는 라이브러리다.

a 여기에 대해서는 다음 두 URL을 참조하기 바란다.
   URL http://dask.pydata.org/en/latest/ URL http://blaze.pydata.org/blog/2016/02/17/dask-distributed-1/

11.4 정리

파이썬으로 대규모 데이터를 다룰 때 이를 처리할 방법을 잘못 선택하면 C 등의 언어보다 10배 이상 느린 프로그램이 되기 쉽다. 이렇게 느린 프로그램에 이번 장에서 배운 최적화 방법을 적용하고 더욱 개선할 수 있는 방법을 찾아보도록 하자. '고속 라이브러리(타 언어로 구현) 활용' 및 'JIT 컴파일러 사용'은 12장에서 자세히 다룰 예정이니 이번 장과 함께 참고하기 바란다.

그리고 프로그램이 어느 정도 빨라졌다면 약간의 속도 개선을 위해 너무 많은 시간을 들이지 않는 것이 중요하다. 목적을 달성하는 데 걸리는 시간을 짧게 하는 것이 목적이지, 프로그램을 빨리 동작하도록 하는 것이 목적이 아니기 때문이다. 또한 최적화를 위해 복잡한 기법을 적용하게 되면 다른 사람이 프로그램을 이해하는 데 어려움을 겪게 되는 경우도 있다. 특히 팀 작업에서는 서로가 작성한 코드의 가독성을 유지하는 것도 필요하다.

12

프로그램 최적화
— 응용 예

이번 장에서는 이러한 방법에 대한 개요를 살펴본다.

앞서 설명한 바와 같이 파이썬은 다른 언어로 작성된 프로그램을 통합할 수 있는 접착제 언어라는 평가를 받는다. 실제로 C/C++이나 Fortran으로 작성된 라이브 러리를 활용하는 파이썬 패키지가 여럿 있다. 이들은 파이썬만으로 작성된 프로그 램보다 일반적으로 빠르게 동작하기 때문에 고속 처리라는 관점에서 볼 때 높게 평가된다. 물론 직접 작성한 C/C++ 프로그램을 컴파일하여 파이썬에서 사용하는 것도 가능하다.

또 다른 최적화 방법도 있다. 그중 하나는 Cython을 사용하는 것이다. Cython을 사용하면 파이썬 프로그램에 약간의 어노테이션을 추가하여 이를 C 코드로 변환 하여 컴파일하고 다시 다른 파이썬 프로그램에서 호출할 수 있다. 이것도 다른 언 어를 이용하는 한 가지 형태라고 볼 수 있다. 그 외의 방법으로는 JIT 컴파일러를 사용하기 위한 확장 기능을 제공하는 Numba나 Numexpr 등도 유용한 경우가 있다.

12.1 고속 라이브러리 활용하기

이번 절에서는 파이썬에서 다른 언어를 활용하는 방법에 대해 설명한다. 먼저, 다른 언어의 라이브러리 패키지에 대해 알아본 후, Cython의 기본 사용법과 활용법, 그리고 직접 작성한 C 라이브러리를 파이썬에서 사용하는 방법을 알아볼 것이다.

12.1.1 타 언어 라이브러리 패키지

파이썬 패키지 중에는 원래 다른 언어의 라이브러리였던 것이 여럿 있다. 소위 래퍼 프로그램으로 파이썬에서도 사용할 수 있도록 한 것이다.

이 책에서 다룬 NumPy나 SciPy도 사실은 C/C++, Fortran으로 작성된 프로그램을 이용하여 빠른 처리 속도가 가능한 것이다. 이렇듯 파이썬 래퍼를 사용하여 C/C++, Fortran 프로그램을 파이썬용 패키지로 만든 것이 여러 가지 있다.

예를 들면, 과학 기술 컴퓨팅에서도 많이 사용되는 아래 패키지들은 모두 파이썬에서 사용 가능한 패키지가 만들어져 있다.

- GNU Scientific Library (C/C++ 과학 기술 컴퓨팅용 수치 계산 라이브러리)
- Boost (C++의 최신 기능을 도입한 라이브러리)
- FFTW (이산 푸리에 변환 라이브러리)
- OpenGL (CG/Computer Graphics용 라이브러리)

파이썬에서는 이렇듯 다른 언어의 라이브러리를 사용하는 것이 너무 흔한 일이기 때문에 유명한 라이브러리인 경우 이미 누군가가 파이썬 래퍼를 만들어둔 경우가 왕왕 있다.

따라서 다른 언어의 라이브러리를 사용할 때 이미 파이썬 패키지로 만들어진 것이 있는지 확인하고 최대한 기존 패키지를 활용하는 것이 좋다.

12.1.2 Cython

Cython은 파이썬과 C/C++의 정적 타입 시스템을 융합한 프로그래밍 언어다. 파이썬 프로그램에 특정한 어노테이션을 추가할 수 있는 확장 언어라고도 할 수 있다. 파이썬 프로그램처럼 작성하더라도 C와 같은 성능이 나온다는 장점이 있다. Cython은 Cython 코드를 C나 C++ 코드로 변환하여 파이썬 확장 모듈이나 독립적인 실행 파일로 컴파일할 수 있다. 이를 통해 파이썬에 C/C++ 급의 성능을 부여할 수 있게 된다. 그리고 앞서 설명한 바와 같이 CPython은 C로 구현한 파이썬 기준 구현체이고, Cython과 CPython은 완전히 별개이므로 주의하기 바란다.

■ Cython의 기능

Cython 패키지를 간단히 설명하면 아래 두 가지로 요약할 수 있다.

- Cython 프로그램을 C/C++로 변환
- C/C++ 라이브러리 호출

Cython은 프로그램을 C/C++로 변환하여 이를 다시 파이썬 프로그램에서 호출할 수 있도록 하는 기능이 있으므로, 위의 두 가지 기능을 갖는 것은 어쩌면 당연하다고 하겠다. C/C++로 변환된 프로그램을 컴파일하는 부분만은 따로 준비된 컴파일러를 이용한다.[1] 따라서 컴파일 작업 앞뒤로는 Cython을 사용한다. 그리고 컴파일러를 실행하는 것은 distutils의 기능이나 Cython에 딸린 pyximport 모듈의 기능을 사용한다.

그런데 파이썬 프로그램을 C로 변환하려면 파이썬의 동적 타이핑 언어로서의 특징을 포기하고 정적 타이핑을 해야 한다. 정적 타이핑에서는 컴파일 타임에 타입 체크가 가능하므로 데이터 타입에 가장 효율적인 고속 기계어를 생성할 수 있다는 장점이 있다.

파이썬 같은 동적 타이핑 언어에서는 런타임에 데이터 타입을 판단하고, 이에 맞는 저수준 함수를 선택하는 처리가 필요하다. 이런 처리를 '동적 디스패치(dynamic dispatch)'라고 부르며 실제 실행 시에 많은 시간을 여기 소비하게 된다. Cython의 처리 속도가 빠른 이유는 이런 동적 디스패치 시간을 줄이고 미리 준비해둔 최적의 기계어 명령을 사용하기 때문이다.

---

1   윈도 환경에서 C/C++ 컴파일러를 설치하는 방법 등은 이 책의 컴패니언 페이지를 참조하기 바란다(원문 p.vi).

12.1.3 Cython의 사용 방법

Cython 프로그램의 구체적인 작성 방법을 설명하기 전에 Cython의 전반적인 사용 방법을 대략적으로 설명하겠다. 먼저 Cython 프로그램을 이용하는 과정은 다음과 같다.

❶ Cython 프로그램 파일에 .pyx 확장자를 붙인다.

❷ Python 프로그램에 정적 타입 선언(뒤에 설명함) 등을 추가하여 Cython 프로그램으로 바꾼다.

❸ Cython의 기능(cythonize)을 사용하여 확장자가 .c인 C 프로그램으로 변환한다.[2]

❹ C 코드로 변환한 소스 코드를 컴파일하여 확장자 .pyd(윈도우의 경우), 혹은 .so(리눅스/맥OS) 라이브러리 파일로 변환한다.

❺ 컴파일이 끝난 라이브러리를 파이썬에서 import하여 사용한다.

■ Cython 코드 작성부터 컴파일까지

컴파일을 거쳐 라이브러리를 만드는 방법에는 아래의 두 가지 표준적인 방법이 있다.

- 파이썬 표준 라이브러리 distutils와 Cython의 cythonize를 사용하는 방법
- pyximport로 실행 시 컴파일

우선 앞의 방법부터 설명하면, 리스트 12.1에 나온 Cython 코드를 컴파일하려고 한다. 이 코드는 지정한 수만큼의 소수를 작은 것부터 찾아 리턴하는 함수 primes()의 코드다.

지금까지 본 파이썬 프로그램과 달리, 입력변수인 kmax나 함수 안에서 쓰이는 지역 변수 n, k, i 등에 정적 타입 선언이 붙어 있는 것을 알 수 있다. 순수한 파이썬 프로그램에 cdef문으로 정적 타입 선언을 추가하여 Cython 코드로 만든다.

리스트 12.1 Cython 코드의 예(primes() 함수cython_1.pyx)*

```
def primes(int kmax):
    cdef int n, k, i
    cdef int p[1000]
    result = []
    if kmax > 1000:
        kmax = 1000
    k = 0
```

---

2   cythonize를 이용할 때 옵션으로 language="c++"을 주면 C++ 코드로 바꿀 수 있다.

```
    n = 2
    while k < kmax:
        i = 0
        while i < k and n % p[i] != 0:
            i = i + 1
        if i == k:
            p[k] = n
            k = k + 1
            result.append(n)
        n = n + 1
    return result
```

※ 출처 URL http://docs.cython.org/src/tutorial/cython_tutorial.html

그 다음, 리스트 12.1에 나온 함수를 **cythonize**를 사용하여 C 코드로 변환한 뒤 컴파일
하여 라이브러리로 만든다. 이때는 파이썬 표준 라이브러리인 **distutils**를 사용한다. 우
선 distutils를 사용하기 위해 리스트 12.2의 setup 파일을 준비한다. 여기서는 'setup_cy1.
py'라는 파일명을 사용했다.

리스트 12.2 distutils의 setup 파일(setup_cy1.py)

```
from distutils.core import setup
from Cython.Build import cythonize

setup(
    ext_modules = cythonize("cython_1.pyx")
)
```

C 컴파일러가 준비되었다면 이제 모든 준비가 끝났다. 아래의 명령으로 C 코드 변환과
컴파일을 실행하자.

```
In [1]: !python setup_cy1.py build_ext --inplace
Compiling cython_1.pyx because it changed.
[1/1] Cythonizing cython_1.pyx
running build_ext
building 'cython_1' extension
<중략>
코드를 생성하는 중
코드 생성이 완료됨
```

IPython에서 !를 붙여 실행하면 셸(윈도우의 경우 명령 프롬프트)에서 실행하는 것과 같다. 컴파일이 끝나면 그 다음은 아래와 같이 일반적인 파이썬 모듈처럼 import해서 사용하면 된다.

```
In [2]: import cython_1

In [3]: cython_1.primes(10)
Out[3]: [2, 3, 5, 7, 11, 13, 17, 19, 23, 29]
```

■ Cython 코드를 실행 시 컴파일하기

이번에는 **pyximport**로 실행할 때 컴파일 방법을 알아보자. pyximport를 사용하면 이름 그대로 확장자 .pyx를 갖는 Cython 파일을 그대로 import하여 사용할 수 있다. 물론 필요에 따라 import되는 Cython 파일이 컴파일된다. Cython 파일을 수정하고 나서 pyximport를 처음 실행할 때 컴파일이 실행된다. 또, 따로 아무것도 지정하지 않고 컴파일하게 되므로 이 방법은 외부 라이브러리 접속이나, 컴파일러의 세세한 설정이 필요하지 않은 경우에만 쓸 수 있다. 그럼 실제 예를 보기로 하자. 조금 전의 cython_1.pyx를 import하여 사용하려면 아래와 같이 한다.

```
In [4]: import pyximport; pyximport.install()
Out[4]: (None, <pyximport.pyximport.PyxImporter at 0xc1be850>)

In [5]: import cython_1

In [6]: cython_1.primes(5)
Out[6]: [2, 3, 5, 7, 11]
```

위의 예에서 import pyximport; pyximpoty.install( )에서 pyximport가 자동 컴파일을 하게 된다. 그 다음엔 평소처럼 import해서 사용하기만 하면 된다. 명령 한 줄만 기억해두면 되므로 간단하고 편리한 방법이다.

12.1.4 Cython을 이용한 병렬 프로그래밍 예
— NumPy 프로그램을 Cython 코드로

Cython을 사용해서 속도가 특히 개선되는 프로그램은 for문이나 while문을 사용한 반복 처리가 있는 프로그램이다. 조금 전의 리스트 12.1도 이런 프로그램에 속한다.

리스트 12.1에서는 입력변수와 함수 안에서 사용되는 지역 변수에 정적 타입 선언을 붙여서 프로그램을 빠르게 할 수 있었다. 그러나 리스트 12.1은 애초에 NumPy 프로그램이 아니기 때문에 과학 기술 컴퓨팅을 하려는 사람에게는 그리 참고가 되지 못한다. 그래서 리스트 12.3에 실린 NumPy의 ndarray를 사용하는 함수를 예로 삼도록 한다.

리스트 12.3 **Cython으로 ndarray를 사용하는 함수를 작성한 예(cython_2.pyx)**

```
""" Cython으로 ndarray를 사용하는 함수를 작성한 예 """

cimport numpy as np
from cython.parallel import prange

N = 10000000

def matrix_cal_cy(np.ndarray[double, ndim=1] X,
                  np.ndarray[double, ndim=1] Y, double a):
    cdef int i
    for i in prange(N, nogil=True):
        if Y[i] < 0:
            Y[i] += 10.0 + 1e-7*i
    return (a*X + np.exp(Y))
```

위의 예에서 matrix_cal_cy가 Cython으로 작성된 함수다. 함수 내부 에서 NumPy를 참조하기 위해 import 대신 cimport문으로 NumPy를 import한다. 또 matric_cal_cy( ) 함수의 인자로 double 타입 1차원 ndarray를 넘기고 있다. 그리고 이 함수를 보면 range( ) 대신 prange( )를 사용한 것을 볼 수 있다. prange( ) 함수는 OpenMP[3] API로 구현되어 있어서 for문과 조합해서만 사용할 수 있다. prange( ) 함수를 for문에 사용하여 컴파일러의 OpenMP 옵션을 활성화하면 for문을 병렬로 실행할 수 있게 된다.

---

3 C/C++, Fortran에서 사용되는 공유 메모리형 병렬 프로그래밍 프레임워크로 멀티플랫폼을 지원한다.
URL http://openmp.org/wp/

또, prange( ) 함수에 nogil=True 옵션을 붙여주면 GIL이 걸어 놓은 제약에서 벗어날
수도 있다.[4]

■ setup 스크립트의 예

조금 전의 Cython 프로그램을 컴파일하기 위한 distutils용 setup 스크립트를 리스트
12.4에 실었다.

리스트 12.4 distutils의 setup 스크립트(setup_cy2.py)

```python
from distutils.core import setup
from distutils.extension import Extension
from Cython.Build import cythonize # cythonize을 사용
import numpy as np

extensions = [
    Extension("cython_2", ["cython_2.c"],
              include_dirs=[np.get_include()],
              libraries=['npymath'], # NumPy 라이브러리를 링크
              library_dirs=['C:/Anaconda3/Lib/site-packages/numpy/core/lib'],
              extra_compile_args=['/openmp'], # OpenMP 옵션을 활성화
              extra_link_args=['/openmp']), # OpenMP 옵션을 활성화
]
setup(
    name="My matrix calc",
    ext_modules=cythonize(extensions),
    include_dirs=[np.get_include()]
)
```

리스트 12.3을 보면 NumPy를 사용하므로 NumPy 헤더 파일을 인클루드하기 위해
include_dirs=[np.get_include()]로 경로를 지정한다. 또 사용할 라이브러리 이름과
경로도 설정한다. 그러고 나서 다음 명령으로 컴파일을 실행한다.

```
In [7]: !python setup_cy2.py build_ext --inplace
running build_ext
building 'cython_2' extension
<중략>
코드를 생성하는 중
코드 생성이 완료됨
```

---

4 환경에 따라서 효과가 없을 수도 있다.

■ 최적화의 효과를 확인

이번에는 지금 컴파일한 함수와 파이썬 코드로 된 함수의 속도 차이를 측정할 것이다. 리스트 12.5는 파이썬 및 NumPy로 작성된 원래 함수 matrix_cal( )과 Cython으로 변환된 함수 matrix_cal_cy( )의 속도를 비교하는 코드다.

리스트 12.5 ndarray를 사용하는 Cython 함수의 실행 시간 측정(cython_3.py)

```python
import cython_2
import numpy as np
import time

N = 1000000

# cython_2.py에 정의된 함수의 본래 파이썬 버전
def matrix_cal(X, Y, a):
    for i in range(N):
        if Y[i] < 0:
            Y[i] += 10.0 + 1e-7*i
    return (a*X + np.exp(Y))

if __name__ == '__main__':
    # 계산 대상이 될 ndarray 생성
    a = 3.4
    X = np.random.randn(N)
    Y = np.random.randn(N)
    # Cython 버전 함수로 계산
    ts = time.clock()
    Z = cython_2.matrix_cal_cy(X, Y, a)
    print('Cython 함수의 실행 시간: {0:.3f}[s]'.format(time.clock() -ts))
    # 변환 전 matrix\_cal 함수로 계산
    ts = time.clock()
    Z = matrix_cal(X, Y, a)
    print('원래 버전의 실행 시간: {0:.3f}[s]'.format(time.clock() -ts))
```

리스트 12.5를 실행하면 다음과 같은 결과가 표시된다.

```
In [8]: %run cython_3.py
Cython 함수의 실행 시간: 0.608[s]
원래 버전의 실행 시간: 6.057[s]
```

위의 결과에서 보듯 대폭 속도 향상이 있었다. 이 예에서는 최적화의 효과를 보기 유리한 형태인 for문을 포함한 Cython 프로그램을 사용했으나, 처음부터 NumPy로 벡터 연산만을 사용했다면 Cython으로도 이 정도의 속도 개선은 어려울 수도 있다. 이런 경우에는 뒤에 설명할 Numexpr을 적용하면 효과가 있는 경우도 있다.

12.1.5 직접 작성한 C/C++ 라이브러리 활용하기

파이썬 프로그램에서 직접 작성한 C/C++ 라이브러리를 호출하는 방법에는 아래에서 언급한 기능 혹은 패키지를 사용하는 방법이 있다.

❶ **파이썬 C 언어 API** URL http://docs.python.org/3/c-api/index.html

❷ **Cython** URL http://docs.cython.org/src/tutorial/clibraries.html

❸ **ctypes** URL https://docs.python.org/3/library/ctypes.html?highlight=ctype#module-ctypes

❹ **cffi** URL http://c..readthedocs.org/en/latest/index.html

❺ **SWIG** URL http://www.swig.org/Doc1.3/Python.html#Python_nn13

먼저, 첫 번째로 C 언어 API를 사용하는 방법을 간단히 소개하겠다. 이 예제에서 사용할 C 코드를 리스트 12.6에 실었다. 여기에서 볼 수 있듯이 파이썬용으로 스펙을 확장한 C로 작성하는 형식을 취하기 때문에 기존의 라이브러리를 그대로 사용할 수는 없다. 기존 코드를 최대한 그대로 사용하고 싶다면 다른 방법이 더 좋을 것이다.

리스트 12.6 C 언어 API를 사용한 예

```
#include <Python.h>

static PyObject *
fact(PyObject *self, PyObject *args)
{

    int n;
    int i;
    int ret=1;

    if (!PyArg_ParseTuple(args, "i", &n))
        return NULL;

    for (i=n; i>0; i--) ret *= i;

    return Py_BuildValue("i", ret);
}
```

❷Cython은 모든 유형의 C/C++ 함수를 지원하는 유연성을 갖추고 있다. 그러므로 익숙해지면 기존 라이브러리 래퍼로 사용할 수 있지만, ❸ctypes, ❹cffi, ❺SWIG는 다른 언어 라이브러리 호출만을 목적으로 하므로 단순히 C/C++ 함수에 접근하는 것이 목적이라면 이쪽이 더 간단하다.

❸ctypes는 파이썬 표준 라이브러리로, 함수 호출 규약의 차이를 간단히 극복하게 해준다. 호출 규약이란 함수 등을 호출할 때의 절차에 대한 규칙을 말한다. cdecl 호출 규약이 적용되는 경우에는 cdll 객체를 지원하며, stdcall 호출 규약이 적용된다면 windll과 oledll 객체를 지원한다. 여기서는 대략의 감을 잡는 데 도움이 되도록 간단한 예제를 보기로 한다. ctypes에 대한 더 자세한 사항은 앞에 나온 URL의 문서를 참조하기 바란다.

■ 직접 작성한 C/C++ 라이브러리 컴파일하기

우선 아래의 아주 간단한 함수를 예로 들어보자. 파일명은 'myfunc_cdelc.c'다.

```
/* myfunc_cdelc.c */
int myadd(int x, int y) {
    return x + y;
}
```

예를 들어 이 파일을 윈도우에서 gcc로 컴파일하려는 경우[5] 다음과 같이 하면 된다.

```
In [9]: !gcc -c -DBUILD_DLL myfunc_cdecl.c

In [10]: !gcc -shared -o myfunc_cdecl.dll myfunc_cdecl.o
```

이렇게 하면 **myfunc_cdecl.dll**이라는 이름으로 DLL(Dynamic Link Library) 파일이 생성된다. 이 예는 cdecl 호출 규약을 적용한 경우다. 이번에는 stdcall 호출 규약을 따르는 DLL을 만들어보자. stdcall 호출 규약을 적용하려면 다음과 같이 함수 선언에 이를 명기해야 한다.

5　MinGW(Minimalist GNU for Windows)를 사용했다.

```
/* myfunc_stdcall.c */
#define EXPORT __declspec(dllexport) __stdcall

EXPORT int myadd(int x, int y) {
    return x + y;
}
```

이를 다시 gcc로 컴파일해서 DLL 파일로 만들려면 다음과 같이 한다.

```
In [11]: !gcc -c -DBUILD_DLL myfunc_stdcall.c

In [12]: !gcc -shared -o myfunc_stdcall.dll -Wl,--kill-at myfunc_stdcall.o
```

이렇게 하면 **myfunc_stdcall.dll**이라는 DLL 파일이 생성된다. 이때 링커 옵션에 −W와
.kill-at을 추가한 것에 주의하기 바란다. 이 옵션은 stdcall에서 보통 필요로 하는 호출
인자 크기를 요구하지 않게 한다.

■ 라이브러리를 import하는 방법

윈도우에서는 위의 방법을 통해 만든 DLL 파일을 다음과 같이 호출해서 사용할 수 있다.

```
In  [13]: import ctypes
     ...:
     ...: lib_windll = ctypes.windll.LoadLibrary('myfunc_stdcall.dll')
     ...: lib_cdecl = ctypes.CDLL('myfunc_cdecl.dll')
     ...:
     ...: print(lib_windll.myadd(3, 6))
     ...: print(lib_cdecl.myadd(3, 2))
Out [13]:
9 # 3+6
5 # 3+2
```

ctypes.windll.LoadLibrary 함수는 stdcall 호출 규약을 따르는 DLL 파일을 사용하며,
ctypes.CDLL 함수는 cdecl 호출 규약을 따르는 DLL 파일을 사용한다. 위의 예를 보면
두 가지 DLL 파일에 포함된 myadd 함수가 모두 정상적으로 동작함을 알 수 있다.

지금까지 본 예는 간단한 함수를 예로 들었지만 참조를 전달하는 포인터로 함수의 리턴
값을 받아오는 경우 등에도 비교적 간단하게 파이썬으로부터 호출할 수 있다. 자세한 사
항은 ctypes의 문서를 확인하기 바란다.

12.2 JIT 컴파일러 사용하기

이번 장에서는 JIT 컴파일러를 통해 고속 실행을 가능케 하는 두 가지 프레임워크인 **Numba**와 **Numexpr**을 소개한다. 이들 프레임워크의 특기할 만한 점은 약간의 코드 수정만으로 고속 실행이 가능하다는 점이다. Cython에 비하면 쉽고 배워야 할 내용도 적어서 가볍게 사용할 수 있는 최적화 기법이라 할 수 있다. CPU 자원을 많이 사용하는 프로그램이라면 이 방법을 사용해서 처리속도를 몇 배 이상 개선하는 경우도 있으므로 시도해볼 가치가 충분히 있다.

12.2.1 Numba

Numba는 Continuum Analytics에서 오픈소스 프로젝트로 개발하고 있다.[6] 파이썬으로 작성된 프로그램에 데코레이터만 추가해서 배열을 사용하는 수치 계산 프로그램을 고속 실행할 수 있도록 하는 것이 특징이다. 예를 들어, **@jit** 데코레이터를 함수 정의 앞에 달아주면 이 함수를 Numba의 기능을 통해 고속 실행이 가능해지는 것이다. 프로그램에 데코레이터를 추가하면 이 프로그램을 실행할 때 JIT 컴파일러(Just-In-Time compiler)가 프로그램을 실행 중인 플랫폼의 기계어로 컴파일되어 C/C++이나 Fortran에 맞먹는 속도가 나오게 된다. 이때, LLVM(Low Level Virtual Machine)이라는 컴파일러 백엔드가 사용된다.

원래 'NumbaPro'라는 이름으로 유료 판매되고 있었으나 현재는 NumbaPro라는 이름으로는 개발이 종료됐다. NumbaPro의 주요 기능은 **Numba**가 이어받았으며, CUDA 라이브러리와 관련된 기능은 **Accelerate**라는 별도의 유료 패키지가 이어받았다.

Numba는 CPU용 혹은 GPU용 프로그램을 모두 컴파일할 수 있다. 그러나 GPU용 프로그램을 컴파일할 때는 아직 어느 정도 제약이 있으니 이를 염두에 둬야 한다. CUDA 지원은 상당히 진전됐으나, HSA(Heterogeneous System Architecture)의 APU(Accelerated Processing Unit) 지원은 아직 미약하며, GPU 역시 NVIDIA 제품만 지원하여 AMD 제품을 지원하지 않는(2016년 8월 기준) 상황이다. 그래도 GPU에서 프로그램의 일부를 동작시킬 수 있다는 잠재성은 주목할 만하다.

---

6 이 책에서는 Numba 0.27.0에 대한 정보를 기준으로 한다.

LLVM 컴파일러를 사용하는 언어 중에 **Julia**라는 언어가 있다. 2009년부터 개발되어 2012년에 오픈 소스 프로젝트로 공개된 비교적 새로운 언어다. MATLAB처럼 쉽게 작성할 수 있는 스크립트 언어이면 서도, C처럼 빠른 속도를 특징으로 하는 언어다. 다음과 같은 요구사항을 만족하는 언어를 만들기 위해 개발이 이뤄지고 있다.

- C의 속도와 Ruby의 동적 프로그래밍이 가능한 언어
- Lisp처럼 진정한 매크로와 메타 프로그래밍이 가능한 언어
- MATLAB의 선형대수 기능과 수식을 알기 쉽게 기술할 수 있는 언어
- 파이썬의 범용성
- R의 통계 처리 기능
- Perl의 문자열 처리
- 컴파일이 가능하면서도 대화형 환경을 갖춘 언어

언어의 패러다임 면에서는 객체지향 외에도 병렬 처리에 강한 함수형 프로그래밍 기법을 사용할 수 있는 다중 패러다임을 택하고 있다. 또한 C로 작성된 함수를 래퍼 함수나 특별한 API를 사용하지 않고도 직접 호출할 수 있다거나, PyCall 패키지를 사용하여 파이썬으로 작성된 함수도 호출할 수 있기 때문에 레거시 코드를 활용할 수 있는 접착제 언어의 특징도 갖고 있다.

무엇보다 병렬 처리나 분산 컴퓨팅을 위해 설계되었다는 점이 특기할 만한 점이다. 파이썬에서는 NumPy나 SciPy를 사용해서 어느 정도 병렬 처리가 가능하고 Cython이나 Numba를 활용해야 더욱 더 계산의 병렬성을 높일 수 있지만 Julia는 애초에 병렬 처리를 염두에 두고 언어 스펙이 설계되었다. 개발 환경이 차츰 충실히 갖춰지고 있어서 미래가 기대되는 언어.

■ 기본적인 사용법

Numba는 파이썬 스크립트 전체의 실행 속도를 빠르게 하지는 않는다. 스크립트 안에 정의된 함수나 클래스에 데코레이터를 붙여 이들이 JIT 컴파일러로 컴파일되어 속도가 향상되는 구조다.

리스트 12.7에 **@jit** 데코레이터를 사용하여 속도를 향상시킨 예를 실었다. mult_abs_ basics 함수는 복소수 1차원 배열 x와 y의 요소 단위 곱을 계산하고 이 곱의 절댓값을 리턴하는 함수다. 이에 비해, mult_abs_numpy는 같은 내용의 계산을 NumPy를 사용하여 수행하고, mult_abs_numba는 `@jit` 데코레이터를 적용하여 JIT 컴파일러로 컴파일

하도록 했다. Numba는 이렇게 함수 앞에 데코레이터를 붙이는 것만으로도 속도를 향상 시킬 수 있다.

단, 이 예에서는 ndarray를 입력으로 사용하고 있으므로 입출력 데이터의 타입을 명확히 적고 있다. 또, nopython=True 인자로 실행할 때 파이썬 C 언어 API에 접근하지 않도록 컴파일한다. 이를 **nopython 모드**라고 부르며, 기본 설정인 **object 모드**보다 더 속도가 빠른 실행 파일이 생성된다.

리스트 12.7 @jit **데코레이터를 통한 속도 향상 예**(spd_numba1.py)

```python
from numba import jit
import numpy as np
import time

def mult_abs_basic(N, x, y):
    r = []
    for i in range(N):
        r.append(abs(x[i] * y[i]))
    return r

def mult_abs_numpy(x, y):
    return np.abs(x*y)

# @jit 데코레이터를 이용한 속도 향상
@jit('f8[:](i8, c16[:], c16[:])', nopython=True)
def mult_abs_numba(N, x, y):
    r = np.zeros(N)
    for i in range(N):
        r[i] = abs(x[i] * y[i])
    return r

if __name__ == "__main__":
    # %% 처리할 데이터 생성
    N = 1000000
    x_np = (np.random.rand(N) -0.5) + 1J * (np.random.rand(N) -0.5)
    y_np = (np.random.rand(N) -0.5) + 1J * (np.random.rand(N) -0.5)
    x = list(x_np)
    y = list(y_np)

    # %% 실행 시간 비교
    ts = time.clock()
    b1 = mult_abs_basic(N, x, y)
    print('Python 실행 시간 : {0:0.3f}[s]'.format(time.clock() -ts))
    ts = time.clock()
```

```
b1 = mult_abs_numpy(x_np, y_np)
print('NumPy 실행 시간 : {0:0.3f}[s]'.format(time.clock() -ts))
ts = time.clock()
b1 = mult_abs_numba(N, x_np, y_np)
print('Numba 실행 시간 : {0:0.3f}[s]'.format(time.clock() -ts))
```

실행 결과는 다음과 같다.

```
In [14]: %run spd_numba1.py
Python 실행 시간 : 0.675[s]
NumPy 실행 시간 : 0.200[s]
Numba 실행 시간 : 0.026[s]
```

이 결과에 따르면 mult_abs_numba 함수는 파이썬의 for문을 사용한 mult_aba_basic 함수에 비해 26배 빨랐다. 더 주목할 만한 점은 NumPy보다도 10배가 빠르게 나왔다는 점이다. 상당히 큰 차이다. @jit 데코레이터를 붙이는 것만으로도 이 정도의 속도 개선이 가능했다.

■ 어떤 프로그램에 사용할 수 있나

Numba는 순수 파이썬 프로그램뿐만 아니라 NumPy를 사용하여 작성된 프로그램도 대부분 지원하도록 설계되었다. 공식 참조 문서에 따르면 Numba는 'NumPy와 이음새 없는 매끄러운 결합'을 목표로 만들어졌다.

그러나 모든 파이썬/NumPy 프로그램에 적용 가능한 것은 아니다. 예를 들면, 다음과 같은 요소를 포함하는 함수는 Numba로 컴파일할 수 없다.[7]

- 함수/클래스 정의
- 예외 처리(try .. except, try .. finally)
- 컨텍스트 관리(with문)
- 각종 컴프리헨션(리스트, 딕셔너리, 집합, 제너레이터) 기능
- 제너레이터의 yield 기능

---

7 Numba가 컴파일할 수 있는 파이썬의 요소를 공식 참조 문서에서 확인할 수 있다. Numba는 발전 속도가 빠른 만큼 변화도 급격하므로 최신 정보는 공식 문서에서 확인하기 바란다.

또, 함수 호출 시에 가변 길이 인자 *args는 리스트가 아닌 튜플로 넘겨야 하며, 키워드 가변 길이 인자 **kwargs는 지원하지 않는다.

제너레이터 함수는 앞서 설명한 object 모드와 nopython 모드 양쪽 모두에서 사용 가능하다. Numba가 리턴하는 제너레이터는 Numba로 컴파일된 코드와 일반적인 파이썬 코드 양쪽 모두에서 사용 가능하다. 다만, 제너레이터 기능 중 코루틴 관련 메서드 (generator.send( ), generator.throw( ), generator.close( ))는 사용할 수 없다.

파이썬 내장 데이터 타입(int, bool, float, complex, 튜플, 리스트, None, bytes, bytearray, memoryview)이나, 내장 함수(abs( ), len( ), min( ), max( ), print( ) 등)도 대부분 사용할 수 있다.

파이썬 표준 라이브러리 중에는 array, cmath, math, collections, ctypes, operator, random의 일부 함수가 지원되며, 서드파티 라이브러리 중에는 cffi가 지원 대상이다.

NumPy의 표준적인 기능 중에도 많은 수가 Numba의 지원 대상이지만 NumPy의 스칼라 중 아래 내용은 지원하지 않는다.

- 임의의(직접 클래스를 작성한) 파이썬 객체
- 반정도(16비트) 및 확장정도(128비트) 부동 소수(float) 및 복소수(complex)
- 중첩 구조를 가진 스칼라

이들 극히 일부의 예외를 제외하면 대부분의 객체나 메서드 및 함수를 지원하므로 앞서 말한 바와 같이 NumPy의 기능을 사용하는 직접 작성한 함수는 Numba를 이용한 속도 향상이 가능한 경우가 있다. 자세한 사항은 '지원 대상인 NumPy의 기능'에 대해 설명하는 Numba의 참조 문서[8]를 확인하라.

■ Numba의 데코레이터

앞서 설명했듯이 Numba의 기능을 사용하려면 @로 시작하는 데코레이터를 사용해야 한다. 표 12.1에 주요 데코레이터의 종류를 정리했다. 이 표에는 from numba import jit을 import했다고 가정하고 있으며 @numba.jit을 @jit과 같이 생략하여 기재했다.

---

8 URL http://numba.pydata.org/numba-doc/latest/reference/numpysupported.html

표 12.1 Numba의 주요 데코레이터

데코레이터	설명
@jit	함수의 속도를 JIT 컴파일러로 향상시킨다.
@jitclass	클래스를 JIT 컴파일러로 속도를 향상시킨다.
@property	클래스 프로퍼티 정의임을 나타내는 데코레이터
@vectorize	NumPy의 유니버설 함수를 만든다.
@guvectorize	임의의 요소 수를 갖는 입력 변수에 대한 유니버설 함수를 만든다.
@cuda.jit	CUDA로 GPU에서 동작하는 코드를 생성하여 속도를 향상시킨다.
@reduce	Reduce 클래스의 인스턴스를 생성한다.

함수에 이들 데코레이터를 달면 Numba로 속도를 향상시킬 수 있으며, 데코레이터에 인자 및 리턴값의 타입에 대한 정보나 옵션, 인자 등을 덧붙여 세세한 사항까지 동작을 제어할 수 있다.

■ Numba의 사용 예(@jitclass)

이번에는 @jitclass를 사용한 실제 예를 소개하겠다. 리스트 12.8은 간단한 클래스 정의에 @jitclass 데코레이터를 적용한 예다. 클래스 속성(size와 arr)의 타입은 이 클래스 정의만 봐서는 정확히 알 수 없으므로 spec이라는 튜플의 리스트를 정의하여 클래스 속성과 그 데이터 타입을 @jitclass 데코레이터에 알려준다.

리스트 12.8 @jit 데코레이터의 사용 예(spd_numba2.py)

```python
import numpy as np
import time
from numba import jitclass # import jitclass decorator
from numba import int32, float64 # 타입 이름을 import

# 클래스 속성의 데이터 타입을 지정
spec = [
    ('size', int32),
    ('arr', float64[:]),
]

@jitclass(spec)
class RandomCode(object):

    def __init__(self, size):
```

```
        self.size = size
        self.arr = np.random.randn(size)

    def bit_code(self):
        for i in range(self.size):
            if self.arr[i] >= 0.5:
                self.arr[i] = 1
            else:
                self.arr[i] = -1
        return self.arr
if __name__ == '__main__':
    a = RandomCode(1000000)
    ts = time.clock()
    cdat = a.bit_code()
    print('코드 생성 소요 시간 : {0:.3f}[s]'.format(time.clock()ts))
```

리스트 12.8을 실행한 결과는 다음과 같다.

```
In [15]: %run spd_numba2.py # @jitclass 데코레이터 미적용
코드 생성 소요 시간 : 0.452[s]
In [16]: %run spd_numba2.py # @jitclass 데코레이터 적용
코드 생성 소요 시간 : 0.118[s]  # 4배 가끼이 속도 개선
```

■ Numba의 사용 예(ufunc 작성)

Numba를 사용하여 아래와 같은 방법으로 유니버설 함수 ufunc를 만들 수 있다.[9]

```
from numba import vectorize, float64

@vectorize([float64(float64, float64)], nopython=True, target='parallel')
def f(x, y):
    return x + y
```

위의 예를 보면 스칼라 변수 2개를 인자로 받는 함수 f에 @vectorize 데코레이터를 적용하고 있다. 또 nonpython=True로 파이썬 API를 사용하지 않는 nopython 모드로 컴파일하도록 설정하며, target='parallel'로 멀티코어 CPU를 위한 멀티스레드 코드를 생성하도록 한다. NumPy의 ndarray를 더하는 연산 정도에서는 이런 함수를 작성할

---

9 7.4절에서 설명했던 대로 NumPy에서도 직접 작성한 함수를 ufunc로 만들 수 있다.

필요가 없지만 여기서는 ufunc의 작성 방법을 보기 위해서 작성했다.

■ Numba의 사용 예(멀티스레드 적용)

마지막으로 Numba를 이용하여 멀티스레드 프로그램을 작성하는 예를 보자. 파이썬의 멀티스레드 프로그램은 GIL로 인한 제한으로 결국 1개의 스레드만 동시에 실행이 가능하다고 설명한 바 있다. 그러나 Numba는 이 제한을 받지 않고 여러 개의 스레드를 병렬로 동시에 실행시키는 프로그램을 작성할 수 있다. 이런 예를 아래에서 보게 될 것이다.

리스트 12.9는 곱의 합을 구하는 연산과 지수 함수 계산을 조합한 함수 inner_func_nb( )를 GIL의 제한을 받지 않도록 작성한 예다.

이 예를 보면 nogil=True 옵션으로 멀티스레드 실행 시에 GIL을 해제하고 동작하도록하고 있다. 또, 동작을 검증한 환경이 듀얼코어 CPU이기 때문에 스레드 수는 2개로 설정했다.

리스트 12.9 @jit 데코레이터를 사용한 예(spd_numba4.py)※

```
nthreads = 2 # 검증 환경이 듀얼코어이기 때문에 스레드 수를 2로 설정
size = 10000000

# 원래 함수
def func_np(a, b):
    return np.exp(2.1 * a + 3.2 * b)

# Numba로 속도를 향상시킨 함수
@jit('void(double[:], double[:], double[:])', nopython=True, nogil=True)
def inner_func_nb(result, a, b):
    for i in range(len(result)):
        result[i] = np.exp(2.1 * a[i] + 3.2 * b[i])
```

※ 출처 [URL] http://numba.pydata.org/numba-doc/latest/user/examples.html (이 예제는 URL의 예제를 일부 수정한 것임. 주석은 저자 작성)

리스트 12.9를 실행한 결과는 아래와 같다.

```
In [17]: %run spd_numba4.py
numpy (1 thread)       1545 ms
numba (1 thread)        789 ms
numba (2 threads)       534 ms
```

GIL의 제약을 받지 않고 여러 개의 스레드를 동시 실행할 수 있으므로 스레드 수에 따른 효과가 나타나게 된다. 단, 스레드에 넘길 일감이 어느 정도 규모가 되지 않으면 이런 효과를 보기 어렵다. 오히려 처리가 더 오래 걸릴 가능성도 있으므로 주의가 필요하다. 하지만 Numba를 통해 멀티코어 CPU의 능력을 십분 살릴 수 있다는 점은 주목할 만한 특징이다.

이외에도 GPU를 이용할 수 있는 @cuda.jit 데코레이터 등이 있다. NumPy의 데이터를 CUDA 커널에 전송하는 수단을 갖추고 있는 등 NumPy와 함께 사용하는 것을 전제로 설계되어 있다. GPU를 활용하고 싶은 독자는 Numba의 공식 참조 문서를 보기 바란다.

12.2.2 Numexpr

Numexpr[10]은 Numba와 같이 파이썬 코드에 JIT 컴파일러를 적용하는 방식으로 실행 속도를 향상시킨다. Numexpr은 사용이 간단하다. 복잡한 배열식을 평가할 때도 NumPy로는 중간 과정을 저장하기 위한 임시 배열을 만들어야 하는 등 불편과 함께 처리 시간의 지연이 생긴다. 하지만 Numexpr은 이러한 NumPy의 약점을 보완해준다.

Numexpr의 사용 예를 먼저 보도록 하자. 리스트 12.10은 커다란 NumPy 배열에 대해 곱의 합을 구하는 연산과 삼각 함수를 계산하도록 하고 이 계산 속도를 측정한다. 먼저, import numexpr as ne로 Numexpr을 import한다. 그 다음 계산 대상이 될 ndarray 데이터를 np.random.randn() 함수로 만든다. 그리고 NumPy만을 사용해서 삼각 함수, 곱의 합 계산을 수행하고 수행 시간을 time.clock() 함수로 측정한다. 또한 같은 계산을 Numexpr의 evaluate() 함수로 실행한 다음 역시 수행 시간을 측정한다. evaluate()에는 계산할 식을 문자열로 넘긴다.

리스트 12.10 Numexpr의 사용 예(spd_numexpr.py)

```
import time
import numexpr as ne
import numpy as np
```

10　**URL** https://github.com/pydata/numexpr

```
# 커다란 NumPy 배열을 생성
N = 10000000
a = np.random.randn(N)
b = np.random.randn(N)

# NumPy로 삼각 함수 및 곱의 합을 계산한 후 수행 시간을 측정
ts1 = time.clock()
c1 = (a * np.sin(b)).sum()
te1 = time.clock()
print('NumPy : %.6f [s]' % (te1 -ts1))

# Numexpr로 위와 같은 계산을 한 후 수행 시간을 측정
ts2 = time.clock()
c2 = ne.evaluate('sum(a * sin(b))')
te2 = time.clock()
print('Numexpr : %.6f [s]' % (te2 -ts2))

# 속도가 향상된 정도를 평가
print('%.3f[%] 개선되었다 ' % (100-100*(te2-ts2)/(te1-ts1)))
```

리스트 12.10의 실행 결과는 아래와 같다. 이 결과를 보면 Numexpr로 계산한 쪽이 약 3배 정도 빠르다는 것을 알 수 있다.

```
In [18]: %run spd_numexpr.py
NumPy : 0.520845 [s]
Numexpr : 0.183893 [s]
64.693[%] 개선되었다
```

그리고 Numexpr로는 수행할 수 없는 계산도 있는데 아래의 데이터 타입만을 다룰 수 있다.

- 8비트 부울 값(bool)
- 32비트 부호 있는 정수(int/int32)
- 64비트 부호 있는 정수(int/int64)
- 32비트 단정도 부동 소수(float/float32)
- 64비트 배정도 부동 소수(double/float64)
- 2x64비트 배정도 부동 소수 복소수(complex/complex128)
- 바이트의 raw 문자열(str)

또, 아래와 같은 연산자만을 지원한다.

- 논리 연산자: & | ~
- 비교 연산자: < <= == != >= >
- 단항 산술 연산자: -
- 2항 연산자: + - * / ** % << >>

Numexpr의 evaluate( ) 함수에 넘길 평가식 안에는 아래와 같은 함수를 사용할 수 있다.

- where(bool,number1,number2): bool이 True/False이면 number1/number2을 리턴
- {sin,cos,tan}(float|complex): 삼각 함수(사인, 코사인, 탄젠트)
- {arcsin, arccos, arctan}(float|complex): 삼각 함수(사인, 코사인, 탄젠트)의 역함수
- arctan2(float1, float2): 삼각 함수(역탄젠트)
- {sinh, cosh, tanh}(float|complex): 쌍곡선(사인, 코사인, 탄젠트) 함수
- {arcsinh, arccosh, arctanh}(float|complex): 쌍곡선 함수(사인, 코사인, 탄젠트)의 역함수
- {log, log10, log1p}(float|complex): 자연로그, 상용로그, log(1+x)
- {exp, expm1}(float|complex): 지수 함수, (지수 함수-1)
- sqrt(float|complex): 제곱근
- abs(float|complex): 절댓값
- conj(complex): 켤레 복소수
- {real, imag}(complex): 복소수의 실수부, 허수부
- complex(float, float): 실수부와 허수부 값을 받아 복소수를 생성
- contains(str, str): 문자열의 포함 여부 판정

Numexpr은 모든 계산 식의 속도를 향상시킬 수는 없지만, 지금까지 본 연산을 대량의 데이터에 적용할 경우에는 유용하게 활용할 수 있다.

12.3 정리

이번 장에서는 11장에서 본 프로그램 최적화의 네 가지 접근법 중 '고속 라이브러리 활용' 및 'JIT 컴파일러 사용'에 대해서 설명했다.

고속 라이브러리 활용에 대해서는 Cython의 사용법, 직접 작성한 C 라이브러리를 활용하는 방법에 대해 설명했고, JIT 컴파일러 사용에 대해서는 Numba와 Numexpr의 기능을 간략히 설명했다. 또 이들 접근법에 대해 구체적인 사용 예와 함께 프로그램의 속도가 향상되는 것을 확인했다. 이들 기법을 활용할 수 있다면 프로그래밍의 폭도 넓어지고, 다양한 경우에도 빠른 프로그램을 작성할 수 있을 것이다. 11장과 12장의 설명을 계기로 프로그램의 성능 개선에 도전해보기 바란다.

APPENDIX

A 참고 문헌 & 학습 자료

이 책은 과학 기술 컴퓨팅에 파이썬을 사용하는 초심자 여러분에게 필요한 지식을 얻을 수 있도록 기초 지식을 설명했다. 이 부록에서는 참고 문헌 및 언어 스펙, 주변 지식을 더 배우려 할 때 참고가 될 서적 등을 소개한다.

A.1 학습 자료

이 책의 내용을 다 익힌 후 좀 더 깊은 내용을 공부하려는 독자에게 참고가 될 만한 학습 자료로 다음과 같은 것들이 있다. 일본어 및 영어로 된 자료들이 있는데, 영어 자료가 압도적으로 많으며 영어로밖에 볼 수 없는 정보도 여럿 있다. 최신 정보를 알고 싶은 독자는 영어 자료를 우선적으로 살펴볼 것을 권한다.

■ 각종 공식 사이트

- 파이썬 `URL` http://docs.python.org/
- IPython `URL` https://ipython.org/
- Spyder `URL` https://pythonhosted.org/spyder/
- SciPy Stack(SciPy.org) `URL` https://www.scipy.org/
  SciPy Stack(NumPy, SciPy, matplotlib, IPython, pandas 등)의 공식 사이트
  각 라이브러리의 참조 문서를 여기서 찾아볼 수 있다.

■ 서적/문서

- Python Essential Reference, 4판(David M. Beazley, Addison-Wesley, 2009)
- みんなの Python第 3版(柴田淳, SBクリエイティブ, 2012)
- Pythonによるデータ分析入門 —— NumPy, pandasを使ったデータ処理
  (Wes McKinney, 小林儀匡/鈴木宏尚/瀬戸山 雅人/滝口 開資/野上 大介訳, オライリー・ジャパン, 2014)
- Cython —— Cとの融合によるPythonの高速化
  (Kurt W. Smith, 中田秀基監訳, 長尾高弘訳, オライリー・ジャパン, 2015)
- IPythonデータサイエンスクックブック —— 対話型コンピューティングと可視化のためのレシピ集(Cyrille Rossant, 菊池 彰訳, オライリー・ジャパン, 2015)
- DIVE INTO PYTHON 3(日本語版, Mark Pilgrim, Fukada, Fujimoto)
  `URL` http://diveintopython3-ja.rdy.jp/ 특히 파이썬 2.x와 파이썬 3.x의 차이에 대해 많은 참고가 된다.

- ハイパフォーマンス Python (Micha Gorelick/Ian Ozsvald, 相川 愛三訳, オライリー・ジャパン, 2015)
- Think Python: コンピュータサイエンティストのように考えてみよう
  (日本語版 PDF/無償, Allen Downey, 相川利樹訳)
  URL http://www.cauldron.sakura.ne.jp/thinkpython/
- Python Cookbook, 3rd ed. (David Beazley/Brian K. Jones, O'Reilly Media, 2013)
  아래 사이트에 무료판이 공개되어 있다.
  onlineprogrammingbooks.com 사이트의 'Free Python Books'
  URL http://www.onlineprogrammingbooks.com/python/

■ Jupyter Notebook(IPython Notebook) 및 파이썬 예제

- SciPy CookBook URL http://scipy-cookbook.readthedocs.io/
  SciPy 스택의 라이브러리에 대한 레시피 모음. Github 저장소의 링크를 따라가면
  예제 코드도 볼 수 있다.

- URL https://github.com/chrisalbon/code_py
  Chris Albon이 주로 데이터 사이언스 관련 코드 스니펫을 Jupyter Notebook으로
  정리한 페이지

- URL https://github.com/dabeaz/python-cookbook
  위에서 언급한 《Python Cookbook, 3판》의 예제 코드

■ 버전 관리 시스템 Git

- サルでもわかる Git 入門 URL https://www.backlog.jp/git-guide/
- Pro Git book URL https://git-scm.com/book/ko/v2

■ 동영상

- URL https://www.youtube.com/user/PyConJP[1]
  PyCon JP 채널. 일본에서 개최되는 컨퍼런스인 PyCon JP의 과거 발표 영상을 볼 수 있다.

- URL https://www.youtube.com/user/EnthoughtMedia
  Enthought의 채널. 각종 이벤트에서 Enthought의 발표 영상을 볼 수 있다.

- URL https://www.youtube.com/user/PyDataTV
  데이터 도구 관련 커뮤니티 및 이 커뮤니티의 컨퍼런스인 'PyData'의 채널. 빅데이터,
  데이터 시각화, 머신러닝, 데이터 마이닝 등의 주제를 다루는 PyData의 과거 발표
  영상을 볼 수 있다.

---

1   한국어 채널 https://www.youtube.com/channel/UC26x6D5xpKx6io4ShfXa_Ow

- **URL** https://www.youtube.com/channel/UCND4vKhJssAtK8p1Blfj14Q
  배포 패키지 Anaconda를 배포하는 Continuum Analytics의 채널

■ 그 외 자료

- **URL** http://software-carpentry.org/ SoftwareCarpentry의 사이트로 파이썬을 포함해 여러 가지 프로그래밍 언어 교재가 있다.
- 〈SciPy Lecture Notes〉(일본어)
  URL http://www.turbare.net/transl/scipy-lecture-notes/index.html
- Python実習マニュアル
  URL http://tutorial.jp/prog/python/python.pdf
- 그 외에도 PyData.Tokyo(**URL** http://pydatatokyo.connpass.com/) 같은 스터디도 개최되고 있으며, 머신러닝, 딥러닝, 자연어 처리, 이미지 처리 등의 주제에 관심 있는 사람들이 교류하고 있다.

A.2 배포 패키지

영어 사이트이지만 꼭 확인해야 할 배포 패키지의 공식 사이트다.

■ 배포 패키지의 장점

배포 패키지 사이트에는 파이썬 사용자에게 유용한 정보가 많다. 예를 들면 아래와 같은 도움을 얻을 수 있다.

- 파이썬 생태계 전반을 파악할 수 있다.
- 새로운 라이브러리 등 최신 정보를 얻을 수 있다.
- 비슷한 라이브러리가 여럿 있는 경우 어느 라이브러리가 더 널리 사용되는지 알 수 있다.
- 웹상의 세미나(웨비나) 등의 참고 자료에 대한 링크가 있다.

■ 대표적인 배포 패키지

대표적인 배포 패키지는 아래와 같다.

- Anaconda **URL** https://www.continuum.io/
- Enthought Canopy **URL** https://www.enthought.com/products/canopy/
- WinPython **URL** http://winpython.github.io/
- Python(x,y) **URL** http://python-xy.github.io/

배포 패키지는 아니지만 위에 열거한 것 외에도 윈도우용 바이너리를 배포하고 있는 사이트(**URL** http://www.lfd.uci.edu/ gohlke/pythonlibs/)도 참고할 만하다.

물론, 윈도우 사용자가 배포 패키지에 포함되어 있지 않은 패키지를 찾을 때도 유용하다.

B 내장 함수와 표준 라이브러리

본문에서도 설명했다시피 파이썬은 다양한 내장 함수와 강력한 표준 라이브러리를 갖추고 있어서 'Battery Included'라는 수식어가 붙을 정도다. 내장 함수는 파이썬 자체의 기능이기도 하며, 표준 라이브러리는 대개 파이썬을 설치할 때 함께 설치되므로 파이썬은 설치만으로도 이들을 사용할 수 있다. 이 부록에서는 내장 함수와 파이썬의 표준 라이브러리를 간략히 살펴본다.

B.1 내장 함수

파이썬에는 미리 만들어져 있는 함수, 내장 함수가 존재한다. 이들 내장 함수는 패키지나 모듈을 import하지 않아도 사용할 수 있다.

파이썬 3.5에 포함된 내장 함수 목록을 표 AB.1에 실었다. 이들은 모두 중요도가 높은 함수이므로 끝까지 보며 내용을 확인해두는 것이 좋다. 파이썬 2.x와는 내장 함수 구성이 약간 차이가 있다. 표 AB.1은 2016년 8월 시점 기준으로 내장 함수의 최신 목록이다.[2]

이들 함수는 모두 중요도가 높지만, 특히 더 알아두어야 할 함수는 help 함수다. help 함수를 다음과 같이 사용하면 다른 함수의 사용법 등을 알아볼 수 있다.

```
In [1]: help(min)
Help on built-in function min in module builtins:

min(...)
    min(iterable[, key=func]) -> value
    min(a, b, c, ...[, key=func]) -> value

    With a single iterable argument, return its smallest item.
    With two or more arguments, return the smallest argument.
```

---

[2] **URL** http://docs.python.org/3/library/functions.html

표 AB.1 파이썬 3.5의 내장 함수 목록

함수	설명
abs(x)	x의 절댓값을 리턴
all(iterable)	이터레이터 객체 iterable의 모든 요소가 참이면 (혹은 iterable이 비어 있다면) True를 리턴
any(iterable)	iterable의 요소 중 참인 것이 있다면 True를 리턴
ascii(object)	repr()과 마찬가지로 객체의 인쇄 가능한 표현을 담은 문자열을 리턴한다. ascii에 포함되지 않는 문자는 \x, \u, \U 이스케이프로 표현된다.
bin(x)	정수를 2진 문자열로 변환한다.
bool(x)	x의 참 거짓을 판정하여 True/False 중 하나를 리턴한다.
bytearray()	바이트 배열을 만든다.
bytes()	바이트를 만든다.
callable(object)	인자 object가 호출 가능하다면 True, 그렇지 않으면 False를 리턴한다.
chr(i)	정수 i에 대응하는 유니코드 코드 포인트(code point, 기호 위치)의 문자를 리턴한다.
classmethod(function)	function의 클래스 메서드를 리턴한다.
compile(*args)	지정한 소스 코드를 코드 객체 혹은 AST(Abstract Syntax Tree, 추상 구문 트리) 객체로 컴파일한다.
complex()	문자열이나 숫자를 복소수로 변환한다.
delattr(object, name)	객체가 허락한다면 지정한 속성을 삭제한다.
dict()	새로운 딕셔너리를 만든다.
dir()	인자가 없으면 현재 로컬 유효 범위에 있는 이름의 리스트를 리턴한다. 인자가 있으면 해당 인자가 나타내는 객체의 유효한 속성의 리스트를 리턴하려고 시도한다.
divmod(a,b)	2개의 (복소수가 아닌) 수를 인자로 받아 정수 나눗셈의 몫과 나머지를 리턴한다.
enumerate(iterable)	카운트 값과 iterable의 요소를 순차적으로 꺼내 튜플로 만들어 리턴한다.
eval(expression)	expression을 파이썬 표현식으로 평가한 결과를 리턴한다.
exec(object)	object로 문자열이나 코드 객체를 넘기면 파이썬 명령문으로 해석하고 실행한다.
filter(function, iterable)	iterable의 각 요소 중 function이 참을 리턴하는 요소만으로 iterable한 filter 객체를 리턴한다.
float([x])	숫자 혹은 문자열 x로부터 부동 소수를 만들어 리턴한다.
format()	형식을 맞춘 문자열 표현으로 변환한다.
frozenset()	동결집합을 만든다.
getattr(object,name)	object의 지정한 속성값을 리턴한다.
globals()	전역 네임스페이스의 현재 상태를 나타내는 딕셔너리를 리턴한다.
hasattr(object,name)	object의 속성 중에 name이 있다면 True, 아니면 False를 리턴한다.
hash(object)	object의 해시 값을 리턴한다.
help()	내장 도움말 시스템을 실행한다. 인자가 지정됐다면 해당 인자에 대한 도움말을 화면에 표시한다.
hex(x)	10진수 x를 16진수 표현 문자열로 변환한다.
id(object)	object의 identity 값을 리턴한다.
input()	(인자를 지정하면 이를 표준 출력으로 출력한 다음) 입력으로부터 한 줄을 읽어들여 문자열로 변환한 값을 리턴한다.
int()	숫자 혹은 문자열 x로부터 정수를 만들어 리턴한다.

표 AB.1 파이썬 3.5의 내장 함수 목록 (계속)

함수	설명
isinstance(object, class-info)	object가 인자 classinfo의 인스턴스인지 (직접, 간접, 가상) 하위 클래스인 경우에는 True를 리턴한다.
issubclass(class,classinfo)	class가 classinfo의 (직접, 간접, 가상) 하위 클래스면 True를 리턴한다.
iter(object)	object로 이터레이터 객체를 만들어 리턴한다.
len(s)	컨테이너 타입 객체 s의 길이(요소 수)를 리턴한다.
list()	리스트를 만들어 리턴한다.
locals()	지역 네임스페이스의 현재 상태를 나타내는 딕셔너리를 리턴한다.
map(function,iterable,...)	iterable의 모든 요소에 함수 function을 적용하는 이터레이터를 리턴한다.
max()	최댓값을 리턴한다.
memoryview(object)	주어진 object로 만든 메모리 뷰 객체를 리턴한다. 자세한 사항은 파이썬 공식 문서 **URL** http://docs.python.org/3/library/stdtypes.html#typememoryview 참조
min()	최솟값을 리턴한다.
next()	iterator의 다음 요소를 얻는다.
object	특징을 갖지 않는 새로운 객체를 리턴한다. 모든 클래스의 기반 클래스에 해당한다.
oct()	정수를 8진 표현 문자열로 변환한다.
open(file,...)	file을 연다. (6.2절 참조)
ord(c)	문자 c에 대응하는 유니코드 코드 포인트를 나타내는 정수를 리턴한다.
pow(x,y)	x의 y 거듭제곱을 리턴한다.
print()	서식에 맞춘 문자열을 표준 출력에 표시한다.
property()	프로퍼티 속성(property attribute)를 설정하기 위한 클래스
range()	반복문 등을 위한 연속하는 정수를 리턴하는 이터레이터 객체
repr(object)	objec의 인쇄 가능한 문자열 표현을 리턴한다.
reversed(seq)	요소를 역순으로 꺼내는 iterator를 리턴한다.
round(number[,ndigits])	number를 소숫점 ndigits 자리에서 반올림한 부동 소수 값을 리턴한다. ndigits 인자를 생략하면 가장 가까운 정수를 리턴한다.
set()	새로운 집합을 만든다.
setattr(object,name,value)	object의 name 속성에 value 값을 부여한다.
slice()	슬라이싱에 사용되는 슬라이스 객체를 리턴한다.
sorted(iterable)	iterable의 요소를 정렬한 순서대로 갖는 리스트를 리턴한다.
staticmethod(function)	function의 정적 메서드를 리턴한다.
str(object)	object를 문자열로 변환한 결과를 리턴한다.
sum(iterable)	iterable의 요소의 합을 리턴한다.
super([type [,object-ortype])	메서드 호출을 type의 부모 혹은 형제 클래스에 위임하는 프록시 객체를 리턴한다.
tuple()	새로운 튜플을 만든다.
type()	인자가 하나라면 해당 인자의 타입을 리턴한다. 인자가 3개라면 새로운 타입 객체를 리턴한다.
vars()	__dict__ 속성을 갖는 객체의 __dict__ 속성값을 리턴한다. 인자가 없다면 locals()와 똑같이 동작한다.
zip(*iterable)	iterable 여러 개를 인자로 받아 이들의 각 요소를 모은 이터레이터를 만든다.
__import__(name,...)	import문이 호출하는 함수. import문의 동작을 바꾸는 데 사용되지만 사용을 추천하지 않는다.

B.2 표준 라이브러리

파이썬의 표준 라이브러리에 대한 공식 참조 문서는 아래와 같다.

- 파이썬 표준 라이브러리(The Python Standard Library) (영어)
  URL http://docs.python.org/3/library/

파이썬은 다양한 플랫폼에서 사용할 수 있는데 표준 라이브러리는 이 플랫폼 간 차이를 흡수할 수 있도록 설계돼 있다. 이로 인해 파이썬 프로그램의 이식성이 향상된다.

표준 모듈 중에는 C로 작성된 것과 파이썬으로 작성된 것이 있다. C로 작성된 것은 컴파일된 후 파이썬 인터프리터에 내장된다. 이와 달리, 파이썬으로 작성된 모듈은 소스 코드 상태로 파이썬에 내장된다.

표준 라이브러리를 그 기능에 따라 분류하면 크게 아래의 네 가지로 나눌 수 있다.

- ❶ 언어 스펙을 구성하는 것(내장 함수, 상수, 데이터 타입, 예외 등)
- ❷ 여러 가지 정보(텍스트, 구조화 데이터, 바이너리)를 다루기 위한 것
- ❸ 시스템에 접근하는 기능이나 처리 제어 기능
- ❹ 개발 지원 도구

❶ 언어 스펙의 구성 요소에는 숫자 타입 혹은 리스트 타입처럼 언어 스펙의 핵심이 되는 데이터 타입이 포함된다. 내장 함수나 예외도 여기에 포함되며 이들은 import문 없이도 사용할 수 있다.

❷ 여러 가지 정보를 다루기 위한 라이브러리에는 텍스트 데이터를 읽어들이거나, 바이너리 데이터를 저장하거나, html이나 xml로 작성된 데이터를 다룰 수 있다.

❸ 시스템 접근 제어 및 처리 제어 기능은 파일과 디렉터리에 접근할 때 사용하거나, 병렬 실행을 제어하거나, 운영체제 고유의 기능에 대한 접근을 담당한다.

❹ 개발 지원 도구에는 디버거, 유닛 테스트 프레임워크, GUI 개발용 API가 포함된다.

위의 분류를 '대분류'로 삼아 표준 라이브러리의 각 기능대로 다시 분류하면 표 AB.2와 같이 정리할 수 있다. 기능 항목을 열거하는 것만으로도 꽤 가짓수가 많다. 표의 중분류에도 다양한 모듈이 있기 때문에 모든 기능을 파악하기는 어렵겠지만, 전체적으로 어떤

기능을 갖추고 있는지 아는 것이 중요하다. 그 다음 필요에 따라 앞서 언급한 레퍼런스 매뉴얼 등을 참조하면 된다.

표 AB.2 표준 라이브러리의 각 기능(Python 3.5.1 기준)

대분류	중분류	예
❶	내장 함수/상수/데이터 타입/예외	any, and, int, raise
	숫자, 수학 모듈	math, statistics
	함수형 프로그래밍을 위한 모듈	itertools, functools
	파이썬 런타임 서비스	sys, traceback
	커스텀 파이썬 인터프리터	code, codeop
	모듈 import	zipimport, pkgutil
	파이썬 언어 서비스	parser, token
	각종 서비스	formatter
❷	텍스트 처리 서비스	string, re, readline
	바이너리 데이터 처리	struct, codecs
	특별한 데이터 타입	datetime, pprint
	데이터 영구 저장	pickle, shelve
	데이터 압축 및 아카이빙	gzip, tar.le
	파일 포맷	csv, netrc
	암호 관련 서비스	hashlib, hmac
	웹 데이터 조작	email, json, base64
	구조화 마크업 도구	html, xml
	인터넷 프로토콜 지원	cgi, urllib
	멀티미디어 서비스	wave, imghdr
	국제화(i18n)	gettext, locale
❸	파일 및 디렉터리 접근	os.path, .lecmp
	범용 OS 서비스	os, io, time
	병렬 실행	threading, multiprocessing
	프로세스간 통신/네트워크	socket, asyncio
	윈도우 고유 서비스	mailib, msvcrt
	유닉스 고유 서비스	posix, tty
❹	프로그램 프레임워크	turtle, cmd
	Tk를 사용하는 GUI	tkinter
	개발 도구	doctest, unittest
	디버그, 프로파일링	pdb, timeit
	소프트웨어 패키지 배포	distutils, venv

C NumPy 함수의 레퍼런스

NumPy에는 다양한 기능을 제공하는 함수가 있다. 이들 함수 그룹의 개요를 파악해두면 많은 도움이 된다.

C.1 기능 항목

NumPy가 제공하는 기능의 목록과 중요한 기능에 대해서는 해당하는 함수(메서드, 연산자 포함)의 목록을 실었다. 7장에서도 설명했듯이 NumPy는 폭넓은 기능을 갖추고 있다. 그 기능을 열거하면 대략 아래와 같다.

- 배열(array) 생성 및 조작: 표 AC.1, AC.2
- 수학 함수(mathematical function): 표 AC.3
- 선형대수(linear algebra): 표 AC.4
- 무작위 포집(random sampling): 표 AC.5
- 통계 함수(statistics): 표 AC.6
- 인덱스 관련: 표 AC.7
- 정렬/탐색/계수(sorting/searching/counting): 표 AC.8
- 다항식 계산(polynomials): 표 AC.9
- 데이터 입출력(I/O): 표 AC.10
- 이산 푸리에 변환(DFT, FFT)과 창 함수: 표 AC.11
- 행렬(matrix) 생성 및 조작
- 데이터 타입 관련 조작
- 부동 소수 오류 대응
- 문자열 조작
- 논리 연산
- 집합 연산
- 바이너리 조작
- Masked Array 조작
- C-Types 외부 함수 인터페이스
- 날짜(datetime) 지원

- 함수형 프로그래밍
- 재무 관련(financial)
- 도움말 함수
- 테스트 지원

C.2 함수 목록

위에서 열거한 기능 중에서 중요한 기능을 골라 아래의 표 AC.1부터 AC.11까지 해당 기능에 대한 함수 목록을 실었다. 이 책의 import 방법을 따른다면 이들 표에 나온 함수명을 np. 뒤에 붙이는 방법으로 이 함수들을 사용할 수 있다. 함수명이 linalg.inv(a)처럼 .(점)으로 연결한 표기법으로 된 것은 모듈명을 .(점) 앞에서 써야 접근할 수 있는 함수다. 그리고 표의 헤더 부분에 '함수명 (numpy.random 모듈)'처럼 써있는 경우도 이 함수가 NumPy의 random 모듈에 포함된 함수임을 의미하므로 그에 맞는 방법(예 np.random.rand( ))으로 접근해야 한다. 표 안에 함수명 뒤에 붙은 **ufunc** 는 이 함수가 유니버설 함수(ufunc)임을 나타낸다.

이 책에 실린 목록은 NumPy 1.11의 레퍼런스 매뉴얼을 기초로 작성된 것이다. 공식 문서의 최신판은 SciPy 공식 사이트(http://docs.scipy.org/doc/)를 참조하기 바란다.

표 AC.1 배열을 생성하는 함수

함수명/메서드/클래스/연산자	설명
Ones and zeros	
empty(shape[, dtype, order])	지정한 형상(shape)과 데이터 타입(type)으로 새로운 배열을 초기화하지 않고 만든다.
empty_like(a[, dtype, order, subok]) **ufunc**	기존 배열과 같은 형상으로 새로운 배열을 초기화하지 않고 만든다.
eye(N[, M, k, dtype])	단위 행렬에 해당하는 2차원 배열을 만든다. (응용판)
identity(n[, dtype])	단위 행렬에 해당하는 2차원 배열을 만든다.
ones(shape[, dtype, order])	지정한 형상(shape)과 데이터 타입(type)으로 새로운 배열을 만들되 모든 요소를 1로 초기화한다.
ones_like(a[, dtype, order, subok]) **ufunc**	기존 배열과 같은 형상으로 새로운 배열을 만들되 모든 요소를 1로 초기화한다.
zeros(shape[, dtype, order])	지정한 형상(shape)과 데이터 타입(type)으로 새로운 배열을 만들되 모든 요소를 0으로 초기화한다.
zeros_like(a[, dtype, order, subok]) **ufunc**	기존 배열과 같은 형상으로 새로운 배열을 만들되 모든 요소를 0으로 초기화한다.

표 AC.1 배열을 생성하는 함수 (계속)

함수명/메서드/클래스/연산자	설명
full(shape, fill_value[, dtype, order])	지정한 형상(shape)과 데이터 타입(type)으로 새로운 배열을 만들되 모든 요소를 지정한 값(fill_value)로 초기화한다.
full_like(a, fill_value[, dtype, order, subok]) `ufunc`	기존 배열과 같은 형상으로 새로운 배열을 만들되 모든 요소를 지정한 값(fill_value)로 초기화한다.

기존의 데이터로부터 배열 생성

함수명/메서드/클래스/연산자	설명
array(object[, dtype, copy, order, subok, ndmin])	배열(ndarray)을 생성
ascontiguousarray(a[, dtype])	메모리의 연속된 영역(C 오더)에 배치된 배열을 생성
copy(a[, order])	입력 객체의 사본 배열을 생성
frombuffer(bu.er[, dtype, count, o.set])	버퍼의 데이터를 1차원 배열로 해석
fromfile(.le[, dtype, count, sep])	텍스트 또는 바이너리 파일로부터 데이터를 읽어들여 배열을 생성
fromfunction(function, shape, **kwargs)	각 좌표에 함수를 적용한 배열을 생성
fromiter(iterable, dtype[, count])	반복 가능 객체로부터 1차원 배열을 생성
fromstring(string[, dtype, count, sep])	Raw 바이너리 혹은 텍스트 데이터로부터 1차원 배열을 생성
loadtxt(fname[, dtype, comments, delimiter, ...])	텍스트 파일에서 데이터를 읽어들임

레코드 배열 생성

함수명/메서드/클래스/연산자	설명
rec.array(obj[, dtype, shape, ...])	다양한 객체로부터 레코드 배열을 생성
rec.fromarrays(arrayList[, dtype, ...])	배열의 리스트로부터 레코드 배열을 생성
rec.fromrecords(recList[, dtype, ...])	텍스트 포맷으로 된 레코드 리스트로부터 레코드 배열을 생성
rec.fromstring(datastring[, dtype, ...])	바이너리 데이터로부터 (읽기 전용) 레코드 배열을 생성
rec.fromfile(fd[, dtype, shape, ...])	바이너리 데이터 파일로부터 레코드 배열을 생성

숫자 범위

함수명/메서드/클래스/연산자	설명
arange([start,] stop[, step,][, dtype])	간격이 일정한 값의 배열을 생성
linspace(start, stop[, num, endpoint, ...])	간격이 일정한 값의 배열을 생성
logspace(start, stop[, num, endpoint, base, ...])	로그 스케일로 간격이 일정한 배열을 생성
meshgrid(*xi, **kwargs)	좌표 벡터로부터 좌표 행렬을 생성
mgrid	빽빽한 다차원 메시 그리드를 생성
ogrid	열린 다차원 메시 그리드를 생성

행렬 생성

함수명/메서드/클래스/연산자	설명
diag(v[, k])	지정한 배열에서 대각성분을 추출하거나, 지정한 대각성분을 갖는 배열을 생성
diagflat(v[, k])	평탄화한 배열의 요소를 대각성분으로 갖는 배열을 생성
tri(N[, M, k, dtype])	지정한 대각열 아래가 모두 1이고 그 외에는 0인 배열을 생성
tril(m[, k])	배열의 하삼각행렬을 구함
triu(m[, k])	배열의 상삼각행렬을 구함
vander(x[, N, increasing]) Vandermonde	행렬을 생성

표 AC.1 배열을 생성하는 함수 (계속)

함수명/메서드/클래스/연산자	설명
문자열 배열 (chararray) 생성	
char.array(obj[, itemsize, ...])	문자열 배열(chararray)을 생성
char.asarray(obj[, itemsize, ...])	입력값을 문자열 배열로 변환한다(필요한 경우에만 데이터를 복사)
Matrix 클래스	
mat(data[, dtype])	입력 데이터를 행렬로 해석한다.
bmat(obj[, ldict, gdict])	문자열로 된 데이터로부터 행렬을 생성

표 AC.2 배열을 조작하는 함수

함수명/메서드/클래스/연산자	설명
기본적인 조작	
copyto(dst, src[, casting, where])	배열의 사본(필요에 따라 브로드캐스팅한다.)
배열의 형상 변경	
reshape(a, newshape[, order])	배열의 형상을 변경한다. (데이터 변경 없음)
ravel(a[, order])	평탄화한 배열을 리턴한다.
ndarrayflat	1차원으로 평탄화한 numpy.flatiter 인스턴스를 리턴한다.
ndarray.flatten([order])	1차원으로 평탄화한 배열의 사본을 리턴한다.
전치 관련 함수	
rollaxis(a, axis[, start])	특정 축을(기존의 위치에 도달할때 까지) 뒤로 롤한다.
swapaxes(a, axis1, axis2)	배열 2 개의 축 위치를 바꾼다.
ndarray.T	전치행렬을 리턴한다.
transpose(a[, axes])	행렬의 차원 순서를 바꾼다.
차원 변경	
atleast_1d(*arys)	입력 데이터를 최저 1차원 배열로 변환한다.
atleast_2d(*arys)	입력 데이터를 최저 2차원 배열로 참조한다.
atleast_3d(*arys)	입력 데이터를 최저 3차원 배열로 참조한다.
broadcast	브로드캐스팅을 흉내 내는 객체를 생성한다.
broadcast_arrays(*args)	배열을 서로 브로드캐스팅한다.
expand_dims(a, axis)	배열의 형상(차원)을 확장한다.
squeeze(a[, axis])	길이가 1인 차원을 배열의 형상(차원)에서 제거한다.
배열의 종류 변경	
asarray(a[, dtype, order])	입력을 배열로 변환한다.
asanyarray(a[, dtype, order])	입력을 배열로 변환한다. 단, 배열(ndarray)의 하위 클래스는 그대로 둔다.
asmatrix(data[, dtype])	입력을 배열로 해석한다.
asfarray(a[, dtype])	데이터 타입이 float으로 변환된 배열을 리턴한다.
asfortranarray(a[, dtype])	메모리상의 데이터 배치 순서를 Fortran 식으로 한 배열을 만든다.

표 AC.2 배열을 조작하는 함수 (계속)

함수명/메서드/클래스/연산자	설명
asarray_chkfinite(a[, dtype, order])	NaN(Not a Number)과 Inf(무한대)를 확인하면서 입력을 배열로 변환한다.
asscalar(a)	크기 1의 배열을 스칼라로 변환한다.
require(a[, dtype, requirements])	지정한 타입과 요구사항을 만족하는 배열을 만든다.
배열의 결합	
column_stack(tup)	1차원 배열을 컬럼으로 겹쳐 2차원 배열을 만든다.
concatenate((a1, a2, ...)[, axis])	배열 결합
dstack(tup)	세 번째 축(depth wise) 방향을 따라 배열을 겹쳐 결합
hstack(tup)	수평(column wise) 방향을 따라 배열을 겹쳐 결합
vstack(tup)	수직(row wise) 방향을 따라 배열을 겹쳐 결합
배열의 분할	
array_split(ary, indices_or_sections[, axis])	배열을 여러 개의 하위 배열로 분할
dsplit(ary, indices_or_sections)	배열을 3 번째 축(depth wise) 방향을 따라 여러 개의 하위 배열로 분할
hsplit(ary, indices_or_sections)	배열을 수평(column wise) 방향을 따라 여러 개의 하위 배열로 분할
split(ary, indices_or_sections[, axis])	배열을 여러 개의 하위 배열로 분할
vsplit(ary, indices_or_sections)	배열을 수직 (row wise) 방향을 따라 여러 개의 하위 배열로 분할
배열의 타일 모양 복제	
tile(A, reps)	주어진 배열을 지정한 방향으로 반복하여 늘어놓은 배열을 만든다.
repeat(a, repeats[, axis])	배열의 요소를 지정한 회수만큼 반복하여 새로운 배열을 만든다.
요소의 추가/삭제	
delete(arr, obj[, axis])	배열에서 지정한 축 방향으로 지정한 요소를 삭제하여 새로운 배열을 만든다.
insert(arr, obj, values[, axis])	배열에 새로운 요소를 추가하여 새로운 배열을 만든다.
append(arr, values[, axis])	배열에 요소를 추가한다.
resize(a, new_shape)	배열의 형상을 변경한다.
trim_zeros(.lt[, trim])	1차원 배열 앞 뒤의 0을 제거한다.
unique(ar[, return_index, return_inverse, ...])	배열에서 중복되지 않는 요소를 골라낸다.
배열 요소 어레인지	
fliplr(m)	배열을 좌우로 뒤집는다.
flipud(m)	열을 위아래로 뒤집는다.
reshape(a, newshape[, order])	데이터를 바꾸지 않고 배열의 형상만을 변경한다.
roll(a, shift[, axis])	배열의 요소를 특정 축 방향으로 롤시킨다.
rot90(m[, k])	배열의 요소를 반시계 방향으로 90도 회전시킨다.

표 AC.3 수학 관련 함수

함수명/메서드/클래스/연산자	설명
삼각 함수 등	
sin(x[, out]) `ufunc`	요소 단위 사인 계산
cos(x[, out]) `ufunc`	요소 단위 코사인 계산
tan(x[, out]) `ufunc`	요소 단위 탄젠트 계산
arcsin(x[, out]) `ufunc`	요소 단위 역사인 계산
arccos(x[, out]) `ufunc`	요소 단위 역코사인 계산
arctan(x[, out]) `ufunc`	요소 단위 역탄젠트 계산
hypot(x1, x2[, out]) `ufunc`	직각을 이루는 두 변의 길이가 주어졌을 때 빗면의 길이를 계산(요소 단위)
arctan2(x1, x2[, out]) `ufunc`	요소 단위 4상한(4-quadrant) 역탄젠트 계산
degrees(x[, out]) `ufunc`	radian을 degree로 변환
radians(x[, out]) `ufunc`	degree를 radian으로 변환
unwrap(p[, discont, axis])	입력 데이터 컬럼과 인접한 데이터의 차분이 2π를 넘지 않도록 unwrap한다.
deg2rad(x[, out]) `ufunc`	degree를 radian으로 변환
rad2deg(x[, out]) `ufunc`	radian을 degree로 변환
쌍곡선 함수	
sinh(x[, out]) `ufunc`	요소 단위 쌍곡선 사인 계산
cosh(x[, out]) `ufunc`	요소 단위 쌍곡선 코사인 계산
tanh(x[, out]) `ufunc`	요소 단위 쌍곡선 탄젠트 계산
arcsinh(x[, out]) `ufunc`	요소 단위 쌍곡선 역사인 계산
arccosh(x[, out]) `ufunc`	요소 단위 쌍곡선 역코사인 계산
arctanh(x[, out]) `ufunc`	요소 단위 쌍곡선 역탄젠트 계산
반올림	
around(a[, decimals, out]) `ufunc`	지정한 자릿수에서 반올림
round_(a[, decimals, out]) `ufunc`	지정한 자릿수에서 반올림
rint(x[, out]) `ufunc`	가장 가까운 정수로 반올림
fix(x[, y]) `ufunc`	0 쪽 방향으로 가장 가까운 정수로 반올림
floor(x[, out]) `ufunc`	작은 쪽 정수로 내림 (요소 단위)
ceil(x[, out]) `ufunc`	큰 쪽 정수로 올림 (요소 단위)
trunc(x[, out]) `ufunc`	소숫점 이하를 버림
합/곱/차분	
prod(a[, axis, dtype, out, keep-dims])	특정 축 방향으로 요소의 곱을 계산
sum(a[, axis, dtype, out, keep-dims])	특정 축 방향으로 요소의 합을 계산
nansum(a[, axis, dtype, out, keepdims])	특정 축 방향으로 요소의 합을 계산 (NaN을 0으로 취급)
cumprod(a[, axis, dtype, out])	특정 축 방향으로 누적 곱을 계산
cumsum(a[, axis, dtype, out])	특정 축 방향으로 누적 합을 계산
diff(a[, n, axis])	특정 축 방향으로 n차 차분을 계산
ediff1d(ary[, to_end, to_begin])	1차원 배열의 인접 요소의 차분을 계산

표 AC.3 수학 관련 함수 (계속)

함수명/메서드/클래스/연산자	설명
gradient(f, *varargs, **kwargs)	배열 요소의 기울기를 계산
cross(a, b[, axisa, axisb, axisc, axis])	주어진 두 벡터(배열)의 외적 계산
trapz(y[, x, dx, axis])	합성 사다리꼴 적분법으로 적분 계산
지수 함수/로그함수	
exp(x[, out]) `ufunc`	입력 배열에 대해 요소 단위 exponential 계산
expm1(x[, out]) `ufunc`	입력 배열에 대해 요소 단위 exponential 계산 후 1을 뺌
exp2(x[, out]) `ufunc`	입력 배열에 대해 요소 단위 2의 거듭제곱을 계산
log(x[, out]) `ufunc`	자연로그
log10(x[, out]) `ufunc`	상용로그
log2(x[, out]) `ufunc`	밑이 2인 로그
log1p(x[, out]) `ufunc`	입력 배열의 요소 값에 1을 더하고 자연로그 계산
logaddexp(x1, x2[, out]) `ufunc`	log(exp(x1) + exp(x2)) (입력 요소의 exponential 계산의 합에 대한 자연로그)
logaddexp2(x1, x2[, out]) `ufunc`	log2(2**x1 + 2**x2) (입력 요소의 2의 거듭제곱의 합에 2를 밑으로 하는 로그)
부동 소수 함수	
signbit(x[, out]) `ufunc`	기호 비트가 1인 경우(음수)에 True를 리턴
copysign(x1, x2[, out]) `ufunc`	x1의 부호를 x2의 부호로 바꾼다. (요소 단위)
frexp(x[, out1, out2]) `ufunc`	입력값(부동 소수)의 유효 숫자와 지수부 리턴
ldexp(x1, x2[, out]) `ufunc`	(x1 * 2**x2)를 리턴 (요소 단위)
산술 함수	
add(x1, x2[, out]) `ufunc`	덧셈 (요소 단위)
reciprocal(x[, out]) `ufunc`	역수 (요소 단위)
negative(x[, out]) `ufunc`	부호 반전 (요소 단위)
multiply(x1, x2[, out]) `ufunc`	곱셈 (요소 단위)
divide(x1, x2[, out]) `ufunc`	나눗셈 (요소 단위)
power(x1, x2[, out]) `ufunc`	거듭제곱 (요소 단위)
subtract(x1, x2[, out]) `ufunc`	뺄셈 (요소 단위)
true_divide(x1, x2[, out]) `ufunc`	나눗셈 (요소 단위)
floor_divide(x1, x2[, out]) `ufunc`	정수 나눗셈 (요소 단위)
fmod(x1, x2[, out]) `ufunc`	나눗셈의 나머지
mod(x1, x2[, out]) `ufunc`	나눗셈의 나머지
modf(x[, out1, out2]) `ufunc`	정수부와 소수부로 분리하여 리턴
remainder(x1, x2[, out]) `ufunc`	나눗셈의 나머지
복소수 계산	
angle(z[, deg]) `ufunc`	복소수의 편각
real(val) `ufunc`	복소수의 실수부
imag(val) `ufunc`	복소수의 허수부

표 AC.3 수학 관련 함수 (계속)

함수명/메서드/클래스/연산자	설명
conj(x[, out]) `ufunc`	켤레 복소수
그 외	
convolve(a, v[, mode])	2개의 1차원 데이터의 합성곱 계산
clip(a, a_min, a_max[, out]) `ufunc`	입력값에 대한 상한/하한 계산
sqrt(x[, out]) `ufunc`	제곱근 계산
square(x[, out]) `ufunc`	제곱 계산
absolute(x[, out]) `ufunc`	절댓값 계산
fabs(x[, out]) `ufunc`	절댓값 계산
sign(x[, out]) `ufunc`	입력 배열의 부호를 리턴
maximum(x1, x2[, out]) `ufunc`	배열의 최댓값
minimum(x1, x2[, out]) `ufunc`	배열의 최솟값
fmax(x1, x2[, out]) `ufunc`	배열의 최댓값
fmin(x1, x2[, out]) `ufunc`	배열의 최솟값
nan_to_num(x) `ufunc`	NaN을 0, 무한대를 유한수로 변환
real_if_close(a[, tol]) `ufunc`	0에 가까운 입력값을 실수로서 리턴
interp(x, xp, fp[, left, right])	1차원 선형 내삽 함수
i0(x)	제1 종 베셀 함수 계산
sinc(x) `ufunc`	sinc 함수 계산

표 AC.4 선형대수 관련 함수

함수명/메서드/클래스/연산자	설명
행렬/벡터 계산	
dot(a, b[, out])	벡터에는 내적, 행렬에는 행렬곱, 3차원 이상은 NumPy 참조 문서를 참조할 것
vdot(a, b)	두 벡터의 내적(a의 복소켤레 사용)
inner(a, b)	1차원 배열의 내적
outer(a, b[, out])	두 벡터의 외적
tensordot(a, b[, axes])	텐서곱 계산
einsum(subscripts, *operands[, out, dtype, ...])	피연산자의 아인슈타인 표기법을 평가
linalg.matrix_power(M, n)	정방행렬 M의 n 거듭제곱
kron(a, b)	두 배열의 크로네커 곱 계산
Decomposition	
linalg.cholesky(a)	촐레스키 분해
linalg.qr(a[, mode])	QR 분해
linalg.svd(a[, full_matrices, compute_uv])	특이 값 분해
행렬 고윳값	
linalg.eig(a)	정방행렬의 고윳값과 우 고유 벡터 계산

표 AC.4 선형대수 관련 함수 (계속)

함수명/메서드/클래스/연산자	설명
linalg.eigh(a[, UPLO])	에르미트 행렬 혹은 대칭행렬의 고윳값과 고유 벡터 계산
linalg.eigvals(a)	행렬의 고윳값 계산
linalg.eigvalsh(a[, UPLO])	에르미트 행렬 혹은 실(숫값을 갖는) 대칭행렬의 고윳값 계산
노름 계산 등	
linalg.norm(x[, ord, axis])	행렬 또는 벡터의 노름
linalg.cond(x[, p])	행렬의 조건수 계산
linalg.det(a)	행렬식(determinant) 계산
linalg.matrix_rank(M[, tol])	특이 값 분해로 행렬의 랭크를 계산
linalg.slogdet(a)	행렬식(determinant)의 부호와 로그를 계산
trace(a[, o.set, axis1, axis2, dtype, out])	행렬의 대각성분의 합을 계산
방정식의 해/역행렬	
linalg.solve(a, b)	선형방정식의 해를 구한다.
linalg.tensorsolve(a, b[, axes])	텐서방정식의 해를 구한다.
linalg.lstsq(a, b[, rcond])	선형방정식의 최소제곱해를 구한다.
linalg.inv(a)	역행렬
linalg.pinv(a[, rcond])	유사 역행렬
linalg.tensorinv(a[, ind])	역 텐서

표 AC.5 난수 생성 함수

함수명(numpy.random 모듈)	설명
심플 랜덤 데이터	
rand(d0, d1, ..., dn)	지정한 형상(크기)으로 난수를 생성
randn(d0, d1, ..., dn)	지정한 형상(크기)으로 표준 정규 분포를 따르는 난수 생성
randint(low[, high, size])	지정한 범위 안의 정수를 무작위로 생성
random_integers(low[, high, size])	지정한 범위 안의 정수를 무작위로 생성
random_sample([size])	[0.0, 1.0] 구간에서 부동 소수를 무작위로 생성
random([size])	[0.0, 1.0] 구간에서 부동 소수를 무작위로 생성
ranf([size])	[0.0, 1.0] 구간에서 부동 소수를 무작위로 생성
sample([size])	[0.0, 1.0] 구간에서 부동 소수를 무작위로 생성
choice(a[, size, replace, p])	1차원 배열에서 무작위 표집
bytes(length)	랜덤 바이트를 생성
순서 섞기	
shuffle(x)	요소를 섞어서 순서를 바꾼다.
permutation(x)	무작위로 순서를 바꾸거나, range(연속 수)의 순서를 바꿔서 리턴
분포	
beta(a, b[, size])	[0, 1] 구간의 베타 분포
binomial(n, p[, size])	이항 분포로부터 표집

표 AC.5 난수 생성 함수 (계속)

함수명(numpy.random 모듈)	설명
chisquare(df[, size])	카이제곱 분포로부터 표집
dirichlet(alpha[, size])	디리클레 분포로부터 표집
exponential([scale, size])	지수 분포로부터 표집
f(dfnum, dfden[, size])	F 분포로부터 표집
gamma(shape[, scale, size])	감마 분포로부터 표집
geometric(p[, size])	기하 분포로부터 표집
gumbel([loc, scale, size])	검벨 분포로부터 표집
hypergeometric(ngood, nbad, nsample[, size])	초기하 분포로부터 표집
laplace([loc, scale, size])	라플라스 분포 혹은 이중지수 분포로부터 표집
logistic([loc, scale, size])	Logistic 분포로부터 표집
lognormal([mean, sigma, size])	로그 정규 분포로부터 표집
logseries(p[, size])	로그 급수 분포로부터 표집
multinomial(n, pvals[, size])	다항 분포로부터 표집
multivariate_normal(mean, cov[, size])	다변량 정규 분포로부터 표집
negative_binomial(n, p[, size])	음의 이항 분포로부터 표집
noncentral_chisquare(df, nonc[, size])	non-central 카이제곱 분포로부터 표집
noncentral_f(dfnum, dfden, nonc[, size])	non-central F 분포로부터 표집
normal([loc, scale, size])	정규 분포로부터 표집
pareto(a[, size])	2종 파레토 분포 혹은 로맥스 분포로부터 표집
poisson([lam, size])	푸아송 분포로부터 표집
power(a[, size])	양의 지수(a-1)의 거듭제곱 분포로 [0,1] 구간에서 표집
rayleigh([scale, size])	레일리 분포로부터 표집
standard_cauchy([size])	mode=0인 표준 코시 분포로부터 표집
standard_exponential([size])	표준 지수 분포로부터 표집
standard_gamma(shape[, size])	표준 감마 분포로부터 표집
standard_normal([size])	평균=0, 표준편차=1인 정규 분포로부터 표집
standard_t(df[, size])	자유도 df인 스튜던트 t 분포로부터 표집
triangular(left, mode, right[, size])	삼각 분포로부터 표집
uniform([low, high, size])	균등 분포로부터 표집
vonmises(mu, kappa[, size])	폰 미제스 분포로부터 표집
wald(mean, scale[, size])	왈드 분포로부터 표집
weibull(a[, size])	베이불 분포로부터 표집
zipf(a[, size])	지프 분포로부터 표집
난수 생성	
RandomState	메르센 트위스터 유사 난수 생성기 컨테이너
seed([seed])	난수 생성기의 시드를 설정
get_state()	난수 생성기의 내부 상태를 나타내는 튜플을 리턴
set_state(state)	튜플로 난수 생성기의 내부 상태를 설정

표 AC.6 통계 관련 함수

함수명/메서드/클래스/연산자	설명
순서 통계	
amin(a[, axis, out, keepdims])	배열의 최솟값 혹은 배열의 특정 축 방향에 대한 최솟값을 리턴
amax(a[, axis, out, keepdims])	배열의 최댓값 혹은 배열의 특정 축 방향에 대한 최댓값을 리턴
nanmin(a[, axis, out, keepdims])	배열의 최솟값 혹은 배열의 특정 축 방향에 대한 최솟값을 리턴 (NaN 무시)
nanmax(a[, axis, out, keepdims])	배열의 최댓값 혹은 배열의 특정 축 방향에 대한 최댓값을 리턴 (NaN 무시)
ptp(a[, axis, out])	특정 축 방향에 대해 배열의 값 범위를 리턴
percentile(a, q[, axis, out, ...])	지정한 퍼센타일 값을 계산
평균과 분산	
median(a[, axis, out, overwrite_input, keepdims])	중간값
average(a[, axis, weights, returned])	가중평균
mean(a[, axis, dtype, out, keepdims])	평균
std(a[, axis, dtype, out, ddof, keep-dims])	표준편차
var(a[, axis, dtype, out, ddof, keep-dims])	분산
nanmean(a[, axis, dtype, out, keep-dims])	평균 (NaN 무시)
nanstd(a[, axis, dtype, out, ddof, keep-dims])	표준편차 (NaN 무시)
nanvar(a[, axis, dtype, out, ddof, keep-dims])	분산 (NaN 무시)
상관	
corrcoef(x[, y, rowvar, bias, ddof])	상관계수
correlate(a, v[, mode, old_behavior])	2개의 1차원 시퀀스에 대한 상호 상관을 계산
cov(m[, y, rowvar, bias, ddof])	주어진 데이터의 분산행렬을 계산
히스토그램	
histogram(a[, bins, range, normed, weights, ...])	데이터 집합 1개에 대한 히스토그램을 계산
histogram2d(x, y[, bins, range, normed, weights])	데이터 집합 2개에 대한 2차원 히스토그램을 계산
histogramdd(sample[, bins, range, normed, ...])	다차원 히스토그램을 계산
bincount(x[, weights, minlength])	지정한 구간에 들어오는 값의 수를 셈
digitize(x, bins[, right])	주어진 값이 지정한 bin 안에서 어디에 포함되는지 인덱스를 리턴

표 AC.7 인덱스 관련 함수

함수명/메서드/클래스/연산자	설명
인덱스 배열 생성	
c_	두 번째 축(column) 방향으로 배열을 결합
r_	첫 번째 축(row) 방향으로 배열을 결합
s_	배열용 인덱스 튜플을 생성
nonzero(a)	0이 아닌 요소의 인덱스를 리턴
where(condition, [x, y])	조건에 따라 x 혹은 y를 리턴
indices(dimensions[, dtype])	그리드의 인덱스를 나타내는 배열을 리턴
ix_(*args)	그리드의 인덱스를 나타내는 배열을 하나 이상의 시퀀스로부터 만듦
ogrid	다차원 메시 그리드의 배열(nd_grid instance)을 만듦
ravel_multi_index(multi_index, dims[, mode, ...])	인덱스 배열의 튜플을 flat 인덱스 배열로 변환
unravel_index(indices, dims[, order]) flat	인덱스를 좌표 배열 튜플로 변환
diag_indices(n[, ndim])	배열의 주 대각성분에 접근하는 인덱스를 리턴
diag_indices_from(arr)	배열의 주 대각성분에 접근하는 인덱스를 리턴
mask_indices(n, mask_func[, k])	주어진 마스크 함수가 나타내는 인덱스를 리턴
tril_indices(n[, k, m])	하삼각행렬의 인덱스 리턴
tril_indices_from(arr[, k])	하삼각행렬의 인덱스 리턴
triu_indices(n[, k, m])	상삼각행렬의 인덱스 리턴
triu_indices_from(arr[, k])	상삼각행렬의 인덱스 리턴
인덱싱 관계 조작	
take(a, indices[, axis, out, mode])	지정한 축을 따라가며 요소를 꺼낸다.
choose(a, choices[, out, mode])	인덱스 배열로 지정한 배열 요소를 꺼내 배열을 만든다.
compress(condition, a[, axis, out])	주어진 축을 따라 선택된 슬라이스의 배열을 리턴한다.
diag(v[, k])	대각성분 또는 대각성분 배열을 추출한다.
diagonal(a[, offset, axis1, axis2])	지정한 대각 항을 리턴
select(condlist, choicelist[, default])	choicelist의 요소 중 조건에 맞는 것을 뽑아 배열을 추출한다.
배열에 데이터 삽입	
place(arr, mask, vals)	배열의 성분을 변경한다.
put(a, ind, v[, mode]).	배열의 특정 요소를 지정한 값으로 변경한다.
putmask(a, mask, values)	배열의 특정 요소를 지정한 값으로 변경한다.
fill_diagonal(a, val[, wrap])	배열의 대각성분을 모두 특정 값으로 치환한다.
배열 성분에 반복 적용	
nditer	효율적인 다차원 이터레이터 객체를 리턴
ndenumerate(arr)	다차원 인덱스 이터레이터
ndindex(*shape)	인덱스 배열의 N차원 이터레이터 객체를 리턴
flatiter	배열 전체에 걸친 이터레이터 객체를 리턴

표 AC.8 정렬/탐색/계수 관련 함수

함수명/메서드/클래스/연산자	설명
정렬	
sort(a[, axis, kind, order])	정렬된 배열의 사본을 리턴
lexsort(keys[, axis])	키의 시퀀스를 사용하여 간접 정렬
argsort(a[, axis, kind, order])	배열을 정렬할 수 있는 인덱스를 리턴
ndarray.sort([axis, kind, order])	배열을 (in-place) 정렬
msort(a)	첫 번째 축(row) 방향으로 정렬한 배열의 사본을 리턴
sort_complex(a)	복소수를 정렬 (실수부에서 허수부 순으로)
partition(a, kth[, axis, kind, order])	특정한 순서의 위치가 정렬되어 있도록 부분적으로 정렬한 사본을 리턴
argpartition(a, kth[, axis, kind, order])	partition 함수의 정렬 결과를 얻을 수 있는 인덱스를 리턴
탐색	
argmax(a[, axis])	최댓값의 인덱스를 리턴
nanargmax(a[, axis])	최댓값의 인덱스를 리턴 (NaN 무시)
argmin(a[, axis])	최솟값의 인덱스를 리턴
nanargmin(a[, axis])	최솟값의 인덱스를 리턴 (NaN 무시)
argwhere(a)	0이 아닌 요소의 인덱스 배열을 리턴
nonzero(a)	0이 아닌 요소의 인덱스를 리턴
flatnonzero(a)	입력을 1차원으로 바꾼 뒤, 0이 아닌 요소의 인덱스를 리턴
where(condition, [x, y])	조건에 따라 x 혹은 y를 리턴. 혹은 조건을 만족하는 인덱스를 튜플로 리턴
searchsorted(a, v[, side, sorter])	정렬된 배열 a 안에 요소 v의 위치는 어디여야 하는지 정렬된 상태의 인덱스를 리턴
extract(condition, arr)	특정 조건을 만족하는 배열의 요소를 리턴
계수	
count_nonzero(a)	0이 아닌 요소의 수를 센다.

표 AC.9 다항식 관련 함수

모듈명 또는 함수명	설명
다항식 모듈 (함수/클래스/상수에 대한 설명은 생략)	
numpy.polynomial.polynomial	다항식을 다루기 위한 모듈
numpy.polynomial.chebyshev	체비셰프 다항식 모듈
numpy.polynomial.legendre	르장드르 다항식 모듈
numpy.polynomial.laguerre	라게르 다항식 모듈
numpy.polynomial.hermite	에르미트 다항식 (물리학) 모듈
numpy.polynomial.hermite_e	에르미트 E 다항식 (확률론) 모듈
1차원 다항식 (기본 함수)	
poly1d(c_or_r[, r, variable])	1차원 다항식 클래스
polyval(p, x)	값을 지정하여 다항식을 평가
poly(seq_of_zeros)	주어진 해에 맞는 다항식의 계수를 구함
roots(p)	다항식의 해를 구함

표 AC.9 다항식 관련 함수 (계속)

모듈명 또는 함수명	설명
1차원 다항식 (피팅 함수)	
polyfit(x, y, deg[, rcond, full, w, cov])	최소제곱 다항식 근사
1차원 다항식 (미적분 함수)	
polyder(p[, m])	다항식의 미분 계산
polyint(p[, m, k])	다항식의 적분 계산
1차원 다항식 (각종 연산 함수)	
polyadd(a1, a2)	다항식의 합
polydiv(u, v)	다항식의 나눗셈
polymul(a1, a2)	다항식의 곱
polysub(a1, a2)	다항식의 차

표 AC.10 데이터 I/O 관련 함수

함수명/메서드/클래스/연산자	설명
NPZ 파일	
load(file[, mmap_mode])	npy 또는 .npz, pickle 파일에서 배열이나 pickle 객체 읽기
save(file, arr)	배열 1개를 .npy 포맷으로 바이너리 파일에 저장
savez(file, *args, **kwds)	배열 여러 개를 무압축 .npz 포맷으로 바이너리 파일에 저장
savez_compressed(file, *args, **kwds)	배열 여러 개를 압축 .npz 포맷으로 바이너리 파일에 저장
텍스트 파일	
loadtxt(fname[, dtype, comments, delimiter, ...])	텍스트 파일에서 데이터 읽기
savetxt(fname, X[, fmt, delimiter, newline, ...])	텍스트 파일에 데이터 저장
genfromtxt(fname[, dtype, comments, ...])	텍스트 파일에서 데이터 읽기(누락값을 지정한 대로 처리)
fromregex(file, regexp, dtype)	텍스트 파일에서 데이터를 읽어 배열을 구성(정규표현식을 처리)
fromstring(string[, dtype, count, sep])	바이너리 데이터 혹은 문자열 텍스트 데이터로부터 1차원 배열을 만듦
ndarray.tofile(.d[, sep, format])	텍스트 혹은 바이너리로 배열 데이터를 파일에 쓰기
ndarray.tolist()	배열을 리스트로 리턴함
Raw 바이너리	
fromfile(file[, dtype, count, sep])	텍스트 혹은 바이너리 파일에서 배열을 만듦
ndarray.tofile(.d[, sep, format])	배열을 텍스트 혹은 바이너리 파일에 쓰기
문자열 포맷	
array_repr(arr[, max_line_width, precision, ...])	배열의 문자열 표현을 리턴(배열의 종류와 데이터 타입 정보 포함)
array_str(a[, max_line_width, precision, ...])	배열의 문자열 표현을 리턴
메모리 매핑 파일	
memmap(filename, ...)	바이너리 파일에 저장된 배열의 메모리 맵을 만듦
텍스트 포맷 옵션	
set_printoptions([precision, threshold, ...])	프린트 옵션 설정
get_printoptions()	현재 프린트 옵션 확인

표 AC.10 데이터 I/O 관련 함수 (계속)

모듈명 또는 함수명	설명
set_string_function(f[, repr])	배열을 포매팅하여 표시할 때 사용할 파이썬 함수를 설정
N 진수 표현	
binary_repr(num[, width])	입력값의 2진 표현 텍스트를 리턴
base_repr(number[, base, padding])	주어진 진수표현 문자열의 숫자값을 리턴
데이터 소스	
DataSource([destpath])	일반 데이터 소스를 지정

표 AC.11 이산 푸리에 변환 관련 함수

함수명 (numpy.fft 모듈)	설명
표준 FFT	
fft(a[, n, axis])	1차원 이산 푸리에 변환
ifft(a[, n, axis])	1차원 역이산 푸리에 변환
fft2(a[, s, axes])	2차원 이산 푸리에 변환
ifft2(a[, s, axes])	2차원 역이산 푸리에 변환
fftn(a[, s, axes])	N차원 이산 푸리에 변환
ifftn(a[, s, axes])	N차원 역이산 푸리에 변환
실수 FFT	
rfft(a[, n, axis])	1차원 이산 푸리에 변환(실수 데이터)
irfft(a[, n, axis])	1차원 역이산 푸리에 변환(실수 데이터)
rfft2(a[, s, axes])	2차원 이산 푸리에 변환(실수 데이터)
irfft2(a[, s, axes])	2차원 역이산 푸리에 변환(실수 데이터)
rfftn(a[, s, axes])	N차원 이산 푸리에 변환(실수 데이터)
irfftn(a[, s, axes])	N차원 역이산 푸리에 변환(실수 데이터)
Hermitian FFT	
hfft(a[, n, axis])	에르미트 대칭성을 갖는 신호의 FFT
ihfft(a[, n, axis])	에르미트 대칭성을 갖는 신호의 역 FFT
Helper 함수	
fftfreq(n[, d])	FFT 샘플 주파수를 리턴
rfftfreq(n[, d])	FFT 샘플 주파수를 리턴
fftshift(x[, axes])	0 주파수 성분을 스펙트럼 중심으로 시프트
ifftshift(x[, axes])	fftshift의 역
창 함수(아래는 numpy 네임스페이스에 존재)	
bartlett(M)	바레트 창 함수
blackman(M)	블랙맨 창 함수
hamming(M)	해밍 창 함수
hanning(M)	해닝 창 함수
kaiser(M, beta)	카이저 창 함수

엔지니어를 위한 파이썬

찾아보기

기호 및 숫자

⌘ + l	112
Ctrl + Enter	110
Ctrl + l	112
Ctrl + n	90
Ctrl + p	90
Ctrl + r	90
F5	110
F8	52
F9	110
Shift + Enter	110
Shift + F12	64
Tab	91, 108, 261
'	133
' '	119, 133, 171
!	399
!=	159
" " "	119, 133, 171
# %%(사이에 한칸 스페이스)	110
#%%	110
%(퍼센트)	86, 160
%alias	89
%cd	89
%debug	87, 92
%env	89
%history	87, 89
%lprun	99, 102, 380
%ls	89
%memit	99, 103
%mprun	99, 103
%pdoc	87, 282
%prun	87, 99
%pwd	89
%quickref	87
%reset	87
%run	87, 92
%run -p	99
%time	87, 97
%timeit	87, 97, 284
%who	87
%who_ls	87
%whos	87
%xdel	87
%%	86
%%memit	99
%%mprun	99
%%prun	99
%%timeit	141
&	161
-(하이픈)	160
*	85, 126, 60
**	160
,(콤마)	315
.(점)	140, 180, 184, 195, 253
.exe	387
.NET 프레임워크	9
/(슬래시)	160, 215

//	160
?	84, 171
??	85
@	176, 410
@ 연산자	255, 263
@classmethod	203
@cuda.jit	411, 414
@guvectorize	411
@jit	407, 411
@jitclass	411
@profile	105
@reduce	411
@staticmethod	202
@vectorize	411, 412
[ ](대괄호)	130, 341
^(햇)	161
_(언더스코어)	90, 126, 205, 336
_*/__*/__*__	126
_<n>/_oh/_i/_ih/_ii/_iii/_i<n>	90
__	90, 205
__del__	199
__init__	199
__init__.py	180, 282, 284
__str__	200
___	90
{ }(중괄호)	132
|(버티컬 바)	161
~(틸드)	161
\(역슬래시)	134
+	133, 160
<	159
<<	161
<=	159
==	159, 282
>	159
>=	159
>>	161
>>>(닥스트링)	56
>>>(파이썬 셸 프롬프트)	54, 82
0(정수 타입)	158
2진 모드	217
2차원 플로팅	22
2차원 플롯	312
32비트 CPU	8
32비트 OS	129, 146
3-clause BSD License	222, 323
3차원 플로팅	22
3차원 플롯	303, 320, 321
4차원	329
64비트 CPU	8
64비트 OS	17, 18, 129

A

ABC	13
Accelerate	406
add	132
administrator 권한	310
alpha	314
Amoeba	13
Anaconda	9, 13, 23, 54, 106, 378, 384, 423
API	338, 407
append	140
apply	352
applymap	352
APU	406
arange	257
array	257
asarray	257
ASCII	214
ASCII 외의 문자	125
assert문	58
astropy	14, 20
asyncio	387
at	342
ATLAS	28, 250, 384
AttributeError	167
automagic	86
AVX	250
AVX2	383
AxesGrid	303

B

Basemap	46, 302
BDFL	15
BLAS	28, 250
Blaze	23, 255, 391
~의 생태계	391
Bokeh	13, 23, 323
bool/bool8_	252
Boolean	127
Boost	395

bottleneck 339
break문 165
BSD License 16, 222, 323
byte 131, 252
bytearray 127, 131
bytes 127

C

C 언어 3, 10, 11, 25, 70, 72, 147, 148, 231, 232, 256, 327, 367, 407
  ~ API 403
C++ 4, 11, 70, 367
Caffe 389
Can I Use Python 3? 15
Carpentry 423
Cartopy 302
CAS 22
Cauer/elliptic 294
cdecl 404
CentOS 4
cffi 403
Chaco 22, 323
chainer 389
Chebyshev 1형 294
Chrome 82
cimport 400
class문 126, 195
clongfloat 252
close 메서드 216
complex 127, 129
complex_/complex64/complex128/complex192/
complex256 252
concurrent.futures 388
conda 13, 54, 378
continue문 165
Continuum Analytics 23, 406, 423
Control Systems Library 289
copy 154, 361
CP949 215
cProfile 100, 376
CPU 250, 367, 371, 388
  ~ 자원 집중 17, 251, 386, 387, 406
  ~ 성능 17
  ~ 코어 387
CPython 7, 8, 16, 125, 386

csingle 252
csv(표준 라이브러리 모듈) 219
csv.reader 220
CSV 113, 217, 218, 234, 328
ctypes 403
CUDA 406
CWI 8
Cython 19, 22, 339, 367, 395, 403
cythonize 398

D

Dask 391
DataFrame 327
Datashape 391
Dead Code 50
Debian GNU/Linux 4
deep 361
deepcopy 157, 270
def문 126, 171, 372
dict 127, 131, 144, 154
distutils 397, 400
DLL 405
doctest 54
dot 메서드 263
double(데이터 타입) 30, 252
Dropbox 10
dropna 356
dtype 239, 257, 258
DyND 391

E

elif문 163
else문 163, 164, 166
Enthought 23, 422
  Enthought Canopy 23, 423
EPICS 24
Euc-kr 215
Excel 217, 218, 234, 328, 339
Excel Tools 302
except(문) 168
Executor 389

F

fabs	341
FALSE	126, 158
FFT	12, 249, 288
fftpack(SciPy)	283, 288
FFTW	395
figure.autolayout	317
File explorer	108
fillna	356
filter	174, 371
finally	168
finite impulse response filters	293
FIR	293
Firefox	82
flags	252, 260
flatten	372
float	127, 129
float_/float16/float32/float64/float96/float128	253
FMA	383
for 반복문	370
Fortran	11, 70, 256, 271, 281
for문	164, 370, 400
frompyfunc	273
frozen sets	132
functools.reduce	371

G

GC	"가비지 컬렉션" 참조
Generic Type	258
genfromtxt	220
gevent	387
ggplot	302, 308
GIL	382, 386, 401, 413
git	35, 61, 422
global문	188
GNU Radio	24
GNU Scientific Library	395
Go	80
Google	10, 166, 389
GotoBLAS	250
GPU	72, 389, 414
GridSpec	316
GTK/GTK Tools	302
GUI	20

H

h5py	22
half	252
Haskell	80
HDF5	113, 218, 218, 228, 231, 234, 328
Hello World	10
hex	273
hex_array	273
history	89
HSA	406
HTML	233
~로부터 데이터 추출	242

I

I/O 자원 집중 사용	387
iat	342
id	146, 150, 185, 250
IDE	106
identity	125, 146, 150, 156
IDL	281
IEEE Spectrum	3
IEEE Xplore	4
if문	126, 162
IIR	293
iloc	342
import	39, 40, 85, 114, 121, 180, 181, 282, 302, 430
모듈 import하기	182
패키지 import하기	183
ImportError	169
index_col	241
infinite impulse response filters	293
input 함수	213
int	127, 129
int_/int8/int16/int32/int64/intc	252
Intel MKL	28, 250, 384
Intel Xeon Phi	382
interp1d	291
interpolate 서브 패키지(SciPy)	291
interpolate.interp1d	291
intp	252
io.loadmat	231
io.savemat	231
IOError	169
IoT	324

IPython	13, 16, 22, 77, 421
～ 셸	77
～ 커널	80
IPython Notebook	13, 80
IronPython	9
is/is not	159
isnull	356
items	336
ix	342
ix_ 함수를 사용하여 인덱싱	267

J

Java	3, 10
JavaScript	80
jet	322
JIT	9
～ 컴파일러	72, 367, 406, 414
JSON	113, 233
Julia	407
Jupyter	80
Jupyter Notebook	13, 77, 80, 323, 422
Jupyter QtConsole	77
JupyterHub	80
Jython	9, 128

K

kind(변수)	359

L

lambda 식	174, 352, 370
laodtxt	220
LAPACK	28, 250
linalg(NumPy)	295Linux
linalg(SciPy)	86
linalg 서브 패키지(SciPy)	285, 295
line_profiler	380
linewidth	314
Lisp	407
list	127, 130, 154
LLVM	406, 407
loc	342

longdouble	252
longlong	252
LU 분해	86, 296
Lua	80

M

main	57, 122
major_axis	337
malloc	30
map	174, 352, 371
MAT-file	113, 218, 228
MATLAB	4, 35, 106, 180, 214, 218, 225, 232, 281, 290, 301, 316, 407
matplotlib	12, 13, 16, 21, 22, 301, 339, 421
matplotlib license	16, 301
matplotlibrc	304, 306
MatRockSim	35
MayaVi	13, 22, 323
memory_profiler	103
MemoryError	169
minor_axis	337
MIT License	16, 222, 301
Monty Python	13
MPI	387
mpl.rcParams	305
MplDataCursor	302
mplot3d	302, 321
multiprocessing	389

N

NameError 예외	188
names	241
NaN	239, 328, 331, 333, 345, 355
NASA	24
Natgrid	302
NCSA	231
ndarray	221, 247, 253, 256, 331
～ 인덱싱 방법	264
～를 사용할 때 메모리 절약하기	372
～를 이용한 행렬 계산	263
ndim	274
None	126, 158
nonlocal문	189

nopython 모드	408
nose	22, 54, 59
nosetests	59
notnull	356
npy	217, 228
npz	217, 228
nrows	243
Numba	23, 72, 367, 406
Numexpr	72, 339, 367, 384, 403, 406, 414
NumPy	4, 12, 16, 21, 22, 25, 221, 247, 288, 327, 341, 370, 384, 414, 421
~의 내장 데이터 타입	258
~의 스칼라 타입	253
~의 스칼라 타입	269
~의 스칼라 타입	410
~의 함수 레퍼런스	428
NumPy 바이너리	218
n차원 배열	221
N차원	329

O

Object Inspector	108, 111
object 모드	408
object 클래스	197, 200
object_	252
Octave	281
odeint	70
Odepack(Fortran 라이브러리)	70
Odo	391
ones	257
OOXML	222
open 함수	214
OpenBLAS	28, 250
OpenGL	395
OpenMP API	400
openpyxl	222
order	271

P

pandas	12, 16, 21, 22, 232, 255, 287, 327, 421
~의 데이터 입출력 함수	232
Panel4D	329
PanelND	329

parula	322
pdb	61, 92
PEP	119
PEP 257	119, 171
PEP 3131	125
PEP 465	255
PEP 8	10, 90, 97, 108, 117, 119, 166
pep8	51
Perl	80, 232, 407
pickle file	113
pickle	217, 218, 225
Pillow	13
ping	88
pip	14, 54, 378
plot	359
plotly	323
polyfit	283
Preferred Networks	389
prettyplotlib	302
print	185
Processing	4
ProcessPoolExecutor	389
prun	86
PSF	8
PSFL	9, 16
pstats	376
PyCall	407
PyCharm	51
PyCon	23
PyCon JP	23, 422
PyData	23, 327, 423
PyData Stack	327
Pyflakes	51
PyGTK	303
pylab	301, 303
Pylint	51
pyMIC	382
PyPI	4, 14
pyplot 모듈(matplotlib)	302
PyPy	9
PyRockSim	35
PyTables	22
Python(x,y)	106, 423
PYTHONPATH	184
pyximport	399

Q

QR 분해	295
Qt	20, 78

R

R(언어)	4, 231, 407
raise문	167
RAM	29, 250
ravel	372, 374
Raw 문자열	135
raw_input 함수	213
rc	304
RDB	328
read	216
read_csv	232, 233, 235
read_fwf	233, 235
read_table	233, 235
readline/readlines	216
Red Hat Enterprise Linux	4
remove	140
reshape	372
root 권한	310
RPython	9
Ruby	80, 407

S

Safari	82
save(MATLAB)	225
savetxt	221
Scala	80
scikit-image	13
scikit-learn	13, 384, 389
SciKits	22
Scilab	281
SciPy	4, 12, 16, 21, 69, 86, 281, 384, 421, 423
SciPy Conference	23
SciPy Library	21, 22
SciPy Stack	21, 421
SciPy.org	421
scipy.stats	285
Seaborn	302, 308
self	197, 200

set	132
sets	127,132, 142
setUp	57
shelve	228
short	252
signal 서브 패키지(SciPy)	290
SIMD	28, 72, 383
SIMD 확장 명령	383
single	252
size	260
snakevis	376, 378
sorted	174
sp.__doc__	282
Spyder data file	113
Spyder	16, 51, 64, 106, 237, 421
SQL	233, 234
SQLite	234
square	273
SSE	250
Stata	233
Statistics	287
stats 서브 패키지(SciPy)	287
Statsmodels	13, 287
stdcall	405
STDOUT	83
str_	252
string	127, 129
StringIO	243
subplot	317
subplots_adjust	317
SunPy	24
SWIG	403
SymPy	13, 21, 22
SyntaxError	62
sys.maxsize	129

T

tearDown	58
TensorFlow	389
Theano	255, 389
threading	387
TIOBE Index	3
Tkinter	20
to_csv	233
Top Programming Languages	3

Tornado	387	xlrd	222
Traceback	63	XLS	222
TRUE	126, 158	XlsxWriter	339
TrueType 글꼴	310	xlwt	222
try문	167		
tuple	127, 130, 172		

Y

yield문	175
yield from	410

U

Ubuntu	4
ubyte	252
ufunc	272, 370, 412

Z

zeros	257

uint/uint8/uint16/uint32/uint64/uintc/uintp/
ulonglong	252
UMD	114
unicode_	252
United Space Alliance	24
unittest	53, 57
urllib	242
USENET	13
ushort	252
UTF-8	117, 121, 215

ㄱ

가독성	6, 9, 10, 18, 50
가변 길이 인자	174
가변형	127, 128
가비지 컬렉션	371
간략연산 연산자	158
감마 분포	287
값	131, 283
객체	124, 144, 185
~ 타입	269
~의 동일성	283
원시 ~	371
객체 지향	179, 407
거짓	158
검색/탐색	249
경로명	215
계산 시간과 계산 정밀도	42
계수	249
계층형 인덱스	335
고속 연산 라이브러리	17
고속 푸리에 변환	13
고수준	281
고에너지 가속기 연구 기구	24
곱의 합 연산	414
공백 문자	166
공집합	132
공학 설계	17
과학 기술 컴퓨팅	17
~에 쓰이는 알고리즘	281

V

var	351
Variable explorer	108, 112, 237
viridis	322
VisPy	13
void	252
V자 모형	53

W

while문	126, 166, 370, 400
WinPython	9, 13, 106, 423
with문	169, 216, 409
write	216

X

x64	8
x86-64	8
x86	8, 382

관리자 권한	310
교육용 언어	6
구분자	219, 237, 238
구조화 배열	256
귀도 반 로섬	8
그레이 스케일	321, 322
그룹 연산	328
글꼴	310
기능 분할	36, 37
기반 클래스	195, 200
기본 인덱싱	264
기본적인 통계 함수	350
기상예보	72
기존 라이브러리	39

ㄴ

난수 생성 관련 함수	437
날씨	391
내삽 및 내삽 함수	291
내장 네임스페이스	185, 187
내장 데이터 타입	127, 252, 258, 410
NumPy의 ~	258
내장 연산자	158
내장 예외	169
내장 함수	369, 410, 424, 425
네임스페이스	181, 185
네트워크 소켓	387
논리적 오류	51
누락값	237, 239
누적밀도 함수	285

ㄷ

다른 언어로 된 프로그램을 링크	72
다중 리스트	130, 256
다중 상속	200
다중 패러다임	407
다차원 배열 객체	247
다항식 계산	249
다항식 관련 함수	441
닥스트링	54, 56, 84, 107, 111, 119, 171, 196
SciPy의 ~	282
단위 테스트	36, 52
대규모 데이터 처리	247

대규모 프로그램	10, 37
대화형 모드(matplotlib)	314
대화형 모드(셸)	214
대화형 플롯	323
데이터	124, 145, 195
~ 내삽	291
~ 마이닝	422
~ 분석	17, 22
~ 시각화	422
~ 입출력	249
데이터 I/O 관련 함수	442
데이터 프레임	234, 327, 329, 332
데코레이터	176, 410
Numba의 ~	410
동결 집합형	132
동결형	286
동적 프로그래밍	8, 407
들여쓰기	10, 118, 165, 196
등고선 차트	319
디버거	61, 92
스크립트 지정으로 디버거 기동	95
지정한 위치에서 디버거 기동	97
디버깅	36
딕셔너리	174
딕셔너리 객체의 키	144
딕셔너리 컴프리헨션	144
딕셔너리 타입 변수	331
딕셔너리 타입	127, 131, 144, 185
딥러닝	389, 423

ㄹ

라이브러리	179
~ import하기	40
라이선스	16
라이트 모드	107
라인 레이블	237, 329, 332
라인 매직	86
라인 모드	88, 99
라인 프로파일러	102
라인 프로파일링	380
래퍼	70, 404
래퍼 함수	178, 407
레인보우 컬러 맵	322
레일리 분포	286
레지스터	250

레코드 타입 배열 256
레퍼런스 구현 9
로그 파일 178
로열티 프리 384
로우 패스 필터 294
로컬 유효 범위 187
로켓 17
　～ 시뮬레이터 35
　～ 제원 41
룽게-쿠타 방법 42
리눅스 4, 13, 79
리스트 127, 130, 250
　중첩된 ～ 138, 256
리스트 컴프리헨션 140, 179, 370
리터럴 133
　컨테이너 타입의 ～ 136
리플 294
링커 26
링크 18, 29

ㅁ

마크다운 111
매니코어 381
매직 커맨드 86
매크로 407
매핑 131
맥OS 4, 13, 79
맵 객체 175
머신러닝 13, 389, 423
멀티스레드 72, 385, 413
멀티코어 381, 386, 414
멀티프로세스 387, 389
메모리 8, 17, 128, 145, 385, 387
　～ 공간 145
　～ 소비 251
　～ 주소 124, 128, 145, 147, 250
　～ 크기 129
　～의 효율적인 이용 371
메서드 124, 195
메서드(NumPy) 253, 260
메인 실행 파일 45, 57, 121
메타 프로그래밍 407
메타데이터 250
명령 124
모듈 37, 120, 124, 179, 181, 187

모형화 17
무시하는 줄 236
무어의 법칙 381
무작위 표집 248
무한 임펄스 응답 293
문자열 124
　～ 처리 407
　～의 포함 여부 판정 416
문자열 리터럴 133
문자열 코드 258
문자열 타입 127, 129

ㅂ

바이너리 포맷 228
바이트 127, 131
　～의 리터럴 136
바이트 배열 127, 131
반복 가능한 객체 140, 164
반복 횟수 371
반복문 370, 400
배열 22, 248, 254, 372
　～ 연산 250
　임시 ～ 414
배열 생성 관련 함수 430
배열 스칼라 253
배열 조작 관련 함수 432
배정밀도 부동 소수 30
배터리 내장 9, 11
배포 패키지 9, 18, 23, 423
버그 50
벡터 데이터 352
벡터화 연산 250
벤치마크 26
변수 125, 145, 187
　～ 신규 생성 145
　～의 재정의 148
별 import 183, 303
별명 39, 183, 186, 386
병렬 처리 407
병렬 처리하기 367, 381
병렬화 72, 381
병목 368
보드 플롯 289
복사 154, 269, 362
　묵시적 ～ 372

복소수 416
복소수 타입 127, 129
복합 객체 154
부동 소수 127, 129, 159
　～ 타입 NaN 331
　～용 함수 272
부분 데이터 341
부울 값 158
부울 값 인덱싱 267
부울 연산 158
부울 연산자 159
부울 타입 127
분산 처리 72
분산 컴퓨팅 391, 407
분할 39
　기능 ～ 37
　파일 ～ 39
불변형 127, 128, 253
불편추정치 350
뷰 265, 269, 361, 372
브레이크 포인트 64
브로드캐스팅 274
블록 주석 119
비교 연산 348
비교 연산자 159
비교용 함수 272
비동기 호출 389
비트 연산 161
　～ 함수 272
빅데이터 323, 391
빈 문자열/리스트/튜플/딕셔너리 158
뺄셈 160

ㅅ

사본 266
사용자 정의 객체 158
사칙 연산 345
사후 분석 디버깅 92
산술 연산 160
삼각 함수 414
상미분 방정식 70
상속 195, 200
상용로그 416
상위 클래스 200
상탯값 벡터 42

생명 과학 17
생성자 메서드 144, 199, 334
생태계 9
서드파티 라이브러리 12, 69, 121
서버 프로세스 81
서브 플롯 315
선 굵기 313
선형대수 85, 247, 248, 250, 285, 295, 407
　～ 관련 함수 436
선형보간 291
셀 매직 86, 141
셀 모드 88, 99
셀 21, 399
소멸자 메서드 199
소수 389
소수점 수 135
소스 코드 121
소프트웨어 통합 테스트 52
속성 124, 195
속성(NumPy) 253, 260
수리 최적화 17
수목원 구성 계산 17
수식 및 수식 처리 13, 22, 407
수치 계산 17, 22
수치 연산 라이브러리 18, 28
수치 적분 12
수학 함수 247, 248, 272
　～ 관련 함수 434
수행 속도 141
순서 인덱스 332
숫자 124
숫자 리터럴 135
스레드 384
스루풋 388
스칼라 70, 128, 253
스크랩 232
스크립트 구성 120
스크립트 언어 9, 10
스크립트 지정으로 디버거 실행하기 95
스크립트 파일 92
스타일 가이드 119
스타일 시트 307
스태틱 메서드 202
스택 메모리 26, 29
스택 트레이스 63, 93
스트라이드 275

스페이스 166
스플라인 보간 291
슬라이싱 136, 137, 154, 265, 362
시각화 17
시리즈 329, 330
시스템 자원 169
시스템 테스트 52
시퀀스 127, 129
식별자 125
식의 평가 158
신경망 389
신호 처리 12
실증 실험 결과 분석 17
실행 속도 7, 25
실행 스크립트 122
실행 시간 측정 97
쌍곡선 416

ㅇ

아이템명 329, 336
암달의 법칙 381
애드온 302
얕은 복사 154, 157, 269
어노테이션 395
어퍼 카멜 케이스 196
역직렬화 225
역탄젠트 416
연산자 158
연속열 데이터 타입 127, 136
열방향 우선 271
영상 분석 17
영점-극점-이득 모형 289
예약어인 식별자 126
예외 처리 409
예외 167
오버라이딩 200
오버헤드 383
    연산을 수행하면서 일어나는 ~ 257
오일러 방법 42
오차 70
오픈소스 7, 22, 23
옵션 인자 172
왜도 350
요약 328
원주율 304

웹 기반 대화형 플로팅 툴 323
웹으로부터 입력 242
윈도우 4, 13, 79, 387, 399, 404
유니버설 함수 247, 272, 340, 412
유니언 142
유니코드 문자열 133
유전자 염기 서열 분석 17
유지보수성 9, 10, 18
유체 계산 72
유한 임펄스 응답 293
유효 범위 185, 186, 187
유효 범위 확장 188, 189
응용 인덱싱 264, 265, 372, 374
의존성 18, 378
의학 17
이론 검증 17
이론 물리학 17
이미지 처리 13, 423
이미지 파일 113
이산 푸리에 변환 249, 283, 288
    ~ 관련 함수 443
이스케이프 시퀀스 134
이터레이터 176, 179
익명 함수 174
인덱스 127
    ~ 관련 함수 440
    ~ 참조 137, 342
인덱싱 136, 137, 154, 264, 362
인덱싱(ndarray) 264
인라인 전개 370
인스턴스 45, 125, 196
    ~ 메서드 197
    ~ 속성 198
    ~ 속성 206
    ~화 196
인자 171
인코딩 117, 121, 214, 237
인터프리터 언어 9, 10
일관성 10
    언어 스펙의 ~ 15
일반형 286
입출력 112
    ~ 속도 234

ㅈ

자동 변수	30
자연 과학	17
자연 근접 보간	303
자연로그	416
자연어 처리	423
작업 디렉토리	60
재정의	148
저수준	10, 281
전기 제품	17
전역 네임스페이스	122, 185, 187
전역 변수	187, 371
전역 유효 범위	188
절댓값	341, 416
절차적 프로그래밍	178
접착제 언어	9, 11, 24
정규 분포	287
정규화	351
정렬	249
정렬/탐색/계수 관련 함수	441
정보 은폐	204
정부호 에르미트 행렬	297
정수 나눗셈	160
정수 배열 인덱싱	267
정수 타입	127, 129
정적 코드 분석	36, 90
정적 타입 시스템	395
제곱	273
제곱근	414
제너레이터	179, 370
～ 객체	176
～ 함수	176
～의 yield	410
조건부 브레이크 포인트	64
주 모듈	38
주석	119
중첩	130
～ 리스트	138, 256
지수 표기법	136
지수 함수	416
지역 네임스페이스	185, 187
지역 변수	30, 187, 371
지연 시간	368
직렬화	225
집합 컴프리헨션	141, 144
집합 타입	127, 132, 142

ㅊ

참	158
참조	124, 150, 156, 264
～ 할당	150
창 함수	249
천문	391
체비셰프 1형	294
체크아웃	61
촐레스키 분해	297
최적화	12, 67, 283
출력	83

ㅋ

카우어/타원 필터	294
카피레프트 라이선스	16
캐시	371
캡슐화	205
커뮤니티	23
컨테이너 타입	127
～의 리터럴	136
컨텍스트 관리	409
컨텍스트 매니저	169
컬러 맵	322
컬럼 레이블	237, 329, 332
컴파일	29
컴퓨터 과학	6
컴프리헨션(리스트, 딕셔너리, 집합, 제너레이터)	410
켤레 복소수	414
코드 블록	10, 196
코딩 규약 준수 검증	51
코딩 스타일	117
코딩 컨벤션	166
코루틴	410
콘솔 입출력	213
쿼터니온	38
클라우드	81, 324
클래스	45, 124, 169, 409
～ 메서드	203
～ 속성	198
～ 속성	206
～ 정의	195
클래스명	196, 198
클로저	190
키	131
키워드 인자	174

ㅌ

타원 함수	294
타입	256
탭 자동완성	91, 261
테스트 프레임워크	22
통계 분포 함수	285
통계 처리	13, 247, 287, 328, 407
통계 함수	249, 350
~ 관련 함수	439
투명도	314
툴킷	302
튜플	127, 130, 174

ㅍ

파생 클래스	200
파스칼 케이스	196
파이썬	14, 22, 25, 421
~의 내장 데이터 타입	258
~의 라이선스	15
파이썬 2.x	14, 15
파이썬 3.x	14, 15
파이썬 3.x에 추가된 기능	15
파이프라이닝	383
파일 객체	215
파일 분할	36, 37
파일 입출력	214
패널	329, 336
패키지	37, 180
모든 패키지의 인덱스	22
포인터	405
포함 여부 판정	416
폰트 캐시	310
표준 라이브러리	69, 121, 179, 369, 410, 427
프라이빗 멤버	205
프로그램	124
프로그램 작성	36, 40
프로그램 최적화	36
프로세스	387
프로파일러	97, 375
프로파일링	67, 97, 100
라인 레벨 ~	67
함수 레벨 ~	67
프로퍼티	340, 341
프롬프트	83
플랫폼	18
플로팅	359
플롯	301
플롯 프레임	317
피드백 제어 시스템	289
피보나치 수열	166
필터	293

ㅎ

하나 이상의 명령	315
하나 이상의 줄	119
하위 클래스	200
하위 호환성	15
한글	117, 125, 171, 215, 221, 240, 309
~ 글꼴	310
할당문	98, 145
함수	124, 170, 409
적용하기(pandas)	352
함수명	171
함수 프로파일링	376
함수형 프로그래밍	179, 407
행렬	22, 254
행렬 계산(ndarray)	263
행렬 분해	295
행방향 우선	271
허수	136
헤더 행	238
호출 스택	380
확률밀도 함수	285
환경 변수	89, 184
회귀 처리	328
흐름 제어	162
흑백	320
히스토리	89
힙	29, 385
힙 메모리	26, 29